顾诵芬　师元光　编著

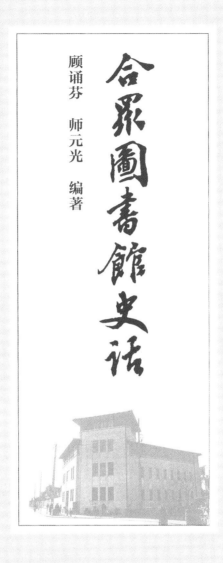

合众圖書館史話

上海交通大学 出版社
SHANGHAI JIAO TONG UNIVERSITY PRESS

内容提要

上海市私立合众图书馆由叶景葵、张元济、陈陶遗等联合创办,顾廷龙担任总干事,是一家在无数图书被抢被毁的战争年代为"保存固有文化"而在孤岛烽烟中成立的国学图书馆,经多年收集,藏书25万册、金石拓片1.5万种,后成为上海图书馆的一部分。它几乎从来没有对外公开过,却在学者中有很高的名望,胡适、钱锺书、冯其庸、章鸿钊、周谷城、顾颉刚、郑振铎、冒广生、郭绍虞、沈燮元、沈文倬、陈寅恪等名人都曾来馆阅览或写信咨询。

合众图书馆短暂而辉煌的14年,展现了文人志士在乱世保存文脉的壮举,也是上海这座城市难以忘却的记忆。

图书在版编目(CIP)数据

合众图书馆史话 / 顾诵芬,师元光编著 . -- 上海:
上海交通大学出版社,2024.10 -- ISBN 978-7-313-31440
-6

Ⅰ. G259.275.1

中国国家版本馆CIP数据核字第20248PG697号

合众图书馆史话
HEZHONG TUSHUGUAN SHIHUA

编　　著:顾诵芬　师元光

出版发行:上海交通大学出版社　　　　　　　　地　　址:上海市番禺路951号

邮政编码:200030　　　　　　　　　　　　　　电　　话:021-64071208

印　　制:上海盛通时代印刷有限公司　　　　　经　　销:全国新华书店

开　　本:710mm×1000mm　1/16　　　　　　印　　张:33.5

字　　数:454千字

版　　次:2024年10月第1版　　　　　　　　　印　　次:2024年10月第1次印刷

书　　号:ISBN 978-7-313-31440-6

定　　价:198.00元

在国家危难时期保存民族文化的一枝奇葩
（代序）

——纪念私立合众图书馆创建 85 周年

顾诵芬

　　关于合众图书馆的史料已经出版得很多、很详尽了，本无需我再写什么。但我在中国航空工业科技委的同事师元光听我谈起合众图书馆往事并参观长乐路 746 号的旧址后，深受感动，希望我从个人的角度写一些回忆文字，以彰显当年办馆者的无私奉献精神。他不是搞国学的，但表示可以协助我做一些文字方面的工作。几经寒暑，今年是合众图书馆创建 85 周年，又是我父亲顾廷龙 110 周年诞辰①，所以我就义无反顾地写起来。文字方面得到了师元光同志的帮助。他虽然也是学航空技术的，但近 10 年来，他为航空界的科技专家和领导者写成了多本传记，并已出版发行，颇得读者好评，因此，此书文字结构应该是有保障的。至于其中内容，除我记忆外，也征引了父亲的遗著，以力求准确。

　　我从 1939 年 7 月随父亲南迁上海后，可以说是和合众图书馆一起成长的。回忆我在馆中 12 年的生活，办馆老先生们的优秀品质，不计个人得失、一心为事业、孜孜不倦的治学精神，都是我一直不能忘怀的，我觉得有必要将我对合众图书馆的感情写出来，供有兴趣研究该段历史者参考。

---

① 此稿写于 2014 年。

一、合众图书馆创办者

上海私立合众图书馆的创办人都是热爱祖国的老一代知识分子。首先提出创办的是原浙江兴业银行董事长叶景葵先生，他有很好的国学基础，对古籍抄校本，特别是先儒未刊稿本情有独钟。还有张元济先生，他是清代进士，参与了戊戌变法。变法失败，张元济先生受累被革职后，开始兴办文化教育事业，曾任南洋公学（上海交通大学前身）译书院院长，后任公学代总理（相当于校长），1901 年转入商务印书馆，创建涵芬楼和东方图书馆。上海一·二八事变后，东方图书馆被日寇摧毁，使老人更珍惜我国的古籍善本。

1948 年，南京政府中央研究院召开第一次院士大会，张元济、顾颉刚两位先生都参加了，即合众图书馆董事、顾问中有两位中央研究院院士，而第一届中央研究院院士总共只有几十人。张老先生在开幕式上致辞，发表了提倡和平、反对内战的长篇演说，当时蒋介石也在场，他却毫无顾忌，会后好些人都为他捏把汗。他们参加会议回来，还送给我一个参观时买的恐龙石膏模型。

1947 年 6 月，为营救参加爱国运动被捕的学生，张老先生发动上海"十老"致函国民党政府，10 人中有 4 人是合众图书馆董事，即张元济、叶景葵、李宣龚（字拔可）、陈叔通。这份信稿未经发表，后交合众图书馆保存，近年已由商务印书馆上海分公司出版。

1949 年 9 月，张元济先生以 83 岁高龄赴京参加第一届全国政协会议，回来后他将所有会议文件都移送给合众图书馆。当时我看到了新中国的国徽、国旗和国歌确定时的各种方案图册，印得很讲究，都是道林纸彩印的。

正因为有这样的老人忘我、热心地为我国民族文化事业奔走，合众图书馆才能在短短的 14 年历史中对国家和民族的文化事业作出了重大贡献，成为我国文史界的一枝奇葩。

二、合众图书馆创建前期

我父亲早年专门研究文字学，师从胡朴安、闻宥、魏建功等大师。1928年，他在外叔祖王同愈家任家庭教师，看到桌上有一部《四库简明目录》抄本，详注各书版本。外叔祖说，这是从叶菊裳先生处传抄的，叶先生则录自朱学勤藏本。当时朱学勤、邵懿辰、莫友芝都喜欢书，各以所见版本详记于《四库简明目录》，三人时相交流补充，是文人好书之乐事也。于是父亲也买了一部《藏园订补郘亭知见传本书目》，将他们的批注过录上去，这可以说是父亲从事版本目录研究的开始。

1932年，父亲从燕京大学研究院毕业后被燕大图书馆馆长洪业先生聘为采访主任，做了6年图书采购工作。父亲在燕京工作时，周日一定会进城拜访一些老先生，他们都长我父亲三四十岁，如：章钰先生，是光绪年间的进士，当过学务处监督、京师图书馆编修，著有《四当斋集》；夏孙桐先生，也是光绪年间的进士，曾任翰林院编修，著有《观所尚斋文集》等；杨钟羲先生，也做过翰林院编修，著有《圣遗诗集》《骈体文略》等（他去世后，他的儿子杨鉴资为合众图书馆介绍了一位干事杜干卿先生，负责管理阅览室兼盖藏书章和抄写工作。杜先生是杨钟羲老先生的"记室"，也即秘书，跟随杨老先生多年，为人忠厚老实，是图书馆一位可靠的管家）。父亲对他们十分尊敬，他们也愿意把自己对版本目录学的见解告诉我父亲。

1935年叶景葵先生来北平，在章钰先生家与我父亲结识，他们在一起很投契。后来叶老先生与夫人一起来到燕京大学，父亲陪同他们参观燕大，与我母亲见了面，还送了我一份见面礼。

叶老先生在20世纪20年代初从杭州书店买到一部顾祖禹的《读史方舆纪要》，花了2年时间整修一新。他对该书是顾祖禹的稿本还是其学生修改本不能确定，于是请父亲帮助联系《禹贡》学会的专家学者做一些考证研究。当时父亲正在协助顾颉刚先生编辑出版《禹贡》杂志，他们组织了几次座谈，讨论如何确定真伪。正是从这件事开始，父亲博得了叶老先生的赏识。叶老先生爱古籍，张老先生也一样，因此创办私立图书馆的想法一拍即合。办馆经费主要靠叶老先生，并利用浙江兴业银行的条件。

两位老先生之所以相中父亲主持图书馆还有重要的一点，就是父亲在1937年为章钰老先生编纂了他的藏书目录。这部30万字的书目仅用10个月就印出来了。叶老先生看后评价：此目"体例极善，足以表章式老钸学之里面，吾兄可谓能不负所托矣"。张老先生也有同感。

我父亲决心南下，有一个重要的原因，就是对日本帝国主义占领北平的愤懑。当时他进城，经过西直门都要被搜身并向敌人行礼。七七事变前，颉刚先生一直提倡抗日，编了通俗刊物，并发布了很多抗日宣言，父亲也都签了名。事变后，宋哲元即通知颉刚先生千万不要再留在北京，因为父亲是颉刚先生的族叔，必会受牵连。燕京大学的师生素有抗日传统，虽有美国学校的"庇护"，但最终敌不过日军势力。1941年珍珠港事变后，父亲的挚友聂崇岐、侯仁之等一批燕京大学的教授都被日本人抓起来，施以酷刑，但他们坚贞不屈，生活极其困难，这些都是抗战胜利后他们来上海时对父亲讲的。我父亲如不离京，肯定也要遭此劫难。

对于举家南迁，母亲最初是不太愿意的。1935年前，母亲在苏州老家的大家庭中，因妯娌关系复杂，心情一直不太舒畅，加上苏州气候温湿，母亲生来体弱，因此几乎每年都要生病，有时几个月卧床不起。1935年搬到北京后，母亲深得颉刚夫人的热情关心，加之与父亲朋友的夫人们常在一起交往，心情比在苏州时要好得多，身体也一年年好起来。当时苏州老家的人为躲避战乱，都到了上海，所以她有些不情愿回上海，但父亲说服了她。

当时我哥哥诵诗在北平城内崇德中学上高一。崇德中学是北平较好的教会学校，邓稼先、杨振宁等都是该校校友。哥哥13岁，身体瘦弱，一开始在燕京附中读书，父亲让他去崇德住校，想让他自立，但 1939 年来上海不久他就因病去世。父亲对此一直感到歉疚和伤心。2000 年，我请中央民族大学王钟翰教授为父亲的年谱作序，他告诉我，他在燕京附中教过历史，对诵诗印象深刻，认为哥哥很聪明，思路很清楚。我们举家赴沪时，搬家最大的负担是父亲的书。因为随身携带很麻烦，所以邮寄，主要由哥哥协助燕京引得出版社办理，好像寄了几百包，用了大量邮票。

我们一家于 1939 年 7 月 13 日离开北平，赴天津塘沽乘坐太古公司盛京轮前往上海。离开北平时，父亲的燕京同事都来送行。同船的还有钱穆的夫人和子女。我们住的是房舱，4 人一间，正好我们一家一间。7 月 14 日离津，过烟台时，父亲在烟台海关工作的表兄特地坐小艇来船上看望我们。开始船行平稳，过威海卫后风浪很大，船上乘客大部分都晕船呕吐，唯父亲和哥哥还能承受。同行钱穆家的小女儿钱易小我五六岁，跟着我们几个大一点的孩子玩。50 多年后我和她在人大开会，座位是按姓氏笔画安排的，我们坐在一起，谈起往事，她已不记得了。钱易自小学习好，后来考上清华大学并出国深造，成为环境保护方面的专家。我们于 7 月 17 日晨到达上海，舅父们都来码头迎接。下船后我们直接去了合众图书馆筹备处辣斐德路 614 号（今复兴中路思南路口）。这是一座二层花园洋房，室外有一片相当大的草地。左邻是上海私立民主女中，辟有篮球场。右邻是一家混血买办，是上海国泰影院的老板。这座楼房是一位方姓军阀的产业，委托浙江兴业银行代管，因此能租下来。当时叶老先生请朱子毅先生来管。朱先生是律师，后来成为合众图书馆的行政干事，管财务等事。朱先生为人很和气，工作热心、尽心、勤勉，我们到的那天，他在那里等候。这座房子的楼下大间作办公室，另一间作饭厅，楼上一大间、一小间为我们的宿舍，另一大间原来是舞厅，现则作为书库，书库一直延伸到汽车间顶上。我们到来之前，已经请了两位勤杂工管理庭院，他们就住在汽车间里。

7 月 17 日一到，父亲上午即去见叶老先生，下午叶老先生又来看我们。7 月

18日，父亲着手草拟《创办合众图书馆意见书》，后经叶、张两位先生审改成文。7月23日，叶老先生将自己收藏的84箱古书运入筹备处书库。

到上海的第二天，父亲同朱子毅一起去选家具。父亲要求木材必须经曝晒后再加工，以防家具日久变形。父亲很想要两个带胶轮的小书架以便搬运图书，但当时上海做不出合用的胶轮，用不了几天，轮子的实心胶带就都脱落了，只剩下金属箍在转，对地板造成伤害，只能不用轮子了。因为叶、蒋两家送来的书都是有书箱的，所以并未购置书架。另外购置了几张书桌，父亲自己用的是特制的，尺寸比一般办公桌要大，一方面便于放置较多材料，另一方面也便于父亲写大幅的屏条。家用家具由我母亲去选了一张大床、两张小床。其他桌椅都向木器行订购。

由于合众图书馆购书经费不多，要购买大量善本图书不太可能。父亲沿用他在北京的经验，采用晒蓝复制的办法。线装书纸薄并透光，所以可以晒蓝。现成的晒蓝用感光纸不容易买到，父亲就买了一些高锰酸铁钾和赤血盐等做感光材料的化学药品，还买了量杯和天平秤以及搪瓷盆罐，另外请家具商定做了一个晒图用的玻璃框架。在辣斐德路614号我还参与晒印了一些图书。筹备处没有打字机和专职打字员，行文等都是父亲自己用毛笔写的。至于抄书，则请了一位半身瘫痪的老先生杨秋农，他是我的表姑夫，原来在政府机关当文书，不幸瘫痪后闲散在家，父亲知道他字写得好，因此请他来帮助抄录。

当时，叶、张两位老先生也在忙于筹划图书馆的建设。他们都是70岁的老人，我们到上海以后，除和父亲商讨办馆事宜，还一起研究和选择采购图书。开始只有叶、张两位发起人，后来又请了陈陶遗先生。陈陶遗先生也是著名学者，精书法，早年留学日本，是同盟会会员，曾任江苏省省长，叶老先生很推崇他，认为"彼在江苏，声望极隆"。

回上海后，父亲即为我们上学的事奔波，经过多方努力，终于定下哥哥在大同大学附中高二插班。我则因为上海路上车多，为安全起见，找了华龙小学，从辣斐德路去，只要穿过法国公园（今复兴公园）即可到达。华龙小学坐落在一个弄堂里，没有操场，体育课只能在弄堂里做操。但与燕京附小比，它的最大特点就是上海小学课本不受敌伪统治，所有抗日文章还可以读，不像七七事变后的北平，虽然燕京附小有美国"招牌"，但语文、常识教科书中谈到"国耻""抗日"的书页都要撕掉的。

我哥还没有去上学，但课本都已准备了，数理课都是英文本，好在北平崇德中学的英文水平也很高，我哥并无困难。而我的英文就跟不上了，因为燕京附小到四年级还未学英文，而上海的小学三年级就学英文，我靠叔父顾廷凤临时给我补了几天英文，才算插班华龙小学五年级。

但是不久家里就遭遇了不幸的事。1939年9月26日，哥哥诵诗不幸因伤寒转腹膜炎去世，这对父母亲打击很大，父亲3个月没有记日记。我哥先是发烧，热度不高，即请姨夫曹泰吉诊治。他家是中医世家，在上海很有名。哥哥一直吃中药，直到9月中不见好，转请西医，称已转腹膜炎而不治。我哥去世时正值中秋前夕，怕我受刺激，叔父廷凤把我带到他们家去住。哥哥是病故在家中，送殡仪馆后我才去守灵的。叶老先生和张老先生得知后，都向我家表示慰问，叶老先生还送了1 000元。哥哥的去世对我父母打击太大，他们几个月没缓过劲来，以后对我就百般当心了。

合众图书馆的日常生活主要是我母亲管。我家雇了一位老太太，除打扫我们住的几间房的卫生外，还负责做一日三顿饭。女佣不在时，我母亲就自己买菜做饭。当时最难的是买菜，一般都要早上4点就去，晚了就买不到菜了，每年总有几天母亲得早起操持家务。合众图书馆的第一次董事会是1941年8月6日下午3时召开的，就在辣斐德路614号筹备处的门厅中。会后由我母亲做了一席茶点，即馄饨、汤圆等招待之，可见当时的节俭。

由于各方捐书和采购新书增多，父亲已忙不过来，叶老先生同意新聘我三舅潘景郑作为编辑。潘家为苏州名门，上辈中潘祖荫等都是清朝的大官，家中收藏的善本图书及文物很多。景郑舅师从吴梅、章太炎，对古籍目录版本不仅见得多，而且看得也深，有很深厚的功底，因此叶、张两位老先生都赞成请他来。他原在苏州从事银行工作，抗战爆发后全家迁来上海，他在我姨家（曹泰吉家）给表兄曹道衡（1952 年毕业于北大，后在文学研究所，颇有文名）当家教。

图书馆对损坏的古籍要及时修补，1940 年 3 月馆里招了一名修书工倪介眉。他于 1942 年不幸病故。后来又聘了一位华敏初师傅（无锡人，擅长装裱）。合众图书馆创办时在用人方面十分严谨，每人都有明确的职责，绝无闲散人员。组织层次也简单，董事会下总干事 1 人，另有干事若干人。

三、建设新馆舍

1940 年众人开始着手新馆舍的建设。叶老先生早在邀父亲南下的信中就说到，已在租界中心置地作为新馆的馆址。该地位于原法租界的蒲石路（今长乐路）古拔路（今富民路）交界处。蒲石路是正门，门牌 746 号，古拔路则为后门，门牌是 210 弄 15 号，占地一亩九分六厘三毫，其中九分多地为叶老先生盖了一座二层楼的小洋房，并有一片草地，叶宅和图书馆有一墙隔开，设有一扇小门。建成后叶老先生可走小门来图书馆。合众馆舍与叶宅间还有一小片空地，可以种西红柿、蚕豆等。

新馆是请上海著名的建筑师陈植设计的，陈植先生是陈汉第的儿子。父亲曾与陈植多次商谈，要按图书馆的要求建造。建造期间，由浙江兴业银行的有关部门作监理，其中有一位李英年。开始父亲因为建筑质量与他有矛盾，但李英年先生喜欢收藏书画、古籍，经常向我父亲请教，二人后来成为挚友。1947 年夏，他把他的小儿子及其同学送来合众图书馆，要我父亲教他们《孟子》，我也随之旁听。

保存古籍，最重要的是防虫防霉，所以每到夏季都要晒书。合众书库通风较好，霉的问题就没有了。防晒靠窗帘，通常由两位工友负责开窗、关窗和拉收窗帘，但遇有疾风暴雨，两人忙不过来，则几乎全馆人员，包括我也都赶去关窗。父亲对防虫蛀蚀问题非常重视，他专门请教了上海中国科学社的化学专家，购置防虫又不伤书的药剂，所以合众图书馆建立的 14 年间，从没有出现过图书虫蛀和霉烂的事故。

在蒲石路新馆，我们一家住在东边沿街的两间 10 多平方米的小屋中。因为住房面积不够用，原来计划用作普通阅览室的一间 20 多平方米的房间被用作我家的起居室，转角的一大间则作为餐厅。另外在起居室还放一床为客人住宿用，我叔父顾廷凤就常在这里住。平常中午馆中工作人员都在餐厅吃饭，一般是四菜一汤，勤杂工与女佣则另开一桌。吃饭最多时有 7～8 人，除我家 3 人外，有朱子毅先生（他一周只来 2～3 次），有三舅潘景郑、表姐黄筠。黄筠是我姑夫黄櫶培的女儿。姑夫家孩子较多，有 8 个子女。他原来是康元制罐厂的总工程师，擅长机械。1941 年工厂内迁，姑夫去内地办厂，将表姐黄筠托我父亲照顾。她是中学毕业生，原来在工厂当描图员，父亲把她留在图书馆负责抄写。

到 1950 年，又来了王煦华先生。王煦华是颉刚的学生，毕业于诚明文学院。王煦华的夫人朱一冰是小学教员，文笔很好，父亲后来把她招来管编目抄写。

四、在困难中成长

新馆落成后，虽没有声张，但已招人注意。正门门洞常有乞丐夜宿，后来在大门外加了铁栅栏。

1942 年 6 月，地方联保处要向合众图书馆借房，董事长陈陶遗和常务董事商量后，请出了工部局的魏廷荣，由法租界捕房出面告诉保长，保存古书、学者研究的地方，不能和其他事杂处，于是保长不再纠缠。珍珠港事变后，公共租界已由日伪进驻，法租界因法维希政府已向德国投降，日伪还没有明目张胆地介入。

1942年3月日本人山本来合众图书馆要借地方，每月开1小时会。父亲告诉他这事要由董事会定，并与叶老先生、陈陶遗老先生商量如何对付。叶老先生找浙江兴业银行懂日文的张音曼来，欲先弄清山本的身份，然后再定处理办法，后来通过各种关系，把这件事顶了回去。总之，当时合众图书馆虽在法租界，也不太平。汪伪政府还扬言要来检查图书，后来也是通过租界方面顶住了。

最危险的一次骚扰莫过于1949年5月17日，国民党军队强行进驻合众图书馆，强令众人将四楼腾空作为制高火力点。虽然常务董事徐森玉先生托人与国民党军事当局磋商，但毫无结果。18日清晨，董事长张元济老先生亲自来馆，找他们的分队长，嘱他们要妥善保护这些国宝。张老先生对父亲说，这个分队长"神色仓皇，语无伦次"，可能很快就会撤走。果然，当天晚上11点他们就都走了。5月24日又有军队来说要征用，所幸5月25日上海解放，总算太平了。解放军进租界后，就睡在馆外，秋毫无犯，真有天壤之别。

除应付这些骚扰外，合众图书馆在经济上也存在很大困难。办馆之初的基金来自叶老先生和他募集的资金，原以为靠利息即可维持日常开支。这些基金有部分是南洋橡胶园等的股票，太平洋事变后，这些股票都被冻结，再加上通货膨胀，以至维持日常开支都有困难，全靠叶老先生向浙江兴业银行透支借贷。在抗战胜利前夕和解放前夕，馆里生活开支已支付不了，有时饭费都没有着落，母亲把她的首饰都当了，就这样勉强度日。最困难的是在叶老先生1949年4月28日去世后。1949年12月25日，董事长张老先生在商务印书馆工会成立大会作演说时，因脑血栓突然跌倒，以致半身瘫痪。就在这时，浙江兴业银行通知合众图书馆即日起停止透支。最后由陈叔通先生出面担保，继续透支，图书馆才得以维持。

五、合众图书馆的董事、顾问

合众图书馆的发起人是叶景葵、张元济、陈陶遗，按照董事会章程，他们是当然的董事。发起人会议上决定，聘请李宣龚、陈叔通为董事。第一届董事会由他们5位董事组成。

陈叔通先生与张、叶等老先生都熟，他是清末翰林，甲午后曾留学日本，也参加过戊戌维新，辛亥革命后任第一届国会众议员，曾参加反袁斗争，之后长期担任上海商务印书馆和浙江兴业银行董事。在创建合众图书馆时，他也是十分热心的。他经常来馆里看书，常穿一件布质长衫，夹着用布包袱包着的图书，非常朴素。解放后，馆中很多事情都是他在张罗。将合众图书馆捐献给上海市人民政府，就是他和张元济、徐森玉先生倡议的。

李宣龚先生是清光绪时期的举人，擅长诗词，他把自己收藏的近代人的诗文别集都捐给了合众图书馆。

徐森玉老先生是文物专家，抗战期间为保护文物奔波于京、沪和抗战后方，经常来合众图书馆。1946年，陈陶遗先生去世后，徐森玉被聘为合众图书馆董事，1949年叶景葵先生去世后被推选为常务董事，为合众图书馆的发展作出过很大贡献。1946年他担任国民政府"清理战时文物损失委员会"的主任，请我父亲任总干事。当时他就在富民路的裕华新村租了房子，经常往来于合众图书馆与他的机构之间。他想编一本流失日本的文物目录，通过联合国向日本索赔战时被掠文物，但一时不知如何着手进行，于是找我父亲协助。父亲告诉了叶景葵先生，叶老先生没表态，因为这件事涉及范围很广，的确很难下手，怕花了很大力气做不出什么结果。一开始父亲再三推辞，但徐先生坚请，他不得已接了下来。经过反复思考，父亲想到抗战胜利前日本人出了很多从中国掠夺的书画、瓷器等文物的图谱，合众图书馆存有40种，李英年先生提供了20种，叶恭绰先生有13种，徐先生有9种，又从北京有关单位借了一些。当时徐老先生还请了吴静安、程天赋、谢辰生三人为专职，在编目时又请了王以中、沈文倬先生一起帮忙，他们都是大学教员。因编目需要参考资料和场地，就利用合众图书馆来开展工作，花了9个多月，编成《中国甲午以后流入日本之文物目录》。当时复写了9份，由徐先生带往南京送教育部，傅斯年看后盛赞说，不仅在外交上可供依据，在学术上也为重要贡献。但后来盟军总部嫌没有流失文物的具体时间和地点，所以没能把这些文物要回来。2012年钓鱼岛事件后，中央电视台曾播出谢辰生先生关于历史上日本霸占我国文物的采访。

1947年初，为了让光复不久的台湾的人民重温中华民族的历史，国民政府教育部要在台湾办一个"中国历史文物展"，徐森玉先生做了不少工作，文物征集后都放在合众图书馆。因为征集到的文物多，图书馆放不下，于是放到我家的起居室和吃饭间。当时负责征集文物的有王世襄先生，也是燕京大学毕业的，比我父亲低几届。他不仅精通中国文化，而且手也很巧，我印象最深的是，送台湾展出的指南车模型是他自己做的，非常精致。他们还带了字画等文物精品，为了贮藏运输，专门买了樟木箱。我有时也帮他们干活，和王世襄先生搞得很熟。王先生临去台湾前，问我要些什么台湾的东西，我说要根钓鱼竿，他回来果真给我带了根钓鱼竿。王先生喜欢收藏和民间艺术，写过很多有关北京风俗的书，如竹刻、蟋蟀草虫等。他最大的收藏是明代家具，因此获得了荷兰克劳斯亲王最高荣誉奖。他的家具后来全部赠给了上海博物馆。1996年秋，父亲回上海参加上海图书馆新馆落成典礼前，王先生突然来我家，专程送父亲一饭盒烧白菜，称是他自己的厨艺。1998年冯其庸先生在中国美术馆举办个人书画展，约了父亲、王先生和辽宁博物馆杨仁恺先生参加开幕式。2005年，我曾专程去王先生家送上海图书馆新印的父亲的遗著，在他家小坐。家中只有他和一个儿子，屋子很大，但东西堆放得很乱，有各种文物家具。他给我讲过一段故事：从燕京大学毕业后，校方原准备送他去美国深造，但洪业说他好玩，回来以后能否在历史方面做学问很难说了，因此没去成。他说，他的好玩尽人皆知。

徐森玉先生从 1942 年就常来合众图书馆，帮助收集图书。最大的一宗是 1947 年接收的汉奸陈群的书，原拨给贵州大学图书馆，父亲以交换的办法，用一些合众图书馆的复本和自印丛书换了下来。陈群投敌前也参加过共产党，所以存有一些革命文献。徐先生是我国知名的文博专家，为人和蔼，平易近人，当时我常为他开门。徐先生解放初在上海任文物保管委员会主任，后任上海博物馆馆长，不幸的是在"文革"中被迫害致死。

他们去台湾展览文物那一次，钱锺书先生也去了。1943 年初，父亲在李宣龚先生家认识了钱锺书先生，以后他就常来合众图书馆了。当时他正在写什么东西，只有合众图书馆可以提供条件。他的住所很近，距离不到 500 米，过条马路即到图书馆。因为合众图书馆只开后门，而我平常学习又多在后门口的小屋内，所以每次他一按铃都是我去开门。开始，觉得他不像老先生们那样和气，常接触后慢慢地就熟了。1947 年我刚进交通大学，父亲有一天带我去请教他该怎样学英文，他说应该读些像《大西洋》杂志上的文章，口语则应多看些剧本类的作品。还说英文要能听懂像上海大世界的滑稽剧才算过关。后来他拿了几本这类的书，但我因功课多没有很好地去看，因此英语口语一直学不好。

顾颉刚先生是合众图书馆的顾问，他是我国著名的历史学家。我们同族，按辈分父亲和他是叔侄关系。他在学术方面给了父亲很多指点帮助。抗战胜利后他回上海，担任大中国图书公司总经理，该公司专印地图，杂事很多。1949 年 5 月蒋维乔先生请他任诚明文学院教授，后来他带出了王煦华先生。王先生是 1950 年进合众图书馆的，他很敬业，后来帮助我父亲编成《中国丛书综录》。1977 年颉刚先生调他去北京，帮助整理《顾颉刚全集》，该全集 2011 年已出版，共 62 册。对于合众图书馆的建设，颉刚先生除捐赠了很多近代史料方面的书刊及本人的著作外，最重要的是他办图书馆的理念对父亲很有启发。颉刚先生上大学时为研究需要搜集材料，读书多了，要研究的问题很多，需要的材料越广泛，越感到材料不够，不是经史子集可以简单概括的。1927 年他任广东中山大学教授兼图书馆中文部主任时，学校委托他写了《购求中国图书计划书》，其中拟列了 16 类他认为应该收集的图书，除经史子集外，还有档案、地方志、家族志、社会事件的记载、个人生活的记载、账簿、中国汉族以外各民族的文籍、基督教出版之书籍、宗教迷信书、民众文学书、旧艺术书、教育书、古存简籍、著述稿本、实物的图像等。父亲在办合众图书馆时就按照颉刚先生的指导思想收集图书。这一想法也得到了叶、张两位发起人的赞同，因此合众图书馆成立 14 年，收集了很多重要史料，特别是清代科举的考卷，后来出版了《清代硃卷集成》。另外，家谱也成为现在上海图书馆的收藏特色。值得一提的是，解放初合众图书馆还为上海市地政局查找租界问题资料、为工商局查阅劳工数字资料、为华东水产管理局查阅中国渔业问题史料等提供了帮助。

六、集腋成裘，万卷琳琅

1939 年 7 月 23 日，叶景葵先生捐赠自己的藏书 84 箱，约计 1 822 种、19 883 册。蒋抑卮先生赠书首批计 667 种、4 755 册。1941 年 11 月，蒋氏家人又捐书 2 456 种、32 820 册。加上其他捐赠，图书馆藏书很快达到 10 万册。当时我父亲感叹地说，全国图书馆满 10 万册的能有几家？到 1953 年捐献给政府时，合众图书馆已有"图书 25 万册，金石拓片 15 000 种"。

叶先生所捐藏书以抄校本，特别是先儒未刊稿本为特点。蒋抑卮先生藏书多为较早的印本。李宣龚先生所捐藏书大都为近代人的诗文别集。陈叔通先生所捐藏书中有《冬暄草堂师友手札》及清末新学书刊。叶恭绰先生藏书的珍品有山水、寺庙、书院等志以及亲朋书札。胡朴安先生所捐藏书多为经学、文字学、佛学书籍以及亲朋手札。顾颉刚先生所捐藏书多为近代史料方面的书刊。潘景郑先生所捐藏书是清人传记资料及大宗金石拓片。周志辅先生所捐藏书为戏曲文献。胡惠春先生所捐藏书为明代刊本及名家校本。

　　1941 年春，张元济先生以历年收藏的嘉兴先哲遗著 476 部 1 822 册赠与合众图书馆，并将海盐先哲遗著 355 部 1 115 册，张氏先世著述和刊印、评校、藏弆之书 104 部 856 册，以及石墨图卷等寄存此处，冀日后家乡宗祠书楼恢复或海盐有图书馆之设，领回移贮，后来"鉴于祠屋半毁，修复无力，本地图书馆之建设更属无望，遂改为永远捐助"。

　　本着收藏无遗的想法，合众图书馆也收藏关于马列主义、宣传革命与进步、介绍中国共产党的书刊，在国民党统治时期，这是不允许的，一经发现便会有杀身之祸。但父亲注意到它们的史料价值，还是悉心保存了下来。国民党政府只知道合众图书馆收藏古籍，但不时也有特务擅自闯入滥施淫威。为了妥善保存，父亲把这些革命文献密藏在书架顶端与天花板接合处，直到解放后才取出来。解放初，中宣部曾派人来上海征集革命史料，合众图书馆提供了一大批，有 1921 年版《列宁全书》、1926 年版《中国农民运动近况》、1927 年版刘少奇著《工会经济问题》，以及《工会基本组织》等百余种。

　　因为叶、张等老先生的名望，合众图书馆创办后，特别是长乐路新馆建成后，来访的老先生很多，他们一直发愁自己的藏书如何处置，看到这里的条件，都下决心捐赠给合众图书馆以求长久保存。1942 年秋，叶老先生去汪穰卿的后人家拜访，发现了一大堆资料，汪老先生的家人怕日本人检查滋生祸端，准备当废纸处理。叶先生随手拿起一看，都是汪穰卿先生创办《时务报》时的往来信札，是研究近代史极重要的资料，于是告诉他们千万不能毁掉，可以送合众图书馆得到永久保存并供人阅览研究。他们听后很高兴，把这批书札送到了合众图书馆，前后花了 40 多年整理，最后由上海古籍出版社出版，即《汪康年师友书札》，共收录 700 多人的 3 000 余封信，从中可以看到当时知识分子对维新运动、妇女解放的讨论，是研究近代中国文化史的宝贵材料。

　　1953 年张元济先生从商务印书馆领回五六麻袋旧记、信札，他认为无用，都要扔掉。正巧父亲去拜访他，看了这些材料，说不能扔掉，应该保存。征得张老先生同意后，材料全被送到合众图书馆保存，后来在整理张老先生的著作和信札时，这五六麻袋文件起了重要的作用。

赠书的另一例子是上海南洋中学老校长王培孙先生藏书的捐赠。南洋中学是上海著名的中学，王培孙先生 40 年的藏书都放在南洋中学图书馆。1952 年夏，学校要把藏书楼改为礼堂，王先生的藏书不适合中学生，管事人调查后认为送合众图书馆最合适。但合众图书馆当时为私立性质，直接给不合适，于是决定捐献给上海市人民政府文化局，请文化局拨给合众图书馆，文化局表示同意。这些书于 1952 年 11 月 12 日移送过来，共 370 箱，76 700 多册，这里面史书最多，其次为方志，再次为佛经，还有明末清初的词曲、杂剧等。这是在我离开上海后发生的事。1953 年春节我回上海，看到图书馆门厅的楼梯旁还堆满了书箱，父亲告诉我，这就是王培孙先生的赠书，因为书库还没有腾出地方，暂时只能放在那里。以前也这样，过道、墙边经常摆满了书箱。

积累图书的途径除各家的捐赠外，还有收购。那时候父亲几乎每周都要去上海河南路等处的旧书店，或到常熟路及静安寺百乐门附近的小书摊，尽量补全已有图书，供文史研究之需，因此购书费是合众图书馆的主要日常开支。

收购的图书还有些是人家专门找来的。杭州顾燮光老先生长期在河南等地工作，对河南的石刻碑帖等很有研究，收藏了很多，后来推荐给合众图书馆，合众图书馆就将他的收藏全部买下来，并帮助他出版了《河朔古迹图识》。

收集图书的第三个渠道就是交换。较突出的例子是 1946 年抗战胜利后，父亲用馆中自刻的《谐声谱》等一批复本，与贵州大学图书馆交换从汉奸陈群处没收的一批图书。为了安全，这批书都盖上了"贵州大学图书馆遗存图书"字样。

另外馆里还自己印书。合众图书馆办馆宗旨中有一条：虽属私立，但要化私为公，服务于公共事业。除了典藏外，还要谋播，在条件许可的情况下，一是向专门学者提供阅览，二要将旧本秘籍刻印流布。当时上海币值暴跌，物价飞涨，原来筹措的基金贬值甚多，要印书谈何容易！开始还能排印，后来则改为石印，于是父亲自当抄胥，手写上板。那时候他白天处理馆务，晚饭后休息到 7：30 就上楼抄写，一晚上用小楷抄 3 000 字。石印花钱不多，但纸也很贵，父亲就向李英年、陈器成（叔父顾廷凤的挚友，光明药厂的经理，有钱并喜好收藏字画和书籍）等人募捐，又找到中学同学汪伯绳先生，他是纸厂老板，在纸业界有盛名，因此再出书基本上都是他供纸。合众图书馆在此期间陆续印成了《合众图书馆丛书》两集，收录秘籍 18 种，都是清代先哲未刻的稿本和抄本。这些书大多经过合众图书馆校勘整理。合众图书馆就用这些书籍与各学校交换出版物，如 1947 年 8 月曾给北京师范大学陈垣先生函，赠他们《敬乡楼诗》及《金仍珠先生家传》，换取北京师范大学的一些出版物。

七、我接触到的名家学者

创办合众图书馆，既为保存民族文化，又为弘扬民族文化。合众图书馆不是普通的公共图书馆，所藏古籍文献为专门的学者服务，来看书的大多是经董事或知名学者介绍的。因为人力、财力微薄，合众图书馆没能做很好的检索工具，只有老式的、账簿式的登记册和一式三份的编目草片，但是学者专家还是愿意来馆找图书资料。按父亲的办馆思想，"不是自己所研究，就不能理解图书资料的内容，也不可能真正懂得图书资料的运用，也不会重视图书资料的茤集与整理"。来图书馆咨询的著名学者，有地质学家章鸿钊，生物学家秉志，文学家冒广生、郭绍虞、钱锺书、钱南扬，历史学家周谷城、周予同、蔡尚思、李平心、顾颉刚、郑振铎、牟润孙、陈乐素等。

父亲管理图书不是仅看书名，而是对书的内容都要看过，他认为这样才能给读者帮助。他的记忆力极强，所以人家有问题都要找他问。我印象最深的一次是 1998 年，父亲住在北京，一天，清华有徐寿的后人打电话来，问他哪里可以查到徐寿的资料。徐寿是清末著名科学家，在机械、化学方面有研究，也有著述。电话是我接的，转告父亲后，他思忖片刻，让我告诉对方，徐氏家族材料上海图书馆有，可以去查。父亲去世后，徐氏家人还专门来电道谢，说他们查到了资料，而且书已出版。

有的学者在他们的著作中专门提到从合众图书馆得到的帮助。如刘厚生先生在《张謇传记》的后记中写道："我在写稿时，所有材料，不能不取资于图书馆。幸有老友叶景葵先生创立的合众图书馆与我住宅甚近，因之《张謇传记》的材料，有百分之七十都是向此图书馆收集的。"

合众图书馆对有志于文史研究的青年学者，也是积极提供服务的，如红学专家冯其庸先生曾说过："35年前（1948年），我在上海读书，除上课外，剩下的时间绝大部分是在顾起潜先生主持的合众图书馆看书，有时我整天在图书馆，有时是半天在图书馆，当时我就是在撰写《蒋鹿潭年谱初稿》。使我十分感谢的是，我时时能得到顾老的指点和关照，我读的书图书馆单给我存置一个书架，每天到后就取书阅读，不浪费一点时间。"

由于读者不像公共图书馆那么多，合众图书馆对他们的服务做到了"个性化"。图书馆建筑面积不大，不可能开辟小间研究室，只能在大阅览室中摆放4张阅览桌，周围陈列《四部丛刊》《辞源》《辞海》及《韦氏大词典》等常用工具书，还有几个小书架，用于存放读者未看完的专用书籍，最大程度地做到了"个性化"。所以冯其庸先生赞为"取书阅读，不浪费一点时间"。

我见得比较多的读者有秉志老先生。他是清代举人，后又留美学生物，是中央研究院院士，解放后是中国科学院学部委员，在鲤鱼实验形态学方面有建树。我见他是在1942年，父亲希望我能成为有用的人，凡有机会就要我去见见知名的学者。秉志先生虽然搞自然科学，但国学也有很厚的功底，所以常来合众图书馆看古籍。他对父亲说，应该多领我去看看博物馆和工厂。在秉老先生说了这话以后，每逢周末父亲就带我去参观，记得有亚洲文会、复旦大学博物馆以及仙鹤草素药厂（观看从中草药中提炼针剂的过程，使我初步了解制药的流程）等。这些参观，使我的兴趣越来越转向自然科学。秉老先生十分朴素，总是身着一领布长袍，待人和蔼可亲，看不出是大学问家。

叶恭绰先生虽然比叶景葵、张元济等老先生要年轻一些，但与他们都熟识。他曾留学日本，民国时期当过交通总长、铁道部长、交通大学校长，交通大学在抗战前建成的最先进的教学楼，就是他当铁道部长时盖的。那个楼是方形建筑，只有两层，上面一层是教室和办公室，下面一层全是实验室，这座楼建成后被命名为恭绰馆，解放后改为工程馆。

1942年叶恭绰先生从香港回上海，知道叶、张等老先生创办合众图书馆，非常赞赏。他与我父亲也很熟，所以决定把他多年蒐集的地理类图书捐赠出来，凡906种，2 245册。他的很多书都存放在上海佛教协会的法宝馆（在静安寺以北的一个花园内），合众图书馆当时很多放不下的书也都寄放在法宝馆。解放前夕馆中人手不够，我也去搬运过书。叶恭绰先生解放后曾任政务院教委会委员、文史馆副馆长等。他对合众图书馆很支持，捐赠了很多图书甚至家具等。

我见过两次胡适先生。第一次是1946年7月，胡适先生来合众图书馆看全祖望重校本《水经注》，因为是名人，所以父亲一定要我去见一下。胡适正要去北京大学当校长，问我：准备学什么？上哪个学校？当时北京大学工学院刚成立，所以我并不想去，没有同他说什么。第二次是1949年3月，他去美国之前，为了弄清《水经注》的正本，在合众图书馆研究《水经注》，待了一天半，中午就与我们一起吃饭。饭是我母亲下厨烧的，当时物价飞涨，副食很难买，母亲做了几个菜，胡适吃得十分高兴，临行前给我母亲写了一个扇面。那天午饭我也在座，胡适问我的专业，我告诉他在上海交通大学读航空工程系。他说现在每天报上发表文章的专家多如过江之鲫，像你们这样学出来的才是真正的专家。

郑振铎先生当时也在上海，为抢救中国文化遗产而努力，他和叶老先生、张老先生，特别是徐森玉先生关系密切，与我父亲也很熟络。他对合众图书馆的建设非常关心，多次来长乐路书库参观、提建议、帮助收集图书。

八、结束语

合众图书馆虽仅成立了14年，但它在抗战期间为保存和弘扬民族文化起到了重要作用，这与创办者的高尚品德和敬业精神是分不开的。当时创建图书馆的叶景葵、张元济、陈陶遗先生等都是竭尽全力、不计个人得失地投入。叶景葵除了捐赠全部藏书外，几乎把自己家产全都投入创建合众图书馆的事业中，他去世时几乎无存款，以至身后家人给合众图书馆的房租都交不上。他们都有强烈的爱国心，青年时代都积极为维新变法奔波过，到了中年时代，清政府被推翻后，为了国家振兴富强，都曾创办实业。抗战时期，他们已年近（或年逾）古稀，但仍想着为保存民族文化而尽心尽力。

这些老先生们都是经过科举考试的，国学基础相当雄厚，但他们活到老，学到老，虽已至耄耋之年，还在不断做勘校工作，给胡适的《水经注》研究提供意见，印出《读史方舆纪要》校勘本。他们的道德学问，爱国主义精神，全心全意为事业，对学问精益求精、永不止步的精神，是我永远忘不了、永远崇敬的。

我从9岁起到21岁大学毕业离开上海为止，一直生活在合众图书馆。我应该有条件很好地学习国故，但父亲放任我按照自己的兴趣做出选择，不强求我练毛笔字、读经史子集，只有两个暑假，要我读《纲鉴易知录》，要求我了解我国的历史。但合众图书馆的环境使我养成了看书的习惯，在帮图书馆搬书上架的过程中，我有机会看各种书籍，特别是人家捐赠的科学画报等各种自然科学书，觉得心中有烦恼时，通过阅读心里就宽松些。还有就是学会了遇到问题从书籍、刊物中找思路、方法和答案，以免走弯路。这一点对自己从事航空科研、飞机设计研发非常有帮助。

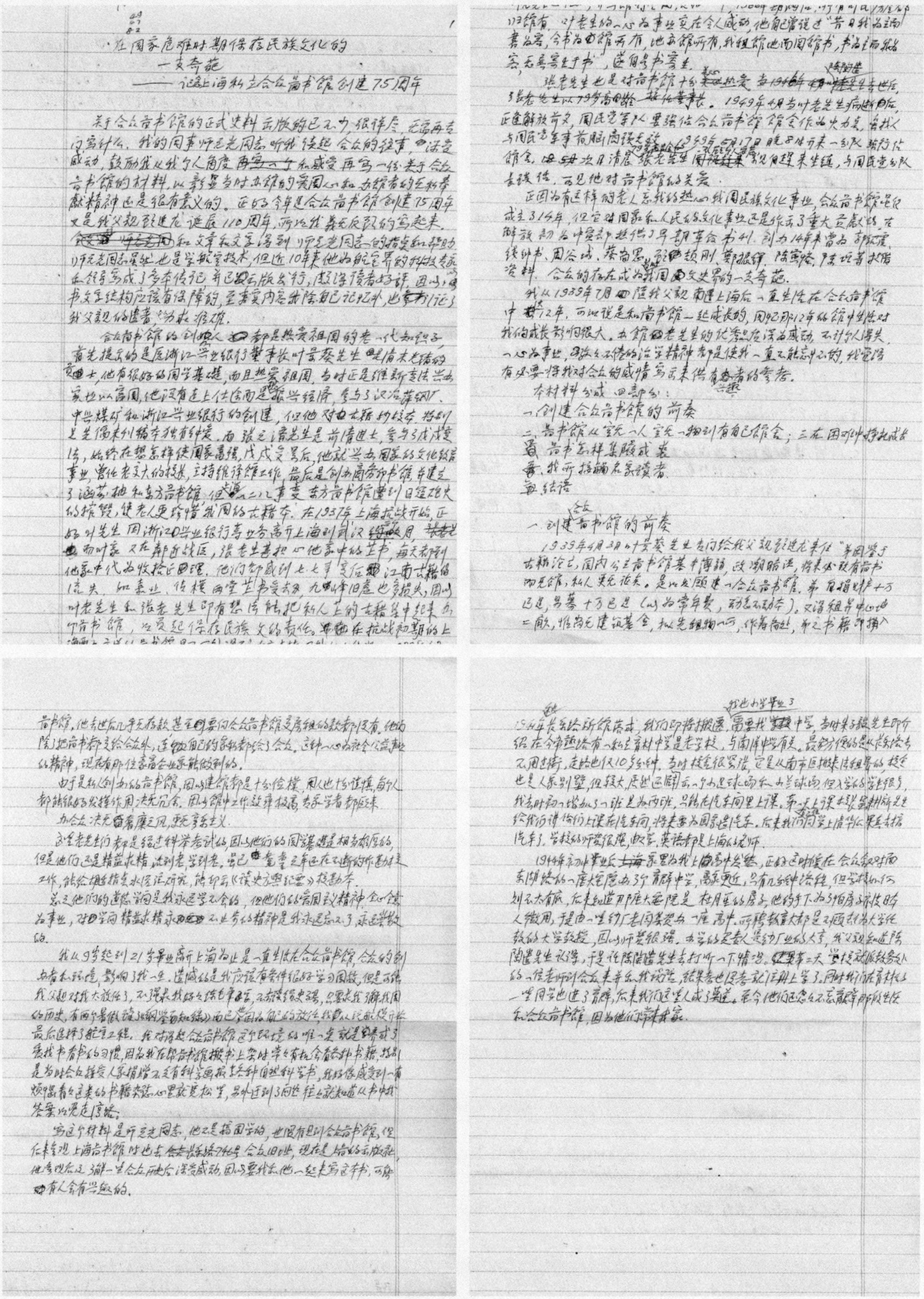

在国家危难时期保存民族文化的
一支奇葩
——记上海私立合众图书馆创建75周年

顾诵芬手稿（节选）

目 录

引 子

1937 年，上海。从七七卢沟桥事变以后，日寇发动了全面侵华战争。8月 13 日夜，日军突袭南京、广德、杭州并轰炸上海虹桥机场。自 1931 年一·二八淞沪抗战之后，上海又一次被战火惨烈蹂躏。中国军队以血肉之躯殊死抵抗，虽然取得了击毁敌机 230 架、击毙日军飞行员 327 人，致敌死伤 25 323 人的战果，但终因武器装备严重落后、高层指挥疏误，无法彻底遏制日军攻势。10 月 25 日，在老人桥、小石桥等阵地被敌攻破后，大场东西两面均被敌包围。26 日，随着大场、江湾、闸北的陷落，中国军队陆续撤退到苏州河南岸，中日在蕴藻浜、走马塘之间的战斗以中国军队的失败告终。28 日，除第九集团军第八十八师由五二四团中校副团长谢晋元率该团第一营据守闸北四行仓库外，其余中国军队放弃上海北站至江湾的阵地，全部撤退到了苏州河南岸。[①]

10 月 29 日上午，已经 71 岁的张元济老人匆匆地向临近战区的兆丰别墅赶去。不远处时时传出轰隆隆的炮声，但老人没有丝毫犹豫，他的身躯稍有佝偻，但步履坚定而敏捷。兆丰别墅一栋住所的大门打开，张元济对这里不陌生，他径直上楼，推开了书房的门。

---

① 马振犊、陆军编著《八一三淞沪会战》，航空工业出版社，2016，第 110-206 页。

张元济

在中国近代史上，张元济是一位具有传奇色彩的名人。他祖籍浙江海盐，1867年10月25日生于广东。他的父亲张森玉（1842—1881）年轻时离开兵荒马乱的家乡，投靠在潮州的表亲，后定居广州，捐官得广东后补府通判，盐提举衔，升用同知直隶州知州，历署广东会同、陵水二县知县。

1889年，张元济赴杭州应乡试，中式第10名举人。1892年进京赴考，中"二甲二十四名进士，复试一等十名，朝考一等三十一名"。1897年入总理各国事务衙门任章京职。1898年，戊戌百日维新失败，因参与变法，张元济被"革职，永不叙用"。李鸿章将他推荐给了盛宣怀，他先后任南洋公学译书院院长、南洋公学代总理。1901年，张元济投资商务印书馆，1903年任商务印书馆编译所所长，1909年被推选为商务印书馆董事、董事会主席，1916年任经理，1920年任董事会监理（名位在总经理之上），后辞去监理职务，专任董事一职。

张元济与国内政、商、文史界等方面名人过从甚密，参与了预备立宪会、中华职业教育社等组织的重要社会活动，编译、编写和组织印行、出版多种在历史上有重要影响的书籍，是享誉中外的出版家、教育家、实业家。

这栋宅子的主人是浙江兴业银行董事长叶景葵。

1937年7月18日，叶景葵夫人朱昶病逝，加之八一三事变后，浙兴银行事务繁忙，超负荷的压力使叶景葵身心疲惫，乘战事间隙，他一人离沪赴莫干山休养。后因局势变化，浙沪间交通中断，董事会决定，请他由莫干山径赴汉口，布置战时各分支行撤退事宜。其间，出现了上海面临沦陷的局面，张元济担心叶景葵多年收藏的古籍有被毁危险，主动上门为之清理。这是非生死至交不能做出的举动。

张元济的担心是有缘由的。1932年1月29日，他苦心经营多年的东方图书馆毁于战火和日本浪人的纵火。《张元济年谱长编》有记：

　　1月29日　清晨，日军飞机多架由黄浦江中航空母舰起飞，向闸北空际盘旋示威。七时许天大明，实施轰炸。十时许，日机接连向宝山路商务印书馆总馆投弹6枚。"第一弹中印刷部，第二弹中栈房，当即爆裂发火。救火车因在战区无法施救，只得任其延烧。火起后日机复继续掷弹，于是全厂皆火，浓烟弥漫天空。又因总厂纸类堆积甚多，延烧更易。厂中各种印刷机器全部烧毁，焚余纸灰飞达十数里外。""租界中人多登屋顶遥望本厂之烟山腾涌，几患人满。是日下午三时许全厂尽毁……"时大火冲过马路，东方图书馆及商务印书馆编译所亦遭殃及。1月28日晚战事开端时，总厂中本留有20多位消防队员藉资防护。次日晨日机轰炸时，印刷所制墨部首先中弹着火，消防队员尚欲分头尽力扑救。无奈弹下如雨，全厂皆火，救无可救，只得于十时许退出总厂。（《上海商务印书馆被毁记》，第6、17页、附录第3页）因闸北战事正激，交通受阻，先生无法得知确实消息。

　　…………

　　2月1日　日本浪人闯入东方图书馆纵火。"晨八时许东方图书馆及编译所又复起火。顿时火势燎原，纸灰飞扬，烟火冲天，遥望可见。直至傍晚，此巍峨璀灿之五层大楼方焚毁一空。"（《上海商务印书馆被毁记》，第16页）至此，先生精心收辑庋藏的大

东方图书馆被毁

批珍本古籍与其他中外图书计四十余万册，全部被毁。灰烬与纸片随大火冲天而起，飘满上海天空，有的被东北大风吹向沪西地区，飘落到极司非而路先生寓所花园。先生面对满天纸灰，悲愤异常，对许夫人叹曰："工厂机器、设备都可重修，唯独我数十年辛勤搜集所得的几十万册书籍，今日毁于敌人炮火，是无从复得，从此在地球上消失了。""这也可算是我的罪过。如果我不将这五十多万册搜购起来、集中保存在图书馆中，让它仍散存在全国各地，岂不可避免这场浩劫！"（张树年《我与商务印书馆》，《商务印书馆九十五年》，第290页）①

有此惨痛经历，张元济对可以见到的书籍更添了一份珍惜之情。他在叶景葵的书房中细细查看，见到老友珍藏的书籍均有书箱，才松了一口气。还有一些书摆放在三楼和书房地下杂厕的书架、书柜中，他认真翻阅，做了一些挑选、归并，整理出其中需要珍藏的孤本、善本，或装箱，或单独存放，以确保一旦有事，可迅速搬运转移。张元济此次整理工作之精细，在次年8月8日叶景葵为《齐民要术》撰写的跋中可以看出：

> 丁丑春在故都，见一全本前有嘉靖年序，乃恍然此前六卷，即嘉靖刻，非元刻。今夏检理书簏，知张菊生丈去冬在炮火之下，为我整理时，已代更正。精鉴可佩也。兹将原条粘附册首，以作纪念。戊寅七月十三日，景葵记。②

---

① 张人凤、柳和城编著《张元济年谱长编》，上海交通大学出版社，2011，第889、890页。
② 叶景葵：《叶景葵杂著》，顾廷龙编，上海古籍出版社，1986，第89页。

叶景葵，1874 年 8 月 29 日出生于浙江杭县（今杭州市），字揆初，后别署存晦居士，一曰卷盦，原籍安徽新州。1894 年叶景葵在杭州应浙江乡试，中式第 2 名举人。1898 年进京参加戊戌年会试"报罢"，遂投通艺学堂习英文、算学。1902 年在山西布政使护理巡抚赵尔巽幕下任书记，因代草《条陈十策》有声于时。1903 年以二甲 86 名

叶景葵

成进士。1909 年，叶景葵就任浙江兴业银行汉口分行总经理。1911 年出任清政府天津造币厂监督、大清银行正监督。1912 年中华民国联合会改为统一党，叶景葵任参事。4 月，参与议定汉冶萍公司办事章程及人事安排，被公推为经理。5 月，民国公会、国民协进会、民社、共和建设讨论会及国民党五政团《合并议决书》签字通过后，新组建的共和党在上海张园举行成立大会，叶景葵被选为总干事之一。8 月，浙江兴业银行股东常会选举叶景葵任新一届董事。1913 年 4 月，叶景葵当选商务印书馆董事。1914 年 6 月，任浙路清算处主任。1915 年浙兴董事会推选叶景葵为董事长并实行董事长负责制，这是中国金融界之首创。

张元济与叶景葵相识很早。1898 年叶景葵学习英文、算学的通艺学堂即为张元济等人所创办。此后几十年中，除社会活动中的交往外，叶景葵在商务印书馆任董事期间还有着与张元济密切共事的经历。相同的志趣和使命感使他们结为莫逆之交。两人都深知书籍是传统文化命脉所在，所以都尽自己之所能搜集古籍，在保护珍藏的同时，还孜孜不倦地进行版本研究、校核，择优刊行。

在获知张元济为自己整理藏书一事后，叶景葵从汉口致函张元济称谢，并透露出拟将个人收藏捐赠图书馆的想法：

菊丈台鉴：

顷接通丈[①]信，知长者于危险之下为葵理故书，感惶无地。葵初购书，皆普通浏览之书。近来稍得先儒稿本及明刻各书，然亦未成片段。以近来物力之艰，得此已觉匪易。今岁室人物故，私计不再购书，并拟将难得之本，一为整比捐入可以共信之图书馆，而于普通各书，则留为随时消遣之用，虽未暇为之，而已有就正有道之意，盖自省鉴别不精，恐以珷玞乱玉也。今于危险时期承长者慨然代为检点，私衷何等庆幸。但敝寓正在炮火之下，敝藏无多，尽可将书箱送至尊寓。因稍为罕见之书，皆存入柚木书箱之内（文章千古事，法自儒家。三十箱，有三十箱厥协，六经异传十二箱，其中亦有极寻常者，皆昔存未改装者也。又，三楼有郑振铎押品两橱，书房地下杂厕有新购者，楼下客室橱中皆普通印本），移送不难也。历年虽有草目，但凌乱无伦次，凡无价值而易得者置之可耳。葵到汉尚安，适昔时政府拟以衡州为最后退步，而近日已大肆轰炸，太原危急。河西之险，铁骑可以凭陵，则成都、重庆等处，何尝不可轰炸？故只能相当驱避，而无绝对安全之地也。草草布谢。敬颂颐福。再侄景葵谨上。

二十六、十一、五[②]

---

① 指陈叔通。

② 叶景葵：《叶景葵文集（上中下）》，柳和城编，上海科技文献出版社，2016，第1349页。

叶景葵函中谈到的"可以共信之图书馆"应为浙江省立图书馆。在 1941 年 9 月 2 日致朱启钤① 函中，他明确讲到 1937 年前后，曾"颇有捐献浙江省立图书馆之意，已有同志二三起而和之。战事骤起，浙馆迁徙，非复旧观"②。

顾廷龙在《张元济与合众图书馆》一文中写道："叶先生致函称谢，第一次透露欲将个人藏书创办私人图书馆的意愿。"③

---

① 见后"朱启钤"一节。
② 叶景葵：《叶景葵文集（上中下）》，柳和城编，上海科技文献出版社，2016，第 1408 页。
③ 顾廷龙：《顾廷龙全集·文集卷》，上海辞书出版社，2015，第 326 页。

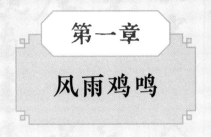

第一章
风雨鸡鸣

　　一九三九年的春天，日寇侵略之势愈炽，上海四郊已经沦陷，叶景葵先生深怕奴化教育的长期侵蚀，同时，素称藏书最丰富的东南一带，遭了兵灾，藏家纷纷流散，当时的公立图书馆均已迁往内地，上海虽有私立图书馆数处，而各有其方针，对于我国固有文化兼顾不到，私人有力收购的也很少，目睹被日美两国多方搜罗以去，很觉痛心，因此叶先生即发愿创办私立图书馆，但自知非一人之力所能举办，特商请张元济、陈陶遗两先生一同发起，取众擎易举之义，命名"合众图书馆"。

　　　　　　——顾廷龙：《上海私立合众图书馆十四年小史》

一、风雨如晦

从七七事变到 1938 年 10 月武汉失守，沦陷区面积已占中国领土面积的 23%，而且这些地区均属于中国政治、经济和文化的发达地区。短短一年多的时间里，中国就丧失了 91% 的关税、97% 的机器制造工业、75% 的面粉工业、75% 的纺织工业。中国几乎完全倒退到农业时代。[①]

仅抗战第一年，上海、江苏、河南、浙江毁于日军战火的图书馆即达 1 242 所。1937 年 12 月，日寇占领南京，抢走了龙蟠里南京国学图书馆珍藏的大批图书。该馆藏书达 20 余万册，多为宋元明清历代珍本，其中有钱塘丁氏八千卷楼旧藏，在"文献扫荡"中损失殆尽。该馆寄存于江苏兴化县的雕版图书和各省广场志 6 803 册，全部被日军焚毁。该馆庋藏的清代咸丰、同治、光绪、宣统四朝江南各官团档案，已清理的 6 486 宗，未清理的 60 多大篓，也都片纸不存。安徽省立图书馆在迁移金寨县后，随着金寨县的沦陷，20 万册图书、期刊全部毁于战火。侵华日军不仅劫夺国家图书馆藏书，还肆意搜劫私家藏书及珍贵古籍。日军在南京搜劫公私图书 300 多卡车，共计 88 万册。据《大劫难》一书统计，抗战时期沦陷区和战区共损失图书馆 2 118 所，民众教育馆 839 所，损失藏书总数在 1 000 万册以上。其中南京被破坏的图书馆 43 所，北平 61 所。[②]

据 1939 年国民政府教育部《教育年鉴》统计，截至 1938 年 12 月，大学及本科以上学校，全国共 118 所。18 个月来，14 校受极大之破坏，18 校无法续办。在各大学之损失，当以图书馆为最甚。以国立学校言，则损失 1 191 147 册，省立学校 104 950 册，私立 1 533 980 册，总计达 2 830 386 册之多。全部

---

① 徐康编著《武汉会战》，航空工业出版社，2016，第 208 页。

② 冯志：《抗战时期我国的图书及图书馆事业》，载《四川图书馆学报》2006 年 2 期总第 150 期。

损失至少当在一千万册以上。[①]

叶景葵曾属意的浙江图书馆始创于 1900 年，是全国最早建立的省级公共图书馆。抗战前，浙江图书馆无论是藏书质量、馆舍设施，还是事业发展、学术影响均已在国内享有较高的地位。1937 年 12 月 24 日杭州沦陷后，浙江图书馆遭受重大损失。在仓促撤离中，"除迁出 11.4 万余册珍贵图书外，余 20 万册图书不及搬迁，分藏于杭城民居中。杭州沦陷后，这批图书被敌伪及窃贼劫掠过半。战后统计，损失中外图书及杂志、报纸合订本共计约 10 万册，其中杂志合订本损失了五分之四。此外大学路馆舍成为日军柳川部队军营，所有书架被拆毁，水电设备全部毁损，建筑物也遭严重破坏。抗战胜利后浙江图书馆无力整修，被迫暂迁孤山馆舍。据 1945 年 12 月 31 日浙江省立图书馆所制《抗战损失财产目录表》统计，该馆除图书、馆舍遭损毁外，还损失了木刻书板 2 000 片、石刻帖石 163 块，以及部分器具、印刷设备等，时价 31.4 万余元"[②]。

在上海松江，姚石子收藏中国典籍甚富，沦陷后，全部被敌运去。那时江浙藏家如上元宗氏咫园、虞山丁氏淑照堂、吴兴刘氏嘉业堂、平湖葛氏传朴堂、扬州王氏信芳阁、杭州王氏九峰旧庐，先后遭乱，损失重大。北方如天津郭氏汲澧楼等，亦廉价求售。一般图书，论斤出卖，用作包裹食物。较好的书，也充塞坊肆，然时人初经战事，心绪不定，经济尚多困难，所以很少有人问津。[③]

　　　　日方不仅劫夺中国私立或私人藏书机构的典籍，甚至造成了
　　　死亡悲剧。1938 年 5 月 2 日，上海的《文汇报》载：杭州有一个

---

① 沈津：《顾廷龙与合众图书馆》，载《顾廷龙先生纪念集》，上海科学技术文献出版社，2014，第 27 页。

② 袁逸：《抗战时期浙江图书馆事业的损失》，载《中国图书馆学报（双月刊）》2000 年第 5 期。

③ 沈津：《顾廷龙与合众图书馆》，载《顾廷龙先生纪念集》，上海科学技术文献出版社，2014，第 27 页。

还没有落成的东南藏书楼，系上海王绶珊[①]所建。王氏为盐商，所藏典籍，价值百万。所藏的地方志，达3千数百种，值50万金，为我国地方志收藏第二位。王氏为了建立个人不朽地位，以十数万金单独建设藏书楼，以公诸社会。不料布置刚刚就绪，战事突起，开始以为战事不至于蔓延到浙江，这些地方志没有搬走。直到战火逼近杭州，才开始转移重要部分到乡下。杭州失陷后，日本人侦知该楼藏地方志极多，将其存留者全部运走，随后又得知移出部分所在地，于是一网打尽。王氏居于上海。当此不幸消息传来，一愤而绝，"其枢今犹在堂也"。

《文汇报》的报道是准确的。王体仁，字绶珊，浙江绍兴人，藏书甚富，尤以方志见长。日本外交档案中记载了劫掠王氏的方志文献3 000余件。[②]

八一三事变后，上海闸北、虹口等地区图书馆损失惨重的有：市中心图书馆，南市文庙图书馆，同济大学、暨南大学、交通大学、大夏大学、大同大学、光华大学、沪江大学、上海商学院、东吴法学院、上海法学院、同德医学院等高校图书馆。除少数学校事先迁出一部分外，余书均被毁。据1938年12月统计，当时上海较大的图书馆仅存：海关图书馆、鸿英图书馆、工部局公共图书馆、丁香图书馆、震旦图书馆、丁氏图书馆、明复图书馆、青年会图书馆、法文协会图书馆、中国国际图书馆、基督教大学联合图书馆以及筹备中的中华业

---

① 王绶珊（1873—1938），浙江绍兴人，迁居杭州，辛亥以后居上海，名体仁，字绶珊，清末秀才。王氏以经营盐业起家，嗜典籍，筑九峰旧庐于杭州，部分珍籍储上海。据杜国盛撰《九峰旧庐藏书记》载，王氏藏宋本100余种，各省府、县志达2 000余种。又据朱士嘉撰文，王氏藏地方志中属海内孤本者达29种，尤其著名的是宋绍定刻本《吴郡志》。其他不见于各大图书馆及藏家目录者约400种。朱遂翔（杭州抱经堂主人）为之著录所藏浙江一省之地方目录，达236种。王氏故后，所藏大部分售与当时的南京地质研究所。

② 刘劲松：《日本掠夺中国典籍和私藏品》，《南方都市报》2016年3月31日。

余图书馆等十余所而已，合计藏书仅 70 余万册，其中大部分在租界内，掌握在外国人手中。[①] 这些图书馆先不说是否"可以共信"，其馆藏特色与服务对象就与叶景葵的构想大相径庭。

对于当时的局势，叶景葵有清醒的认识。12 月 3 日，他在给张元济的信中写道：

> 昨由汉馆奉到赐示，敬悉敝藏书籍承公鉴别，刻已全部保存，将来事定后，拟选择可以保存之价值者，请公再为鉴别，想亦大雅所乐闻也。汉市不免扰攘，因京都纷纷后撤，但行政无系统，诸事待最高首领解决，而首领刻正在艰危督战中，安得有此余暇？刻下骑上虎背，欲罢不能，只有拼死奋斗而已。葵因汉行近为内地集中处所较繁，一时不拟返沪。[②]

经过缜密思考，叶景葵决定发起创办一家尽"保存固有文化之责任"[③] 的国学图书馆。

二、精心擘画

叶景葵创办私人图书馆的决心已定，他首先考虑的是选人。

资金虽然是关键，但叶景葵已心中有数。从合众图书馆董事会收支报告（1941 年 8 月 16 日至 1942 年 2 月 15 日）可以看到，筹办经费的来源有捐款和

---

① 郑麦：《抗日战争上海"孤岛"时期的图书馆事业》，载《华东师范大学学报（哲学社会科学版）》1995 年第 5 期。

② 叶景葵：《叶景葵文集（上中下）》，柳和城编，上海科技文献出版社，2016，第 1349 页。

③ 顾廷龙：《顾廷龙全集·文集卷》，上海辞书出版社，2015，第 312 页。

募集两方面。其中捐款有：叶景葵法币 15 万元，这笔款项指定作永久基金；陈莱青法币 5 万元，以一半做建筑费，一半做永久基金；蒋抑卮捐赠明庶农业公司股票，票面价合法币 5 万元，指定作购书基金；陈永青法币 5 000 元充建筑费；陈植法币 450 元充建筑费；刘柏森法币 1 000 元充建筑费。募集款项有：叶景葵募法币 45 万元，又有法发英金善后公债，票面英金 6 700 镑，成本作法币 10 万元，合计高达 80 万元。在合众图书馆创办之初，这无疑是一笔可观的资金，其价值从开办初期的支出就可以看出。当时购置基地用款为法币 75 000 元，建筑馆屋及附属设备约法币 18 万元，所有筹备处开办费及两年以来经常费约支出 4 万元，均在募集款项收入利息内动支，并未用本。叶景葵为创办图书馆在资金方面做了充分的准备，从当时的金融形势看，图书馆创办和长期运营的经费是充裕的。

无论浙江兴业银行还是商务印书馆，在发展过程中都曾购买土地用于建厂、建办公用房和投资房地产。叶景葵和张元济作为决策者，对于购地、建屋都有着丰富的经验，在资金得到保证的前提下，这不是问题。

图书馆的核心要素是图书，叶景葵自己的藏书已经为其奠定了坚实的基础，他相信图书馆只要办起来，捐赠与收购并举，一定会有可观的馆藏。他熟知的许多藏书家都收藏有一些古籍珍本，但不属于本人学术研究或感兴趣的专业，如天文、算学、医学等等，这些书放在私人家中只是收藏，捐赠于图书馆中，则可以有利于众多研究者，何乐而不为？对扩充馆藏书籍，叶景葵信心满满。

唯一需要下心思考虑的是选一位符合自己理想的图书馆管理者。

从萌生创办图书馆的想法起，叶景葵就在审视着身边的每一个人。在他和张元济周围，具有经营管理能力的人才不少，但这一个人首先要值得他们信赖，这是最重要的。当时叶景葵已经 66 岁，张元济较他年长 7 岁，更是古稀之年的人。叶景葵知道这是自己人生中要办的最后一件大事。与浙江兴业银行等事业不同，创办图书馆，于国家、民族是功在千秋，而于自己则是人生的托付。一生搜集的全部书籍和一生积攒的全部财富都放在这一件事上，如果选人不当，不说前功尽弃，稍有闪失都是他无法承受的。

必须与值得信赖的人合作，是他的人生经验。在大清银行，他遇到过分行经理贪污案；在浙江兴业银行，他遇到过银行经理因与自己意见相左被自己辞退之事；在汉冶萍，他遇到过萍乡总务局总办贪污巨额公款之事；在商务印书馆，他遇到过张元济因高层意见不合辞职之事……凡此种种，使他深知，这次必须选对人。

他要求的值得信赖，不只是对他个人的忠诚，而是要对自己创建事业的忠诚。他知道，具有共同的人生追求、共同的目标和信念的人才是最可信赖的。在浙江兴业银行，他有蒋抑卮、徐寄庼、徐新六等志同道合的共事者，在商务印书馆，他有张元济、李宣龚等可以与之同生死、共患难的至交。在创办图书馆这件事上，他需要的就是这样的人，只是还要附加一个关键的条件——年轻。

三、忘年之契

顾廷龙，字起潜，生于 1904 年 11 月 10 日，农历甲辰年十月初四卯时。按照中国人的习俗，这一年出生的属龙，这是他名"龙"的缘由。顾家居住在苏州平江路横巷混堂巷，是典型的书香门第。清康熙皇帝下江南时，闻顾家文风之盛，赞为"江南第一读书人家"。

顾廷龙

顾廷龙自幼受到前辈熏陶，4 岁即开始读书学习。1924 年，20 岁的顾廷龙考取了南洋大学机械系，后转学到国民大学商科经济系。时任国民大学校长的是章炳麟，校中有教授胡朴安。1926年，章炳麟因故辞去国民大学校长职务，顾廷龙也离开国民大学，师从外叔祖父王同愈学习金石和目录学。在两年时间中，他博览有关金石目录的书籍，汇集名家批注《四库全书简明目录》传本，还曾汇录了一部各家披阅《积古斋钟鼎彝器款识》的校语。

在叶景葵的脑海里，已经有了一位备选者——顾廷龙。

1929年初，顾廷龙参加了胡朴安组织的中国学会。1930年春，经胡朴安介绍，他转入持志大学国学系四年级继续学习。1931年下半年，他考入燕京大学研究院国文系。系主任为郭绍虞，导师为容庚。他还选修了黎锦熙的修辞学、魏建功的古音系研究、侯堮的训诂学等。一年后毕业，获文学硕士学位，受聘燕京大学图书馆，任中文采访主任兼美国哈佛大学燕京图书馆驻北平采访处主任。

在北平读书、工作期间，顾廷龙结识了章钰并得到他的指教。章钰，字式之，又字坚孟，晚号霜根老人，1864年出生于苏州，清光绪癸卯进士，曾任官郎曹，不久即辞官回归故里，专心致志于校读古籍。一生藏书有7万余卷，这些书都经他阅读批注。其平生治学，专精于史部，而于金石目录尤有深研。他的书斋取宋尤延之"饥当肉，寒当衣，孤寂当朋友，幽忧当金石琴瑟"语，名曰"四当斋"，并著有《读书敏求记校证》《胡刻通鉴正文校宋记》《四当斋集》等。

顾廷龙从燕京大学毕业时，章钰从天津移住北平。顾廷龙曾写道："辛未季秋，龙来燕京大学肄业，时先生亦方自津步就养旧都，始克以年家后进，登堂展谒，获聆绪论。以龙于金石目录之学有同耆焉，不鄙顽钝，引而教之，休沐良辰，辄诣请益，或出孤拓珍本、名书法绘相与赏鉴，或述乡邦掌故、前朝旧闻昭示愚蒙。逾年龙既卒业，即佣书母校图书馆，仍得不时奉手。六年以来，相契益深。龙或经月不入城，则必贻书垂询，而龙亦以久不见长者为念。"①

1997 年，已经 94 岁的顾廷龙回忆起章钰对自己的影响时写道："在燕大读书与工作时，有位长者对我关心帮助很大，他就是吴中名宿、寓居京师的章钰先生……还在我读书时，他就对我甚为垂爱，或示以孤拓珍本、名书法绘，相与赏鉴；或备述乡邦掌故、前朝旧闻，昭示愚昧。当我的习作《晋临雍碑跋》一文发表后，他对我勉励有加，认为该文通过对学籍统计表证明'当时蜀吴尚未统一'的观点，为他人眼光所不到。老辈为金石学者，鲜能精密如此，使我很受鼓舞。我搞图书采购特别看重抄、校、稿本，也得到他的赞赏，因他自己即日坐四当斋中，露抄雪篆，丹黄齐下，十分用功。"②

1933 年 10 月 7 日，顾廷龙父顾元昌去世，享年 58 岁。章钰应顾廷龙请求，写下《清授中宪大夫四品衔安徽补用通判吴县顾君墓志铭》。其中写道："年家子顾起潜，修业燕京大学，时过余织女桥僦舍，讨论金石文字及乡邦掌故，至相得也。"③

章钰与叶景葵同为 1903 年（光绪二十九年）进士，感情自不一般。1933 年 4 月，叶景葵为浙兴印制兑换券事赴北平，其间携清人张惠言《谐声谱》④ 稿本与章钰、徐森玉等商议，一年后，由叶景葵出资的影印本出版，章钰为之序。这套 50 卷、12 册的巨著书牌有"武进张氏稿本　谐声谱　武林后学叶景葵印行"字样。章钰在序中详述了该书源流与稿本整理经过，盛赞叶景葵的藏书特色与学术志趣。其中写道："当今藏书家，竞收宋元旧椠。揆初则重老辈稿

---

① 顾廷龙：《顾廷龙文集·章氏四当斋藏书目跋》，上海科技文献出版社，2002，第 136 页。

② 顾廷龙：《我和图书馆》，载《顾廷龙文集》，上海科技文献出版社，2002，第 595 页。

③ 顾诵芬、师元光编著《自将摩挲认前朝：〈宋绍定井栏题字〉释注》，上海科学技术文献出版社，2017，第 132 页。

④ 《谐声谱》成书于 1814 年，作者是张惠言、张成孙父子。此书以《诗》韵为经，以《说文》为纬，"以韵别部、以部类声、以声谱《说文》之字"，分古韵二十部，为古音学的发展作出了杰出的贡献，具有重要的研究价值。

叶景葵印行的《谐声谱》

本与未刊行者，所得以梁溪顾氏撰《读史方舆纪要》清本、归安严氏辑《全三代至先秦文》底本两种为钜……《谐声谱》乃其一也。特附记之，以见揆初胸有鉴裁，汲汲以延古人慧命为事。此其嚆矢也。"①

顾廷龙与叶景葵之间的交往即由《谐声谱》而起。1934 年 8 月，《谐声谱》问世。1935 年 6 月，顾廷龙写信给叶景葵，希望获赠一部：

　　揆初先生左右：

　　　　每从式之先生处备闻风谊，深为仰慕。比见景印《谐声谱》全稿，发潜阐幽，令人致敬。是书为研究古声韵学必读之籍，自来学人咸苦学海堂所刻之不足，今乃以全璧行世，嘉惠士林，岂浅鲜哉！龙欲得已久，遍访市肆，无一代售，用敢冒昧仰恳慨赐一部。倘蒙俯允，感激无既。附上《吴愙斋先生年谱》一册，冀为引玉之资，敬请教正，顺颂著祺。晚顾制廷龙顿首。

六月卅日②

---

① 柳和城编著《叶景葵年谱长编》，上海交通大学出版社，2017，第 786 页。

② 上海图书馆历史文献研究所编《历史文献（第二辑）》，上海古籍出版社，1999，第 45 页。

叶景葵很快就满足了顾廷龙的请求。在发出前一封信后，不到 10 天，顾廷龙就收到了一部《谐声谱》并附有答复。顾廷龙为表示感谢，次日特别用篆体写信给叶景葵：

> 揆初先生左右：
>
> 　　昨奉答并《谐声谱》一部，如拜百朋之赐，感幸无似……又读式丈叙语，敬悉高斋所藏先哲稿本甚多，闻之神往，它日南旋，不识能慨许一睹以广眼界否？……①

这一年 7、8 月间，顾廷龙返苏州接家眷到北平，路经上海时，曾拜访过叶景葵，可惜未能见到。叶景葵在 9 月 16 日写给顾廷龙的信中写道："失之交臂，恨歉奚如。"就在这封信中，叶景葵提到了自己收藏顾祖禹②所著《读史方舆纪要》一书：

> 　　敝藏《读史方舆纪要》稿本据卷首康熙时人跋，系成书后第一清稿（并非顾氏手稿），为景范先生之孙世守者，似彭氏付刊时即用此本。惟全书内粘签甚多，对于原书多所纠正，未知有无顾氏亲笔，抑华商原诸人之所为，此蓄疑者一也。又原书有朱笔删改，对于地理沿革自欺欺人，往往增删甚多，且文义亦有更改，此又何人之所为耶，蓄疑者又一也……康熙时人之跋似尚可信，惜蓄疑二端迄无人为之解释，是以藏庋多年，每一展卷，辄思就正有道，幸贵会同人对于古今舆地之学极有研究，弟愿将此书运

---

① 顾廷龙：《顾廷龙全集·书信卷》，上海辞书出版社，2015，第 5 页。

② 顾祖禹（1631—1692），字景范，号庄下（一字瑞五，号景范），苏州府常熟（今江苏苏州）人。所著《读史方舆纪要》是一部研究历史地理的重要学术著作。

20 世纪 30 年代，顾廷龙（右）与冯家升（左）在北平禹贡学会编审刊物

至贵会考究一过，加以论定。①

叶景葵信中写到的"贵会"，系 1934 年 2 月，在燕京大学任教的顾颉刚与谭其骧为活跃学术空气，商定创办的学术团体——禹贡学会②。该会团结了白寿彝、谭其骧、侯仁之、吴世昌等一大批学者，还办了一个半月刊《禹贡》③，顾廷龙参与了刊物编辑工作。在 1936 年 5 月 24 日的禹贡学会成立大会上，顾廷龙当选为候补监事，并与吴丰培主编《边疆丛书》。

《读史方舆纪要》一书是叶景葵在 1925 年购买的，他在《读史方舆纪要稿本》一文中记述了收购及修补的过程："距今十六七年前，杭州抱经堂主任朱遂翔告余：'在绍兴收得《方舆纪要》稿本，因虫蛀不易收拾，愿以廉价出让。'余嘱取来，则故纸一巨包，业已碎烂，检出首册，见旧跋与陶心云年丈跋，均定为顾氏原稿，以七十二元得之。灯下排日整理，剔除蠹鱼蛀虫，不下数百，排列次序，残缺尚少，乃觅杭州修书人何长生细心修补，费时二年，费款二百元，于是完整如新矣。"④

---

① 叶景葵：《叶景葵文集（上中下）》，柳和城编，上海科技文献出版社，2016，第 1093 页。

② 禹贡学会是由顾颉刚和谭其骧发起研究历史地理的学术团体，1936 年 5 月正式成立，顾颉刚为理事长。会员多为北京大学、燕京大学和辅仁大学等校师生和研究人员。《禹贡》是中国古代名著，属《尚书》中的一篇，记载了各地山川、地形、土壤、物产等情况。其作者说法不一，顾颉刚认为出自战国时秦国人之手。

③ 《禹贡》（半月刊）自 1934 年 3 月创刊，先后共出 7 卷，计 82 期。主要发表研究中国地理沿革、边疆民族演进等的论文及调查报告，并将重要问题集为专号，还刊载国内地理界消息。期刊的英译名意为"中国历史地理"。该刊在当时的文教、学术界颇有影响。

④ 叶景葵：《叶景葵杂著》，顾廷龙编，上海古籍出版社，1986，第 41 页。

　　1935 年 10 月中旬，叶景葵与顾廷龙在章钰家中初次见面，见面后不几日，叶景葵携夫人来到燕京大学登门造访。从这一举动可看出年长 30 岁的叶景葵先生对顾廷龙的器重。

　　在燕京大学图书馆外，顾廷龙的小儿子顾诵芬第一次见到叶景葵先生。按照苏州人习惯，顾诵芬称呼他叶公公。叶景葵按照习俗给了顾诵芬一个红包作为见面礼。儿时的诵芬记得叶公公留给他的初次印象是身材不高，身着长衫，戴一副当时流行的圆边框眼镜，极有风度，举止谦和可亲，谈吐温文尔雅。

　　顾廷龙有记："秋天，叶揆初先生到北京，我和他在章式之先生家里初次见面，讨论版本目录之学，很投契。先生回沪后，就常常通信，都是讲些校本的各种问题。"[1]

顾廷龙一家在燕京大学适楼前合影

① 沈津编著《顾廷龙年谱》，上海古籍出版社，2004，第 47 页。

10月25日，叶景葵有函给顾廷龙，并邮寄《方舆纪要川域形势说》抄本到北平。信中写道：

> 到京邂逅，渥承宠台，纵论古今，益我神智，并荷道观燕校各部，作竟日之欢，感篆曷极。①

从这封信可以看出，那一次叶景葵与顾廷龙在章钰先生家中初次见面后，"纵论古今"，显然非常高兴。来到燕京大学，顾廷龙陪同他参观了学校各部，"作竟日之欢"——两人在一起非常高兴地谈了一天，从此结下了深厚的情谊。那时的顾廷龙在叶景葵先生眼里是一位勤学有为、志向高远的青年。

对于如何处理叶景葵所托《读史方舆纪要》，北平的学者们有不同意见。顾廷龙曾与上海社会科学学会联合会王大象先生谈起此事：

> 钱穆时为北大教授，同时也在燕京兼课，他来燕京执教就在顾颉刚家住了一宵。顾颉刚、钱穆、叶景葵都是论学之友，我当时在燕京大学图书馆任中文采编主任。一天，叶景葵拿出收藏的《读史方舆纪要》稿本，要大家鉴定。经认真研究后大家一致认定是顾祖禹的手稿。顾祖禹，江苏无锡人氏，少承家学，熟谙经史，性好远游。处于明末清初之交，值明代覆灭，乃隐居著述。历时30余年之久，直至临终前撰成《读史方舆纪要》，是一部研究历史地理的重要学术著作。但如何出版，却发生分歧，原因是该稿本改动部分十分潦草。当时有两种意见：一种意见认为立即照相制版后影印出版，使之尽快面世，让后辈学人去研究、校勘。持

---

① 沈津编著《顾廷龙年谱》，上海古籍出版社，2004，第46、47页。

此意见的有顾颉刚、叶景葵和我。另一种意见主要是钱穆，他说："最好先抄出来，誊清后再进行校勘，校后再印刷出版。"当然，能先抄清校勘后再出版确实较好。经钱穆如此一说，此事便由钱穆请其弟从事校录。

始料不及，不久抗战烽火骤起，校录事便被搁置下来，后由于种种原因一搁再搁了几十年，以致在钱穆晚年引为平生憾事。他在台湾出版的《九十书怀》有一段感慨："见主事者为顾廷龙（起潜），乃顾颉刚叔父。起潜告余，彼之主要任务即为续校顾祖禹《读史方舆纪要》一书。迄今将 30 年，闻合众图书馆已不存在，景葵与起潜亦不获其消息。《读史方舆纪要》之顾氏传家本，今不知究何在。苟使余不主先作校对，则此传家本将早已行世。余对此事之愧悔，真不知何以自赎也！"①

在钱穆和叶景葵南北分工校对的同时，顾廷龙在北平收集了数种《读史方舆纪要》版本供两位先生参考。1936 年 2 月 23 日，顾廷龙在给叶景葵的信中写道：

> 颉刚近从张晓峰先生处借得景范先生手札照片，龙覆摄一份，敬赠赏鉴，俾可与稿本中朱、墨笔校认字迹也。②

叶景葵收到顾廷龙寄去的顾祖禹手札照片后，在回信中说：

> 承影示景范先生书札墨迹，狂喜之至，如此则可决定总叙后

① 王大象：《顾廷龙谈钱穆与〈读史方舆纪要〉稿本》，《学术月刊》1995 年第 7 期。
② 顾廷龙：《顾廷龙全集·书信卷》，上海辞书出版社，2015，第 10 页。

所题一行是顾先生亲笔……①

1941年春，叶景葵将《读史方舆纪要》全书捐赠给合众图书馆。第二年，钱穆从成都到上海，与顾廷龙谈到愿意尽力续校此书。遗憾的是时局动荡，未能如愿。

1991年秋，顾廷龙患病，在华东医院查出患胃癌，经会诊，确定需住院动手术。就在开刀前一天，上海古籍出版社的三位编辑到医院来，在顾廷龙病床前一起确定最终定稿。术后住院治疗期间，已经89岁高龄的顾廷龙还撰写了《读史方略纪要稿本序》。1995年，在顾廷龙主持下，顾祖禹的《读史方舆纪要》稿本由上海古籍出版社出版。顾廷龙曾感慨道：

> 此书出版，叶景葵、钱穆两先生虽皆不及见，而他们的愿望今已实现。上海古籍出版社重视前贤遗稿，使其化身千百，长留天地间，懿欤盛哉！②

从1935年开始，在两人4年的交往过程中，今存顾廷龙致叶景葵信19封，叶景葵致顾廷龙信（截至顾廷龙到沪之前）41封。甫过而立之年的顾廷龙深为叶景葵器重，两人"很投契"，结为忘年之交。

四、"持论名通，为馆得人"

1937年5月9日，章钰去世，享年73岁。根据遗嘱，家属将其藏书的一

---

① 叶景葵：《叶景葵文集（上中下）》，柳和城编，上海科技文献出版社，2016，第1099页。

② 王大象：《顾廷龙谈钱穆与〈读史方舆纪要〉稿本》，《学术月刊》1995年第7期。

部分捐给燕京大学图书馆，另一部分委托代为保存（后来捐给北京图书馆），这在当时的藏书家中实属难得。顾廷龙对此感慨万端，他曾写道："历来私家藏书总希望子孙永宝，然而鲜有久而不散者，故黄宗羲为天一阁作记云：'读书难，藏书尤难，藏之久而不散，则难之难矣。'章先生能破除旧习，以数十年节衣缩食聚得之书，不私子孙而公诸社会，以整理、保存之责托之社会，其心志超旷，使人钦佩。"[①] 正是怀着这样崇敬的心情，顾廷龙接受燕京大学图书馆的委托，为章钰收藏的7万册图书编写了《章氏四当斋藏书目》，这是顾廷龙编纂的第一部书目。他写道：

> 由于初次编纂书目，没有经验，为此我着实下了些功夫。虽说因个人兴趣爱好与工作需要，我对前人目录已作过大致浏览，但此时则从编纂者与使用者不同角度对各类目录进行了审慎的分析研究。我认为强调实用与著录的严谨是编制各类书目的前提，而编制书目又应因书制宜，能充分反映出藏书家的收藏意图、特点及其读书治学的倾向。章氏的藏书大致可分为三类：一为手自校勘及传抄之书，乃其一生心力所萃，其中著名者如手校《资治通鉴》《读书敏求记》等，极为精审，曾各以专书付梓流传。其次是宋元旧刻、明清精刻及名家抄本，均为不可多得之善本。第三类系普通习用古籍，但在当时亦已不便购求。我遂根据其特点，依上述三种情况分为三卷，每卷各以经、史、子、集别其部居；对前两类书，又采取前人藏书志编例，凡章氏的题跋、友人的识语及章氏移录前人题记不经见者全部备录，以资读者参考。此外，凡校证之本有章氏假自前人者，我还在各题识之后加以按语，就

---

① 顾廷龙：《顾廷龙文集》，上海科技文献出版社，2002，第595、596页。

《章氏四当斋藏书目》

见闻所及，记其姓氏、爵里、行谊之概略，以详渊源。这样做，在当时可作析疑之助，在后来可充文献之征。①

《章氏四当斋藏书目》共计 30 万字，从草创到问世，历时 10 个月。该书目获得学界权威普遍好评，余陛云②、田洪都③在序中给予了很高评价。朱士嘉④撰文写道，章钰的妻子在丈夫去世后遵照遗言，"将藏书归诸燕京大学图书馆保存，不私于家，公诸学府，此又读书人处置其藏书之异于收藏家一散而尽之有始无终也。馆中既辟专室储之，复属其邑人顾君廷龙编纂目录。顾君私淑先生，曾侍杖席，颇闻绪论者。是目分类仿四库总目，惟别立丛书为一部。每目于书名、卷册、著者及其籍贯、版本年代，均详著之，分为三卷，卷上为先生手自批校，或曾经题识之书，卷中为旧椠精刻、名家钞校，卷下为通行之本，末附《书名通检》一卷，井然有条，甚便检阅。顾君复以先生题跋，悉系于目，以见校读之勤，他人识语，亦均录附，以为

① 顾廷龙：《顾廷龙文集》，上海科技文献出版社，2002，第 595、596 页。

② 俞陛云（1868—1950），字阶青，别号斐盒、乐静、乐静居士，晚号乐静老人、存影老人、娱堪老人，室名乐静堂、绚华室，浙江德清人。近代知名学者、诗人，精通书法。俞陛云是清末经学大师俞樾之孙，现代著名文学家俞平伯之父。

③ 田洪都（1900—？），字京镐。山东安丘人。曾任北京政治学会图书馆馆长、北平图书馆协会执行委员、图书馆设计委员会委员会，燕京大学图书馆代理主任、主任（1928—1941）。1931 年夏赴欧考察英、法、德、意各国图书馆制度情况，回国后任燕京大学图书馆主任。后移居美国。

④ 朱士嘉（1905—1989），字蓉江，江苏无锡人。1932 年获燕京大学硕士学位。在顾颉刚鼓励和指导下从事中国方志学研究，曾加入禹贡学会和地理学会。1939 年 10 月，朱士嘉担任美国国会图书馆东方部主任助理，1942 年编成《美国国会图书馆藏中国方志目录》。1950 年 6 月，朱士嘉回国到武汉大学任教兼该校图书馆馆长。1981 年 7 月，中国地方史志协会成立，朱士嘉当选为常务理事、副会长。

考证之资。凡题识所及之友朋，各撰按语，详见履贯，以见当年赏析之乐。而于各书著者，又均冠以地望，益可见爱护乡邦文献之热诚，是皆为此目新异之点，极能表彰先生劬学之里面，可谓不负所托矣（《燕京学报》第二十四期）"[1]。

叶景葵看到顾廷龙所编《章氏四当斋藏书目》，极为赞许。他在1938年9月28日给顾廷龙的信中写道：

起潜吾兄鉴：

久不通问，接到《四当斋书目》一部，体例极善，足以表彰式老劬学之里面，吾兄可谓不负所托矣。[2]

顾廷龙后来写道：

汗颜之余，对所费心血能得到老辈的理解，颇感宽慰。后来叶先生之所以邀我到上海办合众图书馆，恐怕与编纂此书目也有点关系。[3]

顾廷龙的猜测不无道理。

1938年，叶景葵过得很不轻松：1月份，从汉口取道香港返沪，在汉曾遇空袭5次；浙江兴业银行重庆支行遭日机轰炸，行屋全部被焚毁；8月24日，浙江兴业银行总经理、工部局华董徐新六乘坐的中航公司"桂林号"由港赴渝，途中遭日机追袭坠毁遇难。在繁复冗杂的业务中突然失去最重要的一位领导人，对叶景葵形成的压力可想而知。11月份，董事会"预计下届决算未能结有

① 沈津编著《顾廷龙年谱》，上海古籍出版社，2004，第73页。

② 叶景葵：《叶景葵文集（上中下）》，柳和城编，上海科技文献出版社，2016，第1107页。

③ 顾廷龙：《顾廷龙文集》，上海科技文献出版社，2002，第596页。

红利"①。但局面稍有缓和,他就开始了对顾廷龙的工作。1939 年 1 月 30 日给顾廷龙的信中,他提出了几个别有深意的问题:

> 京师岁寒,意兴如何? 燕京图书馆经费尚充足否? 吾兄在校是否兼教员,每年收入若何? 有契约否? 暇乞见示。②

顾廷龙对于叶景葵的提问并没有想太多,在 2 月 8 日的复信中如实地向这位垂爱他至深的长者做了回答。或许是叶景葵提及"意兴如何"对他有所触动,他在信中还写下了一些自己的慨叹:

> 龙佣书燕馆,专任采访,因校例所限,不能兼任教课。既无聘书,亦无合同,月薪百二十五元,循资而上,暑后学校无恙,当可增加十五元。所幸此间生活程度较低,以房租而论,不过上海十之一耳。勉强维持。每届学期开始,为两儿筹学费(一在高中一年,一在小学四年)则形拮据,在此仅以能不离书本,投吾所好,他无可恋。然一书购到,速送编目,不克细读,而俗务纷酝,不容其从容浏览,有如庖丁调味,盛宴为主人享客,安得染指其间。退职以后,昏灯一卷,日益无几,任意涉猎,不能专治一学,致年逾三十而修名不立,每自惭疲。去年以来,朋辈星散,依依送别,吾以一家四口,欲归不易。顾今满目疮痍之日,人多流离颠沛,我尚草闲偷活,已邀天幸,复有何求。惟诵宗子相之言曰:"人生有命,吾惟守分而已。"聊以自嘲。素蒙垂爱之深,

---

① 柳和城编著《叶景葵年谱长编》,上海交通大学出版社,2017,第 906 页。

② 叶景葵:《叶景葵文集(上中下)》,柳和城编,上海科技文献出版社,2016,第 1112 页。

举实奉告，不觉其觥缕也。[①]

收到顾廷龙的信，叶景葵迅速做出反应。2月13日的复信中，在谈论了一些近来收书的情况后，他透漏了一点自己的想法。信中写道：

起潜吾兄：

今午得快函，开诵欣喜，如与故人睹面晤言也。咫园精校本以敝斋所得为多，其他则有应接不暇之势。弘治《丁卯集》尚可割爱，惟《客座赘语》既有图又有湘文丈题跋，请兄为我留之，其价则酌为代定（湘文父子补校之《读书敏求记》管芷湘校本亦归弟斋）。乔贾又来，谓《丁卯集》可以八十元相让，弟已却之，则《客座赘语》或可持至百元以内。其子售书初则昂价，迨告急则不暇精粗美恶，惟以得钱为目的，可怜可惜可痛也。耿吾怀抱未遂，弟所得之书，将来必为谋永久保存之法，或可以对故友于地下也。[②]

"将来必为谋永久保存之法"的表述是一次暗示，而在3月15日的信中则有了明示。在托顾廷龙至通学斋购严铁桥（严可均，字铁桥）手写《说文翼》稿本事后，叶景葵发出探询，如有需要，愿"图南否"：

昨在中国书店见严铁桥手写《说文翼》稿本下册（逸其上册），精美可爱（精楷精篆），但已为通学斋以二十元廉价购去（中国书店不知是原稿），邮寄北京，求之不得。吾兄得信后，望

---

① 顾廷龙：《顾廷龙全集·书信卷》，上海辞书出版社，2015，第25、26页。
② 叶景葵：《叶景葵文集（上中下）》，柳和城编，上海科技文献出版社，2016，第1114页。

至该店问有新到之书否，如见此书，务乞为弟留下。但通学斋孙君颇知书，恐其居奇耳。上海方面如有图书馆组织（私人事业，性质在公益方面），需要编纂校勘人才，吾兄愿意图南否？每月须有若干金方可敷用？移家需费用若干？幸斟酌示我。①

叶景葵的询问非常讲究策略，"如有"一词，留下了很大的转圜空间，如顾廷龙愿意，可进一步说明；如不愿意，也不会造成两人关系的尴尬。这是一次实质性的摸底。对于叶景葵的询问，顾廷龙做了认真思考，在接信后并没有马上回复。顾廷龙的审慎，也许使叶景葵显得有些焦虑，3月30日，他连着写了两封信。其中一封写道：

以前尚有一函询兄，如沪上有类似燕大图书馆机会，兄能否屈就，所需报酬如何，希即示覆。此为绝对有望之公共事业，与弟有深切之关系。故弟负有养贤之责任也。②

接到叶景葵关于"愿意图南否""屈就"的询问，顾廷龙需要一些时间思考，也需要时间做一些工作。《顾诵芬传记》中叙述了顾诵芬知道的一些情况："对于父亲受邀离开北平到上海工作，母亲潘承圭一开始并不是很愿意。她虽然自幼生长在苏州，但对江南的气候并不适应。诵芬出生后，母亲身体很弱，经常卧病在床。虽然年纪小，但诵芬还记得，那时父亲在外工作学习，只能利用寒暑假回家照看母亲，每次的时间都不是很长。到北平后的几年里，母亲的身体状况大有改善。这次又要回到南方居住，她有些担心自己的身体。另一方面，

---

① 叶景葵：《叶景葵文集（上中下）》，柳和城编，上海科技文献出版社，2016，第1118页。
② 叶景葵：《叶景葵文集（上中下）》，柳和城编，上海科技文献出版社，2016，第1120页。

上海潘、顾两个大家族的亲戚很多，母亲不愿意卷入家中姊妹妯娌之间的一些是非中。在父、母亲商议迁居上海一事时，母亲谈了自己的顾虑，但父亲下了决心，最终还是说服母亲接受了这一决定。"

"1937 年'七七事变'以后的两年中，虽然日寇的淫威没有对顾诵芬一家人的生活带来太大的直接影响，但父亲每次从城里回来，总会讲到进出西直门时，日本岗哨对行人进行盘查的情景。尽管乘坐燕京大学的校车，但也必须下车，逐一接受搜身。父亲是一个性格非常温和的人，而每言及此事，总会表现出一种少见的愤懑。顾诵芬理解，父亲之所以决定离开北平，一个重要原因是要摆脱日本人统治下的屈辱和压抑。加之顾颉刚一直积极从事抗日宣传，被日伪当局列入了黑名单，作为颉刚的族人，难免会受到牵连。对家人安全的考虑也是父亲决心离开北平的一个很重要的因素。"①

星期六（3 月 25 日）下午，顾廷龙完成了叶景葵交办托购《说文翼》事后第三天（3 月 27 日，星期一）晚上，写下一封长信，于 28 日发出。此信前半部分详述了叶景葵所托之事的经办过程，写了淘得《说文翼》一书的喜悦之情："不先不后，乃为访获，展转南北，终归高斋，是铁桥先生灵爽不昧，自投其久托之所，有奇缘也。"接着，他对该稿本上册佚失一事做了说明，"《清史列传》称其已佚"，意即此稿本上册早在清朝即已失传，所以不能获得应无遗憾，"得残帙则亦幸矣"，这是多年于书肆求访珍籍的人才能有的体会交流。接下来，顾廷龙翔实回应了叶景葵的询问：

> 承询一节，编纂校勘之事，乃龙夙好。此间所为虽近乎此，
> 但杂务丛沓，不能专注，不能从容。故龙既服务图书馆，而又司

---

① 老科学家学术成长资料采集工程顾诵芬院士采集小组编《中国工程院院士传记　顾诵芬传》，航空工业出版社，2021，第 39、40 页。

采访之职，人佥以为可多读书，岂知不然。一书把手，序跋尚不及全阅，走马看花，虽多奚益，欲求横通而不能，终成吴谚"挨米囤饿煞"之诮。倘有稍可安心校读之机会，求之不得，且自亲朋星散，感切莼鲈，言旋海上，既可时聆教益，而与至亲亦可相会矣。至月用一层，现在此间百二十余元出入差抵，然日来物价腾贵，终虑不敷，暑后即增，恐仍拮据。南北日用想必相仿，惟房租一项，高下甚大，若租四五间，恐即须五六十元。至少有四间，须得一间以安砚席，而残书亦有寄焉。它若小孩学费，似亦较昂，兹就目下所用盖以房租估价即须有二百余元方可敷用，非敢有过分之望，迻家须费约四百余元（四人川资有行李书籍运费）。素蒙关垂，倾其肺腑，尚祈相机图之，无任感祷……复颂著安。姪龙顿首。二十八、三、二十七灯下。[1]

对于顾廷龙的回复，叶景葵收到后即复信，向顾廷龙做了全面的说明。他在 4 月 3 日的信中写道：

起潜兄鉴：

奉二十八日所发复示，欣悉一切。弟因鉴于古籍沦亡，国内公立图书馆基本薄弱，政潮暗淡，将来必致有图书而无馆，私人更无论矣。是以发愿建一合众图书馆，弟自捐财产十万（已足），加募十万（已足）（此二十万为常年费，动息不动本）。又得租界中心地二亩，惟尚建筑基金，拟先租屋一所，作筹备处。弟之书籍即捐入馆中。蒋抑卮君书籍亦捐入之。发起人现只张菊生与弟二人，所以

---

[1] 顾廷龙：《顾廷龙全集·书信卷》，上海辞书出版社，2015，第 34、35 页。

不多招徕，因恐名声太大，求事者纷纷，无以应之也。惟弟与菊生均垂暮之年，欲得一青年而有志节，对于此事有兴趣者，任以永久之责。故弟属意于兄，菊生亦极赞许。今得来示，有意南还，可谓天假之缘。所示待遇一节，克己之至，必可在此范围内定一标准。弟意尊眷现在南来，虽出五六十元亦无屋可住，弟所拟租之屋，可以作馆员寄宿及住眷之用。在新馆未成以前有屋可住，则除去租费，酌定月薪若干（大约为一百五六十元）；新馆成则须自租屋住，届时再酌量加薪较为两便。至迁移费则可照尊示另送。现在所拟租之屋尚有纠葛，不能定准何日可以起租，一有起租把握，即行飞布，特以密闻，乞先秘之。《说文翼》务请代为留下。沈批《韩集》能否寄阅？《四库表文注》则馆中倩人一抄足矣（如馆中不欲，乞为代抄，费由弟寄上）。匆匆不尽。即颂日祉。弟葵顿首。

二十八、四、三。①

接到叶景葵的这封信，顾廷龙欣喜无比，在 4 月 10 日的回信中写道：

叠奉三谕，拜悉种切。玄黄易位，典籍沦胥，有识之士，孰不慨叹！一旦承平，文献何征，及今罗搜于劫后，方得保存于将来。长者深谋远虑，创建伟业，风雨鸡鸣，钦佩奚似！龙自毕业之后，自顾空疏，力持孟子之戒，不为人好为之患，遂托迹佣书，浏览适性，劳形终日，浮沉六年，茫茫前程，生也有涯，心有所怀，无以自试。尝一助舍侄经营《禹贡》，方具规模，遭变而辍，殊深惋惜。窃谓人不能自有所表现，或能助成人之盛举，亦可不

---

① 叶景葵：《叶景葵文集（上中下）》，柳和城编，上海科技文献出版社，2016，第 1120、1121 页。

负其平生。兹蒙青垂，折简相召，穷寂之中得一知己，感何可言。
菊老素所仰慕，曩在外叔祖王胜老斋次，曾瞻丰采，忽忽已十年
矣。倘得托庇胼幪，时承两公之诲，幸何如之！柴愚之质，一无
所长，惟以勤慎忠实，严自惕厉。生计可维，身心有寄，他日以
馆为家，有所归宿矣。不识筹备已能就绪否？规模当由小入大，
发起人外别有主任者否？他日趋前亦有名义否？甚念。龙在此间
经手之事，须六月底可结束。儿辈读书亦其时期终。故南渡至早
须七月中。尊处定夺后，拟早向馆中告辞，俾可聘人。虽学校视
职员不重，而馆中主者与龙尚厚，不愿其骤不得替也。①

在这封信中，顾廷龙写下了自己的人生理念——"窃谓人不能自有所表现，
或能助成人之盛举，亦可不负其平生"，也表达了对叶景葵、张元济两位先生的
仰慕和感谢，表明了自己坚定支持"创建伟业"的态度——"柴愚之质，一无
所长，惟以勤慎忠实，严自惕厉。生计可维，身心有寄，他日以馆为家，有所
归宿矣"。他用自己的一生实践了这一郑重的承诺。

从这一封信开始，以后的信件往来就进入了对实施环节具体事宜的讨论。4
月18日，叶景葵在信中谈及图书馆发起人、总编纂及租屋事：

奉示知于鄙人所拟图书馆事极荷嘉许，且许他山之助，感如
挟纩矣。鄙意组织愈简愈好，大约即以弟与菊老及陈陶遗（彼在
江苏，声望极隆）三人为发起人，即为委员，委员中或推菊老为
主任。其下设总编纂一人，请吾兄作任之，不再设其他名义。总
编纂下须用助手（总编纂或称总务），招学生为之。会计收支之

---

① 顾廷龙：《顾廷龙全集·书信卷》，上海辞书出版社，2015，第36页。

类，委托敝行信托部为之，扫除一切向来习气，使基础得以巩固，则可久而可大。大略如此，以后或有更改，亦不致过于歧异也。至何时可以设筹备处，则全视所欲租之屋何时可以起租（有无其他变局，尚不可知，因上海租屋，难于尘天）。屋能租定，则可以电请吾兄南来，否则来无住处，亦无办事之处，徒唤奈何！故现在请兄秘密，俟租屋有成议，当即电闻，彼时再与校中说明，至何时可离校，则全视兄之便利而定。弟亦不能过拂人情也（所谓拂人情者，指不顾校中有无替人而仓卒抢亲之谓也）。[1]

在这封信中，叶景葵写下了自己对创办图书馆及以后运营的设想，"组织愈简愈好"，"会计收支之类，委托敝行信托部为之，扫除一切向来习气，使基础得以巩固，则可久而可大"，表现出他在经营管理方面超前的思维和创新意识。这些理念奠定了合众图书馆以后成功的基石。

5月5日，叶景葵有信告知屋已租定，以及待遇、薪水、行资等：

　　昨发一电云：屋已租定，谅已接洽。请兄即向当局声明觅替，并将何时可以来沪预先函示。此间对于兄之待遇已定如下：名义，总务（或组或系未定）、总务组（名义或主任或其他），其宗旨在委员之下设总务，而请兄为总务之首领，其余诸人先归总务统率，以期呼应灵通。薪水，每月一百六十元（房屋除外），自七月一日起支；如兄七月内尚不能来，即将此款为兄在沪开办购置必需品（此事托景郑最妥）。行资，送六百元（因联银跌价），先由敝行划奉，既乞查收。[2]

---

① 叶景葵：《叶景葵文集（上中下）》，柳和城编，上海科技文献出版社，2016，第1122、1123页。
② 叶景葵：《叶景葵文集（上中下）》，柳和城编，上海科技文献出版社，2016，第1123页。

显然，叶景葵应许的薪水和行资都是在顾廷龙提出的基础上从优而定的。5月16日，顾廷龙有信致叶景葵：

> 奉电后已覆一缄，计可先达。十三日由沈君转到手谕，拜悉一一。川资优厚，感何可言，现暂存贵支行，用时再领。龙已叠向馆中主者声请觅替，不意挽留甚切，伯乐一顾，声价遂倍。拟再婉辞，缘相处多年，不敢操急，致伤感情。在龙权衡两事，此间不过众人待我，而于长者有知己之感，没齿不忘，是以亟欲得如趋前之愿。便中乞赐一见召之函，言盼龙一放暑假即行之意，俾可持去再辞（因馆中坚属龙向长者函辞）。预计结束一切以至成行，至少须在七月中，当以能早行为是。馆名已否定夺？如果纯收古籍，命名似可取一于此略有关切者。又将来馆中如名义不拟多设，则暂时可不分组系，即以总干事之类之名目统之，尤为简捷。管见无当，姑渎清听。新屋地点何在？便希示及。龙离沪忽将十年，路途恐皆不复认识矣。①

这是现存顾廷龙致叶景葵的最后一封信札。

5月25日，张元济给顾廷龙写有一封信，这是图书馆发起人对所聘管理者的认可，其中提及顾廷龙妻子潘承圭的两个弟弟——潘博山②、潘景郑。1985年7月，顾廷龙在《张元济与合众图书馆》文中忆及张元济此信，认为这是自己当年"接受叶先生相邀，决定南归，但向燕京图书馆辞职时，却复为该馆领导

---

① 顾廷龙：《顾廷龙全集·书信卷》，上海辞书出版社，2015，第38页。
② 潘博山（1904—1943），一名承厚，号博山，苏州人。其祖有"竹山堂"藏书4万卷，他与弟潘景郑（承弼）共同收书20余年，将藏书增至30万卷。所藏举凡明末史料、清人文集、时人稿本、乡贤文献、年谱家谱、历代尺牍、金石碑拓以及名人书画，无不兼收并蓄。

的热情挽留，一时不得脱身，对是张先生来函相促"。[①] 张元济在信中写道：

> 凤从博山昆仲饫闻行谊，久深企仰。先后获诵鸿著《窭斋年谱》《章氏四当斋书目》，尤钦渊雅。近复承寄《燕京大学图书馆报》第一三〇期一册，大作《嘉靖本〈演繁露〉跋》纠讹正谬，攻错攸资，且感且佩！敝友叶君揆初雅嗜藏书，堪称美富。以沪上迭遭兵燹，图书馆被毁者多，思补其乏，愿出所藏，供众观览，以弟略知一二，招令襄助。事正权舆，亟须得人而理。阁下在燕京研究有年，驾轻就熟，无与伦比。接兄驰书奉约，亟盼惠临。闻燕馆挽留甚切，桑下三宿，阁下自难恝焉舍去。惟燕馆为已成之局，规随不难。此间开创伊始，倘乏道师，便难措手。务望婉商当局，速谋替人。一俟交代停妥，即请移驾南来，俾弟等得早聆教益。异日馆舍宏开，恣众浏览，受惠者正不知凡几也。[②]

经过一番运作，顾廷龙辞掉了燕京大学图书馆的工作，确定了南下的大致时间。至此，顾廷龙接受叶景葵、张元济盛邀，赴沪接受合众图书馆高管的前期工作圆满结束。这是一次成功的"猎头"行动。"开创伊始，倘乏道师，便难措手"，张元济信中的话并非客套，而是实情，合众图书馆得以成功创办和取得长足发展，顾廷龙的选任和他的全身心投入是具有决定性的因素。

---

① 顾廷龙：《顾廷龙全集·文集卷》，上海辞书出版社，2015，第329页。
② 顾廷龙：《顾廷龙文集》，上海科技文献出版社，2002，第558、559页。

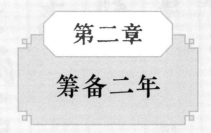

第二章
筹备二年

　　抗战以来全国图书馆能照常进行者，仅燕京大学图书馆一处，其他或呈停顿，或已分散，或罹劫灰。私家藏书亦多流亡，而日、美等国乘其时会，力事搜罗，致数千年固有文化，坐视其流散，岂不大可惜哉！本馆创办于此时，即应肩负起保存固有文化之责任。

——顾廷龙：《创办合众图书馆意见书》①

① 顾廷龙：《顾廷龙全集·文集卷》，上海辞书出版社，2015，第312页。

一、总干事莅任

1939 年 7 月 13 日，顾廷龙携家离开北平。顾廷龙在日记中记载："七月十三日　晨，筱珊、倬云、世五、植新皆来助理行李。同居黄兆临（迪）夫妇设早餐相饯。八时，乘校中公用车赴车站。在校门口送者有田洪都、谢景升、高贻纷、薛慕莲、聂筱珊、王倬云、六弟、朱蓉江。到站送者有赵肖甫、顾培懋、李书春。薄暮，始达塘沽登船，船名盛京。夜卧安。同行者为张一贯及其妹暨儿辈。"①

顾廷龙一家早晨从燕京校园出发，乘坐火车到天津，傍晚时分到达天津塘沽港，在那里登上英国太古公司的盛京号轮船，那是一艘 1 650 吨位的客货轮。钱穆的夫人张一贯和她的妹妹带着几个孩子与顾廷龙一家同行。②顾廷龙第一次乘船出海，他在日记中写道："初次横海，胸襟为之一畅。"③显见这次赴沪途中，顾廷龙的心情很好。

看到海面辽阔，一望无际，孩子都感到很兴奋。钱穆长子钱拙、次子钱行与顾廷龙二儿子顾诵芬年龄相仿，三子钱逊要小一些，6 岁，女儿钱易 3 岁。顾廷龙的长子顾诵诗已经 15 岁，带着几个孩子在一起玩。此次同行的 6 个小孩中，顾诵芬和钱易长大后都成为中国工程院的院士。

从天津到上海的客运航线（申津线）全程 754 海里，他们航行了 3 天。14 日夜 10 时起航；15 日经威海卫抵烟台，因上下货物未毕，宿一夜；16 日晨 9

---

① 顾廷龙：《顾廷龙日记》，李军、师元光整理，中华书局，2022，第 31 页。

② 钱穆（1895—1990），字宾四，江苏无锡人，中国近现代历史学家。钱穆原在燕京大学任讲师，与顾颉刚关系甚密，与顾廷龙有交往。他的夫人张一贯毕业于苏州女子师范学校，曾做过苏州北街第二中心小学校长，1929 年在苏州与钱穆成婚。后钱穆到北京大学文学院任教，1937 年，随北大南迁。有记载，1939 年夏，钱穆经香港、上海回苏州侍母，夫人张一贯亦率子女自北平回家，说的就是这一次赴沪。

③ 顾廷龙：《顾廷龙日记》，李军、师元光整理，中华书局，2022，第 31 页。

时余才出发，夜达吴淞口，又宿；17 日晨 6 时到沪太古码头。这里是一个公共码头，虽然当时上海已被日本人占领，但他们登岸时，没有看见日本人横行的景象。

当时，顾氏家族多人从苏州迁居上海，有几位早早来到码头迎接顾廷龙一家。顾廷龙在日记中写道："三弟、五弟、八弟均在埠来候。离乱之后，把晤相叙，欢忭莫名，会庆①之喜益难唯矣。"②

下船后，钱穆接走了夫人和孩子。顾廷龙一家人取齐行李后，乘车到了当时地处法租界的辣斐德路 614 号，那是叶景葵早在 5 月份即托浙江兴业银行租下的一栋花园洋房。房主是一位国民党方姓高级军官。房屋面积约有四五百平方米，楼下是办公室，顾廷龙一家的卧室在楼上。二楼还有一个舞厅，作为临时的书库。

叶景葵在 5 月 1 日即开始付租金，并特别安排了自己身边的朱子毅看守，以待顾廷龙一家的到来。叶景葵在 6 月 7 日的信函中，向顾廷龙介绍："此间租屋临街，极为宽敞，现在空无一人，空无一物。派朱君子毅（湖州人，习法律）看守，此人为弟司银钱多年，将来可充收支庶务之任（兼任可省开支）。其余均待兄到再行布置，俾有统系（弟意，兄之下考取学生写手若干人，即可指挥）。新屋租期两年。弟意只须置书架应用，将来材料可改作。至于永久计划，仍须从建筑新馆上着手。目前认为临时可也。"③

朱子毅办事得力，从 5 月开始，对屋中水电及原有损坏处均已妥善处理。屋内有几件器物，其余皆等候顾廷龙来后添置。

甫一到沪，顾廷龙即进入了紧张的工作状态。他安排了妻子去购买床具等家用，自己未作休憩即到叶景葵处。午后，叶景葵又来到顾廷龙处，两人一天

---

① 顾廷龙夫人潘承圭的小名。

② 顾廷龙：《顾廷龙日记》，李军、师元光整理，中华书局，2022，第 32 页。

③ 叶景葵：《叶景葵文集（上中下）》，柳和城编，上海科学技术文献出版社，2016，第 1125 页。

内见面两次，顾廷龙在日记中记为"略谈创办之事"。赴沪之前，顾廷龙已经就创办图书馆一事进行了认真准备，略谈中必然会对如何创办、如何进一步运作进行交流。很有可能就是在这两次谈话中，叶景葵向顾廷龙提出了拟写《创办合众图书馆意见书》（以下简称《意见书》）的要求。

接下来，顾廷龙用了两天时间为新居购置家具。19 日，张元济来，适值顾廷龙外出，未能见面。20 日，顾廷龙专门拜访了张元济。这一年的 3 月份，张元济从原来的极司菲尔路 40 号（今万航渡路 323 号）迁至霞飞路沙发花园（今淮海中路上方花园）40 号。距离不是很远，步行约需半个小时。

顾廷龙的日记记录了以后的日子里的主要工作内容。7 月 22 日，"揆丈送书目四册及钥匙两匣"。23 日"揆丈饬浙江兴业银行送书来，计八十四箱。"顾廷龙到沪，席不暇暖，叶景葵即将自己的藏书送上。接下来，就是探讨运作的方法。30 日，顾廷龙将自己起草的《意见书》稿送交叶景葵。叶景葵承诺审阅后转送张元济核定。当日，叶景葵即批注意见后送交张元济，同时附有一函：

> 起潜草一本馆意见书，葵已将鄙见僭书于上，请长者详细斟酌。其不当者教正之。或须与起潜面洽，可以电话召之。一切均仗卓裁定夺。敬上。菊丈。再侄景葵顿首
>
> 二十八年七月卅日[1]

这一天，张元济造访顾廷龙，未能见到。31 日，顾廷龙拜访张元济，商讨和交换办馆的设想。8 月 1 日，叶景葵、张元济已经对《意见书》草稿做出批复，送还顾廷龙，两位发起人批准了总干事起草的合众图书馆第一份文件。张元济在将文稿交还叶景葵时，亦附有一函：

---

[1] 叶景葵：《叶景葵文集（上中下）》，柳和城编，上海科学技术文献出版社，2016，第 1350 页。

揆初吾兄有道：

前日奉手示，并顾君意见书均谨悉。意见书展诵数过，已就管见所及签出粘呈，敬祈核定。顾君曾晤数面，持论名通，为馆得人，前途可贺。肃复。祗颂台安。弟张元济顿首

八月一日 [①]

该《意见书》收入了《顾廷龙文集》，落款时间为 1939 年 8 月。

创办合众图书馆意见书

抗战以来全国图书馆能照常进行者，仅燕京大学图书馆一处，其他或呈停顿，或已分散，或罹劫灰。私家藏书亦多流亡，而日、美等国乘其时会，力事搜罗，致数千年固有之文化，坐视其流散，岂不大可惜哉！本馆创办于此时，即应负起保存固有文化之责任。

为保存固有文化而办之图书馆，当以专门为范围，集中力量，成效易著，且叶先生首捐之书及蒋先生拟捐之书，多属于人文科学，故可即从此基础，而建设一专门国粹之图书馆（宗旨：一专取国粹之书，二不办普通阅览。宗旨既定，一切办法便可依此决定。张），凡新出羽翼国粹之图书附属之（东西文之研究我国文化者，当与我国著述并重。叶）。至近代科学书籍以及西文书籍则均别存，以清眉目。否则各种书籍兼收并蓄，成普通图书馆，卒至汗漫无归。观于目前国内情形，此种图书馆虽甚需要，但在上海区域之中，普通者有东方图书馆，专于近代史料者有鸿英图书馆，专于自然科学者有明复图书馆，专于经济问题者有海关图书馆，

[①] 张元济：《张元济全集》，商务印书馆，2007，第 313 页。

至于中学程度所需要参考者有市立图书馆。他地亦各有普通图书馆在焉，本馆自当别树一帜。

本馆从事专门事业之理想，书籍专收旧本，秘笈力谋流布（刊布之事，似可俟图书充足，经费宽裕之日，再为之。张），当别设编纂处。即就叶先生藏书而论，名人未刻之稿当为刊传，批本、校本当为移录，汇而刊之。罕见之本当与通行本互校，别撰校记，以便学者。编纂目的，专为整理，不为新作，专为前贤行役，不为个人张本。图书馆之使命一为典藏，一为传布。秘籍展览仅限当地，一经印行，公之全球，功实同也。

经常费之支配约计

图书费　　41.1/100

修理费　　12/100

印刷费　　16.7/100

薪水　　　23/100

杂费　　　2.5/100

临时费　　4.1/100

各图书馆往往于图书费中有装钉费占其四分之一，以本馆情形言，装钉一项似可省去。

关于装钉一事，各图书馆为模仿西式，又便于与西书并列起见，北方及欧、美各馆均做布套。套式约三种：曰筒子套，曰三角套，曰折套。每个现价约四角至六角。南方各馆多改洋装。而洋装种类亦甚多：曰平装，曰硬装，又分皮脊布面，布脊纸面、全皮、全布、全纸等。每本六角至一、二元不等。本馆书籍应否做套或改洋装，须加斟酌（旧本不可改装，亦不必一一做套，卷帙多者做套则不易散失。当仿宿迁王氏之布套，不用黏糊，而用钮扣，俟物价稍平再做。叶。再加一木板，板上钻眼，与布缝合，取携较便，亦不伤书，记得涵芬楼中有此款式。张）。其利弊如下：做套虽可使书本不致散失，足御风尘，陈列插架，可卧可立，极为便利。惟折套（即旧时通行式）立置架上，取放不慎，书根每易擦损；筒子、三角套，则套中偶失一册，匆匆不易察及。南方卑湿，浆易脱性，又易生蠹。而沪上既乏专工，勉强招来，值昂而工劣，甚不相宜也。改装则仅足与西书并列，他不见其善处，其弊则甚多：

一、中国书纸薄，加以硬面，常用则书脑易裂。

二、洋装书排列不紧密，则书面易成翘捩。

三、两本排列太紧，书面有薄胶，每易黏住。

四、年久天潮，易霉易糦。

五、取书时往往从书头一攀，遂致书头辄裂。

六、必须改变原装。

就管见所及，做套改装，其要点仅为适合西式之立置架上一事。鄙意本馆如确为专门国粹图书，则两种装钉，实皆无须。排列架上，不妨用旧式卧置之法（中国书宜平放，北平图书馆善本书亦平放。叶），有布套或夹板者仍之，每一种夹一书签，借时调取亦甚方便。书衣有破碎者，或换或加，脱线者重钉之，既可保存固有之式样，而架上可以多容书本，又省装钉之费。捐书藏家原有精美书箱，即可利用，不致废弃。至偶有新出平装、硬装之书，亦不妨令其卧置。或谓改装以后便于管理，提取又速，实则不装钉者既有书签，提取亦并不至于过慢。而取书还书并得检点册数，及有无损污之处，时经翻动，不易生蠹。倘本馆果属专门性质，则阅览人未必多，而同时借书者更不甚多。即以北平图书馆言之，每日阅览人数虽不少，究以阅报纸、杂志者为多，阅书者未必能满座。至若大学图书馆以教员学生借阅较为繁忙，但书库中有两人管理亦能应付，不至若理想之急促也（本馆以不办普通阅览为主要，因一切设备办普通阅览者，易致繁费，房屋尤甚。叶）。

关于编目，为图书馆基本重大之工作，而编目当以分类为前提。分类一事，问题最多。现在全国各图书馆分类之法各自为政，约分新旧两种：新法皆以美国杜威十大类加以增损；旧法即四库分类。两者各有优劣，前者削华人之足以纳西人之履，后者仅感类属之不敷，未尝无增减之余地。至疑似之处，旧法固有，新法亦何尝无之。四库分类曾经实验，有《四库总目》为其明证。新法半出各专家之理想，窒碍并不在旧法之下。至王云五之中外图书统一分类法，似便于小型普通图书馆，而专门图书馆未必适用。倘本馆以旧书为专门，则似以四库旧法为善（四库子部分目最欠妥贴，史部亦有可议之处，既以专收国粹书籍为限，则不妨悉仍旧贯，但遇有新出研究国粹之书加入时，稍费斟酌可耳。张）。四库之分，发源甚早，清代亦仅增损，吾人亦不妨稍加修订。若以为四库之法不善，则不妨用四库以前之法修改重订（鄙意宜仿四库分类而修正之，最近人文科学研究所分类颇佳。此事请与菊公讨论规定。叶），总以不失中国固有分类法为原则，亦所以谋保存中国旧时藏书之遗风。

目录之编纂拟分两种：一为卡片式，一为书本式。卡片式以馆中所有书一统编纂，暂分三种：一为书名片，一为著者片，一为分类片。三种卡片合置或分置，尚须斟酌。如合置，则须另做书架片。此外拟加著者地域片一种，可备参考地方文献之需。本目录拟以捐赠各家分别编纂，题曰合众图书馆某氏书目，其体例就各家藏书情形规定之。编纂方法拟一律首书名、卷数、著者、板本、册数、函数，与卡片式同。次附著者略历，又次本书内容之大略（可据序文中摘录之）。又次镂板之原委（可从序跋中节出之）。行款、刻工、各家题识、藏印均应详记。惟捐赠书籍不及若干数量以上者，不另编目，当于年报公布之（本馆宜于二十八年底编一本馆藏书草目，目内加一栏，即捐赠人之姓名，如此则捐赠一二种者，亦可列入，以后每年增修。以后凡捐赠人要求编专目，如章氏四当斋者，本馆别分之，而仍列入总目，阑内书明"详○○○专目"，以期衔接。叶）。

捐赠及自购书，当略加区别，约分甲乙两类：甲为善本，乙为通行本。惟善本名目甚泛，难得标准，兹拟订范围如下：

善本

（一）珍本　一、古本（明以前刻本），二、精刻本，三、流传不广之本。

（二）秘本　一批校本，二钞本。

（三）孤本　一稿本。

（善本之界限极难分别，人文研究所不分善本与普通本，鄙意初步宜仿行之，俟本馆造成书库，则凡不易得之本，皆入特别库。凡入特别库者，皆得谓之善本。北平图书馆所谓善本书目，亦指善本书库所存而言。此意当否，乞与菊公斟酌定之。叶。）

（既不办普通阅览，自无须分别善本、普通本，但最难得之本于未建书库之前，鄙见似亦应特别储存，否则介绍入览之人，辄有请求，殊难应付。张。）

阅览书籍，在筹备时期概不公开，凡经特别介绍而有保证者，约定时期在馆检阅，不得借出，即他日新屋落成，正式开幕后，如确为专门性质之图书馆，则亦当以不借出为原则。借阅人必经妥人介绍及保证，经本馆核准后始可阅览，并予以研究著作上之便利。

新馆屋宇之需要，倘为专门性质之图书馆，似可多设研究室，不必有普通阅览室，或只小型之普通阅览室可也。倘基地有余隙，并可建研究人宿舍及膳堂，俾中外人士远道来此者，可安心读书，酌收费用，可仿学校情形规定之。又须多置纪念室，或即以此为研究室，可以两用尤便。凡捐赠书籍在若干数量者，其善本一部分或全部分，别储纪念室中。纪念室愈多，愈足以表现合众之精神。

馆员暂设总干事一人，助理一人，庶务一人，书记一人，一切事务，秉承发起人意旨处理之。

办公时间：每日上午九时至十二时，下午二时至五时，星期日休息，每星期工作三十六小时。或每日上午八时至十二时，下午一时半至四时半，星期六下午及星期天休息，每星期工作三十九小时。其他例假，可仿其他机关团体酌定之。

年度终了时，编印年报一册，内容：（一）将一年中所收图书及零星捐到书籍不及编印书本目录者公布之。（二）凡一年中工作之概况。（三）馆员整理书籍倘有心得，附载于后，俾就有道而正之。

总之，鄙意本馆以保存古书为职志，并当保存其式样，一以旧时庋藏为主旨，略采现代之方法，不求形似而取其实利。观于日本京都东方文化研究所所编《汉籍目录》一以四库为准，美国哈佛大学汉和图书馆对于汉籍以不改动旧样为原则，就此两处情形观之，本馆略守旧法，未为不宜，否则不将发礼失求野之叹欤！普通书加写书根，一律宋体。卡片书写须毛笔楷书，不写简笔字（丛书及卷帙多者，先写书根。可以不写减笔字，书名、人名须与原书一律。叶）。

一九三九年八月[1]

---

[1] 顾廷龙：《顾廷龙文集》，上海科技文献出版社，2002，第604-609页。

　　这份《意见书》是顾廷龙受聘后提交的施政纲领，其中有经验，更有深入的思索，有传承，也有创新，体现出一位图书馆高层管理者的远见卓识。在这份《意见书》上，叶景葵、张元济都批注了自己的意见和建议（括号内"张"指张元济，"叶"指叶景葵），从批示内容可以看得出叶景葵对张元济的尊重和对顾廷龙意见的首肯。

　　8月16日，张元济又有一函致叶景葵，从中可看出合众图书馆的创办者对于编目一事的重视：

　　揆初吾兄有道：

　　　　前日顾起潜兄来寓，谈合众图书馆编目事，并携有各家书目，均采用四库而略加变通者。其意以四库编次不无可议，拟就后出诸家择善而从。弟意本馆即以国粹为主，各家书目虽各有见地，而资格究在四库之下，且未必尽善。何去何从，颇难适当。不如悉从四库，较为持之有故，言之成理。惟起兄提出两条：（一）四库以丛书入杂家，现拟另编；（二）近人著哲学类可附入国粹者，应否增加哲学一门。鄙见丛书日新月盛，与四库成书时不同，自当变通。惟第二题殊难决定，或勉附杂家各门，似亦一道，谨请裁酌。即颂台安。弟张元济顿首

　　　　　　　　　　　　　　　　　　　　　　　　二十八年八月十六日[①]

　　1939年12月，《燕京学报》第二十六期报道"上海合众图书馆筹备近况"。这是第一次公开报道："江南藏书，古今称富。歷兹浩劫，摧毁殆尽。沪滨一隅，仅获保其万一，可胜痛惜。张菊生（元济）、陈陶遗、叶揆初（景葵）三先

---

① 张元济：《张元济全集》，商务印书馆，2007，第313页。

生，有感于是，乃即在沪有图书馆之组织。搜孑遗于乱离，征文献于来日，冀集众力，以成斯业，因命名曰'合众图书馆'，亦众擎易举之意也。叶先生首将藏书，悉数捐赠，其最精者为稿本，若顾祖禹之《读史方舆纪要》，张惠言、成孙父子之《谐声谱》，严可均之《全上古三代秦汉三国六朝文》，皆可订正通行之本（《谐声谱》叶先生已为印行），诚人间至宝也。又蒋抑卮先生（鸿林）亦愿尽出所藏，以示赞助，数量甚富，四部兼备。又多清代精椠，昔钱塘汪柳门先生（鸣銮）藏书大半归之，弥足珍异。现已设立筹备处，以利进行。拟一面编纂目录，分卡片、书本两种，以资在馆内外检阅之便。一面校印前贤未刊之稿，嘉惠后学，以广其傅。所谓风雨如晦，鸡鸣不已也。"[①]

二、耆硕云集

此后的几日，顾廷龙逐渐进入了工作状态："（1939 年）八月四日　揆丈来阅书，交季锡畴所录王艮斋批校《水经注》，属录艮斋按语。八月五日　过季锡畴录王艮斋校《水经注》二卷。喉痛形寒，即睡，午后三时起，与子毅商做书架事。八月六日　喉痛，略有发热，晚稍愈。谒外叔祖谈。"[②]

7 月 20 日晚，顾廷龙到达上海的第三天，叶景葵即"招饮"，为顾廷龙接风。应邀之人，都是抗战时期寓居上海的文化界名宿。叶景葵的用意明显，就是使顾廷龙尽快融入上海的文化圈子，这些人是合众图书馆最重要的服务对象，也是将会对合众图书馆发展发挥最大支持作用的坚强后盾，同时也是以后收藏、研究、交流工作的坚实基础。邀约饭局，是中国传统的最佳社交方式。从此次以后，顾廷龙日记中写到"招饮""赴宴"的日渐增多，这成为他社会活动很重要的一部分：

---

① 沈津编著《顾廷龙年谱》，上海古籍出版社，2004，第 95、96 页。
② 顾廷龙：《顾廷龙日记》，李军、师元光整理，中华书局，2022，第 33 页。

（1939年）七月二十日　上午谒菊丈。晚，揆丈招饮，座有王佩诤、王欣夫、姚石子、陈陶遗、陈仲恕、陈叔通、博山、景郑及龙。

……………

八月二日　王欣夫借座晋隆招饮，座有冒鹤亭、瞿良士、高吹万、姚石子、吕诚之、张芹伯、钱宾四、施云秋、博山、景郑及余。[①]

座中除将成为合众图书馆董事的陈陶遗、陈叔通和顾廷龙的妻弟潘博山、潘景郑外，还有：

王佩诤（1888—1969），原名鼎，字培春，后改名謇，字佩诤，号瓠庐，晚号瓠叟，另有谔公、士一、佩颀、老瓠等号，江苏苏州人，著名的学者、版本目录家、考古学家、藏书家和书法家。1915年毕业于东吴大学，长期从事文化教育事业，历任《吴县志》协纂，江苏省立苏州图书馆编目主任，苏州振华女中教务长、副校长，国学会副主任干事，章氏讲习会讲师。抗日战争爆发后，移居上海，历任震旦大学、大同大学、东吴大学教授。

王欣夫（1901—1966），名大隆，字欣夫，号补安，后以字行，原籍浙江秀水，后迁苏州。室名"学礼斋""蛾术轩""二十八宿砚斋"。为苏州"二十八宿砚斋主"王祖询之子。精于中国古典文献学，在古籍版本目录、校勘诸方面均有创获。早年受业于吴江金松岑，后转从吴县曹元弼习经学。先后任圣约翰大学、复旦大学教授。抗战期间蛰居上海。

姚石子（1891—1945），名光，字凤石，号石子、复庐，江苏金山（今属上海市）人。辛亥革命前参加国学保存会，1909年南社始创时即为骨干，1912年与舅父高吹万同创国学商兑会，1918年由柳亚子推荐任南社后期主任，故有

---

① 顾廷龙:《顾廷龙日记》，李军、师元光整理，中华书局，2022，第32、33页。

"前有柳亚子，后有姚石子"之称。平生不求仕进，淡于名利，热心文教、社会公益事业，曾在金山创办学校、图书馆、育婴堂等。2008 年 2 月 26 日，金山文化信息资源共享网发布了一篇题为《姚石子与图书事业》、署名姚昆田[①]的文章。文中写道："1939 年 7 月，本着抢救文献的宗旨，父亲参与了叶葵初等先生筹备创办合众图书馆。1941 年 10 月，合众图书馆在今长乐路富民路口正式落成，父亲特地将清代张啸山辑著之《武陵山人遗书》及《舒艺室全集》两部珍藏的图书捐赠给合众图书馆。虽然该图书馆为避免敌伪势力侵扰，对外不公开，但那里却成为父亲与许多朋友经常会晤的地方。顾廷龙是这些朋友中年纪最轻的一位。"[②]

陈仲恕（1874—1949），名汉第，字仲恕、仲书，号伏庐，浙江仁和人，清末举人，毕业于日本东京法政大学。辛亥革命后历任总统府秘书，国务院秘书长，参政院参事，清史馆编纂、提调，故宫博物院委员等职，晚年寓居上海，潜心书画艺术创作和金石收藏。

冒鹤亭（1873—1959），名广生，字鹤亭，号疢斋，江苏如皋人。其先祖为元世祖忽必烈。冒氏为如皋大族，书香门第，冒辟疆是他的祖辈。1889 年（光绪十五年）他历县、州、院三试皆列第一，1894 年（光绪二十年）被录取为举人，担任刑部及农工部郎中。民国时期历任农商部全国经济调查会会长、江浙等地海关监督。

高吹万（1878—1958），名燮，以字行，别署老攘、黄天、慈石、时若、寒隐、葩翁，江苏金山（今属上海市）人。姚石子舅父。晚清著名诗人，南社的

---

① 姚昆田（1927—2021），姚光之子。中华人民共和国成立之初即在外交部工作，其后在人民保卫世界和平委员会及中共中央国际活动指导委员会等中央高层机构长期从事国际文化交流活动，在学术上常做跨学科及创新研究。

② 顾诵芬、师元光编著《自将摩挲认前朝：〈宋绍定井栏题字〉释注》，上海科学技术文献出版社，2017，第22、23 页。

重要成员。其子高君藩为南社社员，近代藏砚名家。其孙高锟为光纤通信、电机工程专家，被誉为"光纤之父"，曾任香港中文大学校长，并于 2009 年与乌伊拉德·博伊尔和乔治·埃尔伍德·史密斯一起获诺贝尔物理学奖。

吕诚之（1884—1957），名思勉，字诚之，笔名驽牛、程芸、芸等，江苏省常州市人。中国现代历史学家、国学大师，景星学社社员。与陈垣、陈寅恪、钱穆被并誉为"现代四大史家"。1920 年，任沈阳高等师范学校（后改为东北大学）教授。1923 年，在江苏省第一师范专修科任教。1925 年，任上海沪江大学教授。次年起，任上海光华大学国文系教授，以后光华大学增设历史系，任教授兼系主任。除一·二八事变后一度到安徽大学任教外，他一直在光华大学。1935 年 12 月 12 日，与马相伯、沈钧儒、李公朴、蒋维乔等署名发表《上海文化界救国运动宣言》。1936 年 8 月，任"吴越史地研究会"理事。1941 年太平洋战争爆发后，上海租界沦陷，光华大学停办。他携眷归乡，闭户著作，恃开明书店稿费自给，直到抗战胜利，重返光华大学。

张芹伯（1890—1945），近代著名藏书家张石铭的长子，人称金融和藏书的双栖明星，是一位谦和、内向的学者和银行家。其父张石铭（1871—1928），名钧衡，字石铭，号适园主人，是清代被称为南浔"四象"①之一张颂贤的孙子。

钱穆（1895—1990），原名恩嵘，字宾四，笔名公沙、梁隐、与忘、孤云、未学斋主，晚号素书老人、七房桥人，江苏无锡人，吴越钱氏之后。中国现代史学家、思想家、教育家、国学大师，曾任台北中国历史学会监事、台北故宫博物院特聘研究员。1929 年，顾颉刚到苏州中学演讲，与钱穆相识。1930 年秋，在顾颉刚的推荐下，钱穆任燕京大学讲师，教授国文。1931 年，钱穆受聘为北京大学史学系副教授，并在清华大学兼课。曾与叶景葵、顾颉刚、顾廷龙等共同研究叶景葵收藏的《读史方舆纪要》。

---

① 清代南浔古镇的四位富商，分别是刘镛、张颂贤、庞云鏳、顾福昌。

这次聚会仅仅是开始。合众图书馆筹备的第一年，顾廷龙记录的"来馆请阅藏书或参观书库者"就有：

王胜之　单束笙　赵万里　王以中　闻在宥　夏棣三

华毅如夏棣三同来　姚石子　潘博山　潘景郑　冒鹤亭　潘季孺

刘瀚怡　施韵秋　蒋抑卮　王欣夫　王佩诤　沈剑知

吴锐侪沈剑知同来　林仲驹同上　沙武曾单束笙同来　齐云青　吕绍虞

陈叔通　陈永青①

王同愈（1856—1941），字文若，号胜之，又号栩缘，江苏元和人。1889年（光绪十五年）己丑科二甲第22名进士，选翰林院庶吉士。曾历官翰林院编修、顺天乡试同考官、湖北学政、江西提学使等，与张謇等主持江苏省铁路事宜。他以文出仕，虽久居官场，但官声为学名所掩，在身居官场时，时人就以能得到他的书画为幸事。辛亥革命后退出政坛，隐居于嘉定南翔镇，杜门谢客，潜心学问，以收藏、课徒为乐。藏书室典籍充栋，编有《栩园藏书目》《栩园随笔》等。王同愈是顾廷龙的外叔祖，对他的影响也最大。顾廷龙出生的时候，王同愈已经是名满天下的大学问家、大藏书家、朝廷重臣。顾廷龙曾回忆："回忆童年，随母归宁，时外叔祖王公同愈寓居苏州古市巷之西口，余嬉戏庭院，憒无所知。但见车马盈门，宾朋满座。盖是时公所举办地方公益事业，如教育、商务、铁路等，皆在吴中。"② 以后，随着年龄增长，顾廷龙经常有机会住在王同愈在上海南翔的家中，越来越多地得到他的教诲。1927年，顾廷龙从国民大学休学回到苏州，被王同愈聘为馆师（家庭教师），白天教家中的孩子读书，晚上

---

① 顾廷龙：《顾廷龙日记》，李军、师元光整理，中华书局，2022，第665页。
② 顾廷龙：《顾廷龙全集·文集卷》，上海辞书出版社，2015，第859页。

则有时间亲聆其"讲述文艺、学术及掌故诸事"①。王同愈对顾廷龙赞赏有加，曾撰文《起潜录诸家校批〈积古斋款识〉书后》记述："余移家上槎溪，延外俵孙顾君起潜为馆师，授小儿女辈读。起潜勤学好问，有志稽古。课余辄手一编，研索六书，上窥仓籀。闻有藏家秘籍，必辗转假归传写。是书以五色笔汇录翁（宜泉）、叶（东卿）、龚（孝琪）、潘（伯寅）、吴（清卿）诸家之说于一编，美哉备矣！阮《款识》之批校本，当无有精于此者矣！于其卒业也，不禁欢喜赞叹而为之记。"②

单镇（1876—1965），字束笙，又字俶生，号殿侯，原名绍镇，字叔苏。祖单启源，父单光宗，婺源漳村人。嘉庆道光间，单启源迁居苏州齐门内燕塘汇之东新桥巷，经营木业，单镇遂入吴县学籍，中苏州府学优廪生员。1898 年（光绪二十四年）入江阴南菁高等学堂，为光绪庚子科正取优生第二名，光绪壬寅补庚子辛丑恩正并科乡试第二名，同年经济特科一等第四十五名。1903 年（光绪二十九年）殿试列二甲第五十六名，赐进士出身。叶景葵为同榜进士，在单镇 70 岁时曾写长诗一首相赠，其中有："与君同榜成进士，保和殿中一颏首。"③1913 年（民国二年）4 月署江苏国税厅筹备处处长、江苏审计分处处长。1920 年（民国九年）任审计院审计官、第三厅厅长。1921 年 10 月任北京大宛农工银行董事。1926 年任北京中国农工银行监事。1946 年任吴县临时参议会议长、苏州文心图书馆董事长。

赵万里（1905—1980），字斐云，别号芸庵、舜庵，生于浙江海宁。古文献学家、目录学家。1912 年入南京东南大学中文系，从吴梅习词学。1925 年毕业后任清华学校国学研究院助教，得王国维指导，在文史、戏曲、金石、版本、目录、校勘等学科打下坚实基础。1928 年转往北海图书馆（北京图书馆前

---

① 顾廷龙：《顾廷龙全集·文集卷》，上海辞书出版社，2015，第 859 页。

② 沈津编著《顾廷龙年谱》，上海古籍出版社，2004，第 17 页。

③ 叶景葵：《叶景葵文集（上中下）》，柳和城编，上海科学技术文献出版社，2016，第 1038 页。

身）工作，历任中文采访组组长、善本考订组组长、善本部主任，并在北京大学、清华大学、中法大学、辅仁大学等校任教，讲授中国史料目录学、目录学、校勘学、版本学、中国雕版史、中国戏曲史、中国俗文学史、词史等课程。

王以中（1900—1956），名庸，字以中，无锡县东埠糜巷桥人。中国科学史事业的开拓者。1914 年进江苏省第二工业学校土木工程专科学习。1919 年考入南京两江高等师范学校史地部，毕业后在无锡中、小学任教 2 年。1925 年考取北京清华学校国学研究所研究生，亲受梁启超、王国维、陈寅恪等大师的指导，深究史地之学，开始撰写《明代北方边防图籍录》《海防图籍录》，1928 年毕业后留校任助教。1936 年任浙江大学图书馆主任，两年之后，开始编写《中国地理学史》。

闻宥（1901—1985），字在宥，号野鹤，江苏娄县（今属上海市松江县）泗泾镇人。1925 年顾廷龙从上海南洋大学转学至国民大学时，闻宥已经是国民大学的教授。顾廷龙的笔记中记有"当时国文系，胡朴安任主任，教授有刘三、陈去病、胡寄尘、闻宥诸先生"[1]。闻宥生平学术论著甚丰，考古文物方面的有《古铜鼓图录》（1953 年初版，1955 年再版）和《四川汉代画像选集》（1955 年初版，1957 年再版）等，他是国内古铜鼓研究的首创者，另有语言学论著数十篇。

刘承干（1882—1963），字翰怡，号贞一，浙江省吴兴南浔镇人。祖父刘镛，因经营缫丝富甲一方，为南浔"四象"之首。其父刘绵藻为光绪戊戌年进士。刘承干的嘉业堂是中国近代著名的私家藏书楼之一，规模宏大，藏书丰富。藏书楼成立以后，有职员 4 人进行管理，其中编目主任是周子美，其助手为施韵秋（施维藩）。1932 年周子美至上海圣约翰大学任教，施韵秋接替负责嘉业堂的管理工作。8 月 2 日应王欣夫邀的施云秋应该就是这位施韵秋。来馆阅书的名单中，他的名字紧随刘翰怡之后，想必是两人同行。

---

[1] 沈津编著《顾廷龙年谱》，上海古籍出版社，2004，第 15 页。

…………

这是一个长长的，而且还在不断加长的名单。

合众图书馆的创办为当时寓居上海的文人学者提供了一个新的聚集、交流的平台。

三、丧明之痛

顾廷龙留下的日记至 8 月 6 日戛然而止。9 月 26 日，《顾廷龙年谱》和《叶景葵年谱长编》两书各有一则记载："是日，先生长子诵诗因患伤寒，后转腹膜炎，抢救无效，病逝家中。先生和夫人悲痛之极。"[1] "同日　顾廷龙长子诵诗因患伤寒转腹膜炎医治无效而亡。"[2]

得知诵诗病逝的消息后，叶景葵有信给顾廷龙表示慰悼：

> 丧明之痛，诚哉难遣，尚祈勉副达观，并安慰尊夫人勿使忧戚致疾，是所至嘱。款壹千元交子毅奉上，即祈收用。[3]

顾诵诗出生于 1923 年 10 月 16 日。

1935 年 8 月，顾廷龙将一家人从苏州接到北平，那时顾诵诗读初中。到北平以后，顾诵诗开始就读于燕京大学附属中学，后被顾廷龙送到城内西绒线胡同 33 号的私立崇德中学念高中。

顾诵诗面目清秀，儒雅蕴藉，颇有文士风韵。顾廷龙对自己的长子显然寄予很大希望。他在 1938 年 1 月 2 日的读书札记中曾经写道："一月二日，命诵

---

① 沈津编著《顾廷龙年谱》，上海古籍出版社，2004，第 92 页。

② 柳和城编著《叶景葵年谱长编》，上海交通大学出版社，2017，第 946 页。

③ 叶景葵：《叶景葵文集（上中下）》，柳和城编，上海科技文献出版社，2016，第 1129 页。

1939 年 7 月，顾诵诗与弟弟顾诵芬在合众
图书馆筹备处合影

诗将金刻《尚书》照片装粘成册，照片系日本友人吉川善之所赠，共二十八叶……"[1]

就在如此巨大悲恸的打击下，顾廷龙依然在为合众图书馆的工作日夜劳作。然而长子夭折带给他内心深处的哀伤是无以弥补的，12月1日，顾廷龙在日记中写道："不意九月下旬，诗儿夭折，心如槁灰，遂又中断，忽忽已七十日矣。"[2] 由于战乱，诵诗的灵柩只能寄放在平江公所。1940 年 9 月 22 日午后，顾廷龙偕妻子潘承圭去平江公所祭悼，缴寄柩费。顾廷龙在日记中写道："世乱不已，归葬何日，家运屯蹇，英才萎折。余命多舛，生不逢时，言念身世，不胜怆恻！"[3]

诵诗早逝，舅舅潘景郑撰稿，顾廷龙亲笔书写了墓志铭，记述了诵诗的资颖好学、勤勉自励，寄托了长辈的无限悲恸和哀思。

铭文照录整理如下：

顾甥诵诗墓志铭

中华民国十一年秋，吾姊归武陵，逾年十月十六日，甥诵诗生，蓐产几不育，弥月，姊携甥归宁，家中人咸谓儿羸弱，宜移姓以邀长年，时余初婚，偶抱坐膝上，姊戏曰，为吾字之，兆尔宜男，吾赧然无以承。吾母闻之曰，兄弟之子犹子也，庸何伤。

① 沈津编著《顾廷龙年谱》，上海古籍出版社，2004，第 65 页。
② 沈津编著《顾廷龙年谱》，上海古籍出版社，2004，第 95 页。
③ 顾廷龙：《顾廷龙日记》，李军，师元光整理，中华书局，2022，第 106 页。

自是，甥渐解辞语，即呼余为父。比龆龀，随母来吾家，辄就余夫妇言笑宴谈，已若成人。顾体弱而资颖，七岁入振华小学，能自励，无怠荒。时吾姊丈主北平燕京大学图书馆采访事。二十四年秋，携眷北上，甥年十三，随行，临歧为之黯然。抵平后，以首名录取燕京大学附属中学，试辄前茅。越岁九月，姊南来，问甥近状，知春季已转读城内崇德中学，离家故遥，俾留宿校舍，得自习练洒扫应对，已善处理矣。

二十六年夏，国难陡作，南北迢阻，不通音问者数月，明春，余僦居沪滨，始得平讯，互悉奔走徙移之劳顿。闻甥已返读燕校，益自刻励锐进。是岁夏卒业初中，以优次免试入崇德高中。又明年六月，吾姊丈应主合众图书馆之聘，挈眷来沪，相隔四年，甥已颀然长大，动容周旋，咸中礼节，彬彬乎学行并修矣。又闻其于各学科笃好数理，兼喜史地，课余攻摹印，习声律为乐，即此余事有足观采者，至其它世俗玩好之事不屑也。来沪两月，辄旦莫坐斗室温习旧业，迨试各校，无不录取，已就读大同大学附属中学。甫开课，适有寒热，犹力疾往，浸成伤寒证，旋转腹膜炎，卒已体弱不支，病十二日而殇，时二十八年九月二十六日也，年仅十七。病中尚手一卷不辍，劬学未竟。吁！可悲矣！

顾诵诗墓志铭

其殁也，亲友远近同声惋惜。余独恸夫甥之聪明笃诚，宜不当夭折。回溯吾姊期讬之无征渺，余薄祜未能观成。吾宅相即，百其言亡补矣。丧之又二年十二月一日，吾姊丈为圹于吴县灵岩公墓而葬之以成人之礼，属余为铭，其何敢辞，爰此大略而为之志铭曰：

> 天道无征耶，白日晦冥耶，岂清淑者摧折，而秀颖者不荣耶，必蒙俱而鸷鸷者，乃得富贵而长生耶。彭殇齐龄耶，我胡鸣兹不平耶。是为铭。

舅氏潘承弼撰　父顾廷龙书①

1946年4月14日，顾廷龙祭扫先祖、伯叔及先君墓时，到埋葬诵诗的灵岩公墓，"视诗儿墓，不觉凄然"②。

当时的上海虽然属于中国最发达的城市，但医疗水平并不尽如人意。顾廷龙日记中记有多位亲友因病去世的案例，其中包括妻弟、著名收藏家潘博山。扼腕痛惜之外，也令人为顾廷龙等合众诸位前辈的坚韧顽强的精神而感动！

四、众擎易举

顾廷龙在《叶公揆初行状》中写道，叶景葵创办图书馆，别人建议以叶氏为名，他的回答是"不许"。③

合众图书馆设在辣斐德路614号的筹备处，规划书库三间，办公室三间，

① 老科学家学术成长资料采集工程顾诵芬院士采集小组编《中国工程院院士传记　顾诵芬传》，航空工业出版社，2021，第49、50页。
② 顾廷龙：《顾廷龙日记》，李军、师元光整理，中华书局，2022，第452页。
③ 顾廷龙：《顾廷龙文集·叶公揆初行状》，上海科技文献出版社，2002，第545页。文中写道："己卯倭寇肆虐，公感于江、浙文物摧毁之烈，谋有以保存之。约张元济、陈陶遗创设私立图书馆，首出所藏为倡，名曰合众。或劝以叶氏为名者，公谓图书馆当公诸社会，将赖众力以垂久远，不宜视为一家之物，不许。"

会客室一间，餐厅一间，宿舍二间，仆役室一间，储藏室一间。以招标方式招申泰、新华两木器铺制作了七层书架 50 只，可容四开本书 60 抽屉，目录柜一只，阅书桌两只，文件柜一只，香樟书橱两只，桌椅若干，用于存放其他目录、卡片、书签、稿格，其他文具应用之品类皆购备。

《顾廷龙年谱》《叶景葵年谱长编》中均记录了顾廷龙繁忙劳碌的工作。

7 月 23 日，叶景葵将自己珍藏的 84 箱精本送来，均有书箱，占书库一间。嗣后，又陆续检送，又占一间，计 1 822 种 19 883 册、图册 359 张一包一幅。蒋抑卮先生捐书计 667 种 4 755 册。另有各家捐书计 322 种 1 522 册。捐赠者计有：北平图书馆、燕京大学图书馆、引得编纂处、哈佛燕京学社、齐鲁大学、美国国会图书馆、明复图书馆、禹贡学会、中国书店、来薰阁书店、修文堂书店以及张元济、夏地山（赠《唐开成石经》裱本全部、明刻《一中》一部、《夏侍郎年谱》二部）、夏润枝、潘景郑、吴湖帆、姚石子、王欣夫、任心白、胡正之、王丹揆、严鸥客、黄志勘、黄志勤、黄志劭、

顾廷龙一家在辣斐德路合众图书馆筹备处留影

顾廷龙之子顾诵芬在筹备处院中学骑自行车

赵学南、李宣龚、黄荫亭、严伯玉、闻在宥、陈矩孙、顾廷龙等。在筹办初期购置书计 709 种 10 190 册 61 张 2 幅；传钞书 7 种 17 册，约 65 万字。顾廷龙除仔细登记捐赠书籍的社团机构和个人的姓名外，还认真记录下了这一年来到筹备阶段的合众图书馆请阅藏书或参观书库者的名单。

合众图书馆还在筹办阶段时就已经实现了叶景葵最初的设想。对他支持最大的挚友中，有1907年4月经汉阳铁厂总经理李维格介绍结识的蒋抑卮。

蒋抑卮

蒋抑卮（1875—1940），名鸿林，谱名玉林，字一枝，世代在杭州经商，是杭州屈指可数的富户。曾师从章太炎学习音韵文字，后留学日本学经济。回国后，与其父一起运作，最终成为浙江兴业银行的最大股东。

"他因耳疾终身重听，中年又跌伤股骨，行走十分不便，又患胃病，健康不良。但他为人深沉笃信，遇事不惧艰难，平时不多言笑，不事酬酢，而业务上精明强干，善于经营，经常巡视全国各分支机构，对一切行务都了如指掌，是个典型的信奉'忠厚传家久'的传统商人。他与董事长叶景葵，一个善练'内功'，一个长于宏观'调控'和市场运作，又都有深厚的国学根基和对民族工业、传统文化的强烈的责任感，所以30余年中，他们相辅相成，配合默契，在'浙兴'其他老友如胡藻青、沈新三、樊时勋、陈叔通、项兰生、徐寄倾、徐新六等等的共同努力下，使银行闯过了重重难关，成为解放前最大的一家私营银行，直至1952年公私合营为止。"在合众图书馆筹备期间，"蒋抑卮先生积极响应，亦捐入图书5万册，基金5万元面值股票。然而他捐书后未及两个月，就溘然长逝了。其子孙感念先人遗志，继续整理家中旧书送往合众图书馆，朋友中传为佳话。这是两位合作了30余年的老朋友最后一次合作"。[①]

---

① 孙曜东、宋路霞：《民国银行家：叶景葵、蒋抑卮与兴业银行》，《中国企业家》2003年第9期。

顾廷龙在晚年曾在笔记中写下《私立合众图书馆藏书概况》，详细回忆了蒋抑卮的捐赠情况："叶揆初先生于一九三九年夏，有创办图书馆之意，首出自藏钞校稿本，其次蒋抑卮先生藏书数万册捐出。余到沪后，即言等藏书章盖好陆续送去，但目前尚无盖章之人。余即应曰：盖章之事，吾能为主。抑卮设午宴于家，时家居海格路范园，座有叶、陈氏昆仲、高欣木、王福庵等。次日，我即前往，在书库中每册盖章，积一出租车，即携回'合众'。未几，抑卮忽以伤寒逝世。揆初则方自绑匪手中获归①，为撰家传一篇。并曰：凡未经抑卮送馆者，均由蒋家自留。是批善本，约十余箱，交由蒋彦武保管。彦武为抑卮侄孙，浙江兴业银行董事。'文革'中，造反派闯入，监视至晚，腹饥，见此书若干箱，即杠至废纸铺论斤售去，得钱各吃几碗馄饨，而书入废纸铺者，均送纸厂做回魂纸，无有幸存。抑卮之书，得之汪鸣銮家。汪书出，抑卮与蒋孟苹合购，善本归孟苹，普通本归抑卮。抑卮以一部分归'合众'，尚留于家一部分。此部分解放后送华东文化部，华东拨交'合众'。抑卮生前捐'合众'者，'合众'编有书目，曰《蒋氏凡将草堂书目》，潘景郑编，洪驾时刻蜡纸，印数十部。"②

叶景葵、蒋抑卮捐赠之物都装在非常精美的木质书箱里，所以不需要另置书柜、书架。

五、新建馆舍

叶景葵"发愿建一合众图书馆"之初，就已经在筹划新建馆舍用地，1939年4月3日给顾廷龙的信中明确已"得租界中心地二亩"。他的计划是："先租

---

① 文中讲到"揆初方自绑匪手中获归"说的是 1940 年 11 月 14 日，叶景葵在寓所附近突遭数名匪徒绑架一事（见后）。

② 沈津编著《顾廷龙年谱》，上海古籍出版社，2004，第 507 页。

屋一所，作筹备处，弟之书籍即捐入馆中。蒋抑卮君书籍亦捐入之。"[1] 顾廷龙到任以后不到一年，这一计划已经实现。接下来的一项重要工作就是修建馆舍。

叶景葵讲到的租界中心地即今长乐路746号。长乐路旧时称蒲石路，746号在蒲石路与古拔路相交的路口处。古拔路是以法国历史上一名海军将领的名字命名的，现改名为富民路。

合众图书馆长乐路馆舍是1941年按图书馆要求建造的，由上海最有名的建筑师陈植[2]的华盖建筑事务所设计。对于新馆图样，叶景葵下了大功夫。顾廷龙日记有记：

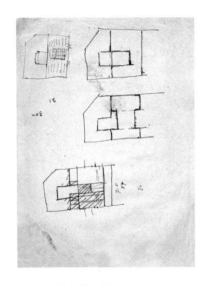

叶景葵自拟新馆图样

（1940年）九月十七日　谒揆丈，商《恒言录》价。商新馆图样，系丈自拟者……

………………

十一月二十五日　理丰华书。谒揆丈，悉馆舍图样已定，送交工部局审核矣……

………………

十二月二日　……揆丈来电告，谓馆舍已招建开标，今日签字，约明年六月毕工，预计年底可以迁入……

① 叶景葵：《叶景葵文集（上中下）》，柳和城编，上海科技文献出版社，2016，第1121页。

② 陈植，字直生，1902年11月15日出生于浙江杭州。父亲陈汉第曾任浙江私人捐助公益基金董事会的董事长，叶景葵先生是该董事会的"当然董事"。陈植1923年毕业于清华学校，留学美国，入著名的宾夕法尼亚大学建筑系，与梁思成、林徽因是同学，成绩优异。回国后不久，接受了浙江兴业银行委托的设计任务，从东北大学到上海，与同为美国宾夕法尼亚大学毕业的建筑设计师赵深、童寯合创华盖建筑师事务所。

十二月三日　……挨丈送馆宇外图来，即悬壁上。

四日　谒挨丈，阅馆舍详图，匆匆未暇推敲也。[1]

陈植对图书馆的实际使用需求不是很熟悉，顾廷龙与他就原设计方案进行了多次商讨并提出了不少建议，陈植很虚心，对设计图纸做了反复更改。

图书馆的建造监理是浙江兴业银行所派的李英年。李英年也是在我国近代建筑史上有名的建筑师。顾廷龙对图书馆的建造施工要求很严，常亲自去工地，逐渐与李英年相稔。李英年酷爱图书字画，后来与顾廷龙成莫逆之交，并对合众图书馆多有捐赠支持。

新馆从1941年春天开始建设，8月竣工。顾廷龙在《上海私立合众图书馆十四年小史》中详细记述了馆址情况："我馆旧拉斐德路租屋仅住两年，已不敷用，其时工料腾贵，基地虽已由叶先生购置，而建筑费尚成问题，为图书馆根本打算，非自有房屋不可，承陈莱青先生等热情捐助，始克完成。为了经费支绌，所以一切因陋就简，在基地上建筑了一部分，余地计划续建。"

"我馆自置基地一亩九分六厘三毫，于一九四一年春天委托华盖建筑事务所设计，招工承保，建筑钢筋水泥馆屋一所，即于同年八月完工。计有三层十八间、书库七间、普通阅览室一间、阅报室一间、参考室一间、办公室一间、储藏室二间、厨房一间、宿舍四间。用具方面：阅览桌五只、坐椅八十只、卡片箱六十、抽屉一只、三抽屉二只、报架

蒲石路合众图书馆新馆舍

---

① 顾廷龙：《顾廷龙日记》，李军、师元光整理，中华书局，2022，第106、117、118、119页。

二只、书架一百七十一只、书箱四百六十二只、书橱三十三只。"①

在顾诵芬的记忆中，新馆址原为一家电影制片厂的摄影棚，他在院子里玩耍时总能挖到很多电影胶片头。他还记得："父亲在燕京大学图书馆工作时，有一家美国人办的公司经常为图书馆制作阅览桌椅、书柜书架等家具。父亲收集了他们很多产品样本，到上海后，找到一家家具商，要求他们按照样本制作。父亲很严格，为防止制成的家具开裂，要求木材准备过程中，一定要充分干燥。"

"在经济十分困难的情况下要办好图书馆，除靠大家帮忙以外，还必须勤俭节约。馆内运书用的推车由父亲自己设计，原本选用的是橡胶轮子。但小尺寸的充气橡胶轮市场上买不到，于是用厚橡胶自制胶轮，加工为圆形，两边用铁板夹紧，很管用，只是寿命短，用不多久就坏掉了。"②

1941年9月1日，是新馆验收交付之日。顾廷龙难掩心中的欢愉，将自己的日记从这一天起单独成册，题为《蒲寓新记》。从日记内容看，新馆设计、建筑中有许多他不能满意之处。

> 九月一日　九时，赴蒲石路验收新屋。监工、包工皆未至，改约下午。三时，监工马俊德、作头杨先后到。余历指其未妥处，允一一修理。此屋既未郑重设计于先，施工又不能认真于后，任事之人一味圆到，绝不负稍许责任，揆丈安由知之。彼则率责以去，我且受累无穷。工程草率，钢窗无一对能开关自如，纱窗铁丝已锈，人工大理石之地已缺，复何言哉。点交锁钥，开关不灵者三扇，暗锁悉未装妥。接收钥匙三十三把，暂令兴业清洁夫看

---

① 顾廷龙：《顾廷龙日记》，李军、师元光整理，中华书局，2022，第655、656页。

② 老科学家学术成长资料采集工程顾诵芬院士采集小组编《中国工程院院士传记　顾诵芬传》，航空工业出版社，2021，第46、47页。

守……

九月二日　到新屋，永大派水作、铜匠四人修。赴兴业拟租保管箱，价昂可骇，不敢问津矣……陈林记来，令改蹯脚……

…………………

九月五日　商务车来搬书六架，约二百十余包、十二箱，到新屋卸毕，计一时半。下午再到新屋，将书上架，发现书架上层均未漆。子毅寻漆匠，明日补漆夹板壁……

九月六日　到新馆看漆书架。午返……

九月七日　到新馆看漆架。陪会赴新华购三联橱一只……

九月八日　商务车来搬两次，即将各书上架。揆丈电话告……余请于在空地上种除虫菊，允之。

九月九日　搬一次，仅书架六只，雨中不敢搬书……

九月十日　搬书一次，即与子毅、景郑上架。在新馆饭，购自邻肆。午后归，包书。

九月十一日　搬书橱等一次……

九月十二日　搬一次，适两间新屋应修数事开单交揆丈。明日属马前去接洽。黄仲明、任心白皆有电话，星期搬运已说妥……

九月十三日　搬一次……

九月十四日　晴。第一次搬书，第二次搬余家具，第三次搬余家具，第四次搬书箱，第五次搬书箱及杂件，第六次搬杂件。会庆正式迁入。燕喜送糕、馒头。景恒等送馒头。程蓉墅夫人送馒头、糕。闻在宥夫人送蛋糕，传桐送蛋糕及其妹画莲锦框。来贺者谱孙、质庭、永瞻、家嵘、家懋、连、森、嘉、燕喜、冰若、传桐、闻太太。夜，再往旧居理物。夜路上人声不绝，盖近舞场也……

九月十五日　旧居电话撤去。搬一次。子毅同来。赴兴业访揆丈，商电话、铁门事。午后，赴旧居理书。马俊德来商铁门高下，视屋……

九月十六日　搬一次，将书箱放妥。叔通先生偕季孺先生来，畅谈，参观而去。

九月十七日　搬一次，小书箱等。拔翁偕李、曹二君来。午后，揆丈偕侍君来……

九月十八日　搬一次，余书及平屋书箱等。午后雇老虎车搬书架，三辆三次而尽。理自藏……

九月十九日　搬一次，书橱五只及杂物。《丛书集成》由景郑上架。赴辣斐德路，巡视有无遗留物件……

九月二十日　搬一次，阅览桌等。至此，移居之事始得告竣，共搬廿次。留倪看旧屋……

九月二十一日　发文楷信，告移居……

九月二十二日　送商务汽车油费九十元，托黄仲明转，适他出，携回。致马斯南路邮局，请改寄新址……

九月二十三日　电话局来人盖戳，谓即日可为装机。理书。浩吾拓片木箱撤空，尽置玻璃橱中。至辣斐德路旧居，看拆水电。值大雨涨水，子毅先去，以工匠来迟，改约明晨拆……

九月二十四日　叶宅搬家。赴浙兴访揆丈……归后，往辣斐德路旧居取回拆下旧电料，旋与子毅商搬书事……

……………

九月二十六日　揆丈进屋，往贺。旧书架搬上四楼，移什物……

九月二十七日　搬书箱……

九月二十八日　晨赴蒋俊吾处搬书两次，九十只，半日而毕……

九月二十九日　叶氏书箱移置三楼正间……

九月三十日　陈林记做家具，漆完。

十月一日　四楼理书。

十月二日　理物……

…………

十月六日　菊丈送书来。揆丈来谈。夏地山先生率子来参观。博山来，以铜器三十二件寄存此间，允之……

…………

十月十一日　……揆丈来，交钥匙。携去《归书图》加题……夜，大雨。

十月十二日　平台下各间均漏……

…………

十月十四日　……与揆丈议，余卧室与坐起欲开一门，将来即由坐起出入，因卧室门对天井，弄堂门风太大，严冬晨起，侵犯霜露，殊不相宜耳。托李镜池介绍做软百叶窗，约明日来……

十月十五日　避水匠来修平台漏处。木匠来装锁……

十月十六日　避水匠来。木匠来，量门洞应开尺寸。锁匠修锁，叮咛再三，始稍灵活……

…………

十月十八日　……招陈林记来做书箱架……

…………

十月二十七日　装铁门，修书箱座……

十月二十八日 ……木匠修书箱，改装门铃……

十月二十九日 修书箱毕……

………………

十一月一日 量书库，安置箱座并排列书箱，排好九十箱……

十一月二日 排书架……

十一月三日 书箱安置告竣……

………………

十一月二十九日 ……避水匠来修漏。叶氏见假地毯一条，因水泥地寒气较重耳……

十一月三十日 督避水匠修漏。[①]

至此，新馆舍交付的全过程完成了。叶景葵在《札记》中写道："至新馆及图书馆察视，书籍已悉数移来。起潜兴会甚佳。空间耗废多，已占十分之七八，恐不能维持十年，乃知事实与理想，向不能密合也。"[②]

1941 年 9 月 11 日这一天，顾廷龙留在辣斐德路家中整理自己的收藏，叶景葵来与顾廷龙有一次交谈。顾廷龙说如在 1939 年 5 月份即兴建，花费应该少许多，不必付出现在建造房屋这么高昂的费用。叶景葵说，那时候你在燕京，如你不能来，我就不办这个图书馆了，并不是先有计划。这段对话说明叶景葵将顾廷龙视为办馆的必要条件之一。在 1941 年 9 月 11 日的日记中，顾廷龙写下自己从内心深处发出的感叹："然则余于馆当如何努力耶"[③]！

① 顾廷龙：《顾廷龙日记》，李军、师元光整理，中华书局，2022，第 184-200 页。

② 叶景葵：《叶景葵杂著》，顾廷龙编，上海古籍出版社，1986，第 221 页。

③ 顾廷龙：《顾廷龙日记》，李军、师元光整理，中华书局，2022，第 186 页。原文为："（1941 年）九月十一日 搬书橱等一次。余未去，理自藏。揆丈来谈，偶言现在房屋造价益昂。余谓若在租屋开办时即兴建，则须费无几。丈谓，时汝在燕京，倘不能来，吾即不办，并非先有计划。然则余于馆当如何努力耶。"

六、别号"书寄生"

顾廷龙《上海私立合众图书馆十四年小史》中还记有一事：

> 馆旁空地中九分五厘租给叶先生建屋，订有租地合同，定为
> 二十五年，俟期满时，租地并建筑物，概归图书馆所有。[①]

叶景葵新建的住宅是一栋二层小楼，与他原来的住宅比，显然这里要局促
得多，他在1941年9月2日致朱启钤函中写道："蛰居无聊，又因避居局促，
笔、床、茶、灶都无位置，以致笺候久疏，歉罪何似。"[②]但他对新居很满足。

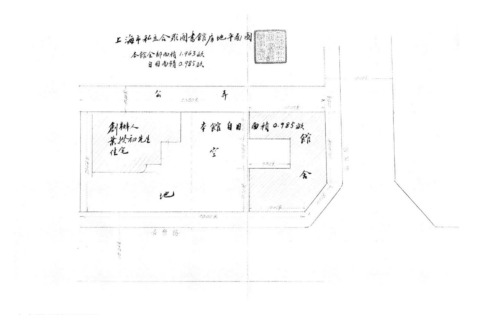

合众图书馆平面图

---

① 顾廷龙：《顾廷龙日记》，李军、师元光整理，中华书局，2022，第656页。
② 叶景葵：《叶景葵文集（上中下）》，柳和城编，上海科学技术文献出版社，2016，第1408页。

1941 年 7 月上旬，叶景葵赴蒲石路（今长乐路）巡视合众图书馆馆舍工地："至新建图书馆与敝庐察看工程，外廊已成，正在赶修内部。住宅较旧居为小，但爽垲而通风，小院亦可得半，苟完苟美，于愿已足。馆屋光线甚佳，内局亦甚紧凑，再有两月，可以全竣。中间空地不多，且须预留扩充地位，不必栽大树，只须不生虫而夏日有浓阴之树五六株已足，余地可以杂莳花卉。"①

图书馆天井有一小门朝向叶景葵住宅，他每天上午都走这个小门进入图书馆。叶景葵还写道："新居在蒲石路七百五十二号。余捐入合众图书馆十五万元，以其半为馆置地二亩，今年建新馆已告成，余租地九分，营一新宅，订期二十五年，期满以屋送馆。余与馆为比邻，可以朝夕往来，为计良得。昔日我为主，而书为客，今书为馆所有，地亦馆所有，我租馆地，而阅馆书，书为主，而我为客，无异寄生于书，故以后别号书寄生。"②

"余租地九分，营一新宅，订期二十五年"见于《议事录》（1941 年 8 月 6 日）所记他与合众图书馆签订的合同中，这是合众图书馆召开的第一次董事会，《议事录》即会议纪要，其第四项内容为"审查叶宅向本馆租地建屋合同"，"议

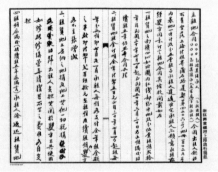

叶景葵向合众图书馆租地建屋合同草稿

① 叶景葵：《叶景葵杂著》，顾廷龙编，上海古籍出版社，1986，第 214 页。
② 叶景葵：《叶景葵杂著》，顾廷龙编，上海古籍出版社，1986，第 214 页。

决：通过"^①。

该合同照录整理如下：

叶宅向本馆租地建屋合同

立租地合同〇〇〇包括其继承人（下称出租人）

〇〇〇包括其继承人及家属（下称承租人）

今因出租人愿将所有坐落上海法租界蒲石路道契第四二〇六号、地册一〇〇〇Ａ号内基地一方，计玖分五厘租与承租人建造住宅，承租人亦愿意承租，兹经双方同意，订定租地合同，其条款开载如左：

一、租赁地之面积四址如附图内红线部分，计地玖分伍厘，租期二十年，自民国三十年七月一日起至民国五十年六月三十日为止，期满后得续租五年，仍照本合同办理。

二、租赁地租金订明全年法币五百元正。自三十年七月一日起租，每年分两期，即七月及一月，承租人每期各支付全年租金额之半，即法币二百伍拾元，在租期及续租期内，双方各不主张增减。

三、租赁地上应纳之地捐及地上其他一切税捐均归出租人负担，其关于双方共同使用，如修路、修沟管弄、清洁等所生费用各自负担。

四、租期届满后（指续租五年届满言），承租人除返还租赁地及注销租地合同外，所有在租赁地上房屋及一切建筑物概归出租人所有。

---

① 叶景葵：《叶景葵杂著》，顾廷龙编，上海古籍出版社，1986，第891页。

五、租期届满前（指续租五年届满言），出租人对于出租地亩如有急迫需要有收回租赁地之必要时，如在本合同租赁关系存续达十五年以上时，承租人可允其收回，但应由出租人就下余租期连续租租期在内，贴与承租人每年四千元之贴费（有零月日时，照每年四千元比例计算），同时承租人应将所有在租赁地上之房屋及一切建筑物仍照第四条之订定，概归出租人所有。

六、本合同连附地图一式两份，经双方核明签订，双方各执一份存照。

中华民国　　年　　月　　日立租地合同

出租人

右代表人

承租人

证明人

主席　　　　　　张元济（签名）[1]

从内容看，这是一份谈不到公平的契约。土地是叶景葵用自己的捐款购置的，但他要缴纳每年 500 元的租金，租期为 20 年（加 5 年续租期），这是叶景葵对自己寿命的最大预期限度。到期后，所有地上自建房屋及建筑物归出租人，没有任何补偿。这一条无疑在明示叶景葵已下定决心，即自己离世后，与合众图书馆相关的资产不会留给自己的家人。

虽然已经签订了如此严苛的条款，但叶景葵出面聘请的总干事顾廷龙却并不为情所动，他居然板起面孔，一本正经地向叶景葵当面提出还需要补充一条约束项，并事先拟就了文字。顾廷龙日记中有记：

---

① 叶景葵：《叶景葵杂著》，顾廷龙编，上海古籍出版社，1986，第 891、892 页。

（1941 年 8 月）九日　揆丈来，签租地建屋合同。余拟补充一条，示揆丈，其文曰：

承租人于承租期内，其住宅及一切建筑物不得全部转租他人。如承租人不愿使用时，应即返还赁地，由出租人贴与承租人万元。所有租赁地上房屋及一切建筑物，仍照第四条之订定，概归出租人所有。如租期已逾十五年者，则贴与承租人费用即照第五条所定办法计算之。

丈谓此点亦曾想到，将来决不致有转租之事。渠已在遗嘱中言之矣，因未列入。[①]

顾廷龙的额外要求，从世俗的角度看，显得过于迂直，但叶景葵表态，此点不仅已经想到，而且已经写进了自己的遗嘱中，将来决不会有转租之事。叶景葵的决定令顾廷龙叹服，他在《叶公揆初行状》文中记下了这一不同凡响的事迹："筹备二年，乃建新馆。旁有隙地，公与馆立约，租赁期二十五年，卜筑一椽，通以一门，昕夕往来，指示规划，不辞烦琐，朋辈响应，捐书日众。"[②]

作为合众图书馆的主要投资者，叶景葵没有享受任何特殊待遇，甚至连自建自住的房屋也都被列入图书馆资产。他践行自古以来为知识分子所景仰的至高至远的道德情操，真正做到了"生而不有、为而不恃""鞠躬尽瘁、死而后已"。私立而非私有，叶景葵的坦荡胸襟与顾廷龙的执着认真于此可见一斑。

在叶景葵迁入新居后，陈叔通撰七律一首祝贺：

① 叶景葵：《叶景葵杂著》，顾廷龙编，上海古籍出版社，1986，第 181 页。
② 顾廷龙：《叶公揆初行状》，载《顾廷龙文集》，上海科技文献出版社，2002，第 546、547 页。

赠卷盦同年并贺新居

少壮功名赴急弦，卅年市隐雪盈颠。

平生有恋皆能舍，与世无争善自全。

家事不令姬侍白，楹书已付众人传。

菟裘三徙宁初愿，任运何曾百虑牵。[1]

叶景葵在和诗中写下了"吾爱吾庐公所许，东门黄犬任人牵"[2]。

在极度艰难的情势下，能取得令后人嗟叹的成就，合众图书馆诸位前辈的这种精神起着决定性的作用。

---

① 柳和城编著《叶景葵年谱长编》，上海交通大学出版社，2017，第1056页。

② 柳和城编著《叶景葵年谱长编》，上海交通大学出版社，2017，第1056页。

第三章

新馆启用

　　我馆于一九三九年八月开始工作，由创办人叶景葵、张元济、陈陶遗三先生领导，到了一九四一年八月成立发起人会，同月由发起人会选聘陈叔通、李宣龚两先生为董事，成立董事会。公推陈叔通先生拟定图书馆组织大纲及董事会办事规程。公推陈陶遗先生为董事长，叶景葵先生为常务董事。

　　　　　　　——顾廷龙：《上海私立合众图书馆十四年小史》

一、发起人

新馆启用意味着合众图书馆正式进入运作。作为一个非营利的社会团体，按照创办程序，首先要有发起人。对于这些规则，叶景葵、张元济是非常熟悉的。发起人即创办人，这些人需要志同道合，并且在社会上，尤其是在文化界有影响力。1939 年 4 月 18 日，叶景葵在致顾廷龙的信中谈图书馆发起人事：

> 奉示知于鄙人所拟图书馆事极荷嘉许，且许他山之助，感如挟纩矣。鄙意组织愈简愈好，大约即以弟与菊老及陈陶遗（彼在江苏，声望极隆）三人为发起人，即为委员，委员中或推菊老为主任。①

合众图书馆发起人会议于 1941 年 8 月 1 日在辣斐德路筹备处召开，顾廷龙担任记录员。

合众图书馆发起人会议

日期：中华民国三十年八月一日

地址：辣斐德路六百十四号

出席：张元济、叶景葵、陈陶遗

临时记录：顾廷龙

（一）叶景葵报告筹备经过。

甲、财政概况

　子、经费来源

　　一、捐款：叶景葵法币十五万元，指定作永久基金。

　　　　　　陈莱青法币五万元，以一半作建筑费，一半作永久基金。

---

① 叶景葵：《叶景葵文集（上中下）》，柳和城编，上海科学技术文献出版社，2016，第 1122、1123 页。

蒋抑卮明庶农业公司股票，票面法币五万元，指定作购书基金。

陈永青法币五千元充建筑费。

陈植法币四百五十元充建筑费。

刘柏森法币一千元充建筑费。

二、募集：叶景葵经募法币四十五万元。又法发英金善后公债，票面英金六千七百镑，成本作法币十万元。

丑、支出款项

一、购置基地：法币七万五千元。

二、建筑馆屋及附属设备约法币十八万元。

附注：所有筹备处开办费及两年以来经常费约支出四万元，均在募集款项收入利息内动支，并未用本，以上系大概情形，俟细账结出再行详报。

乙、建筑情形

新屋约两星期中可以落成，业经法公董局编订门牌：蒲石路七百四十六号。并估定按月租价，法币一千一百元零。

（二）通过合众图书馆组织大纲草案。

（三）议决聘请董事两人。公举：李拔可先生、陈叔通先生。

（四）议决八月六日召集第一次董事会。

张元济

发起人　　陈陶遗

叶景葵 [1]

---

① 顾廷龙：《顾廷龙日记》，李军、师元光整理，中华书局，2022，第888、889页。

陈陶遗

陈陶遗（1881—1946），原名公瑶，一名水，字止斋，一字卧子，别字淘夷、陶怡，号道一、天真道人，江苏省金山县松隐镇（今属上海市金山区亭林镇）人。中国民主革命家、政治家。1901年（光绪二十七年）考中秀才，后在金山松隐镇教书。1905年东渡日本，入早稻田大学攻读法政，并由同乡高天梅介绍，加入同盟会，改名剑虹。1906年（光绪三十二年）秋，第二次去日本，接办《民报》和《醒狮》周刊，并担任暗杀部副部长。当时，他经常去听章太炎讲课，章太炎为他改名"陶遗"，意为"陶唐氏之遗民"。

据《叶景葵年谱长编》，叶景葵与陈陶遗的第一次交集在1937年。那一年的5月10日，上海文献展览会发起人会议上，陈陶遗被推为副会长，叶景葵当选理事。该项活动的发起人为时任上海市博物馆董事长的叶誉虎（叶恭绰）、馆长胡肇椿以及钮惕生、王一亭、柳亚子、陈陶遗等。[①] 1939年4月18日，叶景葵致顾廷龙函中提及图书馆组织计划时，讲到"大约即以弟与菊老及陈陶遗（彼在江苏声望极隆）三人位发起人，即为委员"[②]。在顾廷龙到沪后，叶景葵招饮，席间有陈陶遗。[③] 以后记载即与合众图书馆相关。

据《张元济年谱长编》，张元济与陈陶遗有关的最早记载与叶景葵相同，都是在1937年5月上海文献展览会发起人会议上。在那次会上，张元济被推举为

---

① 柳和城编著《叶景葵年谱长编》，上海交通大学出版社，2017，第859、860页。

② 柳和城编著《叶景葵年谱长编》，上海交通大学出版社，2017，第924页。

③ 柳和城编著《叶景葵年谱长编》，上海交通大学出版社，2017，第939页。

名誉理事。[①] 这一年，张元济在 9 月 3 日、9 日、28 日以及 10 月 22 日均参加了浦东同乡聚会，赴会者都有陈陶遗。[②] 以后二人又多次见面。显然，张元济与陈陶遗早期的联系要更多一些。在 1939 年 4 月，叶景葵致函顾廷龙讲到发起人中有陈陶遗时，应该是叶景葵与张元济已经商议过并取得陈陶遗同意的。如果说请来顾廷龙任合众总干事是叶景葵、张元济的得意之笔，那么请到陈陶遗为合众发起人并任首任董事长则可谓是他们两位的神来之笔。

1925 年冬，孙传芳割据苏、浙、皖、赣、闽，自称五省联军总司令，提出"苏人治苏"口号，陈陶遗被张謇、张一麐推荐，就任江苏省长。任职期间，他尽力维护地方治安，重视农业，关心治螟，废除若干苛捐杂税，减轻人民负担，还提议收回租界。1927 年初，他劝说孙传芳联合北伐军，未被采纳，遂愤然挂冠而去。

辛亥革命胜利时，陈陶遗拒任江苏都督，让位给江苏巡抚程德全；中华民国成立后，他被举为国会众议院议员，但辞而不就，让给候补的前任同盟会江苏分会长高旭；抗战期间，他人淡如菊，品逸于梅，坚拒出任伪职，始终保持了一名同盟元老、南社先贤的民族气节，战地黄花，老而弥香。[③]

直至去世，陈陶遗都在上海以卖字为生。在人口登记簿上，他也写明自己的职业是"鬻书人"。

大隐隐于市。远离政治，过自己恬淡的读书写字的生活，自然是再好不过。他在一首诗里写道：

> 卜居何必爱山丘，偶住城南陌路头。
>
> 浅草平原朝牧马，荒郊古道暮驱牛。
>
> 周遭碧嶂峰峰秀，隔断红尘事事幽。

---

① 张人凤、柳和城编著《张元济年谱长编》，上海交通大学出版社，2011，第 1058 页。

② 张人凤、柳和城编著《张元济年谱长编》，上海交通大学出版社，2011，第 1068、1069、1071、1075 页。

③ 宋庆阳：《陈陶遗的诗文》，《中华读书报》2016 年 5 月 25 日。

此地去人原不远，好闲若个肯来游。

　　抗战爆发后，汪精卫登门，请他出山任伪政权的上海市长，他拒绝了。陈后来跟马叙伦回忆说：1940年，精卫至上海，亟欲访我。我因就之谈，问精卫："是否来唱双簧？"精卫即泣下。

　　辛亥革命成功之前，两人均为同盟会暗杀组织的要角。一个曾暗杀摄政王，一个曾暗杀两江总督。不想时隔30年，两人竟走了不同的路。汪伪分子赵正平上门胁迫陈陶遗，遭厉声呵斥："做人时短，做鬼时长！"

　　而与对待汪精卫等人的态度截然相反，1939年，当著名出版家张元济邀请他一起创办合众图书馆时，他义无反顾地立即同意。其间他不但完全义务为图书馆服务，而且捐款捐书，担任这个职务完全出于一种文化情怀。[1]

　　陈敬第（陈叔通）撰写的《陈君陶遗家传》中写道："君以一身与为终始不求知于人，往往于震撼危疑之际，奋不顾身，抑排百难，多方委屈，以求有济。其事秘且为时湮没，鲜有知者，知之亦不能言其详。"[2] 由此可见陈陶遗一生敢于担当而为人低调。

　　在战乱频仍、强敌入侵、社会动荡的历史时期，个人声望具有巨大的社会影响力和感召力。叶景葵、张元济在设计合众图书馆架构时，肯定已经考虑到在董事会层面应该有具有较高社会声望的人。在他们参加的上海文化展览会、浦东同乡会以及林林总总的社团机构中，不乏名气很大的人。但声望不同于名气。名气与知名度相似，而声望则是为社会和群众所崇仰的名声及具有强大社会影响力的威望。"抗战胜利后，蒋介石亲自发电邀请他（陈陶遗）出任上海市参议会议长。此时，他已目睹国民党接收大员巧取豪夺，心灰意冷，遂回电：古井不波。"[3]

---

① 臧磊：《"多面"陈陶遗：此生只愿做书生》，《扬子晚报·微史记》2018年6月29日。

② 据1948年4月，合众图书馆影印《陶遗墨迹》，陈敬第撰《陈君陶遗家传》整理。

③ 臧磊：《"多面"陈陶遗：此生只愿做书生》，《扬子晚报·微史记》2018年6月29日。

抗战胜利以后，能被当局邀请担任高官，充分说明了陈陶遗的社会声望。叶景葵给顾廷龙信中评价陈陶遗"在江苏声望极隆"当非虚语。

二、董事会

发起人会议确定，除发起人为董事会成员外，聘请董事两人：李宣龚、陈叔通。

李宣龚（1876—1953），字拔可，号观槿，晚号墨巢，室名硕果亭，福建闽县人。清光绪甲午（1894年）举人，曾任江苏候补知府。1913年，李宣龚进商务印书馆供职。辅佐张元济经营商务印书馆达30余年，历任经理、发行所所长、董事等职。在翻译出版西方名著、编印《四部丛刊》《丛书集成》《万有文库》等丛书以及创办涵芬楼、东方图书馆及尚公小学等诸多方面，李宣龚和张元济对商务印书馆的发展作出了巨大贡献。

李宣龚

李宣龚与张元济的相识应在1913年前。《张元济年谱长编》记载，"（1913年）4月2日 '中学编辑部成立'。'讬李拔可约诸真长，请任编辑，月薪八十元。'（《日记》，第17页）是年，李宣龚（拔可）入商务印书馆。（孝侯、公叔《经济文章忆拔翁》,《商务印书馆九十五年》, 第108页）"①。从《张元济年谱长编》中可以看到，《人名索引》一栏中，李宣龚名下有数百条之多，与蔡元培、

---

① 张人凤、柳和城编著《张元济年谱长编》，上海交通大学出版社，2011，第380页。

高凤池、高梦旦等人不相上下，足见其与张元济关系之深。《张元济年谱长编》
也有在商务印书馆许多重大决策中，他们在一起商议的记录。

李宣龚与叶景葵相识似因张元济而起。《叶景葵年谱长编》中他们最早在一
起的记录是：1914 年"1 月 27 日　本日正月初二，应邀赴张元济寓所贺年。同
座高而谦（子益）、高梦旦、李拔可、夏敬观、郑孝胥。（《郑孝胥日记》，第 1504
页）"①。以后他们在商务印书馆事务中通力协作，在商务印书馆与浙江兴业银行之
间业务往来中互信互惠、"交非恒泛"②，彼此之间建立起了深可信赖的友谊。

1932 年 1 月 28 日，日军陆战队突然向上海闸北地区发动进攻。29 日，日
军向商务印刷总厂掷下六枚炸弹，印刷总厂被毁，李宣龚先生所藏的 20 页宋画
也"毁去其五"。2 月 1 日，日本浪人又冲入东方图书馆纵火，东方图书馆所藏
的巨量中外图书、善本古籍，以及中外杂志报章、图表、照片等，共计 46 万册
藏书、5 000 多种珍贵图片全部化为灰烬。

之后，李宣龚与张元济、王云五等组成了善后特别委员会，致力于商务印
书馆恢复工作，经过半年多的努力，在同年的 8 月 1 日，商务印书馆隆重复业。

有文介绍：当时"重任在肩，为抚平商务的满目疮痍，他将个人的利害置
之度外。'一·二八'战火毁掉了李宣龚借给商务的私人书画藏品，个人的损失
无法估量，然而他更心痛的是商务没有及时吸取教训（1929 年他借给商务的宋
画藏品就曾不戒于火），没有听从他的倡议，将馆中所藏善本中的精品转移到安
全地带，他在诗中说：'吾谋迁地适不用，空悔噬脐付陈迹。'（《战后视闸北馆
址感作》）上海成为孤岛后，李宣龚依然勉力支撑危局，采取应变措施，安排厂
地继续生产，并保存了大量印版和物资"③。

① 柳和城编著《叶景葵年谱长编》，上海交通大学出版社，2017，第 270 页。

② 柳和城编著《叶景葵年谱长编》，上海交通大学出版社，2017，第 403 页。见 1919 年 6 月 11 日，叶景葵复
李拔可函。

③ 顾诵芬、师元光编著《自将摩挲认前朝：〈宋绍定井栏题字〉释注》，上海科学技术文献出版社，2017，第
239 页。

作为叶景葵、张元济多年的好友，在被聘为合众图书馆董事会董事之前，李宣龚将自己所藏经史子集各类图籍及师友简札、书画、卷轴等捐出。其中有很多珍贵的稿本和书画墨迹。顾廷龙日记有记：

（1940 年）十月二十九日 访李拔可先生，许以明本数种赠馆。渠称东方图书馆主持者不能负责办事，故不愿相赠，是对本馆之望甚厚……

    ……………

十一月三日 ……午后，赴李拔可先生家，领到所赠十种……

十一月四日 ……拔可送书来，即作谢缄。

    ……………

十二月一日 ……任心白送拔可书两箱，一《汉魏百三名家集》，一《汉魏丛书》。

    ……………

十二月八日 拔可、心白来，送书廿余种。

    ……………

十二月二十一日 点拔可书。心白又为拔可送书来。[1]

辛亥革命后，陈叔通任第一届国会众议院议员。1914 年，他应张元济之邀，离京南下，进商务印书馆工作，而张元济派去与陈叔通在北京面约的人，就是李宣龚。陈叔通记述："民国三年（1914 年），袁世凯解散国会，张给我一个电报，派李拔可来京与我面约。那时我的报馆（按，《北京日报》）在袁世凯

---

[1] 顾廷龙：《顾廷龙日记》，李军、师元光整理，中华书局，2022，第112、114、118、119、122 页。

陈叔通

陈叔通（1876—1966），名敬第，浙江杭州人。幼承家学，对诗词古文均有很深造诣。1902年26岁时中举人，次年中进士，并朝考中试，授翰林院编修。1904年，东渡日本，入法政大学学习，希望能从明治维新的经验中得到借鉴，以寻求救国的良策。1906年毕业回国，一年后任宪政调查局会办，1910年任清政府资政院民选议员。他热心社会改革，提倡妇女解放，是杭州女学校和著名的私立安定中学的发起人之一，又是杭州《白话报》的创始人，曾编写出版《政治学》和《法学通论》两书。

的压力下，也办不下去，希望他来封闭，但又不来封，只是威胁很大。国会解散，我便摆脱《北京日报》而应商务之约离京南下……当时中华也来约我，外间谣传中华薪金大，我将去中华，其事中华确实许我月金三百元，而我却应了商务月薪二百元之约，这是我与张的关系深，中华要以钱买我是买不到的。"①

陈叔通长期担任上海商务印书馆董事，以后又应浙江兴业银行董事长叶揆初的邀请，长期担任浙江兴业银行董事兼总经理办公室主任。

顾廷龙与陈叔通相识较晚，他在日记中写道："（1940年）八月二十七日 ……旋揆丈亦来，述及高梦旦所遗木版书拟赠本馆，由陈叔通径与余接洽……九月六日 ……高君珊来函，附陈叔通先生书，知高梦旦所遗木板书悉以捐赠。即于下午二时前往接洽，先搬回六箱，皆寻常之本也……归即检理一

---

① 张人凤、柳和城编著《张元济年谱长编》，上海交通大学出版社，2011，第407页。

过……九月八日 谒陈叔通先生，此老诚笃可亲，畅谈。"①

1949 年 6 月，陈叔通应邀参加了新政治协商会议筹备会议，被推选为副主任。9 月出席第一届全国政治协商会议，任大会主席团委员，被选为第一届全国政治协商会议副主席。中华人民共和国成立后，任中央人民政府委员。1952年参与领导筹备成立全国工商联，1953 年中华全国工商业联合会正式成立时被推选为主任委员，同时担任中国人民保卫世界和平委员会副主席，先后出国参加世界和平大会和世界和平理事会。1954 年起连续被选为第一、二、三届全国人民代表大会常务委员会副委员长，第二、三、四届中国人民政治协商会议全国委员会副主席，第二、三届中华全国工商业联合会主席。作为一位民主人士，陈叔通在人民政府中起着重要的作用，也可见其声望之高，影响力之大。

发起人会后，陈陶遗、叶景葵、张元济以发起人名义向李宣龚、陈叔通发出了聘请函并告知了第一次董事会会议的时间地点：

> 敬启者：○○等拟征集私家藏书共同保存、专供高深国学者之参考起见，发起创办合众图书馆，业已筹备两年，现草定组织大纲，制定董事五人，发起人为当然董事外，余由发起人聘请。本日开发起人会

聘请函手稿

---

① 顾廷龙：《顾廷龙日记》，李军、师元光整理，中华书局，2022，第 101、104 页。

议，公决聘请台端为董事，务垦俯允担任，共策进行，并定本月六
日下午三时在辣斐德路六百十四号开第一次董事会议。敬请惠临指
导，无任感盼。此致

　　陈叔通、李拔可先生

　　　　　　　　　　○○○

　　　　　　　　　　○○○　谨启　卅、八、一①

　　　　　　　　　　○○○

对董事会人选，叶景葵有着审慎的思考。1941 年，新馆建成，在酝酿正式
开馆前，顾廷龙与叶景葵有一次谈话，议及图书馆章程中"关系本馆兴亡者"
是哪一条。叶景葵在《札记》中记录了这次谈话内容：

> 　　起潜来，告以图书馆前途之兴替，其枢纽在董事之得人及合
> 作与否，故选举最为注重。现在五人，学问未必皆深，亦未必人
> 人皆知图书馆之办法，但皆饱经忧患，有相当之修养，且皆无所
> 为而为之。五人间相互有甚深之情感与直谅，故能知无不言，决
> 无问题，但皆六七十之高年，可以同时老病，故对递嬗之法，宜
> 十分注意也。②

叶景葵看重的是董事会人选，顾廷龙虽然不能不予同意，但在他看来，图
书馆的兴亡之关键在于资金之充绌：

---

① 顾廷龙：《顾廷龙日记》，李军、师元光整理，中华书局，2022，第 1018 页。

② 叶景葵：《叶景葵杂著》，顾廷龙编，上海古籍出版社，1986，第 219 页。

（1941年）八月九日 ……拟章程，脱稿。谒叔通先生，请正。渠亦有拟草，主意相同，畅谈……丈偶与论本馆组织法，谓章程中关系本馆兴亡者何条？又曰，在董事会之推选董事，董事渐更，恐有不拥护总干事，则败。余唯唯。第思总干事之更迭，未必为一馆兴亡之所系。基金之充绌，实为兴亡之关键。本馆基金不能如物价之并涨，可虑也。①

叶景葵与顾廷龙年龄不同，阅历不同，在图书馆组织中的位置、身份不同，对于图书馆前途的考虑自然也会有不同，从两人的记述可以看到叶景葵内心深处的忧虑，也可以看到顾廷龙思考的是已经凸显出的实际问题。

1941年8月6日，合众图书馆董事会召开第一次会议，三位发起人与两位受聘董事参加了会议，顾廷龙担任临时记录员，《议事录》所记会议内容为：

时间：中华民国三十年八月六日下午三时
地点：辣斐德路六一四号本馆筹备处
出席：叶景葵、张元济、陈陶遗、李宣龚、陈叔通
临时主席：张元济 临时记录：顾廷龙
（甲）报告事项
（一）传阅发起人会会议记录。
（乙）讨论事项
（一）叶董事提议，组织大纲应推举起草委员加以修正并拟定章程，再由下次董事会讨论。
议决：通过。

---

① 顾廷龙：《顾廷龙日记》，李军、师元光整理，中华书局，2022，第181页。

（二）叶董事提议，推陈董事叔通起草。

议决：通过。

（三）叶董事提议，本馆基金得聘专家相助管理，由起草委员会订入章程并另定细则。

议决：通过。

（四）审查叶宅向本馆租地建屋合同。

议决：通过。①

会议临时主席张元济在记录上签名。

叶景葵提议陈叔通起草《组织大纲》是有谋虑的。陈叔通进商务印书馆工作时，商务印书馆设有编辑、印刷、发行三所，在香港等国内各重要城市和新加坡等地设有分馆。陈叔通进馆后发现，三所各自为政，缺乏协调，因此建议在三所之上成立一个总务处，作为馆内最高行政决策机构，以便统一领导。董事会采纳了这个建议并请他担任处长，他在任职期内为商务印书馆逐步建立和完善了一套科学化的管理制度。所以在合众图书馆建立科学、高效的组织管理架构的重任非陈叔通莫属。

陈叔通作为董事，除一般捐赠外，对图书馆工作十分关心，特别是解放后更是关心备至。1949 年 12 月 25 日，张元济突然生病，处于昏迷中，而浙江兴业银行认为合众图书馆已无偿付能力，通知即日起对图书馆用款停止透支。这一通知对顾廷龙打击很大，所幸陈叔通出面担保，图书馆才得以维持。

8 月 19 日，董事会召开了第二次会议，这次会议的内容较多：

时间：中华民国三十年八月十九日下午三时

---

① 顾廷龙：《顾廷龙日记》，李军、师元光整理，中华书局，2022，第 890、891 页。

地点：辣斐德路六百十四号本馆筹备处

出席：叶景葵、陈陶遗、李宣龚、陈叔通、张元济

临时主席：张元济　　临时记录：顾廷龙

（甲）报告事项

一、传观第一次会议记录。

二、叶董事作财务报告。

发起人会所报告财务大概应修正者三点：

一、蒋氏捐明庶[①]股票五万元。复查抑卮先生遗嘱，规定所捐股票充合众图书馆经常费之基金，用息不用本。保管办法，银行一人、蒋氏一人、合众图书馆一人。又蒋氏家族会议原案云，倘明庶改组，股票收归，则以所得之值另购其他产业，计值五万元，由三人商决改购。是此项基金，本馆并无全权管理，应不列入本会基金之内，而将每年所收利息列入蒋氏捐款。

二、叶景葵经募之款，尚漏开浙江兴业银行股票五万九百元，成本照票面计算，应补列。

三、前报开办以来，共用经费约四万元，系属仓卒估计。兹查自二十八年开办起至本年八月底止，共支开办费五千元，特别追加费壹万三百六十元，经常费三万七千四百元，共五万二千七百六十元，应更正。兹将收付各款及应存之数详列于下：

收款

收各人捐助款式十万六千四百五十元蒋捐明庶股票已除去。

收蒋抑卮先生捐助款一千元此即本年春明庶二厘股息。

收叶景葵经募款六十万九百元浙江兴业银行股票已列入。

---

① 《叶景葵杂著》有《汤韦存之橡胶业》一文详述明庶之始末。

收基金生息三万七千八百九十五元七角五分。

共收八十四万六千二百四十五元七角五分

付款

付购地一亩九分二厘四毫，七万五千元。

付建筑、设备及附加费，十八万二千五百九十三元三角一分。

细账列下：

…………

（乙）讨论事项

一、审查修订私立合众图书馆组织大纲。

议决：通过。

二、审查合众图书馆董事会办事规程。

议决：通过。

三、叶董事提议应向银行订立透支契约，其额度若干。

议决：向银行订立透立透支契约，额度一万五千元。

四、陈董事陶遗、陈董事叔通提议，八月份决算作为九月份至十二月份预算，提交下次会议审核，特别费在外。

议决：通过。

五、叶董事提议，本馆财产拟委托浙江兴业银行信托部管理。

议决：通过。

六、叶董事提议，聘请竹森生先生为本会财务专家。

议决：由本会备函敦请。

（丙）选举事项

一、选举董事长。

陈陶遗当选。

二、选举常务董事。

叶景葵当选。

三、推举董事二人管理馆产。陈董事叔通提议，推请董事
长、常务董事二人管理之。

议决：通过。①

陈陶遗任董事长，陈叔通、李宣龚任董事，在叶景葵、张元济的策划运作
下，合众图书馆从决策层到执行层以极为罕见的超豪华阵容登上历史舞台。

此次会议选举陈陶遗为董事长一事，与叶景葵事先的想法似有出入。从叶
景葵曾在1939年4月18日给顾廷龙的信中所言"委员中或推菊老为主任"看，
叶景葵原来考虑的董事长人选为张元济。在1939—1941年的筹备期间，应该是
经过深入思考和反复酝酿后，两位发起人认为由陈陶遗任董事长更为恰当。

这次会议审查通过了《合众图书馆组织大纲》和《董事会办事规程》：

私立合众图书馆组织大纲

第一条　本馆定名曰私立合众图书馆。

第二条　本馆目的：

一、征集私家藏书，共同保存，以资发扬中国之文化。

二、蒐罗中国国学图书及有关系之外国文字图书。

三、专供研究高深中国国学者之参考。

四、刊布孤椠秘笈。

第三条　本馆地址座落上海法租界蒲石路七百四十六号。

第四条　本馆一切事宜设立董事会主持之。

第五条　本馆董事会之组织：

---

① 顾廷龙：《顾廷龙日记》，李军、师元光整理，中华书局，2022，第892-896页。

一、董事会设董事五人，以发起人为当然董事，余由发起人聘请之，其后每遇缺出，由本会用无记名投票法选举补充之，多数当选。如票数相等，由主席加一权决定之。

二、董事会之职权：

子、审议进行方针。

丑、审议预算决算。

寅、保管馆产。

卯、筹划经费。

辰、审定馆章。

巳、审核职员之任免。

午、审核工作报告。

未、审定合同及契约。

三、董事会设董事长一人，代表本会处理一切事务。常务董事一人，协同董事长综理本会一切事务。

四、董事会每年开常会一次，临时会无定期，由董事长召集之。

第六条　本馆职员，设总干事一人，商承董事会执行一切事务，干事若干人，分司编目、典藏、阅览、庶务、会计事宜。

第七条　本组织大纲有未尽善处得经董事会修改之。

第八条　本组织大纲经董事会通过后施行。

合众图书馆董事会办事规程

第一条　本规程依据私立合众图书馆组织大纲规定之。

第二条　董事会董事为无给职，当然董事不限任期，非当然董事任期三年，但连举得连任。

第三条　董事会用无记名投票法互选董事长一人，常务董事一人，均为无给职，任期三年，但连举得连任。

第四条　董事会会议。董事长为主席，缺席时，互推一人代理。

第五条　董事会设书记一人，或设其他助员，得指定图书馆职员兼任之。

第六条　董事会会议取决多数可否，同数取决于主席。

第七条　董事会会议认为必要时，得请图书馆总干事列席陈述意见。

第八条　董事会设会议簿，由书记记录，董事长署名。

第九条　董事会每年年终就图书馆总干事提出之本年决算及次年预算审核之。

第十条　董事会对于图书馆经常费按照预算按月拨交，图书馆总干事执行之。不在预算内之特别费，由本会开临时会议决之。

第十一条　关于馆产管理办法，由董事会议定之，推董事二人以上共同执行。

第十二条　董事会得聘财务专家一人或二人，由董事会将馆产之一部分委托专家商同董事长、常务董事处理之，随时报告。董事会认为情事重大，应开临时会，并请财务专家列席讨论。

第十三条　关于组织大纲第二条第二项、第四项，得由董事会聘专家审理之。

第十四条　对外文件用董事会名义并盖章，由董事长署名行之。

第十五条　图书馆办事细则，由总干事拟交董事会议决施行之。

第十六条　本规程未尽事宜，由董事会提出增改之。

主席　张元济①

合众图书馆的董事会严格执行《合众图书馆办事规程》的各项规定，每次开会都有《议事录》记载。董事为无给职，即无俸禄的职务。议决事项中涉及人事，均有选票。如 8 月 19 日选举董事长，共有 5 张选票，其中选举陈陶遗 4 张，选举张元济 1 张，明显是陈陶遗所写。选举常务董事，选举叶景葵 4 张，选举陈叔通 1 张，当为叶景葵所写。以后多次选举的选票，均被顾廷龙悉心保存下来。

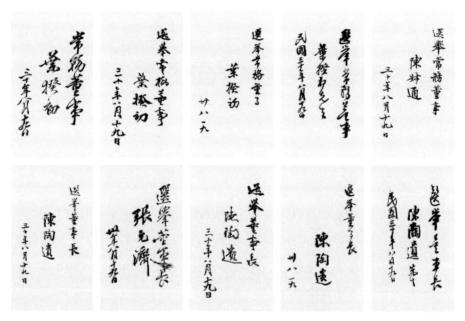

合众图书馆董事会选票

---

① 顾廷龙：《顾廷龙日记》，李军、师元光整理，中华书局，2022，第 897-899 页。

三、《缘起》之缘起

在顾廷龙保存的合众图书馆资料中，有一份《创办合众图书馆缘起》（以下简称《缘起》），照录整理如下：

创办合众图书馆缘起

《创办合众图书馆缘起》

中国文化之渊邃，传数千年而探索无穷，东西学者近亦竞相研求，矧吾国人益当奋起，继承先民所遗之宏业。惟图录典籍，实文化之源，兵燹以还，公私藏家摧毁甚烈，后之学者，取资綦难，心窃忧之，爰邀同志，各出私人之藏，聚沙积腋，荟萃一所，命名曰合众图书馆，取众擎易举之意焉。同人平素所嗜，皆为旧学，故以国故为范，俾志一而心专，庶免汗漫无归之苦，洒得分工合作之效。精钞名校，旧椠新刊，与夫金文石刻，皆在搜罗，而古今名贤之原稿，尤所注重，专供研究高深国学者之参考，并拟仿晁陈书志、欧赵集录，撰列解题，以便寻览。风雨如晦，鸡鸣不已，不求近效，暗然日章，世有同情，惠而好我，斯厚幸已。

张元济　叶景葵　陈陶遗同启

中华民国二十八年五月 ①

---

① 顾廷龙：《上海私立合众图书馆十四年小史》，转引自顾廷龙：《顾廷龙日记》，李军、师元光整理，中华书局，2022，第648、649页。

文稿除"椠""暗"为手写填入外皆为铅字,落款处张元济、叶景葵、陈陶遗分别签名,并有手写落款日期。

《顾廷龙年谱》记有:"(1939年)五月二十三日,叶景葵致先生信,告知筹备处及馆名……是日,张元济复叶景葵信,谓'昨奉手教,合众图书馆缘起、简章及上法领事说帖均读过,甚妥'。"①

《张元济年谱长编》记有:"(1939年)5月23日 复叶景葵信,谓'昨奉手教,合众图书馆缘起、简章及上法领事说帖均读过,甚妥。惟前此代译与伯希和信之张君现调往渝馆,在该处担任编审事宜,即日就道,不克代办。此外有无堪以胜任之人,现工潮尚未解决,一时无从探听。谨将各稿先行缴还,还祈另行觅人办理为幸。'(《全集》第1卷,第31页)"②

这两处记载均有误。这份《缘起》并非拟于1939年5月份,而拟于1941年5月。当时,合众图书馆新馆即将建成。新馆建成,合众图书馆将开始正式运作,因此需要在法租界公董局主管机构进行登记。顾廷龙保存的资料中有1941年9月6日法租界公董局给叶景葵的复函,其中明确批准合众图书馆正式运营,同时对合众图书馆提出的免税申请作出了回应。

译文如下:

上海,1941年09月06日

公董局

教育督察

若弗尔大道375号

电话:80050

---

① 沈津编著《顾廷龙年谱》,上海古籍出版社,2004,第507页。

② 张人凤、柳和城编著《张元济年谱长编》,上海交通大学出版社,2011,第1110页。

致叶景葵（YE KING HOAN）先生，

"合众"图书馆

辣斐德路614号，上海

编号：214/F

尊敬的馆长先生，

我很荣幸地通知到您，法国总领事馆已授权"合众"私人图书馆（合众图书馆）在法租界（蒲石路746号）正式运营。

您提出的免税申请可能会在1942年的市政预算制定期间进行审查。

尊敬的馆长先生，请接受我崇高的敬意。

教育督察（签名）

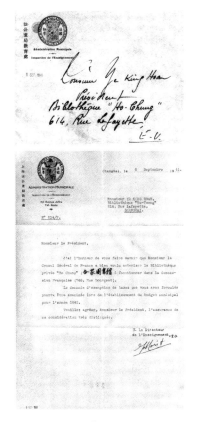

法租界公董局函[1]

11月17日，张元济、陈陶遗、叶景葵联名回函给公董局教育处主任：

教育处主任先生：

九月六日接奉尊处 N°214/F 复函，内称"（原稿留白）"。我们很感谢你们的好意。

关于请求免捐的事情，希望尊处于讨论1942年度预算时，特予许可。

合众图书馆董事：张元济　陈陶遗　叶景葵[2]

---

① 该函原件为法文。信封印有中文"法公董局教育处"及"上海法国租界"标识，邮址由法文书写，有日期印章"6.SEP.1941"。原件存上海图书馆。

② 顾廷龙：《顾廷龙日记》，李军、师元光整理，中华书局，2022，第1021页。

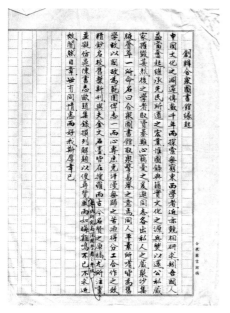

《创办合众图书馆缘起》文稿②

在 1941 年 9 月 6 日前向公董局提出申请免税申请时，合众图书馆提交的文件中有《缘起》《章程》等，而这些资料的中文稿则是顾廷龙在 1941 年 5 月 14 日起草的。顾廷龙日记中记有："（1941 年）五月十四日 ……拟得《缘起》一篇，甚短，不惬意。惟余不欲为大文章，不发宏论，力求平庸，庶免招忌，一意以暗然日章为吾鹄的。……五月十五日 《缘起》、《章程》润饰脱稿。……五月二十二日 将《缘起》函稿、章程送揆丈，倩菊老倩人译法文。"①

顾廷龙还保存有一份手稿，其中有一处添加，即在"而古今名贤之原稿，尤所注重"后，加入了"专供研究高深国学者之参考"句。

老前辈办事严谨，打印稿后落款日期写为 1939 年 5 月，笔误的可能性不大，唯一可能就是有意倒填，以使《缘起》的撰稿与筹备处启动时间一致。③ 既为"缘起"，当记叙事情的缘由、宗旨，在文件序列中，自然排在起首位置，无"缘起"则罢，有"缘起"，时间当然应在事发之前。

作为事后补充件，倒填日期有时属必要。例如 1943 年 8 月 23 日，据顾廷龙日记，章钰之子章元美电话告知，他 1937 年代子虬兄（顾颉刚父亲）寄存的木箱，需要写一个装箱单之类的函，该函的落款时间即填写为 1937 年 10 月 9 日。原文为："（1943 年）八月二十三日 ……章元美来电话，言明自平返，

① 顾廷龙：《顾廷龙日记》，李军、师元光整理，中华书局，2022，第 162、163、165 页。
② 原件存上海图书馆。
③ 这份《缘起》在 1953 年捐献时《上海私立合众图书馆十四年小史》中亦记为 1939 年 5 月。

天津中国银行栈房存件催领。余代子虬兄托寄之箱，须余备函负责，其中有目下违禁之品，约明日面商一切……八月二十四日 元美来，交虬兄出面委托存放字画等二箱，年月填廿六年十月九日，能备而不用，幸甚。"[1]

《顾廷龙年谱》与《张元济年谱长编》中所记《缘起》《章程》需要由张元济请人译为法文，应该是因为报送租界主管部门（公董局行政署或教育处）需要提交法文文本。因此，张元济给叶景葵的信也应该是在 1941 年 5 月 23 日，而非 1939 年。信中提及"惟前此代译与伯希和信之张君现调往渝馆……不克代办"则讲的是在《缘起》等文件报送公董局之前，为争取免税做的一件事。

四、求助伯希和未果

在合众图书馆向法租界公董局报送一应文件前，顾廷龙做了调查研究，其中一个核心问题是如何才能争取到当局给合众图书馆免除房捐：

（1941 年）二月二十二日 ……访沈信卿先生，衰老略甚，询其鸿英如何请求免房捐，据谓当日一面书面请求免费，一面由陆伯鸿[2]从中关说。至于登记事，法工董局即来调查一次，并无其他手续。从前法院方面则曾去登记云。[3]

受鸿英图书馆有陆伯鸿从中关说的启发，在与法租界公董局打交道时，张

① 顾廷龙：《顾廷龙日记》，李军、师元光整理，中华书局，2022，第 326、327 页。
② 陆伯鸿（1875—1937），原名陆熙顺，上海南市人。近代中国知名实业家、慈善家、天主教人士，是上海法租界首位华人公董之一。曾任闸北水电公司、和兴码头堆栈公司等董事兼总经理，新和兴铁厂董事长，浦东电气公司、上海内地自来水公司董事，上海普慈疗养院、圣心医院院长，新普育堂主任，上海市航业同业公会执行委员，中国航业合作社理事，上海法租界公董局华董。
③ 顾廷龙：《顾廷龙日记》，李军、师元光整理，中华书局，2022，第 139 页。

元济想到了求助于伯希和①从中关说。"关说"一词今已少用，意思是社会交往中托人打通关节、搞定某种关系。张元济与伯希和结识始于1916年。《张元济年谱长编》中记载："（1916年）7月21日　同日　伯希和出任法国驻华使馆武官，途经上海，以唐人卷子陆德明著《尚书释文》照片示沈曾植及先生（张元济）等。先生是晚于寓所宴伯希和，沈曾植、叶昌炽、张石铭、缪荃孙、蒋汝藻作陪。（《日记》，第120页）'（伯希和）其人能通中国语言文字，颇极博雅。此次到申，欲与海内学人相晤。菊生因徧约名士觞之于家。'（《求恕斋日记》）'此次伯君过沪，张菊生宴之，请乙老（按，沈曾植）往陪。伯出《舜典释文》照片（并有《周易释文》），乙老劝菊生及蒋孟苹印之。菊生许诺。'（1916年7月27日王国维致罗振玉书，《罗振玉王国维来往书信集》，第95—96页）先生遂借以编入《涵芬楼秘笈》第四集，并请吴士鉴校勘。吴士鉴《〈尚书释文〉校语序》云：'丙辰夏，伯君以随使来华，道出沪上。张菊生得其所藏《经典释文》残卷影本，亟复印之，以贻士鉴。'（《涵芬楼秘笈》本《尚书释文》)"②

张元济与伯希和的交流，给双方应该是留下了很好的印象。1941年3月份，张元济致信伯希和，从信中内容可以看到合众图书馆之所以要求免税是因为当时上海鸿英图书馆享受了这一待遇，希望他能够给予帮助。

顾廷龙保存的信稿共有4封，前三封内容相同，但文字有很大区别，一封为文言文，两封为白话文。1941年3月份，张元济请商务印书馆法文翻译张君将其翻译成法文文本。从内容看，张元济对伯希和寄托了很大希望。

信稿一照录整理如下：

---

① 保罗·伯希和（Paul Pelliot，1878—1945），法国汉学家、探险家。曾从师法国汉学家 E. E. 沙婉（1865—1918）等人学习，致力于中国学研究。1908年他前往中国敦煌莫高窟探险，购买了大批敦煌文物带回法国，今藏法国国家图书馆、博物馆。

② 张人凤、柳和城编著《张元济年谱长编》，上海交通大学出版社，2011，第437页。

伯希和先生：

　　我们许久未有通信了，想念得很。

　　中国经过了这回战事，从文化一方面说，损失已不可计算了。即以书籍一事而论，江苏、浙江两省向称藏书丰富的地方，如今公家私家所藏，差不多散失尽了。所以吾的至好朋友叶揆初先生、陈陶遗先生和吾三个人，发愿以私人的力量，创办了一个中国国学的图书馆，（来保存着一部分残余的东方文化。叶先生首先捐出他的全部藏书和基地，其他朋友和吾亦各有捐赠，所以）[1] 命名为合众图书馆，在上海法租界租（了一所房）屋筹备，将近两年了。现在新馆已动工建筑，地址亦就在法租界蒲石路 Route Bourgeat

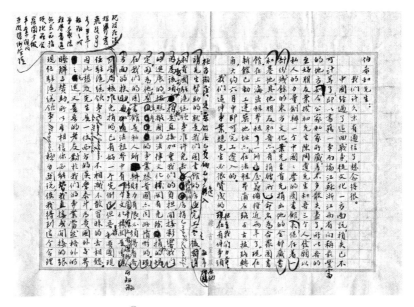

张元济致伯希和函草稿一 [2]

---

① 信稿系草稿，中间有多处勾画、添加，在此用括号加以区分。

② 此信稿一与后信稿二、三、法文稿原件存上海图书馆。

古拔路 Rue Amiral Courbet 转角，大约六月中即可完工迁入的。

我们这件事业，想先生必很赞成的。（现在有件事须请先生帮助的，就是我们图书馆的房屋）但是我们力量极为微薄，建筑馆屋已费钱不少，完工迁入之后，（要请求贵国驻沪总领事准许免去）每年应纳地捐和房捐 Impôts locatif 为数不少，（捐款是直接加重我们的负担，间接影响我们的进展的。按照敝国的法律，文化机构有免除捐税的规定，因为他不是生产的事业，想贵国亦同此情形的。现在我们的图书馆，是私人所办的，财力有限，必须得着各方面的扶助）经济上很觉困难。查法租界中有（个文化机关是曾获到当局核准免税的，已有好一个先例了。）鸿英图书馆[①]亦敝国私人所创办，现设在法租界霞飞路一四一三号，昔年创办之时，曾蒙法租界当道，免去一切捐项。现在合众图书馆事业相同，亟拟援例陈请。但吾等和贵国现任驻沪总领事 Roland Jacquin de Margerie 不相识，不敢冒昧的去相恳。因此想及先生是一位西方的汉学泰斗，为贵国外交界的先进，又是吾的老友，对于我们的事业，当然格外的了解与赞助。所以吾相信你必能替我直接或间接的跟现任驻沪总领事 Margerie 极力关说，使我得到这个合理的要求，那是感激不尽的了。

盼望你早日给吾回信啊。

---

① 鸿英图书馆：1932年6月25日，黄炎培与蔡元培、史量才、穆藕初等123名著名人士联名发起筹建上海图书馆公启。1933年4月3日，上海实业家叶鸿英（1860—1937）捐款100万元，设鸿英教育基金董事会，专办图书馆和乡村教育，蔡元培为主席，穆藕初等为副主席，黄炎培、钱新之等为常务理事。董事会决定人文图书馆全部图书归入鸿英教育基金董事会所拟办之鸿英图书馆。1933年6月，人文图书馆遂改称鸿英图书馆，暂租屋霞飞路（今淮海中路）1413号进行工作。收藏特色"以社会科学为范围，以社会科学之历史为核心"，并"尽量搜集关于近代史及其史料"。但由于经费不足等原因，新馆舍最终未能建成。1942年10月鸿英图书馆在霞飞路1413号正式对外开放。

敬祝身体康健，著述日新。

张

信稿二照录整理如下：

伯希和先生阁下：

久疏音问，想念为劳，敬维兴居迪吉著述日宏，慰如所诵。敝国自经战事以来，就文化而言，损失之巨，莫可估量，即若书籍一端，江浙所藏向称最富，今则公家、私家，或毁或失，罕获幸免，深可惋惜。吾友叶君揆初、陈君陶遗先生与弟三人，发愿以私人之力创办一个中国国学图书馆，命名为合众图书馆，即在上海法租界赁屋筹备，忽将两年，现新馆已兴建，地址即在法租界蒲石路与古拔路之转角，约六月中可落成迁入。弟等此举，想公闻之，必邀赞同。惟敝馆经费悉由私人捐纳，财力有限，专赖并世贤达以扶助，而此间于房屋捐税綦重，岁耗甚巨。

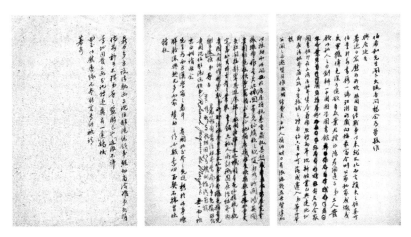

致伯希和信稿二

惟是文化机关有免征捐税之规定，即如此间鸿英图书馆，亦私人所创办，同在法租界内，囊岁曾蒙法租界当局准予免捐，敝馆情形与彼相同，似可援例陈情免捐。惟弟等与贵国现任驻沪总领事 Roland Jacquin de Margerie 无一面之雅，未由相请。因念先生为西方汉学家之泰斗，贵国外交界之先进，想于此事了解较深，兴趣尤多，而蒙赞助之情必殷，素叨至契，不揣冒昧，致仗鼎力多方设法，驰函与现任驻沪总领事恳切商洽，准予免捐，倘荷许可，不独弟等之感激已也。近因不详尊址，同发三函，分托转递，冀有一达。鹊候回至，以慰远怀，不尽欲言，专此，祗请

著安①

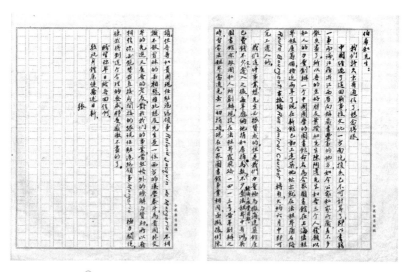

致伯希和信稿三②

---

① 顾廷龙：《顾廷龙日记》，李军、师元光整理，中华书局，2022，第1013、1014页。

信稿三照录整理如下：

伯希和先生：

我们许久未有通信了，想念得很。

中国经过了这回战事，从文化一方面说，损失已不可计算了。即以书籍一事而论，江苏浙江两省向称藏书丰富的地方，如今公家私家所藏，差不多散失尽了。所以吾的至好朋友叶揆初先生、陈陶遗先生和吾三个人，发愿以私人的力量，创办了一个中国国学的图书馆，命名为合众图书馆，在上海法租界租屋筹备，将近两年了。现在新馆已动工建筑，地址亦就在法租界蒲石路 Route Bourgeat 古拔路 Rue Amiral Courbet 转角，大约六月中即可完工迁入的。

我们这件事业，想先生必很赞成的。但是我们力量极为微薄，建筑馆屋已费钱不少，完工迁入之后，每年应纳地捐和房捐为数更不少，经济上很觉困难。查法租界中有鸿英图书馆，亦敝国私人所创办，现设在法租界霞飞路一四一三号，昔年创办之时，曾蒙法租界当道，免去一切捐项。现在合众图书馆事业相同，亟拟援例陈请。但吾等和贵国现任驻沪总领事 Roland Jacquin 不相识，不敢冒昧的去相恳。因此想及先生是一位西方的汉学泰斗，为贵国外交界的先进，又是吾的老友，对于我们的事业，当然格外的了解与赞助。所以吾相信你必能替我直接或间接的跟现任驻沪总领事 Margerie 极力关说，使我得到这个合理的要求，那是感激不尽的了。

盼望你早日给吾回信啊。

敬祝身体康健，著述日新。

张

从保留下来的信稿看，虽然谈及的为同一件事，但措辞上有很大不同，足见张元济的审慎。为打听伯希和的联系地址，顾廷龙在1941年3月19日专门拜访了王重民。[1]

王重民[2]，字有三，顾廷龙日记中多处记到与他晤谈。伯希和地址是否为从他那里得到的，未见记录。在顾廷龙留存的字纸中，有一张记着多个与伯希和联系的方式，整理如下：

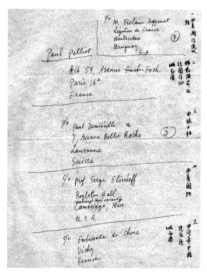

记有伯希和通信地址的便条 [3]

一、由美国法使馆转。

c/o[4]

m.Violaius Hoppeuot

Ligatiun de France

Montevideo

Uruguay

S.A.

二、伯君从前在法国住址，此不用。

Paul Pelliot

原住 59，Avenue Foch

Paris 16^e

---

① 顾廷龙：《顾廷龙日记》，李军、师元光整理，中华书局，2022，第146页。

② 王重民（1903—1975），中国古文献学家、目录学家、版本学家、图书馆学教育家、敦煌学家。曾化名鉴，号冷庐主人，河北高阳县人。1924年考入北京高等师范学校（后改为北京师范大学），毕业后，曾任保定河北大学国文系主任和北京辅仁大学讲师。1930年任北海图书馆编纂委员会委员兼索引组组长。1934年被派往国外，先后在法、英、德、意、美等国著名图书馆搜求流散于国外的珍贵文献。1939年受聘于美国国会图书馆，整理馆藏中国善本古籍。

③ 原件存上海图书馆。

④ c/o：care of，由……转交。

France

三、由瑞士转。

c/o

Paul Demierille

7，Avenue Bellis Rocks

Lausanue

Suisse

四、由美国转。

c/o

Prof. Sergl Elisseeff

Boglston Hall

Harvard University

Cambridge, Mass

U.S.A.

五、由维希中国使馆转。此不用。

c/o

Embassade de Chine

Vichy

France[1]

五个地址均有中文加批，其中有两个写着"此不用"。以上三份中文信稿也很有可能为按选用地址分别发出时所用。据顾廷龙1941年日记，3月22日，张元济打来电话，让他去取给伯希和的信，第二天发出。[2]

① 顾廷龙:《顾廷龙日记》，李军、师元光整理，中华书局，2022，第1016、1017页。
② 顾廷龙:《顾廷龙日记》，李军、师元光整理，中华书局，2022，第147页。

Shanghai, le 22 mars 1941.

Monsieur
Paul Pelliot,

Monsieur,

Nous ne nous sommes pas écrit depuis longtemps, mais je pense très souvent à vous.

La guerre présente a déjà causé d'énormes pertes culturelles en Chine. Quant à la littérature, les deux provinces Kiangsu et Chekiang étaient autrefois renommées de leurs nombreuses bibliothèques, mais les livres se trouvant autrefois dans ces bibliothèques publiques et privées sont maintenant presque tous perdus. Pour cela deux de mes meilleurs amis, Messieurs Yeh Kwei-Chu (葉揆初) et Chen Tao-I (陳陶遺) et moi-même, nous avons décidé de fonder de nos propres efforts une bibliothèque pour l'étude chinoise qui aura le nom de "Bibliothèque Ho Chung" (合眾圖書館). Nous avons loué une maison dans la Concession Française pour les préparations nécessaires; voilà environ deux ans passés. Nous avons déjà commencé à construire un bâtiment pour cette bibliothèque; il est situé aussi dans la Concession, au coin des Rues Bourgeat et Amiral Courbet. Cette nouvelle maison sera prête pour occupation au mois de juin environ.

Nous croyons que ce projet sera bien accueilli par vous. Mais, ce que nous pouvons faire est assez limité. Pour la construction du bâtiment on a déjà dépensé beaucoup d'argent et même après l'occupation on doit encore payer annuellement une somme considérable pour les taxes municipales pour le terrain et la maison. Nous prévoyons de grandes difficultés financières. Dans la Concession Française à No. 1413 Avenue Joffre se trouve la Bibliothèque Hung Ying (鴻英圖書館) qui était aussi fondée par des Chinois eux-mêmes. Cette bibliothèque a été exemptée par les autorités françaises des taxes municipales. Maintenant la Bibliothèque Ho Chung aura comme but le même que celui de Hung Ying.

- 2 -

Nous pensons, pour cela, de demander des autorités françaises la même faveur. Mais, comme nous ne connaissons pas le Consul-Général français à Shanghai, M.Roland Jacquin de Margerie, il nous manque le courage de nous adresser à lui directement. Pour cela nous pensons à vous, éminent sinologue de l'ouest, ancien diplomat de France et d'ailleurs un ami de moi depuis beaucoup d'années, vous pouvez sûrement comprendre ce travail que nous entreprenons. Je viens de vous prier de bien vouloir approcher directement ou bien indirectement pour moi M. le Consul-Général français à Shanghai pour lui demander cette faveur, que nous espérons n'est pas une trop grande demande. Je vous serais très obligé pour votre assistance et en attendant votre réponse, je vous souhaite bonne santé et de grands progrès dans votre travail.

Votre dévoué,

Changyuanchi
張元濟

张元济致伯希和函法文稿

　　在此期间，合众图书馆为免捐事还曾求助于他人。顾廷龙在日记中记道：6月25日，他到浙兴银行的4楼，拜访了华中煤业公司的副经理姜绍亮，这是就房捐等事居中接洽的人，据说翌日他拟访问一位名为gioloio者。姜绍亮答应，会打电话告诉顾廷龙交涉的情况。[①]

　　7月5日，姜绍亮回复了，他在电话中说，已经见过高某（似为前述gioloio），高某要合众图书馆准备正式公函，提出准予设立以及免除地捐、巡捕捐等请求。姜绍亮还说，高某私下告诉他，请求获准后，立即可以批准设立，但免捐一事当年内已经来不及，恐怕要待来年。公函备齐，不必直接送总领事署，由姜或赵（疑为浙兴另一位负责办理此事者）面交高某即可。姜在电话中还提议给予高某一个名誉顾问的名义，以使其对帮忙办理此事更有兴趣。对于这一要求，顾廷龙态度鲜明，当即回绝，表示高某是在职的行政人员，不宜接

---

① 顾廷龙：《顾廷龙日记》，李军、师元光整理，中华书局，2022，第172页。

受这一名誉职务，并立即打电话将姜的这一提议告诉了叶景葵。

叶景葵在确定的合众《章程》草案中，定下了董事会成员共五人，发起人为当然董事，即张元济、叶景葵和陈陶遗，还有两位空缺，原打算以后再聘。有了姜某传递的这层意思，张元济做出判断，提出留下两个空缺会有"空穴来风"之患，不如即行聘定为妥：

> 因拟请拔可、叔通二翁最为相宜。兹拟定开一正式发起人会，通过草案，并聘定董事，再开董事会，皆不可不有手续也。①

在决计聘请李宣龚、陈叔通为董事，了却此患后，这一年9月份，张元济又有一信致伯希和：

> 伯希和先生：
>
> 久不通问为念。今年三月间曾上一函，寄 Dr. Serge Eliosieff, America 转奉，恐不易达，同时将副份，一托 M. Vislaine Hoppenot, Uruguay 转，一托 Panl Demieriele, Suisse 转。迄今半年，不识能有一缄送达否？现将前信中法文副本，再设法寄呈。
>
> 弟等所创办之合众图书馆新屋业已落成。关于请求法总领事准予免去捐税一事，曾具函申请，嗣蒙批后，允予考虑，原函钞呈。仍拟奉恳大力斡旋，俾易实现。
>
> 敬祝健康。
>
> 张元济②

---

① 顾廷龙：《顾廷龙日记》，李军、师元光整理，中华书局，2022，第175页。
② 顾廷龙：《顾廷龙日记》，李军、师元光整理，中华书局，2022，第1017页。

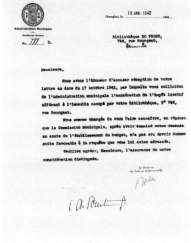

公董局教育处回函[2]

译文如下：

上海，1942 年 01 月 15 日

公董局 总秘书处 编号：788/D.

合众图书馆，蒲石路 746 号，E. V.

此稿中讲到因伯希和通信地址不详，所以同时按不同地址发出三封信，希望起码能有一封寄到。这是在已将各项文件递交公董局后做出的最后一次努力，但仍未见有回复，想通过伯希和对免去捐税一事施以影响的努力无果而终。1945 年 10 月 26 日，保罗·伯希和在巴黎死于癌症。

1941 年 11 月 4 日，顾廷龙在日记中写道："十一月四日 ……晚，高博爱偕翻译来调查，参观书库。盖以朱鹤翔托震旦校长转请免捐，特来覆查。最后，渠称因我目录未曾编出，外人求阅不易，免捐事或于下年再说。……十一月二十九日 ……陶老来，谓朱鹤翔已赴香港，请免捐事由其弟步兰续为请托，属开一节略送去，底另存。"[1]

这位"高博爱"显然是有一定权力者。1942 年，公董局作出了回复，不批准合众图书馆有关免税的申请。

---

① 顾廷龙：《顾廷龙日记》，李军、师元光整理，中华书局，2022，第 196、200 页。

② 原件存上海图书馆。

尊敬的先生们，

　　我们非常荣幸，于 1941 年 10 月 17 日收到你们有关向市政府申请豁免你们图书馆（位于蒲石路 746 号）所占用建筑物相关租赁税的来信。

　　我们有义务通知到你们，公董局给出的答复是，经过在预算编制期间对你们的申请进行审核之后，决定不予以批准你们的申请。

　　尊敬的先生们，请接受我们崇高的敬意。

行政署署长

行政总署署长

　　公董局的决定也并非是对鸿英图书馆有所偏袒。顾廷龙在 1942 年 1 月 27 日的日记中记述了陈陶遗了解到的情况："晚，揆丈又来，谓陶老交到筠记捐基金万元，属出收据，并告法公董局未能批准免捐理由。"[①] 此处未记述未能获准免税的理由。在 10 月 14 日的日记中，顾廷龙记述从朱子毅处得知《申报》刊出鸿英图书馆要开放阅览一事，"自动与被动，与当探悉之"。16 日陈陶遗电话告知了其开放的原因，一是要出售阅览卷，以补充收入，二是"房捐非公开图书馆不能免"，所以鸿英图书馆不能不公开，开放阅览一事属于自愿行为。[②] 这样的要求合众图书馆自然是不能满足的，求助伯希和及请求免捐事遂告终。

---

① 顾廷龙:《顾廷龙日记》，李军、师元光整理，中华书局，2022，第 215 页。

② 顾廷龙:《顾廷龙日记》，李军、师元光整理，中华书局，2022，第 266 页。

第四章

伏莽遍地，居大不易

　　"合众"成立于一九三九年八月，当时正是日寇疯狂侵略中国，沿海各省相继沦陷、东南地区文物图书大量散亡的时候，而"上海租界区"正处于所谓"孤岛"时期。一些文化学术界知名人士，如张元济（菊生）、叶景葵（揆初）、陈陶遗、陈叔通、李拔可先生等。出于爱祖国民族文化的热忱，奔走呼吁，以创办图书馆来保存这些濒临毁灭的文献典籍。他们冒着种种危险，抢救图书报刊，筹募基金，建筑馆舍，遴选管理人员，使图书馆从成立时的粗具规模，发展到以后的颇为完备，其工作的艰苦程度是非笔墨所能形容的。

——顾廷龙：《张元济与合众图书馆》

一、"孤岛"不尽安全

从 1937 年 11 月上海沦陷至 1941 年 12 月珍珠港事变，日军的势力尚未侵入上海租界，这一时期的租界被沦陷区包围，被称为"孤岛"。合众图书馆创办的 1939 年，上海的法租界比较安静适宜，所以筹备处和新馆的选址均在法租界内。从顾廷龙日记中可以看到，1940 年的法租界已经不太安宁，偷盗之类的案件频发。这一年的 5 月 8 日，顾廷龙早晨起床后，馆里的职工倪介眉告诉他，"昨夜九时余，邻梁氏有肤箧之患，十二时左右巡警来吾家，于空屋四周巡视一过"，怀疑盗贼会藏匿其中。8 月 5 日，"拂晓，松寿上楼来来报失窃。急下楼，视办公处幸无恙，察其行迹，似仅至后天井，将所洗晾衣服则尽收去。汽车间中脚踏车一辆亦窃去"。损失价值虽不大，但顾廷龙觉得"至可忧虑"。检视后发现馆院与间壁学校所靠之竹篱有树枝被踏断，推测盗贼是从校中来的。学校一边可通后面马路之空宅，有可能是这些人出没之所。他听邻院知更人说，一月前也曾闹贼，只是没有损失，于是请朱子毅来商议，决定由朱子毅亲往报捕房，后同包探来看，填失单一纸而去。为善后和安全考虑，顾廷龙请了工人来，把有损坏的百叶窗一律修好，使能上锁。有窗户未安装百叶窗的，皆加铁条格。他还想到物色猛犬护院，慨叹"此外亦无他法"[1]。

从 1941 年起，法租界更是案件频发。5 月 29 日，夜间约一时许，馆僮叩门来报顾廷龙，说："大门外马路旁警亭中有巡捕被暗杀，劫去公事手枪。捕房大队来草地巡视一过，询此屋状况而去，并命诸僮将血迹为之冲洗净尽。"顾廷龙为之叹息道："上海伏莽遍地，甚于豺狼，当局绝无制止之策，殊可慨叹。"[2]"（1941 年）十二月八日　清晨，见飞机所投传单，知日与英美发生战争

---

① 顾廷龙：《顾廷龙日记》，李军、师元光整理，中华书局，2022，第 78、96 页。

② 顾廷龙：《顾廷龙日记》，李军、师元光整理，中华书局，2022，第 166、167 页。

状态，公共租界即由变更矣。十二月十四日 ……有强售汪旗者来。十二月十八日 ……晚，法巡捕房有包探六七人，一法人领队来此检查，据称目的系查囤积及军火，约过十余分钟而去，即至叶宅，亦经查一过。十二月三十一日 ……至夜十时许，将睡，马路上人声杂沓，警笛、枪声并作，不知何事。从窗中窥见一人就缚中街，众警士拥上人力车而去，知必附近有盗案矣。因忆昔在燕京大学天和厂所遭，为之悚然。"①

进入 1942 年，情形更加恶化。这一年的 2 月 15 日是春节，午后顾廷龙想带着儿子诵芬到润康村拜年，还没有出发就听说前一天晚上 9 时许，跑马厅附近发现手榴弹，卡德路至河南路已经封锁，于是与诵芬步行至赫德路，但电车只行至卡德路，所以只能改往光明村，与住在那里的亲友贺岁。正月初三午后，倪介眉回到馆内，说武定路、麦特赫斯脱路间又出事，也被封锁。"三月五日 ……午后，揆丈又来，述悉银行公会有警，不详何事。晚拟赴新闸慰视诚安任事公会，行数十步，传言电车停，公共租界交界处有阻，遂折回，遇季老寄信返，立谈片刻。晚饭后，往揆丈处谈。归，阅《栩缘日记》。忽闻古拔路警笛声，不知又何事矣。旋叶絅来，古拔路之警笛为三盗突入二百四十几人家，因笛叫而遁。银行公会亦系盗劫某经纪人，封锁仅愚园路。"②

有资料记载，1942 年时，为应付租界内日益增多的自行车失窃案，巡捕房还成立过一个脚踏车查缉班。一直延续到 1944 年，社会治安状况没有改善。顾廷龙在日记中记道：

（1944 年）三月十九日 ……晚，同应彭孙招饮。会与芬赴曹氏席。归与典韶同行，路黑如漆，行人寥落，不寒而栗。盖自

① 顾廷龙：《顾廷龙日记》，李军、师元光整理，中华书局，2022，第 202、203、205、207 页。
② 顾廷龙：《顾廷龙日记》，李军、师元光整理，中华书局，2022，第 219、223 页。

灯火管制以来，路劫之事不可胜计，人身剥衣，车轮去胎，可谓空前之混乱矣。①

二、叶景葵遭绑架

1940 年 11 月 14 日，上海《大美晚报》刊登了一则《浙兴业银行行长被绑脱险》的新闻："今晨九时左右，浙江兴业银行行长叶揆初在白利南路②卅七号被数绑匪众架上八一九号汽车绑去。经白利南路凯旋路时，适值日军因该处于一小时前发生盗匪枪杀'市警'案，在该处转施行特别戒严，各绑匪惊慌，乃将肉票自车上推下后，驾该车逸去。叶乃安然脱险。"③

《叶景葵年谱长编》记载："是日上午，先生携书一包外出，在寓所（沪西白利南路兆丰别墅 51 号）附近突遭数名匪徒绑架，幸即脱险。"此内容下有脚注："据《项兰生自定年谱》（三），记先生此番遭险，与《大美晚报》记述详略稍异，录此备考。项云'十一月十四日上午九时前，叶揆初在兆丰别墅门口被匪绑架，时同坐车内者为严鸥客，绑匪将其逐下，即驾车而去。在车中以黑镜加棉花置揆初眼上，不知如何忽令下车步行，有时且有人负之而行。到一草棚内，命之坐，且称为洋房。不久忽又令速走，但已无鞋，引导人亦遽不知所往。遂自将眼镜除去，向前行，遇一农民，借得套鞋一双，行不多时，即至兆丰公园。时白利南路适有盗案发生，日宪兵正在搜查，故能于半小时后中途遁回，亦云幸矣。'"④

顾廷龙在日记中写有："十一月十四日　阅晚报，知揆丈被绑，幸即脱险。

① 顾廷龙：《顾廷龙日记》，李军、师元光整理，中华书局，2022，第 362 页。

② 今长宁路。

③ 柳和城编著《叶景葵年谱长编》，上海交通大学出版社，2017，第 989 页。

④ 柳和城编著《叶景葵年谱长编》，上海交通大学出版社，2017，第 989 页。

殊深系念……十一月十五日　与严鸥客通电话，询悉揆丈安好，大慰。旋赴浙兴，鸥客为述当时详情。揆丈亦来，欢然把晤，亦述大略。惟置车中两书，一吴槎客校《南部新书》、一丰华堂藏钞本浙人集，又余手录《丰华堂鬻存书目》亦夹在其中，损失不大，万幸也。"①

1928年叶景葵亦曾被绑架，那次绑匪将他囚禁了9天。相比之下，这一次仅仅半小时后即得"遁回"，确实是万幸。关于前次被绑架一事，《叶景葵年谱长编》记载道：

（1928年）6月12日　晨由斜桥路（今吴江路）寓所赴银行途中，在静安寺路（今南京西路）遭匪徒劫持。留盗窟九日。6月14日浙兴总办致各分支行函云："董事长叶揆初先生本月十二日上午九时，顷自公馆乘包车来行，行之静安寺路盛公馆前，被匪绑架以去。闻人尚平安，现在正设法营救中。特以奉洽。"（副本，上档Q268—1—61）

同日　朱夫人闻讯先生被绑票，当即出面营救。陈叔通记云：朱夫人"尤饶胆略，一日盗挟揆初去，夫人诇知踪迹，夜分驰往，营救得脱"。（《叶夫人家传》，《杂著》，第425页）

……………

6月21日　"自匪窟归，杜门养疴"。（《〈刘宾客集〉跋》，《书跋》，第120页）先生后回忆盗窟九日生活，靠打坐调息维持。云：原先学会米勒氏五分钟体操，"每晨练习，遵医生言，永无间断。惟被匪绑去之九日，势不能练习体操。在匪窟之第四五日，五中烦躁，睡眠不安，头痛身疼，便秘作呕。我想如果生病，无

---

① 顾廷龙：《顾廷龙日记》，李军、师元光整理，中华书局，2022，第115、116页。

医无药，危险之至。乃挣扎起来，习打坐调息。匪徒疑我静听外间声息，强按使卧。我不得已，只好待其鸦片吃饱，鼾声如雷，起来打坐调息。果然头脑清醒，精神回复，至第六、第七、第八日，皆靠此维持。故回家以后，虽小病数日，极易复元，皆打坐调息之效。"（《寿诞答辞》，《杂著》，第258—259页）①

《叶景葵年谱长编》中未细述叶景葵是如何脱险的。

"绑票"是成本小、收益高、风险较低但危害极大的犯罪活动，在上海租界，绑架属高发案件。1927年张元济也曾被绑票，被绑匪扣押在盗窟中6个昼夜，最后交了1万元赎票才脱险。张元济之子张树年在《我的父亲张元济》一书中详细记述了这次"丁卯绑票"：

> 1927年10月17日晚，一辆汽车开到极司非而路，车上下来五个人，到我家叫门。佣人刚开门，这伙人就蜂拥而入，先把开门者用手枪顶着押往门房间，接着疾步穿过花园，持枪冲上楼梯。这时父亲正与家人在二楼吃饭，见有这么些人上楼，刚想起身问话，一个绑匪已用手枪顶住饭桌旁的堂兄树源，大约他们见只有树源一个年轻人，怕他抵抗。有个头目模样的人指指我父亲，说："不是那个，是这一个！"于是，绑匪不由分说架起父亲走了。母亲、树源和家里所有人都被这突然发生的事情惊呆了。
>
> …………
>
> 第二天，10月19日，高梦旦老伯匆匆赶到我家，对母亲说，他收到父亲昨日写的信，绑匪开价20万元，让大家快想办法……

---

① 柳和城编著《叶景葵年谱长编》，上海交通大学出版社，2017，第633页。

…………

绑匪又来电话，约家人到爵禄饭店谈判，商议"赎票"价格……这样的秘密谈判继续了好几次，尽管绑匪们将"票价"减了又减，终因索要过高，无法达成协议。

父亲在给高梦旦的信中，要家里人到巡捕房"注销"报警，其实那时巡捕房根本管不了此等案件。据现存的几份刊有父亲被绑架新闻的小报报道，父亲被绑的当天，盐业银行经理倪远甫也被绑架；次日，宁波巨绅薛顺生又被绑架；连刚上任的上海特别市土地局长朱炎之，也未能幸免。租界上恐怖事件接二连三，捕房束手无策。父亲愿意"自己妥商了结"，看来是早日脱险的良策。

…………

……第四天，10 月 21 日，父亲写信告诉树源，劫持者已答应把"票价"减至二万元，让家中快想办法……

当天……树源交去 5 000 元，仍通不过……

当时树源又四处奔走，在亲友处借贷到 5 000 元钱，送到绑匪手里。大约他们知道确实榨不出更多的"油水"，第六天（10 月 23 日）晚上，就用汽车把父亲送了回来。

一万元赎票，父亲终于脱险，结束了这六昼夜的"奇遇"。[1]

对于绑架事件的频发，张元济有自己的见解。11 月 14 日，他在写给友人丁文江的信中谈道："若辈……如有生路，谁肯为此？呜呼，谁实为之，而令其至于此哉！人言此是绿林客，我当饥民一例看，未知我兄闻之又作何感慨也。"[2]

---

① 张树年：《我的父亲张元济》，百花文艺出版社，2006，第 125-132 页。
② 张人凤、柳和城编著《张元济年谱长编》，上海交通大学出版社，2011，第 789 页。

后来张元济又撰写《谈绑票有感》一文发表在《东方杂志》上："国家管着教育，为什么使他们得不到一些知能？国家管着工商、路矿、农林，为什么使他们找不到一些职业？蝼蚁尚且贪生，狗急自然跳墙。人们饥寒到要死，铤而走险，法律固不可恕，其情却也可怜。"①

自己被绑架，但张元济却在从国家政府的角度考虑如何从根本上解决这一问题，这也就是杰出人物不同凡响之处。

1995 年，顾廷龙撰有一篇题为《十年苦干，抢编出善本书总目——忆周总理、陈毅等同志对图书馆事业的关怀》的文章，其中写到了 1965 年的一天，陈毅到上海，约了上海博物馆的沈之瑜和他在锦江饭店俱乐部吃饭，陈丕显、方行、谢稚柳等人同座，饭后继续谈话：

> 谈到著名出版家、合众图书馆创始人之一张元济先生曾经被绑架一事，陈毅同志说，上海刚解放时，他碰到一件事，一个姓李的医生，宁波人，被坏人绑架了。他说一定要破案，认定旧警察和绑票总有点线索的。后来果然据此破了案，从此上海再未发生绑票案子，他很高兴。②

由此可以看到，上海绑架案频发的现象是到解放后才被彻底消除的。

三、"世道如斯，为之浩叹"

合众图书馆虽在法租界，但令顾廷龙心烦的麻烦事还是不少，从 1941 年

---

① 张人凤、柳和城编著《张元济年谱长编》，上海交通大学出版社，2011，第 1055 页。
② 顾廷龙：《十年苦干，抢编出善本书总目》，载《顾廷龙文集》，上海科技文献出版社，2002，第 670 页。

开始，日记中有愈来愈多关于法领事、巡捕房等对合众图书馆的调查和社会上的一些乱象的记录。这一年的 1 月 13 日、14 日和 17 日，顾廷龙日记用了少有的长篇幅记述了一件令他不胜其烦的事。就在刚过完年不久的 1 月 13 日，有人到为合众图书馆设计新馆的华盖建筑事务所，找到建筑师陈植，自称是领事馆所派巡捕房人员，询问有关合众图书馆的详细情况，对合众图书馆是否是一处"赌窟"存有疑心。陈植回答得很详尽："现有书五万册，尚有五万册未来。发起人叶、陈、张三人，捐书有蒋抑卮、李拔可、张、叶以及其他。并告以本馆为私家公共藏书之所，系专门国粹书籍，阅览人数有限，每日不过十人。"来人言及还须到馆调查。顾廷龙为之愤然：私人创办图书馆的事业在中国固属少见，难道在法国亦没有见到过吗！①

第二天早晨，法总巡捕房警务处政治部派探目高琪道来，对顾廷龙声明本部并未派人来馆抄查，并询问究竟有什么人来查过？顾廷龙回答：没有人来过，恐怕是属于传误，并说明本馆现正建筑打样，呈请发给照会，可能有需要接受调查之处。本馆主持者为浙兴银行叶景葵先生，也许有人直接去叶先生处询问过。高琪道说，他们的部长马来得到其友人电话，说好好的图书馆，怎么会有抄查之事，而巡捕房实在没有其事，所以特来告知，不要让冒充巡捕房名义的人来此，并嘱咐，以后如有人来，可给他打电话。

此事的缘由是日前有人到陈植处，讲到对合众图书馆的猜疑，顾廷龙即托齐云青（法公董局华董、中国农工银行总经理）去做一些说明，免得有误会。齐云青随即向捕房各部询问，皆称不知。后来才知道访陈植的是领事馆人员。巡捕房警务处政治部马来接到的友人电话，很有可能就是齐云青打去的。顾廷龙写道："法租界事总周折，可气亦可笑也。"②

---

① 顾廷龙：《顾廷龙日记》，李军、师元光整理，中华书局，2022，第 129 页。

② 顾廷龙：《顾廷龙日记》，李军、师元光整理，中华书局，2022，第 129 页。

事情并没有结束，1月17日，法总巡捕房政务处督察朱良弼偕何耀梅来，调查合众图书馆发起人姓名、履历及捐书人姓名、藏书册数、价值约计、经常费及房租、职员姓名、新馆地址等项。用另外一张纸留底。并由顾廷龙带着看了书库，开箱检查唐石经、严稿及其他抄本等后离去。顾廷龙写道："年来上海游戏场所及种种消费之处，规模无论大小，筹开最易。若本馆之文化事业，建筑房屋请一照会费事如此，盖在此时期中办正经事业反足惊人，世道如斯，为之浩叹！"①

除因为请批设立之事，巡捕房等部门来馆调查外，还有其他检查。顾廷龙在日记中写道："十二月十八日　……晚，法巡捕房有包探六七人，一法人领队来此检查，据称目的系查囤积及军火，约过十余分钟而去，即至叶宅，亦经查一过。（1942 年）二月二十七日　……归以薄莫，闻女仆言，四时左右有一西人、三华人来丈量天井而去，之四人者，皆由叶氏来去，并彼空地亦曾一量。半月前闻芬儿言，彼校操场有人去丈量，想必工董局所为也。四月十日　……今日法巡捕房在古拔路一带搜查，屋后五号被查。倪工由家中叫回充自警团去。"②

而令顾廷龙哭笑不得的还有一件荒唐事，以致他怒不可遏，在日记中痛斥"总之，上海巡捕，人类中最坏之物"。日记中这样写着："三月二十四日　……下午曾有一巡捕抄门牌而去，声称因门外有垃圾，指为门内人所弃，不知吾前门向不开启，岂有故意倒垃圾于门外而一启其门耶。其实检垃圾小孩篮中所漏出者。总之，上海巡捕，人类中最坏之物。二十五日　……倪介眉赴巡捕房接洽，斥四元了之。"③

顾廷龙是一位典型的文人，对于处理行政事务无兴趣，但身为总干事，这些琐碎繁杂的事项每天都必须面对，所以表现出厌烦乃至厌恶、愤懑不已的态

---

① 顾廷龙：《顾廷龙日记》，李军、师元光整理，中华书局，2022，第 131、132 页。

② 顾廷龙：《顾廷龙日记》，李军、师元光整理，中华书局，2022，第 205、222、232 页。

③ 顾廷龙：《顾廷龙日记》，李军、师元光整理，中华书局，2022，第 228 页。

度是不难理解的。然而从日记可以看到，除了与当局各部门打交道外，还有更让他烦恼的事，即与馆员生活密切相关的"米煤琐屑"之事。这方面的行情动态，他不得不分心关注："（1941 年）十二月十八日 ……今门口负米求售甚多，或来自江湾，或来自漕河泾，皆大米。若辈亦藉此为营业。晨往，每人可购一斗，近价廿四元，复向同购而备脱售者转购之，加五角，于是负之载途，随处有索酬者，及至租界中，乃兜售之价廿八七元不等。米市之恐慌如此。十二月二十日 ……购米，每斗廿四元，稍廉。日为米煤琐屑撄其胸臆，而无人不然。丁此叔季，复何言哉。……（1942 年）三月十二日 阅报，载工部局令，限十四日起，马路上携米不得一升，多则没收云，路上负米另售者遂渐少，自晨至莫，其价每石二百九十元升至四百元……比来时为开门七事所扰，烦极，苦极。釜鱼幕燕，宁有安乐之日乎？……光绪末叶，已丁叔世，然尚从容优闲，岂今之日可与比拟哉。三月十三日 晨起，负米求售者陆绎于途，盖国米能在租界中通行最后一日，故来者尤众，索价六百五十元，稍回，至五百五十元，弄中有购之。入莫则为四百九十元，小民何以为生乎……日来为七事所扰，不能安心伏案，苦甚……三月三十日 ……夜，偕内赴青年购物，四月一日盛传百物皆须涨价矣，或称涨三成、四成、五成不等，民不聊生矣！"①

四、日人滋事

1942 年 3 月，顾廷龙在日记中还记有一事，从其结果看，也许不能当作一件大事，但在当时的情势之下，还是引起了主持合众图书馆工作以及关心合众图书馆的诸位重量级人物的重视。

事情缘起于 3 月 18 日。那天突然有一个日本人叩门，因不知其来意，应

---

① 顾廷龙：《顾廷龙日记》，李军、师元光整理，中华书局，2022，第 205、225、229 页。

门者以为是走错门，所以就把门关了起来。这个日本人再次摁门铃，并且情绪激动，咆哮道，不应该将其拒之门外而且将门关闭。闻听此人如此狂暴，顾廷龙出来对他解释：我们与你不相识，你又没有介绍函，也没有递交名片说明你的身份，所以我们不便接待。你要是有事，请告知。听顾廷龙这样说，此人拿出自己的名片，上写姓名为山本鹤模，自我介绍说是法租界日本人会第八分会的代表，知道此处为一个图书馆，于是来商谈，想以后每月初八借馆内地方开会一小时，并要利用此处打防疫针。顾廷龙告诉对方："本馆系私人所办之图书馆，尚未公开阅览，尚不能招待借作开会之所，实难应命。"此人放缓了态度，"极言彼此帮忙、中日和平等词，又自言日人如何负责，决不致有何意外"，再三要顾廷龙予以考虑。顾廷龙眼见僵持不下，即推脱说："本馆有董事，容与商夺。"对方无语，只能约定 25 日再来听回信。

顾廷龙立即将此事报告了叶景葵。相比之下，叶景葵、陈陶遗等前辈长期置身宦海、商界，对于突发事件，自能沉着应对。叶景葵拿起电话，找了浙江兴业银行的张音曼来商讨，张音曼是他的一位人脉极广的友人。他们商定先由张音曼设法探明山本鹤模的身份，再谋婉言谢绝的方法。叶景葵还去陈陶遗处，告知其这件事的经过，如有可能，也请陈陶遗托人分头调查。这一天的午后，叶幼达医生来到馆里，他是顾廷龙熟识的一位私人医生。顾廷龙请他向法租界工董局政治部探听，如果日本人必欲借合众图书馆开会，法租界方面应有何手续？叶医生回答说，据他所知，要其向法租界取得许可证，馆中则需具函向政治部报告其事。翌日，即 3 月 20 日，张音曼来电话，说自己昨日访问多位日本人，皆不知山本其人。与关姓领事联系，领事同意打电话通知山本其人，勿来借用。如果此人再来，可以告诉他与关领事商洽可也。那天，陈陶遗来叶景葵处，也请了顾廷龙过去谈。陈陶遗的意见是不宜以领事馆压之。1941 年 12 月 7 日，日军袭击珍珠港，太平洋战争爆发。陈陶遗显然是考虑到，在这种形势下，以法领事馆压日本人极有可能难以奏效，甚至适得其反，使其更加张狂。叶景葵的意见是，请张音曼与山本面谈，婉却之。21 日，叶景葵告诉顾廷龙，已经约请张音曼第二天一早来谈。这天，陈仲恕先生从陈叔通处得知有日本人骚扰事，特意到馆询问。22 日，张音曼来馆，即约山本来谈。山本到后，张音曼陈述了本馆困难之处，请其物色别处。山本表示理解和同意。此一场不大不小的风波遂告了结。

23 日，看门人告诉顾廷龙，昨天来的这个人他以前见过。经仔细询问，看门人说，此人"住裕华新村，向自称为陈姓人，以为高丽人，营麻非者，昔有汽车，八号后亦不用矣，有家眷同住"①。

在当时日寇气焰极为嚣张的情势下，这次事件引起了合众图书馆董事会成员以及徐森玉、郑振铎等人的关注。顾廷龙在日记有记："三月二十七日　……徐森玉、郑西谛来，因闻有日人来馆，探究竟。"②

五、疲于应对，衷心不恁

1942 年，顾廷龙在日记中记载，当时法租界推行的保甲制度给他带来极大的困扰。有资料记述："1938 年 9 月，督办上海市政公署已着手编组保甲，将是项工作交由各区政务署第二科主管。尽管政府三令五申，编制工作推进缓慢。1942 年 2 月 18 日，市府基于编制保甲工作'爰经两年多策动，未能全境完竣者尚属多数'，发出'催促各区公署迅速办理保甲的训令'。"③法租界在此训令催促下，开始有所行动。1942 年 5 月 13 日，看门人告诉顾廷龙，巡捕房指派"善钟路某朱号为区长，裕华村某家为保长，此地二百十弄应推甲长一人，八号住宅主人提议借本馆为开会地点"④，顾廷龙无奈之下，勉强表示同意。

---

① 顾廷龙：《顾廷龙日记》，李军、师元光整理，中华书局，2022，第 226-229 页。
② 顾廷龙：《顾廷龙日记》，李军、师元光整理，中华书局，2022，第 229 页。
③ 张济顺：《沦陷时期上海的保甲制度》，《历史研究》1996 年第 1 期。
④ 顾廷龙：《顾廷龙日记》，李军、师元光整理，中华书局，2022，第 239 页。

5 月 17 日，有二位名李云章（副区长）、曹承樑（保长）的人带着公函来见顾廷龙，要他担任甲长。李、曹两人都是商人，得此公差，自乐不可支。没承想对于此事，顾廷龙坚辞不就，但不获此二人同意，最后只能勉强留下函件。午后，曹又来，要顾廷龙通知各户拍照片，以领取市民证。曹这次来布置任务，顾廷龙就算是接下甲长的差事了。

　　以后的多日，日记中记录的几乎都有甲长任上的事："五月十八日　……招竟成照相馆来，为叶、吾两家摄市民证用相片……五月二十日　十一号顾士澄来询户口单发填事……晚遇顾士澄，言区长、保长均已改制，与公共租界一体矣……五月二十一日　……保长来，填籍贯江苏，年龄四十，其他一至四甲皆四十外，职业合众图书馆。先访曹某，再辞不获，只可照填。"[1] 在 5 月 21 日的日记中，顾廷龙甚至写下"余向言以不卖淫为原则，强奸无可拒，只听之。呜呼，今成语谶矣"[2] 这样近乎绝望的哀叹。又有："五月二十二日　……晚，保长交发保证书，廿五前须缴去。访剑知，彼为第六保，闻该保均已办就。五月二十三日　……录户口单，摄景送来……五月二十五日　……收户籍单、保证书……保长来取单、书……五月二十六日　……保长来，未值。户口单、保证书交去。"[3]

　　5 月 31 日，打扫里弄的清洁工和看门人来找顾廷龙，"皆称填有户口表，并取得保证书，来求作保"，顾廷龙以"值差之人，实不成户"为借口，推脱掉了。后来听说这是由里弄中顾某帮他们出的主意。顾廷龙在日记中写道：顾某是一个不务正业之人，"徒欲谋将来派米之便，不知责任所在"，"又视所谓保长、副区长皆属商人，不学无术，与彼周旋，可耻孰甚"[4]。

① 顾廷龙：《顾廷龙日记》，李军、师元光整理，中华书局，2022，第 240、241 页。
② 顾廷龙：《顾廷龙日记》，李军、师元光整理，中华书局，2022，第 240、241 页。
③ 顾廷龙：《顾廷龙日记》，李军、师元光整理，中华书局，2022，第 241、242 页。
④ 顾廷龙：《顾廷龙日记》，李军、师元光整理，中华书局，2022，第 243 页。

6月7日，闻在宥师母来，请求顾廷龙为之写保证书。为居民写保证书似乎是甲长的一项权力，闻夫人之所以会有此举动，是因为熟人中住法租界的不多，而担任甲长的尤其少，所以不能不来求助于顾廷龙。他回答闻师母，因为不住在一个区，这样的保证书可能不合规矩，答应询问后再定。[①]

顾廷龙在日记中写道："六月八日 ……强派《新申报》。六月九日 ……派报令阍捕拒之，未来。六月十日 ……《新申报》又派来，阍捕未能拒也。"[②]《新申报》是1937年七七事变以后，日军在原针对2万在沪日本居留民发行的日文报刊《上海日日新闻》基础上创办的华文报刊，它是日本侵略者的喉舌，针对的读者群是上海民众。[③]其发行采取"强派"的方法，顾廷龙虽然令看门人拒绝，但面对强势摊派，还是"未能拒之"。

此后几日，为填写户口一事，反反复复，令顾廷龙"莫知适从"："六月十一日 ……保长来派再填户口，与前填者实重复……六月十二日 填保甲户口证……六月十三日 二号栾、三号孙皆来缴户口单……六月十四日 ……缴户口单……六月十九日 ……保长来，称近填户口多不住宿之人，遂与前次只填住宿之人数不符，以为大谬，其实第一次只填住宿之人，捕房所通知如此，近将永久雇员之不住宿者亦须填入，则表上附注所属，两次所填自然有不合，捕房令办一事并不将其原委说明，令人莫知适从，不胜姜离之痛。"[④]

在纷杂的事务中，顾廷龙坚守着图书馆的一方净土。他的日记中记载着这样一件事：1942年6月21日，住在附近的顾士澄来找顾廷龙，声称保长承联保长命，欲借图书馆设办公处，让他先来通知。顾廷龙即告他本馆前面是图书馆部分，楼上是办公室及书库，下面是会客室及饭厅，后部为自己及家人宿舍，

---

① 顾廷龙：《顾廷龙日记》，李军、师元光整理，中华书局，2022，第245页。

② 顾廷龙：《顾廷龙日记》，李军、师元光整理，中华书局，2022，第245页。

③ 徐青：《日本占领时期对上海租界的"改造"》，载《外国问题研究》2015年第2期（总第216期）

④ 顾廷龙：《顾廷龙日记》，李军、师元光整理，中华书局，2022，第245、246、247页。

实在没有多余房屋可出借。这位顾士澄自恃有保长、联保长作为后台，言语狂妄，表示此事无商量余地，且不容顾廷龙向董事会相商，竟称董事会可由他直接去谈。面对他的一味强迫，顾廷龙怒火中烧，痛斥道："如联保长有权可强行占用，则请其即来可也，亦无先来通知董事处、更无商量之必要。如欲逐我出境，亦只听之。"看到顾廷龙这位平日温和待人、彬彬有礼的谦谦君子居然会如此大怒，顾士澄的态度登时软了下来，称他不过代保长传话，绝非自己本意，他一定将顾廷龙意见转达，然后灰溜溜地离去了。

顾廷龙随即与陈陶遗电话相商。午后，陈陶遗、叶景葵同来相商。当晚，顾廷龙去见保长，保长问到是否见过顾某，借房屋一用的想法应已传达到。顾廷龙即告以无余屋可借。想必是顾士澄已将顾廷龙的态度转告，所以保长没有固执己见，只是向顾廷龙抱怨自己手头需要抄写的文件甚多，料理不尽。顾廷龙"遂与约，笔墨吾可相助，房屋决不能借"。当夜顾廷龙即为保长抄写户口表。此日的日记中，顾廷龙在记述了以上事情过程后，痛骂道："呜呼，狐假虎威，害群之马，此竖子也。"①

6月22日，顾廷龙还在抄写户口表，但保长似乎并未死心。23日"保长来谈及借屋事，知联保长处已经人往告不宜借用图书馆"。保长语气一变，说三保联合办事处确实太杂乱，如果就自己这一保借用，怎么样？顾廷龙仍态度坚决表示不能同意。他说，如果有事需要，可尽力为之帮忙，但借房屋绝对不可以。6月24日，为彻底断绝保长的念想，顾廷龙"访林曼卿，渠为托人与米号吴某关说，勿以图书馆为保长办公处之目标。当时托二人往，先一人去后，答并无问答。又一人去，则托言系捕房意，当与捕房接洽。林即托永兴洋行法人可兴法公董局华董也往告，当不致再有事矣……六月二十五日……归未几，卢家湾捕房派西人一、译员一来调查有人来借屋事。询其原委，余（顾廷龙）告之甘

① 顾廷龙：《顾廷龙日记》，李军、师元光整理，中华书局，2022，第247、248页。

一日上午有顾士澄者第六甲长来传联保长之意，欲租馆屋作三个保联合办公之处，查敝处实无余屋可以出租，且整理书籍须要清静，不宜杂以他种办公。因彼称捕房所指定，故托人到捕房相商，取销其事。译员冷笑一声，以余言译告西人，继曰：此地保存古书，学者研究之地，不能杂以他事，当为设法制止而去。晚，保长来，户口表交还，于房子一字不提矣。"①

推行保甲制度的一个明确的目的是控制居民生活。有资料记述："1942年7月以前，日伪市府下属的上海市粮食局和公共租界工部局、法租界公董局在各自辖区内设立公粜处，各户直接到所属公粜处购米，按户授粮。此时，保甲的作用仅限于提供户口调查表副本作为各户登记授粮的依据，实际授粮之多寡掌握在公粜处手中，且'市民列队购米，秩序殊难维持，稽查亦属不便'。有鉴于此，市府从7月起逐步在全市实行计口授粮并划分大口小口不同的配给标准。这一方式大大强化了保甲组织的作用，因为需要运用保甲组织先行清查户口，以联保为单位印发户口调查表，由甲长挨户清查，确定人数及大口小口，填入户口清册，然后将清册转送保长汇制全保户口统计表，送由联保长报至粮食管理局，以此作为购粮之基本依据。这样，一方面转移了公粜处的一部分权力，另一方面则增强了居民对保甲的依赖感。这就给予保甲制度以立足的基础，因为普通的上海百姓不可能逾越保甲而获得基本的生活保证。"②

保甲制度在中国曾是控制乡村基层社会的有效方式，到清末已经名存实亡。然而在20世纪40年代沦陷时期的上海，保甲制度却在这座充满近代气息的都市里复活。其实质就是启用一些蝇营狗苟之辈，交予他们种种欺压百姓的权利，使芸芸众生就范，以达到日伪控制基层社会的目的。面对这些"不学无

---

① 顾廷龙：《顾廷龙日记》，李军、师元光整理，中华书局，2022，第248、249页。
② 张济顺：《沦陷时期上海的保甲制度》，《历史研究》2002年第4期。

术""乳臭未尽，浮躁不明事理""狐假虎威"的"害群之马""竖子"，顾廷龙感到"与彼周旋，可耻孰甚"，但又不能不与之周旋，甚至不得不花时间去做"防空值勤""钞户口表""陪同捐……苦言相请，等诸沿门托钵"这样"忍辱往还""无聊极矣"的事。他在日记中慨叹："年来力求韬晦，罕与人接，不返乡里，今乃为人牵卒，诚无藏身之地矣。呜呼，吾生不辰，前途茫茫，愤然凄然，衷心不怿。"[1] 其内心的苦闷和无处发泄的积郁可想而知。这样的事，他记了很多：

（1942 年）七月十日 ……保长偕顾士澄来，彼等拟向各户捐款作开办费，强余撰捐启，余不赞成其事，允拟捐启付诸会议公决可也。领申请身份证书八十张。再与保长谈，劝其郑重将事。

七月十一日 ……午后，保长来请速开会，不知其有何要事，只可一去。保长因连日所转保之户口均由联保退还，属各户本人自行送交捕房，其故因捕房对户口异动证，一面以节省为词，不肯发出。一面勒令各户非用正式证书不可，非正式者拒收。联保长不敢上请，只得退还，以轻其责，可笑也。居住证申请书发两户，四号、五号……

七月十二日 ……开保甲会，保长欲向户长捐款，为周瑞山驳止，改由保长、甲长垫用……

七月十三日 ……填居住证申请书。在窗边望见有青年二人除去保甲条，其意可闵。

七月十四日 ……嘉来，缴居住证申请书，由保长转联保长

---

① 顾廷龙：《顾廷龙日记》，李军、师元光整理，中华书局，2022，第 240 页。

盖印。

七月十五日　……保长送申请书来，已由联保盖印矣，并言捕房通知顾士澄不能强逼租屋，责吾何必如此高压，吾告以闻联保称此事由捕房指定，须自往疏通，故往捕房陈说，非为士澄而发也……

七月十六日　……保长声言欲置酒饮我，以释此怨，实则吾并不介意，所以告诸捕房，原以联保长托词而起，至士澄灼灼之势，固甚难受，然吾不以为意也。保长等乳臭未尽，浮躁不明事理，与士澄正一丘之貉，宜彼相契矣。吾今忍辱往还，何不幸乃尔……

……………

七月二十二日　阅报，见有限期检校于中日友善及中日提携有阻碍之一切书籍、图画、杂志、教科书、传单、旧报纸、漫画、壁报、宣传杂志等，共五条……

……………

七月二十四日　保长来取照片两张，谓领甲长证……

七月二十五日　……保长通知明晨联保召集开会。

七月二十六日　联保之会，骤闻取消……

……………

七月二十八日　……保甲长开会。

……………

八月一日　……联保长来，邀去陪同捐，六户得五百元，人现不怡之色。苦言相请，等诸沿门托钵，我后行不作一声，此类事非吾辈读书人所能为者也。归后思之，心殊不怿，彻夜不寐。

……………

八月六日　赴卫生处换防疫证，人多，未及换……

八月七日　偕妻、子重赴卫生处换证，排队半小时始得……

八月八日　……保长持联保通知，属将凡抗日文字及反对南京政府之文字从速毁灭，即饬李容夫知各户。

………………

八月十日　……保长送到甲长身份证。

………………

八月二十四日　……晚，保长召商明日灯火管制事。

八月二十五日　……章元群来称，虹兄托其附带寄存之书画两箱，现在存放处催出货，惟出货须经日人监视检查，特询箱中有无违碍之物，属余考虑答覆。夜防空灯火管制演习，甲长须巡逻各家，并爝火之光不能有，亦可谓奉行唯谨者矣。至十二时始得息。

………………

八月二十七日　……保长来属复查户口。

………………

九月六日　……开保甲会，保长示捕房保甲处通知，每甲应招募民警团二人，似系永久服务之意。保长属将各户壮丁中指派二人充之。余以为不妥，捕房因招募来故可以永久充当，如以及年服役，则不应永久充当，强派不合理，而太不平。余拟从壮丁年龄中拈阄定出两人，其余亦应轮留服役，每服役一次酬金若干。商诸揆丈、程慕颐，皆已为然。明日再与他人商之再定。

九月七日　……保长招商抽民警，定廿五岁至卅五岁当之。昨日福煦保甲处通告，规定年龄如此，与领事通告范围略小，余即言按此办理。保长言，此种规定不能发表。余即谓此通告决不止本保一处得见者，今日报纸亦悉载，遂不得不就此规定选出矣……

九月八日　……就保长商民警事。士澄来取臂章。王甲长来通知十日领购米证。

················

九月十三日　……访保长，探领居住证日期，大约本星期中可得。

················

九月十七日　合家暨邻居赴捕房送递身份证、居住证申请书……

················

九月十九日　……保长派人来通知，今日领居住证。午后二时领到……

················

九月二十二日　……保长来通知本星期六上午十时至十一时补领身份证。

················

十月四日　……晤质庭，言甲长为防空巡阅，方夜饭，铃声作，即出门照料。

十月五日　……夜防空出巡。十月六日　……夜防空出巡。

················

十月二十三日　……领购米证，发证人员俨如东岳庙之衙役，诚嗟来之食。

················

十月二十六日　……保长来言，渠与同弄诸人拟办飞马三轮车行，置车三十辆，每辆本一万元，配备另件，事务开支须集股四十万元，每股十元，股票将来可上市，上拍板，劝余加入。吾辈读书人，何来此闲钱，况余对三轮车素反对，盖资本主义吸取劳工之髓血也……

················

十一月四日　……访保长，取移动证，因悉明晚又须防空，本月二十三日又派余值日查岗，无聊极矣。

十一月五日　……防空演习。

················

十一月二十三日　……今晚灯火管制，不能作事矣。

················

十一月二十六日　……保甲处索照片一张送交捕房，不知何用。

················

十一月二十八日　……有日人自称大阪《每日新闻》社人，强售画报一册，十元。

················

十二月十四日　……夜防空。

十二月十五日　查岗　……今晚仍须防空，苦、苦……

················

十二月十七日，防空，不能安心作事……

十二月十八日　防空。

十二月十九日　防空，半夜值勤。

十二月二十日　防空，半夜值勤。

················

十二月二十二日　……夜，防空。

十二月二十三日　……防空。[①]

六、张元济鬻字不售书

1943 年 1 月，顾廷龙在日记中记有张元济的一则轶事：

一月十五日　……访菊老，言将鬻字，新镌两印，曰"五十年前老翰林"，曰"戊戌党祸最后一人"。[②]

此事在张元济之子张树年所撰《我的父亲张元济》中有记。先是上海沦陷后，由于家境日趋拮据，张元济不得已售去辛劳半世、多年省吃俭用盖起的极司非而路住宅。继而在 1940 年 12 月，张元济因前列腺肥大并发急性前列腺炎，做了两次手术，半年始得复原。几次变故，致使到了 1942 年，张元济家中境况愈显艰难。

这一年的 9 月 4 日，张元济写信给顾廷龙，托其将他珍藏的旧墨出售，并明确交代，不要说是他所托售：

起潜仁兄阁下：

多日未晤，想兴居纳福为颂。迩来生计日艰，思效东坡之在海南，尽货酒器，以资衣食。弟藏有明万历、清顺治（此两种真赝未敢决定）、嘉庆及同光间之旧墨，亟思售去。因思令亲湖帆世

---

① 顾廷龙：《顾廷龙日记》，李军、师元光整理，中华书局，2022，第 251、252、253、254、255、256、258、260、261、262、264、270、271、274、279、280、283、284 页。

② 顾廷龙：《顾廷龙日记》，李军、师元光整理，中华书局，2022，第 289 页。

兄驰誉丹青，当有需用之处。市上所售多为洋灰，色泽欠佳，必不能合名家之选。拟请于晤面时代为探问。如须购用，当以样品送请鉴定，乞勿道及为敝处所托。如不需此，尽可拒却也。琐渎惶悚，敬颂文祉。

弟张元济顿首　九月四日 ①

此后几日，就售出旧墨之事，张元济还有两信，一封落款日期为九月九日，中有：

同光之际旧墨有黄海松心，每定重一两，存二十四定，共十二匣，整售八百元，为数似巨，实仅平时之四十元耳。又篆书寿字墨，售存四定（重七钱五分），每定二十五元，今呈上样品（前者一匣，后一枚），统祈转送贵友评定。②

一封落款日期为九月十一日：

昨承枉顾，感悚无既。胡开文百寿图墨四定，谨呈上，乞詧收为荷。专此布谢……

嘉庆墨不知有人要否？重复另种亦有数十枚，附呈一枚，乞鉴定。似是油烟也。③

但仅凭借这样的举措，显然还是不能解决问题。张树年在书中写道："父亲

① 张元济：《张元济全集》，商务印书馆，2007，第47页。
② 张元济：《张元济全集》，商务印书馆，2007，第47页。
③ 张元济：《张元济全集》，商务印书馆，2007，第47页。

割除前列腺用去一笔为数不少的医药费。时通货膨胀，物价飞涨，商务股息已多年未发，每发一次董事费仅足买几副大饼油条。而我任职的新华银行，工资水平在金融业中属第三等（头等是汪伪的储备银行，二等是北四行、浙江实业、上海银行等）。我虽在信托部主管证券交易，为避免'先得月'之嫌，绝不在'多头''空头'的市场上冒险。全家处在这种环境中，其艰苦可以想象。1943年初的一天，表兄谢观（砺恒）来……见我家境遇如此窘迫，就劝父亲鬻字。他认为当时父亲的科举辈分已属最高，以其社会声望，完全可以走文人自食其力、清贫自守的光明之道。父亲听从其言，向裱画店索取当时卖字诸公的润例，参考制定润格，并分发与九华堂、荣宝斋、朵云轩等，请他们代销。还函请京、津、杭等商务分馆分发润例和代收写件。各地送来的写件果然不少。父亲在大圆桌上，站着写对联、堂幅、屏条；小件如扇面、册页则坐着在书桌上写。曾写过几堂寿屏，每堂八幅，一般用泥金或大红洒金纸，画好方格，费时伤目。"[①]

1943 年 1 月 18 日，张元济给顾廷龙写信：

> 弟为生事所迫，妄思鬻书为活。附呈润例数纸，敬乞介绍与苏垣之笺扇店，请其代为招徕。此间通例，以收墨费一成，并润资十分之一，作为酬报。亦拟援例相待，并乞转告。[②]

然而在"鬻书为活"的境遇下，张元济还是一如既往将自己珍藏的书籍、画卷毫不犹豫地捐赠给了合众图书馆。顾廷龙曾对张元济在图书馆创办初期捐赠及寄存的书籍数量做了统计，自 1941 年 3 月 22 日，张元济第一次送书到合

---

① 张树年：《我的父亲张元济》，百花文艺出版社，2006，第 209、210 页。
② 张元济：《张元济全集》，商务印书馆，2007，第 43 页。

众图书馆起，到这一年的 10 月 6 日，张元济先生共进行了 22 次捐赠、12 次寄存（后作永久捐赠）："张先生于一九四一年春即以历年收藏旧嘉兴一府前哲遗著四百七十六部一千八百二十二册赠与本馆，并以海盐先哲遗征三百五十五部一千一百十五册，又张氏先世著述及刊印评校藏弆之书一百四部八百五十六册，及石墨图卷各一，事先作寄存，冀日后宗祠书楼恢复或海盐有地方图书馆之设，领回移贮。既经倭乱，鉴于祠屋半毁，修复无力，本地图书馆之建设更属无望，遂改为永远捐助。"①

此后，张元济仍在不断向合众图书馆捐赠书籍，《顾廷龙年谱》有记："（1942 年）九月十七日 ……张元济致先生信，将英国斯泰音（斯坦因）博士所贻之《新疆路线图》赠合众图书馆……十月二十八日 ……张元济赠书，并赠《涉园图咏》，请先生及叶景葵题辞。先生求张元济题《秀野草堂图》亦题就见还，张元济并有劝先生捐赠之意。先生蓄此念久矣，终当践约为《涉园图》之丽也……（1943 年）八月十六日 ……张元济赠《颜雪庐集》。跋《涉园图卷》。此图卷为张元济先生捐赠合众图书馆者……（1944 年）一月二十四日 ……张元济赠唱本一包。"②

---

① 顾廷龙：《张元济与合众图书馆》，载《顾廷龙文集》，上海科技文献出版社，2002，第 562 页。
② 沈津编：《顾廷龙年谱》，上海古籍出版社，2004，第 261、266、267、300、316 页。

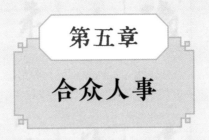

第五章

合众人事

　　阅览书籍，在筹备时期概不公开，凡经特别介绍而有保证者，约定时期在馆检阅，不得借出，即他日新屋落成，正式开幕后，如确为专门性质之图书馆，则亦当以不借出为原则。借阅人必经妥人介绍及保证，经本馆核准后始可阅览，并予以研究著作上之便利。

　　馆员暂设总干事一人，助理一人，庶务一人，书记一人，一切事务，秉承发起人意旨处理之。

——顾廷龙：《创办合众图书馆意见书》

一、董事递嬗

顾廷龙在《上海私立合众图书馆十四年小史》中写道:

> 我馆于一九三九年八月开始工作,由创办人叶景葵、张元济、陈陶遗三先生领导。到了一九四一年八月成立发起人会,同月由发起人会选聘陈叔通、李宣龚两先生为董事,成立董事会。公推陈叔通先生拟定《图书馆组织大纲》及《董事会办事规程》。公推陈陶遗先生为董事长,叶景葵先生为常务董事。一九四六年,陈陶遗先生逝世,董事长出缺,补选徐森玉先生为董事,张元济先生为董事长……一九四七年,聘专家顾颉刚、钱锺书、潘景郑三先生为顾问。一九四九年四月,叶景葵先生逝世,常务董事出缺,补选陈朵如先生为董事,改选徐森玉先生为常务董事。一九四九年,扩充董事名额为九人,增选谢仁冰、裴延九、胡惠春诸先生及廷龙为董事……一九五二年,谢仁冰、李宣龚两先生先后逝世,补选陈次青、唐弢两先生为董事。[①]

此段记述后附有一表:

姓名	别号	籍贯	履职	职务	任期	备注
陈陶遗		江苏金山	前江苏省长	发起人、前董事长	一九四一——一九四六	已故。一九四一、八、十九当选董事长

---

① 顾廷龙:《顾廷龙日记》,李军、师元光整理,中华书局,2022,第647、648页。

续　表

姓名	别号	籍贯	履职	职务	任期	备注
张元济	菊生	浙江海盐	华东行政委员会委员	发起人、董事、董事长	一九四一——	一九四六、五、二当选董事长
叶景葵	揆初	浙江杭州	前浙江兴业银行董事	发起人、前常务董事	一九四一——一九四九	已故。一九四一、八、十九当选常务董事
陈叔通		浙江杭州	全国政治协商会副主席	董事	一九四一——一九四四，一九四四、十二、十一	
李宣龚	拔可	福建闽县	商务印书馆前董事	董事	一九四一——一九四四，一九四四、十二、十一——一九五二	已故
徐森玉		浙江吴兴	上海市文物管理委员会副主任委员	董事、常务董事	一九四六——一九四七，一九四七、十一、十二——一九四九、六、九常董	
陈朵如		浙江萧山	公私合营银行副主任	董事	一九四九、六、九—	
谢仁冰		江苏常州	商务印书馆前经理	董事	一九四九、十一、十一——一九五二	已故
裴延九		江苏丹阳	中兴煤矿公司董事	董事	一九四九、十一、十一	
胡惠春		江苏江都	上海市文物管理委员会委员	董事	一九四九、十一、十一	
顾廷龙	起潜	江苏苏州	本馆总干事	董事	一九四九、十一、十一	
陈次青		浙江杭州	矿冶局局长	董事	一九五二—	
唐弢		浙江镇海	文艺月报副主编	董事	一九五二—	

资料来源：顾廷龙：《顾廷龙日记》，李军、师元光整理，中华书局，2022，第653、654页。

徐森玉

1946 年 5 月 3 日合众图书馆董事会第五次临时会议上有一项议程：

选举事项：

一、补选董事一人。徐鸿宝当选。

二、选举董事长。张元济当选。①

徐森玉

徐森玉（1881—1971），名鸿宝，字森玉，浙江吴兴（今浙江省湖州市）人。曾就读于著名的白鹿洞书院，后中举人。1900 年（光绪二十六年）考入山西大学堂，读化学。山西大学堂监督（校长）宝熙十分赏识他的才华，经常邀他鉴赏古物，共同探讨、考证、鉴定、研究文物，从而奠定了他成为文物鉴定家的基础。他历任奉天测图局局长、清廷学部图书局编译员。中华民国建立后，任北京大学图书馆馆长。1924 年 11 月，参与清室善后委员会工作，任故宫博物院古物馆馆长。后任北平图书馆采访部主任。1937 年七七事变前后主持故宫文物南运。抗日战争时期定居上海，与张元济、郑振铎、张寿镛、何炳松等组成文献保存同志会，多方寻访、购置散落于沦陷区濒于危境的珍籍善本，予以妥善保护。

---

① 顾廷龙：《顾廷龙日记》，李军、师元光整理，中华书局，2022，第 912 页。

　　徐森玉与张元济最早的交往是在《张元济年谱长编》所载的 1918 年 8 月 21 日。那一年的 7 月 19 日，由于商务印书馆京馆购地建屋和借印《道藏》诸事均未解决，张元济在由北京返沪一周后再次北上。张元济日记有记："（1918 年 8 月 21 日）徐鸿宝（森玉）来访，谈京、沪两白云观借印《道藏》事。"[①] 以后两人就刊印《道藏》事有多次商议，非常默契。

　　而徐森玉与叶景葵结识的时间更早。《叶景葵年谱长编》中有记："（1902 年）是年冬在山西巡抚文案任内，'以代草《条陈十策》有声于时'。其间，由陈莱青兄弟关系，结识时在太原山西大学学堂西学专斋就学之徐森玉，'纵论时务，甚相得也'。（徐森玉《卷盦剩稿序一》，《杂著》，第 432 页）"[②] "（1905 年）约 8 月（七月）随赵尔巽抵达奉天后，招徐森玉来东北创办测量学堂。"[③]

　　1986 年 1 月，由顾廷龙编的《叶景葵杂著》由上海古籍出版社出版，其中收入了徐森玉撰写的《卷盦剩稿序》。这是 1962 年，"陈叔通先生缅怀旧雨，发起编印先生读书随笔、古今体诗及联语为《卷盦剩稿》"[④]。徐森玉所撰序中言及：

　　　　忆在清季，揆初先生佐晋抚赵尔巽幕，少年英俊，以代草《条陈十策》有声于时。先生与陈莱青昆弟相友善，余时肄业西学专斋，因陈氏昆弟得识先生，纵论时务，甚相得也。旋尔巽为盛京将军，大事兴革，先生实主其事。东省百废待举，而兴建造作，测绘为其始基，因必培养测绘人才。时余方毕业专斋，乃承相招，以创办测量学堂见属，磋商规划，有针芥之投，忽忽五十余年矣。其后先生退隐沪滨，厕身工商。时与密韵楼诸子相周旋，亦稍稍

① 张人凤、柳和城编著《张元济年谱长编》，上海交通大学出版社，2011，第 516 页。
② 柳和城编著《叶景葵年谱长编》，上海交通大学出版社，2017，第 93 页。
③ 柳和城编著《叶景葵年谱长编》，上海交通大学出版社，2017，第 105 页。
④ 顾廷龙：《叶景葵杂著后记》，载《顾廷龙文集》，上海科技文献出版社，2002，第 257 页。

蓄书，尝得张惠言、成孙父子所撰《谐声谱》稿本，为研究文字音韵要著，亟谋刊传，倩人校录。余亦为之瓻借传钞之本，以供参考。百年深闳之作，遂得风行，一时音韵学家咸称其印行之功不置。抗战起，余以维护图书文物往来西南各地，每过沪上，必造访话旧，而先生亦与张菊生、陈陶遗、李拔可、陈叔通诸先生创办合众图书馆，征访江浙私家藏书，谋所以保存之策，引为同调。先生喜收前贤手稿手校之本，相与赏析，亲主馆务甚勤，坚以董事相邀。未几，先生归道山，叔通入京参柄国务，而菊生病废，余始终维持之，卒以捐献政府，日见昌盛，足慰亡友于泉下。先生晚岁以校读自娱，辄为札记，颇多心得。又间与知交倡和，虽不名一家，亦皆隽永可诵，联语尤能意在个中，音流弦外。犹忆先生于顾宛溪《读史方舆纪要》稿本，最为珍重。得之于朽蠹丛残之余，为藏家所不顾，先生手自整比，招良工精心修治，乃得完好如新。审定此稿为写成后又经修改增注者，当是世间孤本。欲发扬其精胜，必先通部校勘，乃足显示，而签注校改之笔不一，较为繁复。手校数卷，优点纷呈，以授顾君起潜为之续校，卒卒未果。遂自排日疏记，先为长跋，以待他日之印证。于书体文字，辨析毫芒，有新见，即纠正前说，实事求是，有乾嘉学者之风。此书关系学术甚巨，吾愿起潜终有以足成之。叔通笃念旧谊，知先生《剩稿》待刊，募资刊布，属系数语，爰述旧事，以证吾两人相契之素，而犹以见先生之劬学不倦，与夫爱护图书，乐于流通，其高风为不可及也。是为序。

一九六二年五月。徐森玉时年八十有二①

---

① 上海博物馆编《徐森玉文集》，上海书画出版社，2011，第53页。

1988 年 1 月 31 日，顾廷龙在《甲午以后流入日本之文物目录跋》一文中回顾了抗战胜利后，战时文物损失清理委员会京沪办事处在上海成立，徐森玉担任主任，邀请顾廷龙参加《甲午以后流入日本之文物目录》的编辑工作。顾廷龙"婉谢再三，而先生坚请。不得已，勉以应命。再四思维"[1]，想到日本占领上海时期，每年出版之各类图谱一类书，在合众图书馆馆藏 40 种基础上，广泛搜集，共得 122 种，于是延聘吴静安、陈（程）天赋、谢辰生诸君草拟体例，从事编纂，九阅月而藏事。在跋文结尾，他介绍了徐森玉与陈天赋的简历和遭遇：

> 徐鸿宝先生字森玉，别字圣与，浙江吴兴人。博识精鉴，世罕其俦。一生对文物之热爱、研究、调查、保存等方面，不辞辛苦。在抗战中遍历平、津、沪各地，有出生入死之危，在所不顾。建国后曾任上海市文物管理委员会主任、上海博物馆馆长、中央文史馆副馆长等职，并被选为第一、二、三届全国人民代表大会代表。"十年动乱"中蒙受诬陷迫害致死。陈君天赋（女）毕业于华西大学，专研魏晋南北朝史，来沪后从事革命工作，解放后曾任上海教育卫生部科研处副处长，上海社会科学院研究所党组成员，"文革"中亦遭逼害致死。"四人帮"粉碎后，均得平反昭雪。附记数语，以告来者。[2]

徐森玉对于古籍文物之热爱确实达到了"不辞辛苦"和"有出生入死之危，在所不顾"的境界。曾任上海市文化局副局长的方行回忆中曾讲到徐森玉的一件事，足证此言不虚：

---

① 顾廷龙：《顾廷龙全集·文集卷》，上海辞书出版社，2015，第 222 页。
② 顾廷龙：《顾廷龙全集·文集卷》，上海辞书出版社，2015，第 223 页。

　　国内最出名的"笺谱"是明崇祯年印制的《十竹斋笺谱》，印得相当精致。当年是鲁迅和郑振铎一起影印出版的，一共有两本，第一本鲁迅还在，第二本印出来时鲁迅已经去世了。

　　比《十竹斋笺谱》年代更早，印得更精致的是《萝轩变古笺谱》，是目前传世的"笺谱"中，年代最早的一部。《萝轩变古笺谱》是明朝天启年间印制的，都是彩色套印，用饾版与拱花。套色多达七八十种，书印好近四百年了，饾版拱花凹凸之处一点没变。

　　当年日本有《萝轩变古笺谱》的下半部，下半部没有出版年代，出版年代在上半部里，日本误认为《萝轩变古笺谱》是乾隆年印的，还有专门的考证文章，觉得这书很了不起，将那下半部影印出版了。徐森玉、郑振铎看了觉得不像乾隆朝的东西，年代应该更早，但也拿不出证据。文革前，浙江拿来一部书，请徐森玉鉴定。徐森玉是上海博物馆老馆长、版本专家，老夫子那时已经八十多岁了，一看到书竟跳了起来，叫道：此书居然还在人间！那书就是《萝轩笺谱》，是明朝天启年的版本，这可是孤本了！书鉴定完了，但徐森玉不肯还了，要留在上海。人家是来鉴定书的，不是来卖书的，但老头子无论如何不肯还。当时浙江宣传部的部长是上海调去的，我建议去找石西民，因为石西民原来是上海市委宣传部的部长，浙江的那个宣传部长先前是他的部下。徐森玉就说要去拜望石西民，我说他很忙啊，徐森玉说没关系，我六点钟到石西民家门口去等好了。后来石西民找到我，说老方，那个老头子找我要干嘛？我说如何如何，石西民说，让他千万别来啊，他老夫子6点钟等在我家门口不象话啊。我就对石西民讲了书的事情，请他和浙江讲讲看，让浙江省委压下去。浙江省委和对方商量后说，实在不行就交换吧。开价大得很，要 16 张明清书画，郑板桥是最起码的档次。我们上博一口答应。这才换来了这本《萝轩变古笺谱》。①

方行回忆文字如行云流水，将徐森玉珍惜古物之情写得逼真传神，活灵活现，令人读来忍俊不禁。

1949 年 6 月 9 日，合众图书馆董事会召开第八次临时会议，记录中有：

丙、选举事项：

一、选举任满董事一人。徐鸿宝当选连任。

二、互选董事长。张元济当选连任。常务董事，徐鸿宝当选。②

此后，作为常务董事，徐森玉每次会议均参加，并在张元济因病缺席时主持会议。如徐森玉《卷盦剩稿序》中自述，在"先生（叶景葵）归道山，叔通（陈叔通）入京参柄国务，而菊生（张元济）病废"后，他"始终维持"着合众图书馆的工作。

陈朵如

在 1949 年 6 月 9 日这第八次临时会议中，还有一个人的名字：

补选董事一人。陈选珍当选。③

---

① 方行：《方行先生口述》，方放整理，《史林》2007 年第 S1 期。

② 顾廷龙：《顾廷龙日记》，李军、师元光整理，中华书局，2022，第 917 页。

③ 顾廷龙：《顾廷龙日记》，李军、师元光整理，中华书局，2022，第 917 页。

陈朵如

陈朵如（1888—1961），又名选珍，浙江萧山柏山陈村人。幼年读私塾，性颖悟。1907年（光绪三十三年）秋东渡日本，次年考入东京早稻田大学，学习经济、银行学科。1910年9月，奉父命辍学回国。辛亥浙江光复后受军政府指派，与李铭同为接收大员，负责清理浙江银行。

浙江银行的前身是浙江官钱局，开办于1908年，系官办地方金融机构，后改组为浙江银行、中华民国浙江地方实业银行。1921年，浙江地方实业银行增股，蒋抑卮、叶景葵和陈朵如均为新增大股东。

陈选珍致陈叔通函（1949年7月22日）

1949年7月22日，陈朵如致函陈叔通，此信笺印有"浙江第一商业银行总行（原名浙江实业银行）及地址、电话、电报挂号"等字样：

叔通仁丈赐鉴：

叠聆教言，深资启迪。顷奉手示，拟以合众图书馆董事中揆公遗缺，令珍承乏，敬悉。珍未尝学问，自审不堪此选，惟出于吾丈暨张菊生先生谆命，谨当遵从。专肃布复。特颂暑安。

晚陈选珍谨启
七月廿二日[1]

---

[1] 顾廷龙：《顾廷龙日记》，李军、师元光整理，中华书局，2022，1029页。

合众董事会延聘陈朵如为董事的理由原因无记录可查，仅从陈朵如的经历、当时所处地位和他给陈叔通的回函看，显然合众董事会是希望能有一位银行界人士接替叶景葵的位置，在资金筹措方面发挥作用。

1923 年，浙江地方实业银行被分拆为浙江地方银行和浙江实业银行。此后，陈朵如以浙江实业银行上海分行副经理身份兼杭州分行经理。1927 年任浙江实业银行上海分行经理。1928 年 3 月参加浙江实业银行董事会，任常务董事。1946 年，浙江实业银行更名为"浙江第一商业银行"，以申行为总行，陈朵如任总经理。

陈朵如是位具有民族气节的爱国有识之士。他曾出钱支持实业银行襄理章乃器创办《新评论》杂志，进行爱国宣传。一·二八事变中，十九路军奋勇抗击日本侵略军，他连夜召集家人赶制棉背心，慰劳前线将士。七七事变后，陈朵如在银行业务上与日商停止往来。在 1937 年冬到 1941 年的 4 年中，对一些生活困难的职工，他出资救济。陈朵如与叶揆初、陈叔通等来往甚密。1945 年到 1949 年间，他曾多次从浙江实业银行的暗账中，拨款支持中共秘密组织。[1]

陈朵如当选后为合众图书馆的资金是尽心尽力的，顾廷龙在日记中写道：

（1950 年）一月十一日　……子毅访朵如，悉李馥孙、陈光甫各捐人民币四百万元。[2]

《叶景葵年谱长编》中，有关陈朵如的记载均与浙江兴业银行有关。根据1945 年 10 月 3 日所记，陈朵如与叶景葵同被推为浙兴清算处成员。编者有注，

---

[1] 朱淼水：《著名银行家陈朵如》，《萧山日报》2019 年 12 月 28 日，第 2 版。
[2] 顾廷龙：《顾廷龙日记》，李军、师元光整理，中华书局，2022，第 522 页。

说明清算人名单亦即浙兴董事会成员。①《张元济年谱长编》中有关陈朵如的记载自 1949 年 6 月 9 日合众图书馆董事会补选董事之日始，以后还有 7 处，均为合众图书馆董事会之事。

谢仁冰

1949 年 11 月 10 日，合众图书馆董事会第九次常会会议《议事录》记载：

乙、讨论事项：

⋯⋯⋯⋯⋯

二、陈董事又提，修改组织大纲第五条第一项董事会设董事五人，改为七人至九人案。

决议：通过。

丙、选举事项：

一、增选董事。谢仁冰、裴延九、胡惠春、顾廷龙当选。②

辛亥革命时，谢仁冰参加了孙中山领导的同盟会，并放弃了到清政府驻外机构工作的机会。抗日战争期间，上海成了沦陷区，他把家属安置在四川，自己留在上海，与中国共产党的地下组织联系，为革命奔走。上海工商界进步民主人士王绍鏊、陈巳生、刘树梅、张纪元等经常在谢家秘密聚会，商谈抗日救国之道。1944 年，谢仁冰与王绍鏊、曹鸿翯、冯少山等组织"二酉社"，团结进步人士，进行抗日反蒋工作。

---

① 柳和城编著：《叶景葵年谱长编》，上海交通大学出版社，2017，第 1132 页。

② 顾廷龙：《顾廷龙日记》，李军、师元光整理，中华书局，2022，第 918、919 页。

谢仁冰（1880—1952），又名冰，江苏武进人。中国杰出外交家章汉夫（谢启泰）的父亲。早年在教会学校震旦公学读书。1910 年（宣统二年），在马相伯领导下反对帝国主义利用天主教压迫学生，率众脱离震旦公学转学北京京师大学堂译学馆攻读英国文学。1913 年（民国二年）起在北京教育部任科员、佥事、司长等职。

谢仁冰

谢仁冰还先后在清华学校、北京大学、政法专门学校、北京师范学校、中华大学、沪江大学等学校教授外文。1923 年，作为中国代表出席在华盛顿举行的万国教育会议。曾任《唯一日报》主笔、交通部资议等职。

为长期共同战斗，他们决定成立一个以促进民主政治的实现为宗旨的政治组织，取名为"中国民主促进会"。1945 年 12 月 30 日，中国民主促进会在上海爱麦虞限路（今绍兴路）中国科学社正式宣告成立，谢仁冰任常务理事。1948 年 1 月，谢仁冰由陈叔通介绍进商务印书馆工作，直至 1952 年，先后担任商务印书馆协理、编辑、襄理、经理兼代编审部部长、总管理处经理等职务。上海解放前夕，谢仁冰接受中国共产党的指示，尽力保护商务印书馆的财产，使人民政府有关部门得以完整接管它们。

上海解放后，谢仁冰担任中国民主促进会中央理事会理事，上海市民进理事会主任理事，被选为上海市第一届人民代表大会代表。1952 年 1 月 27 日（正月初一），谢仁冰作为上海书业同业公会主任在该公会做"五反"动员报告时，突发脑溢血去世。上海市长陈毅参加了谢仁冰的追悼会。[1]

1952 年 5 月 16 日，合众图书馆董事会召开第十三次临时会议，内容有：

时间：一九五二年五月十六日下午五时

地点：淮海中路一二八五弄二四号张宅

出席：张元济、李宣龚张元济代、陈叔通、徐鸿宝、胡惠春徐

鸿宝代、裴延九顾廷龙代、顾廷龙

主席：张元济　　书记：顾廷龙

甲、报告事项

一、传阅上次会议记录。

二、主席报告董事谢仁冰于一月廿七日以脑充血逝世，同深

惋悼。[2]

裴延九

裴延九曾为胡笔江的秘书。

胡笔江（1881—1938），出生于江苏江都（现扬州广陵区沙头镇）。曾任交通银行北京分行调查专员、总行稽核、北京分行副理，1914 年任北京分行经理。1933 年，交通银行再次改组，胡笔江被宋子文指派为交通银行董事长。1938 年 8 月，国民政府组织代表团拟赴英国商谈借款事宜，胡笔江随行参加。8 月 24 日，胡笔江所乘飞机被日机击落，不幸罹难。胡笔江死后，裴延九接任中南银行上海分行的总经理一职。

---

① 臧秀娟：《谢仁冰：中国民主促进会创始人之一》，《常州日报》2009 年 11 月 10 日。

② 顾廷龙：《顾廷龙日记》，李军、师元光整理，中华书局，2022，第 925 页。

裴延九是在 1949 年 11 月 10 日的合众图书馆董事会第九次常会会议上与谢仁冰等人一起当选董事的。在这次董事会上，陈叔通提出本馆经费困难，应积极筹募资金的议案。经研究，决定由各董事连名函向沪港两地与叶景葵先生有旧交者劝募之。一个多月后，这一决定见到了效果，在 1949 年 12 月 24 日第十次临时会上，顾廷龙报告了收到捐款的情况：

合众图书馆董事会第十次临时会议

时间：一九四九年十二月廿四日下午二时

地点：本馆

出席：张元济、陈叔通、陈朵如、徐鸿宝、谢仁冰、顾廷龙、裴延九

主席：张元济　　书记：顾廷龙

甲、报告事项

一、传阅上次会议纪录。

二、顾董事报告收到捐款数目，计上海水泥公司人民币一百万元。联合银行、金城银行、浙江第一商业银行、浙江兴业银行、新华银行、盐业银行、大陆银行、上海银行、中南银行各五十万元。恳业银行四十万元。共五百九十万元。

乙、讨论事项

一、顾董事提，此次捐款，除还欠及十一、十二月经常费、购书费、特别费开支外，已无余存，应如何办理案。

决议：向往来银行酌增透支额，应付目前开支。

二、裴董事提，本馆经济拮据，应略筹基金，以纾困难，拟广请旅港热心人士设法劝募案。

决议：再由董事连名致函旅港人士劝募之。

张元济[1]

裴延九的提案是对顾廷龙提出问题的回应。在上海已经解放、内地筹集资金无望的情势下，裴延九建议面向旅居香港的热心人士设法劝募。陈叔通、裴延九提出的措施是有效的。顾廷龙在日记中写道：

（1950年1月）七日 ……叶纯归，带到浙兴信，附来钱新之、周作民函，各捐港币三千元，可感也。[2]

顾廷龙保存的一份资料中，有一份捐款名单：

各户捐款名单
一九四九年十一月至一九五〇年二月

联合银行	500 000.00
中国恳业银行	400 000.00
盐业银行	500 000.00
浙江第一商业银行	500 000.00
浙江兴业银行	500 000.00
金城银行	500 000.00
新华银行	500 000.00
上海银行	500 000.00
大陆银行	500 000.00
中南银行	500 000.00

[1] 顾廷龙：《顾廷龙日记》，李军、师元光整理，中华书局，2022，第919、920页。
[2] 顾廷龙：《顾廷龙日记》，李军、师元光整理，中华书局，2022，第522页。

156

联合银行	500 000.00
刘鸿生君	1000 000.00
颜乐真君	50 000.00
诸仲芳君	100 000.00
朱桂莘君	20 000.00
林宰平君	20 000.00
李馥荪君	4 000 000.00
陈光甫君	4 000 000.00
竹森生君	4 000 000.00
钱新之君　港币 3 000 元　折合	8 100 000.00
周作民君　港币 3 000 元　折合	8 100 000.00
宋汉章君　港币 3 000 元　折合	8 100 000.00
张公权君　港币 562 元　折合	1 517 400.00
共计	43 907 400.00

资料来源：顾廷龙：《顾廷龙日记》，李军、师元光整理，中华书局，2022，第 972、973 页。

1951 年 1 月 5 日，顾廷龙在致陈叔通函中写到了裴延九为合众图书馆筹集款项所作的努力：

> 关于捐款，前承示及裴君筹得港币万元，徐鹿君先生为森老言亦如此。龙曾访裴君，拟以馆务等报告并请教，适均相左。昨由森老往访，意请裴君将捐款早日划沪，一则备五月后之支用，二则虑港币续跌或竟阻梗，接济恐断，闻裴君即日北上，晤面时，希与妥商为幸。①

---

① 沈津编著《顾廷龙年谱长编》，中华书局，2024，第 511 页。

胡惠春

胡惠春

胡惠春（1910—1993），生于上海，是曾任交通银行董事长的胡笔江的长子。胡惠春从小接受的是中国传统教育，深受中国文化影响，曾在燕京大学攻读地质学，然而他的兴趣在于文史与历史，深谙文史和艺术。

胡笔江不幸遇难后，尚不足30岁的胡惠春继承父业，掌管中南银行。此后多年，胡惠春尽管忙于银行业务，但并没有停止收藏。他收藏的御瓷、书画、文玩渐成序列，早在20世纪40年代初已为人所瞩目，当中尤以明清官窑瓷器收藏为精华。

　　胡惠春1945年受聘为北京故宫陶瓷专门委员，1950年受聘为上海市文物管理委员会委员。任此委员时，他将珍藏的明清官窑瓷器等各类文物268件捐献给上海市文物管理委员会，对于当时文物基础极为薄弱的上海博物馆起到了奠基的作用。随后，胡氏全家移居香港。

　　1951年11月，收藏家徐伯郊反映，袁世凯旧部郭世武的儿子郭昭俊准备将传世书法"三希帖"中王献之的《中秋帖》、王珣的《伯远帖》低价卖给英国人。胡惠春得知消息后，立刻积极行动，以自己的中南银行作为担保，将两帖从银行取了出来，随后立刻带着郭昭俊转到澳门。在澳门，郑振铎等人用周总理调拨来的35万港币买下了这两件国宝。这样，加上深藏故宫的王羲之《快雪时晴帖》，乾隆皇帝深爱的"三希帖"终于完好团聚于北京故宫。

　　1960年，胡惠春创建敏求精舍，并担任了8任主席。敏求精舍至今保持着

很高的收藏层次，集中了香港地区品位高雅的收藏家、鉴赏家。"敏求"语出
《论语》："我非生而知之者，好古，敏以求之者也。"其中道出了胡惠春对文物
有深入的认识，"敏求精舍"也成为当时一个研习古代文化的所在。

　　胡惠春晚年时身体健康状况急剧下降，对艺术收藏是有心而无力。他曾给
女儿女婿留下纸条，上面写着《道德经》中的一句话："甚爱必大废，多藏必厚
亡。"女婿范季融对此的理解是："这位非常感性、敏锐及热忱的收藏者，以情
感的手法为他自身作一个引退。"

　　"暂得楼"是胡惠春先生为自己的收藏所起的堂号，在香港、纽约均设有分
馆。"暂得"一词取自王羲之《兰亭集序》"欣于所遇，暂得于己，快然自足"，
表达了欣然而遇的内心喜悦，胡惠春先生相信这就是他鉴赏一件器物时的感受。
艺术品不可能被一个人永远拥有，大家都是暂时的过客，所以图一时快乐，暂
时拥有就好。[①]

　　邀请这样一位深谙文史、情趣高雅的银行家参加董事会，是合众图书馆针
对图书馆生存发展问题采取的极具谋略的举措。

陈次青

1952 年 11 月 1 日，合众图书馆董事会召开第十二次常会会议：

　　　时间：一九五二年十一月一日下午六时

　　　地点：本馆

　　　出席：张元济徐鸿宝代、徐鸿宝、陈朵如、裴延九、胡惠春裴

延九代、陈叔通陈朵如代、顾廷龙

---

① 古玩文化分析：《"暂得楼立"——胡惠春的开挂人生》，https://m.sohu.com/a/405219539_/20128619/?pvi
d=00015_3w_a，访问日期：2024 年 7 月 17 日。

主席：徐鸿宝　　书记：顾廷龙

甲、报告事项：

一、主席报告董事李拔可先生于十月二十一日以心脏病逝世，同深惋悼。

…………

丙、选举事项

一、补选董事二人，陈次青、唐弢当选。

二、董事裴延九、胡惠春、顾廷龙任期已满，连选连任。

张元济　徐鸿宝代①

　　陈次青（1884—1958），浙江省镇海市人。早年留学英国伯明翰大学，专攻冶炼。曾先后任英国钢铁学会、英国有色金属学会、美国矿冶工程学会、中国矿冶工程学会会员。1913 年（民国二年）回国，历任汉阳铁厂化铁股长、六河沟炼铁厂厂长兼总工程师、大冶铁厂工程师。在国内外治铁学术刊物上，多次发表论文和译著。但在当时军阀混战的动乱年代，其"一跃而登中国于富强隆盛之地"的理想无法实现。抗日战争爆发以后，陈次青不屈于日本帝国主义的胁迫，拒绝国民党政府的邀请，隐居家乡。尝赋诗言志，以"意志、勤奋、奉献"六字自勉，期待黑暗很快过去。解放后，陈次青即投入新中国的怀抱，参加革命工作，先后出任华东工业部钢铁处处长、华东钢铁公司副经理、马鞍山铁厂和马鞍山钢铁公司顾问。②

　　在顾廷龙撰写的《上海私立合众十四年小史》中，陈次青籍贯记为"浙江杭州"，职务为"矿冶局局长"。《上海市地方志》记载：

---

① 顾廷龙：《顾廷龙日记》，李军、师元光整理，中华书局，2022，第 927 页。

② 马鞍山市地方志编纂委员会主编《马鞍山市志》，黄山书社，1992，第 996 页。

华东工业部钢铁工业处

陈次青　处长　　　　（1949 年 11 月—1950 年 6 月）

华东工业部矿冶工业处

陈次青　处长　　　　（1950 年 6 月—1952 年 7 月）

华东工业部矿冶工业管理局

陈次青　副局长　　　（1952 年 7 月—1953 年 2 月）

中央重工业部钢铁工业管理局华东钢铁公司

陈次青　副经理　　　（1953 年 2 月—1953 年 10 月）[①]

从该任职表上看，陈次青被聘为合众图书馆董事时，职务应为华东工业部矿冶工业管理局副局长。

《马鞍山市志》中对陈次青有以下记述："在马鞍山任职期间，每天都亲临炼铁现场，听炉声，看炉温，验炉样。就是有病在身，也拄着拐杖，在老伴的搀扶下上炉台。1957 年夏季里的一天，1 号高炉出铁口凝固，陈次青一早就步行赶到炼铁车间，直到 11 点多钟才回家。下午，他实在走不动了，就坐推煤车来到炼铁现场，站在火花四溅的炼铁炉旁，冒着高温指挥工人排除炉体内的石灰石。后因劳累过度致胃出血，但他不顾同志们的劝阻，病体稍愈又坚持上班工作。他在工作中一丝不苟，能从高炉各种细小的异样声响中，判断出炉子的各种情况，凭着丰富的冶炼经验和主人翁的忘我工作精神，多次解决了高炉炉瘤和炉腹严重漏水等关键性的技术问题。他廉洁奉公，兢兢业业，积极培养炼铁事业的后继人才，深受广大干部和工人的敬仰，直到病重期间仍念念不忘热风机的鸣响和出铁时的壮观景象，让护士把病床抬到朝着高炉的窗口下。1958

---

① 《上海钢铁工业志》，据上海地方志办公室主办《上海通》电子书数据库：https://www.shtong.gov.cn/difangzhi-front/book/detailNew?oneId=1&bookId=4540&parenitNodeId=60585&nodeId=43759&type=-1，访问日期：2024 年 7 月 17 日。

年12月1日，陈次青病故，马鞍山各界为他举行了追悼会，遵其遗嘱将灵柩安葬在马鞍山麓。"①

合众图书馆聘请陈次青为董事会成员的缘由未见记载。《议事录》对其仅有两处记录：1952年11月1日，陈次青当选董事；12月14日参加董事会第十四次临时会议。

唐　弢

唐　弢

唐弢（1913—1992），原名唐端毅，曾用笔名风子、晦庵、韦长、仇如山、桑天等，1913年3月3日出生于浙江省镇海县（今宁波市江北区甬江街道畈里塘村）。

初中时家贫辍学，入上海邮局当拣信生，开始业余写作，以散文和杂文为主，后结识鲁迅。抗日战争爆发后，在上海坚持抗日文化运动，参加初版《鲁迅全集》编校，又支持《鲁迅风》周刊，编辑《文艺界丛刊》，兼任中学教职。抗日战争胜利后重回邮局，与柯灵合编《周报》，参加反迫害、反内战、反饥饿民主运动。《周报》被禁后，转编《文汇报·笔会》。

---

① 马鞍山市地方志编纂委员会主编《马鞍山市志》，黄山书社，1992，第996页。

中华人民共和国成立后，唐弢致力于鲁迅著作和中国现代文学史研究，坚持杂文、散文创作，历任复旦大学、上海戏剧专科学校教授，上海市文化局副局长，中国作家协会上海分会书记处书记，《文艺新地》《文艺月报》副主编等。1959 年任中国社会科学院文学研究所研究员，是第二、三、四届全国政协委员，第四、五届全国人大代表，中国作家协会理事。1978 年兼任中国社会科学院研究生院教授、硕士生和博士生导师。1992 年 1 月 4 日在北京病逝，终年 78 岁。

唐弢与张元济的交往，在《张元济年谱长编》中记有一处：

（1943 年 9 月）是月　录诗"步叶揆初韵一首"，赠唐弢。（原件复印件）①

在段勇编《文字的温情　名家书信》一书中收有唐弢致张元济信一封：

菊生先生赐鉴：

惠函敬悉。尊寄书包，如仍滞汕，由该地商务印书馆领出，自行转梅。倘以芜函为凭，以晚度之，当无问题。邮局公务往来函件，均以最快方法递寄。唯查询时，经手人多须逐步追究，不免稍稽时日耳。承惠墨宝，长公书法，杜老文章，岂仅心折而已。晚少年无状，略学涂鸦。另纸录奉旧作数首，愿博长者一笑，不敢侈言呈政也。匆上。敬颂

文安。

晚　唐弢顿首

七月六日②

---

① 张人凤、柳和城编著《张元济年谱长编》，上海交通大学出版社，2011，第 1197 页。
② 段勇编《文字的温情——名家书信》，华中科技大学出版社，2014，第 332 页。

后附有七律两首（题为《壬午卅岁初度二首》）、七绝两首（分别为《倦听》《重过故居》）。此函未注明撰写年份，从信后所附诗作标题看，应在唐弢 30 岁生日（1943 年 3 月 3 日）以后，那时的唐弢很可能已经离开邮局，"到一家私人银行当秘书"[1]。从此信内容看，张元济曾有信给唐弢，询问未能收到邮寄书包一事，说明此前两人已经有过往。

在顾廷龙日记中，最早出现的与唐弢一起的活动见于 1945 年：

> （1945 年 12 月）二日 ……应《国文月刊》社邀饮，座有吕诚之、唐弢、曹聚仁、吴文祺、赵泉澄、顾雍如、钱默存、王以中。[2]

第二次的记载见于 1950 年，此时唐弢已经是政府工作人员。合众图书馆第十一年工作报告（1949 年 8 月 16 日—1950 年 8 月 15 日）"阅览"项下记有"文化部唐弢"。顾廷龙在日记中记载："（1950 年 5 月）三十一日 ……若愚[3]来云，唐弢请其往文物处。"[4]同年 6 月 12 日，又记有："（1950 年 6 月）十二日 ……访森老，遇唐弢、蒋大沂[5]。余略言文教当局应予私立图书馆就各个性

---

[1] 段勇编《文字的温情——名家书信》，华中科技大学出版社，2014，第 332 页。

[2] 顾廷龙：《顾廷龙日记》，李军、师元光整理，中华书局，2022，第 427 页。

[3] 郭若愚，1921 年生，字智龛，毕业于光华大学中国文学系。先后师从邓散木、阮性山、郭沫若等学习金石、书法、绘画、篆刻、古文字及考古，后在上海市文物保管会工作。著名书画篆刻家，古文字学家，考古学家，收藏家，红学家，鉴定家。

[4] 顾廷龙：《顾廷龙日记》，李军、师元光整理，中华书局，2022，第 539 页。

[5] 蒋大沂（1904—1981），汉族，江苏苏州人。1930 年毕业于上海持志大学国学系，同年春参加考古学家卫聚贤主持的南京栖霞山六朝墓发掘。1932 年至 1935 年在江苏省立界首师范学校和上海正风文学院执教，1935 年 11 月任上海市博物馆筹备处干事。1937 年上海市博物馆试行开放时升任研究员。1946 年春任上海市立博物馆艺术部主任。建国后历任上海市历史博物馆陈列部主任，上海同济大学副教授，华东文化部文物科科长，上海博物馆地方历史研究部、陈列部副主任、主任，上海博物馆馆刊编辑委员会委员等职。

格自由上进。（1950 年 10 月）十七日　……大沂电话，谓唐弢有信，关于苏南接管可园书，中央均知其事，静候发展可也。"①

1951 年 7 月，潘氏族人潘达于决定捐献家中收藏的大克鼎、大盂鼎。在此过程及以后的一些活动中顾、唐二人都有接触。

（1951 年 8 月）三日　文管会请达于、家华母女。陪者黄源、徐平羽、唐弢、陈梦家、景郑与余。

（11 月）二十六日　……唐弢来阅《厦大周刊》。

（12 月）五日　……唐弢来，查《晨报副镌》。②

既为文人，又是政府主管部门的领导者，唐弢被聘为合众董事会董事属顺理成章。与陈次青一样，唐弢参加的第一次会议即为决定将合众图书馆捐献给上海市人民政府事。

二、合众顾问

顾廷龙所撰《上海私立合众图书馆十四年小史》中有顾问名单：

姓名	别号	籍贯	履历	职务	任期	备注
顾颉刚		江苏苏州	上海市文物管理委员会委员	顾问	一九四七—	
钱锺书	默存	江苏无锡	清华大学教授	顾问	一九四七—	
潘景郑		江苏苏州	本馆干事	顾问	一九四七—	

资料来源：顾廷龙：《顾廷龙日记》，李军、师元光整理，中华书局，2022，第 654 页。

---

① 顾廷龙：《顾廷龙日记》，李军、师元光整理，中华书局，2022，第 540、552 页。
② 顾廷龙：《顾廷龙日记》，李军、师元光整理，中华书局，2022，第 578、590、592 页。

顾颉刚

顾颉刚

顾颉刚（1893—1980），原名诵坤，较顾廷龙年长11岁，但从家族辈分来说，顾颉刚晚顾廷龙一辈，所以交往中多称呼顾廷龙为叔。他是我国著名的史学家，享誉中外学术界。他将史学上的创见运用到民间文学、民俗学领域，为之贯注新血液，探讨新方法，同样取得了极大成就。

1913年，顾颉刚入北京大学预科。1915年因病回家休养，20岁刚出头的他完成了《清代著述考》20册，对清代学术领会颇深。

1920年，顾颉刚从北京大学毕业，留校任助教，并开始点校《古今俗书考》，同时将自己收集的歌谣，对其中方言加注后陆续发表在《北京晨报》上，获学界好评。1921年，他改任北京大学研究所国学门助教，任《国学季刊》编委，同时常与胡适、钱玄同等人书信来往，讨论问题，并开始着手撰写《古史辨》论文。1922年，顾颉刚为商务印书馆编纂中学历史教科书，初步形成"古史是层累地造成"的史学观，认为古史记载多由神话转化而成。

1923年底，顾颉刚离开商务印书馆，回北京大学研究所，担任《歌谣》周刊编辑，专心从事民俗学、民间文艺研究，并成为《歌谣》周刊的主要撰稿人。1924年，《吴歌甲集》在《歌谣》周刊连载，反响很大。同年底发表的《孟姜女故事的转变》一文，惊动了中外学术界，一时应者蜂起。

1926年4月《古史辨》第一册出版，受到各界瞩目，使顾颉刚成为史学界的核心人物，成就了他在古史学研究领域的领军地位。胡适评述："在中国古史学上，崔述是第一次革命，顾颉刚是第二次革命，这是不须辩护的事实。"[1]

有文字记载着这样一件掌故：在《古史辩》不胫而走的7月间，林语堂先生任厦门大学文科主任，聘顾颉刚为国文教授，待他抵达厦门时，林先生嘱其更换聘书为"研究教授"，原因是颉刚"研究地位突高"，"故而称谓亦须改变"。此前，顾颉刚为北京大学助理教授，一夜之间变成"研究教授"，比教授还高了一级，与沈兼士、鲁迅等知名教授同室办公，这在当时是绝无仅有的。

《古史辩》中有一个大胆的观点："禹或是九鼎上的一种动物。"这一观点在传述中被简化为"禹是一条虫"。当年正在湖南进行农民运动考察的毛泽东也记住了顾颉刚的名字。据传，中华人民共和国成立后，中央讨论筹办中国科学院的一次会议上，陈毅提及顾颉刚生活困难，毛泽东立即就想起了"禹是一条虫"的故闻，调他到了中国科学院学部工作。[2]

1927年初，顾颉刚发表《孟姜女故事研究》，该文比从前对孟姜女故事的见解更加成熟，体系更加完整，使他在学术界的地位更加巩固。刘半农写信给他说："中国民俗学的第一把交椅，给你抢去坐稳了。"[3]

1929年5月，顾颉刚任燕京大学国学研究所研究员兼历史系教授，又兼在北京大学上课，主编《燕京学报》，并专心于古史研究。治史过程中，顾颉刚曾用很大的精力研究《尚书》，发现其中《禹贡》等部分牵涉问题很多，必须进行全面的历史地理研究，才能搞清有关问题。于是，顾颉刚在北京大学和燕京大学开设了"中国古代地理沿革史"课，1934年初与谭其骧等人筹备组织"禹贡学会"，创办《禹贡》半月刊。《禹贡》成为当时中国历史地理、边疆和民族史研究的总汇，培养了一代历史地理学人才，中国的历史地理这门学科也得以创立。

---

[1] 同道编著《国学大师之死》，当代中国出版社，2006，第181页。

[2] 同道编著《国学大师之死》，当代中国出版社，2006，第181、182页。

[3] 北京大学：《他是一代大师，他的后人做出一个决定》，https://m.thepaper.cn/baijiahao.23144501，访问日期：2024年8月26日。

顾诵芬曾经谈及，由于顾颉刚在燕京大学教书，父亲顾廷龙才有可能就读于燕京大学，而也正是由于与顾颉刚的关系，自己全家才有可能离开苏州来到北京。他回忆：

> 我们到北京的时候，正是顾颉刚名气最大的时候，他在多处任职，每天往返于城里城外，我记得，在北京的教授中，就他有自己的私家汽车。

> 我还享受过他的汽车。当时颉刚的父亲在杭州任县官，到北京来看他，颉刚安排他的父亲到北京名胜古迹游览，别人不能陪，我在上学，请了假陪他。颐和园、玉泉山等地都去了，我印象最深的是有一处种满松树的地方，林木深处有一所玉石筑成的房子，很静寂。我不知道这是个什么地方，以后再也没有去过……[①]

顾颉刚是一个恪守传统礼教的文人，虽然在外已经功成名就，但在离开苏州时，仍然按照旧礼，向家族中每一位长辈辞别。顾诵芬的三叔顾廷鹤回忆，那一次，顾颉刚来到家中，对他行的是叩首礼。"我简直吓坏了。要知道顾颉刚比我大 30 岁呢！"[②]

1934 年，顾廷龙参加了"禹贡学会"，并在《禹贡》半月刊上发表过一些地理文献的文章。《顾廷龙年谱》有记："（1935 年）五月，顾颉刚在北京着手组建北平研究院历史组……七月一日，先生撰文介绍朱士嘉著《中国地方志综录》……是日，顾颉刚始到北平研究院办公，拟各项章程及工作计划，聘吴丰

---

① 老科学家学术成长资料采集工程顾诵芬院士采集小组编《中国工程院院士传记 顾诵芬传》，航空工业出版社，2021，第 21 页。

② 老科学家学术成长资料采集工程顾诵芬院士采集小组编《中国工程院院士传记 顾诵芬传》，航空工业出版社，2021，第 21 页。

培、张江裁、吴世昌、刘厚滋任北平研究院史学研究会历史组编辑；聘先生及孙海波、徐文珊、冯家升、白寿彝、王守真、邝平章、杨向奎、王振铎、童书业、杨效曾、王育伊任北平研究院史学研究会历史组名誉编辑。"①

　　顾颉刚与顾廷龙为族叔侄关系，他们之间的交往自然非常亲密。从1937年七七事变起，顾颉刚积极从事抗日宣传工作，编写了很多通俗的抗日读物，如讲述傅作义部队1933年3月在喜峰口抵御日寇、大获全胜的连环画等。顾颉刚的言行引起了日本方面的注意，他被列入了日本欲捕文化学者黑名单。时任平津卫戍司令的宋哲元通知顾颉刚，让他离开北平以免遭迫害。7月21日，顾颉刚于夜间仓促出走，所有留存于燕京大学成府寓所的书籍、稿件、信札以及抗日宣传品均由顾廷龙代为保管。随着形势的变化，顾廷龙感到成府寓所已不安全，便找顾颉刚的学生侯仁之②相助，由侯仁之出面找到燕京大学总务处蔡一谔商量，并将这批书稿存入燕京大学临湖轩司徒雷登校务长住宅之地窖内。他们买了20多只大木箱，连同顾颉刚原有的若干书箱，将成套之书放入，约有三万五千册之多，另外还有两箱是讲义和稿件，一箱是信札。顾廷龙在装箱时，还将自己用红、绿、赭、蓝、黑五色过录吴大澂、潘祖荫等人批校的《积古斋钟鼎彝器款识》（并有顾颉刚、王同愈、容庚、商承祚、董作宾、徐中舒、唐兰、刘节等人题记）精校本和另一部珍贵藏书也放了进去。顾颉刚的另一些藏书，约万余册，存入燕京大学学生宿舍四楼楼顶。其时，章钰之子章元善、章元群因为形势紧张，欲将章钰所遗书稿存入天津美英租界之中国银行仓库。顾廷龙知悉后，认为天津有水陆交通，日后出路较北方方便，故与顾颉刚夫人殷氏将两箱顾颉刚手稿随同章家物件存至银行仓库。后来日本人接收该银行，章元群得知后，又将此批物件及手稿转存浙江兴业银行。直至抗战胜利，顾颉刚于1946年2月

① 沈津编著《顾廷龙年谱》，上海古籍出版社，2004，第43、44、45页。

② 侯仁之（1911—2013），出生于河北省枣强县。1932年考取燕京大学历史系，并获得奖学金。1936年夏大学毕业后留在燕京大学作研究生，兼任顾颉刚教授的助教。

28 日接回原物时，打开木箱，不禁"热泪夺眶，若获亡子"①。

顾颉刚与叶景葵之间的交往在《叶景葵年谱长编》中始见于 1935 年 10 月中旬。那一次叶景葵在北京章钰家中结识顾廷龙，在参观燕京大学时，由顾颉刚作陪。1946 年，顾颉刚来到上海，顾廷龙在日记中写道：

（1946 年 5 月）五日　……颉刚、诚安父子、秋白同来，颉刚一别八年，相对欢然……

………………

七日　叔通、永青、揆老来谈。午请煨莲、颉刚、振铎、天泽、钟书、森老、揆老、君珊、洁琼……

………………

十一日　……严景耀、雷洁琼夫妇、高君珊合请颉刚、冰心、文藻，西谛、孙瑞璜、王国秀夫妇及余。颉刚来留宿。

十二日　偕颉刚访泉澄、懋恒夫妇。归，应揆丈、仲恕、叔通、拔可公宴菊老八十之招。同座菊老子仲木、婿孙君、汪彦儒、刘子楷、夏剑丞及余也。叔通交石田画梅巨帧一幅。晚，再偕颉刚至沙法花园，访张乾若，约后日午膳。再访郑廖相衡，广东，未值。渠方欲译《吕氏春秋》也。归后，颉刚述青海情形甚详。②

顾颉刚与商务印书馆的第一次工作联系是在 1921 年。那年，商务印书馆拟新编一套高质量的教科书。当时该馆发行的主要是"共和国"系列教科书，该版本教科书质量一般，市场竞争力有限。恰在此时，在北京大学图书馆做编目工作并兼任研究所国学门助教的顾颉刚，因祖母病重回到老家苏州。商务印书

---

① 沈津编著《顾廷龙年谱》，上海古籍出版社，2004，第 61 页。

② 顾廷龙：《顾廷龙日记》，李军、师元光整理，中华书局，2022，第 455、456 页。

馆《教育杂志》主编李石岑于 1921 年 7 月 7 日与顾颉刚晤谈，顾颉刚在第二日便写信给李石岑，并附上"编辑中学本国地理历史教科书的大纲"。然而这次合作并不圆满，1923 年底，顾颉刚正式辞去了商务编译所的事务。但因为他前期已经做了许多工作，后续编写是在他工作的基础上展开的，所以该教科书编成出版时仍将顾颉刚的名字放在前面。该教科书由胡适校订，于 1924 年出版，为商务印书馆初版的"现代"教科书系列的十四种之一。

《张元济年谱长编》中第一次出现顾颉刚名字是在 1922 年 12 月 20 日给胡适的信中，所讲到的也只是从高梦旦处知道胡适写信给顾颉刚，说自己将休息一年，并不涉及顾颉刚本人的事。顾颉刚与王伯祥合编的《现代初中教科书本国史》（上中下三册），发行数年，甚为畅销，累计发行达 25 万册（一说 160 万册）。因该教科书采用"疑古"史学观，不承认三皇五帝为事实，受到参议员弹劾，国务会议提出要罚款 160 万元。张元济为此赴南京，请吴稚晖调解，后经吴稚晖说情，免去罚款，只作禁止发行处理，了结此案。[①]

1947 年 5 月 7 日，合众图书馆董事会第六次临时会议做出了决议：

乙、讨论事项：

一、叶常务提，根据董事会办事规则第十三条，关于组织大纲第二条第二项、第四项得由董事会聘专家审理之，拟聘专家若干人为本馆顾问，以资请益案。

决议：聘专家三人为顾问。通过。

二、叶常务提，拟聘顾颉刚、钱锺书、潘景郑三先生为本馆顾问案。

决议：由董事长函聘之。通过。[②]

---

① 张人凤、柳和城编著《张元济年谱长编》，上海交通大学出版社，2011，第 829 页。

② 顾廷龙：《顾廷龙日记》，李军、师元光整理，中华书局，2022，第 914 页。

在顾廷龙保存的合众图书馆资料中，有顾颉刚接受担任顾问的信件。此件信封上印有红色"苏州悬桥巷顾家花园拾号顾缄"字样，手书"上海长乐路七四六号 私立合众图书馆董事会 启"。信中文字为他人手书，顾颉刚在末尾处签名"顾颉刚敬启"。内容照录如下：

顾颉刚致合众图书馆董事会函

敬启者，接读五月八日赐函，奉悉一切。贵馆对古今文献博采珍藏，总图书之大成，为学者所归趋，东南文化，贡献良多，久深企佩。今承下聘刚为顾问，自愧菲才，力有不胜，顾以雅意殷拳，得藉此方便，博览群书，亦唯有欢欣接受，相应函复。

即祈查照为荷。

此致合众图书馆董事会、菊生先生

顾颉刚敬启

中华民国卅六年七月六日

中华民国卅六年七月八日收到 [1]

1949 年，顾颉刚将所搜集的近代史料及其他书籍拓片等捐赠给合众图书馆。顾颉刚之女顾潮在一篇纪念文章中写道：

① 顾廷龙：《顾廷龙日记》，李军、师元光整理，中华书局，2022，第 1028 页。

1948 年底，父亲从兰州讲学返沪，此时受战局影响，上海人心恐慌，不少友人前往广东、香港或台湾。在何去何从的问题上，父亲接受了公公（指顾廷龙）的建议，以为"可以不行"，而将精神安顿于写作上。他应公公之邀，在《西北考察日记·序》中，父亲说："从叔起潜先生至予室，见积稿丛杂，劝其次第整理，先交合众图书馆油印，以徐待时清。"……父亲能够不理会窗外的炮声、枪声、炸弹声，埋头于书室，也得益于公公的安排，经其找人筹集纸张，刻写油印，终于每种印出百册，为世人留下了学人在战乱中恪尽职守的见证。

同时，父亲又整理上一年从北平运至上海的藏书，其中凡有史料性者，均捐入合众图书馆。父亲说："我从有知识起，处于一切剧变之中，就想搜集资料，保存这一伟大时代的史实。当清朝末年，我在中学读书；民国初年，我在大学读书。每天散课后，走上街头，总爱在地摊上寻寻觅觅，得到些各地方、各政权、各党派、各事件的文件和书刊。北京是全国政治的中心，地摊上这类东西特别多，为了顾问的人稀少，价格便宜，往往十几枚铜元就可以买来一捆。在这里可以看到维新运动、民教相仇、辛亥革命、洪宪帝制、张勋复辟、军阀混战、官吏衡宝、政党斗争、反动会道门欺骗活动等史实。"这些资料，经不起天天搜集，到抗战前已占满了三间屋子。此时运沪整理，这类近代史料还有两万多册，内有许多孤本，皆合众图书馆所未有，捐入该馆，父亲"喜得其所"。①

---

① 顾潮：《顾颉刚先生与顾廷龙先生的交谊》，载《顾廷龙先生纪念集》，上海科技文献出版社，2014，第129 页。

钱锺书

顾廷龙之子顾诵芬对钱锺书印象很深。1947 年以前，钱锺书蛰居上海，住在离合众图书馆很近的蒲石路，经常到图书馆来，为他开门的多为顾诵芬。

吴学昭著《听杨绛谈往事》一书中曾经写到："锺书有段时间在读《宋诗纪事》，常到附近的合众图书馆去查书，胡适因有几箱书信寄存在合众图书馆楼上，也常到那里去，因此遇见，馆长顾廷龙（起潜）为他们介绍。"[1]

钱锺书夫人杨绛曾经在苏州振华女中读书，顾廷龙的父亲顾元昌是振华女中的书法教师。顾元昌有时候身体不好，就让顾廷龙去教课。所以杨绛应是顾元昌的学生，也许还上过由顾廷龙代父亲去教的书法课。

钱锺书

钱锺书（1910—1998），原名仰先，字哲良，后改名锺书，字默存，号槐聚，曾用笔名中书君，江苏无锡人。1929 年，考入清华大学外文系。1937 年，以《十七十八世纪英国文学中的中国》一文获牛津大学学士学位。1941 年，完成《谈艺录》《写在人生边上》的写作。1947 年，长篇小说《围城》由上海晨光出版公司出版。1958 年所撰《宋诗选注》被列入中国古典文学读本丛书。1972 年 3 月，开始写作《管锥编》。1982 年，《管锥编增订》出版。

---

[1] 吴学昭：《听杨绛谈往事》，生活·读书·新知三联书店，2008，第 223 页。

顾诵芬记得，父亲对钱锺书的外文水平非常钦佩，上大学一年级时，父亲专门带自己向钱先生请教怎样学好英文。钱锺书对诵芬讲，要多看像《大西洋》等英文原版的杂志和各种剧本。他说，英文要达到能在国外听懂像上海大世界唱滑稽戏的水平就算成了。他送了一本英文的现代剧剧本给诵芬。顾诵芬后来不无遗憾地说："可是我并没有能做到。"①

对钱锺书有研究的钱之俊曾撰文《钱锺书与合众图书馆》，依据当时刚出版的《顾廷龙年谱》对钱锺书与合众图书馆的联系进行了梳理：

> 钱先生第一次出现在《顾廷龙年谱》或日记中，时间为 1943 年 2 月 19 日，正是旧历年的正月十五。这天过节，李宣龚请人吃午餐，多人参加。《年谱》云："李宣龚招午餐，座有陈灝一、夏敬观剑丞、陈伯治、沈剑知、钱锺书、朱象甫诸人。"这是否是钱先生与顾廷龙先生第一次见面不可知。第二次钱顾见面仍是因李宣龚请客……对于合众图书馆的创办，钱锺书应该早就耳闻（"合众"的好几位董事和钱都私交甚密）……所以钱先生对"合众"的情况肯定不会陌生。
>
> 钱钟书在顾廷龙日记中头两次出现以后，到是年 8 月份，他出现的次数略多起来，8 月、9 月、10 月份都有出现。钱先生主要是到合众图书馆阅书、借书（日记中多以"钱锺书来"简记），但也有顾先生去访问钱先生的记录。如 8 月 15 日："还单镇《杨子卓诗稿》等两种，便道视钱锺书，并以《匏庐诗话》借之，畅谈。"想来两人已相当熟识了，而且有共同语可谈……

---

① 老科学家学术成长资料采集工程顾诵芬院士采集小组编《中国工程院院士传记　顾诵芬传》，航空工业出版社，2021，第 70 页。

1944年除5月、11月、12月外，钱先生都有到合众图书馆的记录。他到"合众"不仅借书、看书，还多次赠书（有时帮别人赠）。如是年2月1日，始有钱锺书向"合众"捐书的记录："钱锺书来阅书，并赠《苓泉年谱》。"7月5日："钱锺书来，赠《吴董卿集》。"9月27日："钱锺书来，为金天翮见赠所著《皖志列传稿》及《天放楼文言续》，并谓函中'询及鄙况，因念睽违函丈，忽将十年，尺素未通，转承垂念，为之惶愧。'"钱锺书还常带人来图书馆参观。如是年4月3日："钱锺书偕其友周君来参观'合众'。"除此次带周君来"合众"外，在以后他还几次带人来参观过，颇有推荐之意……

1945年1月、4月、9月、11月、12月都有钱先生去"合众"的记载……其中9月18日，顾廷龙致信顾颉刚，提及钱锺书："足下归来，尚祈领导后学从事建设，事务方面，龙当努力为公臂助。敝馆筹备以来，杜门校理，罕与外接，读者皆系熟识之士，若秉农山、王以中、钱锺书，其他老辈及商界中人，中幸未遭日军检查，地方上亦未经麻烦。虽偶有调查，尚易应付。今后进展，将俟币制折定，基金筹妥，俟台驾来沪，尚祈代为策划。龙略有计划，将来面求教益也。"……此信说得很清楚，钱锺书是不多的"合众"常客之一。

1946年前五个月都有钱先生去"合众"的记录（顾8月和12月份似没记日记）。是年1月24日，顾廷龙将"呈为设立合众图书馆申请立案事"之呈文送致上海市教育局。其中内容提及钱先生：

……赖有清高绩学若秉志、章鸿钊、马叙伦、郑振铎、陈聘丞、徐调孚、王庸、钱锺书等数十人以及社会潜修之士同情匡助，现在积存藏书纪十四万册，正事陆续整理，准备供众阅览。

1946 年的钱锺书已经开始忙起来了……是年 5 月 5 日，顾先生终与一别八年的顾颉刚见面，"相对欢然"。5 月 7 日，顾廷龙即请他吃饭，除了顾颉刚，还有洪业、郑振铎、张天泽、钱锺书、徐森玉、叶景葵、高君珊、雷洁琼……

1947 年钱锺书去合众图书馆的次数最频繁，除 12 月份无记录外，都有钱先生的出现。1 月、4 月和 9 月他还都向图书馆赠过书。本年钱锺书正式被聘为合众图书馆的顾问……

……5 月 10 日，在一次聚会上，顾廷龙"即将'合众'顾问聘书面递之（钱锺书）"。

……但在"合众"期间，钱先生这个顾问似乎做得有名有实。除前引屏溪文说钱"在合众图书馆三年""在书林里埋首工作"外，晚年其同乡加同窗孙克定老先生也回忆说，1949 年上海解放，他是合众图书馆军管会的负责人，而钱先生还在该图书馆工作。他们分别二十多年，出于同窗之谊，钱先生请孙老到他家做客，吃的是点心，喝的是清茶。当时钱留给孙的印象是：他不愿趋时，也不求闻达，一派学者之风，没有一点儿请他"多加关照"之意……钱先生在合众图书馆不是挂虚名，还做一些实际工作，而且这份工作一直延续到上海解放。

从 1948 年开始，时局动荡，钱先生在顾的日记中出现次数越来越少。1948 年只有 2 月份有去"合众"的记录……1949 年 8 月 23 日，《年谱》载："题《百尺楼诗集》。陈庆森撰。庆森为前京沪铁路局长陈伯庄之父。书为钱锺书赠。"不知此书是否为默存先生当日去赠送的？这大概是钱先生最后一次与合众图书馆的联系了。第二天（8 月 24 日），钱锺书即携妻带女登上火车……离开上海后，钱锺书在《年谱》中只出现过三次，是几次书信往来的记录，和顾廷龙以及合众图书馆的关系似逐渐疏远。①

钱锺书捐赠图书的记录始见于顾廷龙1943年7月—1944年8月《三十二年度工作报告》（《合众图书馆筹备第五年工作报告》），其"捐书人题名及种、册数表：赠送先后为序"中排在叶景葵名后，第二位即"钱默存"，捐赠17种，32册。②

1944年9月，顾廷龙在日记中记有"五日　默存为题宋栏七绝三章"。此事缘于1915年，顾廷龙的祖父顾祖庆买下了苏州严衙前街（今望星桥东堍十梓街116号）的一个院落。顾祖庆与三个儿子在修葺一新的西院循视时，发现一个宋绍定年间的井栏。顾廷龙的父亲顾元昌（顾祖庆的二儿子）让他将此井栏周边的石刻文字拓下，逐字绎读并制作册页。此后的十多年中，顾元昌、顾廷龙常邀集好友相聚，展示井栏及拓片册页，一觞一咏，畅叙幽情的同时，大家也在册页上留言题记，抒发见解情怀。钱锺书为之题七绝诗三首：

钱锺书为《宋绍定井栏题字》册页题诗

> 片石韩陵拓尚完，早秋执热一传看。
>
> 不须汲古求修绠，二八飞泉想已寒。
>
> 舒王欲夺谢公墩，占领深潭有后村。
>
> 争似君家还旧物，一栏识井便知门。

---

① 钱之俊：《钱锺书生平十二讲》（增订本），上海教育出版社，2023，第113-120页。
② 顾廷龙：《顾廷龙日记》，李军、师元光整理，中华书局，2022，第689页。

摘去骊珠剩爪麟，缀名那得句如神。

矜狂差异诸襄七，跁跒题诗惯后人。"麟"当作"鳞"

起潜学人先生　雅教

钱锺书　钤印：钱锺书[1]

　　钱锺书与顾廷龙之间有很深的情谊。1945 年 11 月 18 日，顾廷龙在致颉刚的信中，写到了赴日调查遗失文物团事："初，赴日调查团由森老主持，龙颇欲随往，一开眼界，因敝馆进展财力所限，决不能仿英美，至日本规模，或有可采。钱锺书君为言于森老，森老极赞成。不意改张为首长，且人选由部派定者，惟森老与钱锺书云，此事全由杭立武主管之，渠尚欲为龙设法，已飞笺与杭接洽，尚无回音。公知其详情否？不知究有定额几人？公与杭至交，能一探否？徐、贺、向皆熟人，倘能偕去，亦甚难得，且可于尊藏切实访觅矣。"[2] 这件事情在上海博物馆编纂的《徐森玉文集》后附由柳向春编写的《吴兴徐森玉先生年表》中有记："民国三十四年　乙酉（一九四五）六十五岁……十月二十六日，清损会主任委员滁县杭立武拟派先生赴日调查战时失散古董一事。后以他故，改派福州王世襄替代。"[3]

　　顾廷龙想参加的原因主要是希望考察日本图书馆事业，从中学习成功经验以利于办好合众图书馆，虽有钱锺书、徐森玉支持，但由于主持此事者改为了他人（顾廷龙信中记为"张道藩"），最终未能如愿。但也说明顾廷龙与钱锺书、

---

① 顾诵芬、师元光编著《自将摩挲认前朝：〈宋绍定井栏题字〉释注》，上海科学技术文献出版社，2017，第249 页。

② 沈津编著《顾廷龙年谱》，上海古籍出版社，2004，第364 页。

③ 上海博物馆编《徐森玉文集》，上海书画出版社，2011，第196 页。

徐森玉之间的感情非同一般。这一年（1945 年）的 11 月 30 日，"晚，应周节之招食涮羊肉，为默存所约。节之，默存弟子也。谈嚈甚欢"①。

1951 年，顾廷龙之子顾诵芬从上海交通大学航空工程系毕业，上级决定，把当年的航空系毕业生全部分配到中央新组建的航空工业系统，即日赴北京报到。身边唯一的爱子离家远行，顾廷龙在日记中记有"舐犊之情，何能自已""家庭寂寞，想念不已"。已在北京的钱锺书闻讯，对诵芬远行"甚关切"："（1951 年）八月二十四日　八时，芬儿赴校听报告，四时即集中出发……晚餐后，偕会同至北站送行……舐犊之情，何能自已……二十五日　芬儿远行，家庭寂寞，想念不已……（9 月）六日　得默存信，于芬儿远行甚关切。余亦莫可奈何也。……（12 月）二十五日　……复默存。"②

顾廷龙与钱锺书的友谊一直保持着。1977 年 4 月份，顾廷龙接国家文物局通知，为落实周恩来总理生前指示，座谈编辑《中国古籍善本书目》及试点事来到北京，住在文化部招待所。期间，顾廷龙曾到钱锺书家中拜访。随行的顾诵芬记得钱锺书夫妇住的屋子面积很小，对着放了三张桌子就再也没有什么地方可以容身。那天，钱锺书留顾廷龙父子吃中饭，杨绛亲自下厨。顾诵芬回忆："父亲与钱锺书先生谈话，我坐在一旁听。他们谈了很多，我记得最深的是钱锺书先生谈到曾经有过强邻难处的境遇，话语很是愤懑。他还谈到，当时乔冠华要他参加《毛主席诗词》英译工作，通知他去某处讨论，他坚决不去，声明要开会就到这个住处来，乔冠华没有办法，只能往他这里跑。"③

---

① 顾廷龙:《顾廷龙日记》，李军、师元光整理，中华书局，2022，第 427 页。
② 顾廷龙:《顾廷龙日记》，李军、师元光整理，中华书局，2022，第 581、582、595 页。
③ 顾诵芬、师元光编著《自将摩挲认前朝:〈宋绍定井栏题字〉释注》，上海科学技术文献出版社，2017，第 254、255 页。

潘承弼

因姊丈顾廷龙的关系，潘承弼与合众图书馆长期保持着密切关系。1939年6月10日，在得知顾廷龙将接受叶景葵邀请即将来沪时，他写信给顾廷龙：

> 昨挨丈邀谈，欣悉吾兄有南归之讯，阔别经年，聚首在迩，得罄积愫，何幸如之。挨丈旷怀迈古，其嘉惠后学之志，成兹宏业，为不可及，而吾兄能综理规划其事，他日首屈沪上，可预卜也。何日启程，拟搭何轮，务恳先行示及，当到埠恭迎也。至莅沪后，可暂下榻敝寓，仅可从容料理后再行商迁耳，万勿客气也。[①]

顾廷龙到沪后，即与潘博山、潘承弼建立了密切联系。1940年1月2日，顾廷龙至来青阁，主人杨寿祺很友好，赠所翻莫友芝《宋元旧本经眼录》二册，

潘承弼（1907—2003），号景郑，别署寄沤，苏州人。十五六岁就有志尽识天下古文奇字，先后拜吴梅、章太炎为师，学词曲训诂，后在苏州章氏国学讲习会、太炎文学院任教。与兄潘博山共同收书藏书20余年，将藏书增至30万卷。所藏举凡明末史料、清人文集、时人稿本、乡贤文献、年谱家谱、历代尺牍、金石碑拓以及名人书画，无不兼收并蓄。

潘承弼

---

① 沈津：《顾廷龙与合众图书馆》，载上海图书馆编《顾廷龙先生纪念集》，上海科学技术文献出版社，2014，第31页。

顾廷龙购得《大公图书馆目录》一部、慈谿童氏重刊《鲒埼亭诗集》一部，还有一部商务校印《夷坚志》，绝版已久，照原定价 12 元买下，由于书多，未能携归。那一天，顾廷龙的情绪很好，在日记中记下了他与潘博山、潘承弼兄弟"小饮纵谈"，虽然没有记述纵谈的内容，但从日记可以看出，一定会谈及"吾馆倔起此时，任重道远，当弘毅行事"。①

1940 年，合众图书馆筹备期间，顾廷龙即有聘用潘承弼的想法。他在这一年 5 月 9 日的日记中记有：

> 九日　……访揆丈，商人事。余拟招景郑，不知能如愿否耳。②

叶景葵显然是支持顾廷龙的想法的。这以后，顾廷龙与潘承弼有过几次畅谈，其结果是："（1940 年 6 月）二十三日　景郑来谈，下半年可应本馆之约……（7 月）三十一日　……明日景郑来馆，略为布置……（8 月）八月一日　景郑始到馆，为余校正所拟书志稿廿余篇，俾商定体例，以便续撰，将来拟两人分撰，撰后互阅一过。"③

除 1943 年 1 月接受叶恭绰委托，与顾廷龙合作撰写《清代学者象传》二集外，潘承弼还配合顾廷龙为合众图书馆做了大量编写书目、购书、抄写书目、为借来字画拍照等工作。他受聘于合众图书馆的时间，根据顾廷龙撰写的《上海私立合众图书馆十四年小史》工作人员列表，是到 1946 年结束的。1947 年，

---

① 顾诵芬、师元光编著《自将摩挲认前朝：〈宋绍定井栏题字〉释注》，上海科技文献出版社，2017，第 36 页。日记内容有"吾国私人设立图书馆（学校附属者）在外甚属聊聊，大公实为最先，次则木斋，他无所闻，而两馆皆阑珊无所进展。吾馆倔起此时，任重道远，当弘毅行事。大公之目，他山之石也。夜再至润康邨，与博山昆季小饮纵谈。景郑以钱勗所撰《吴中平寇记》八卷稿本两册见借，当传钞一本。又代购《灌园未定稿》二册（傅怀祖）、《知止斋诗集》四册（翁心存）。八时半散，与会庆等同归"。

② 顾廷龙：《顾廷龙日记》，李军、师元光整理，中华书局，2022，第 78 页。

③ 顾廷龙：《顾廷龙日记》，李军、师元光整理，中华书局，2022，第 89、95、96 页。

潘承弼与顾颉刚、钱锺书一起被聘为顾问。

新浪博客有一篇博文，讲到潘承弼的一件往事，颇能生动勾画出潘承弼"典型的文人生涯"：

在杭州听上海复旦大学教授吴格先生讲古籍，说到一个佚闻：

上海图书馆原馆长顾廷龙请自己的小舅子潘景郑先生掌权，把"上海图书馆"的图章盖在一本本线装书上。按理说这个差事很简单，但是从行内人角度讲，图章盖在什么位置却十分讲究：紧靠正文标题的下方是黄金位，书的拥有者先要抢盖这个位置，以后书籍易主了，第二位主人只好屈就在前一个图章的下面，如果再易主，就依次类推，下面没有位置了，只好左移一行，在上方空白处找个位置。有经验的收藏家，按照藏书章的位置变动，可逐个查出这本书的流传经过。

潘景郑先生后半生一直在为上海图书馆盖图章，晚年评论自己，说自己一生没有差错，唯一让自己遗憾终生的是有两本书的图章盖错了位置，要不是犯了这个差错，这一辈子就完美无缺，无所悔恨了。

这就是典型的文人生涯。

一辈子仅有这个差错，真让人惊讶和佩服，或许很多人会美慕潘景郑一生是多么的安逸舒服，但假如真的如潘景郑那样从事按部就班、平淡无奇的工作，可能又会坐不住了。要不被身边灯红酒绿、纸醉金迷的环境影响，需要相当强的内功和定力。现代社会有几个人能这样清心寡欲呢？所以，你如果美慕潘景郑，必须先权衡一下，自己能否耐得住生活的寂寞！①

① 虞从斋：《潘景郑先生一辈子最大的差错》，http://blog.sina.com.cn/u.1590901457，访问日期：2016年3月26日。

三、财务专家

1941 年 8 月 19 日，合众图书馆董事会第二次会议上，有一项由叶景葵提出的讨论事项：

> 五、叶董事提议，本馆财产拟委托浙江兴业银行信托部管理。
>
> 议决：通过。
>
> 六、叶董事提议，聘请竹淼生先生为本会财务专家。
>
> 议决：由本会备函敦请。[1]

顾廷龙保存着竹淼生接受合众图书馆董事会聘任的回函：

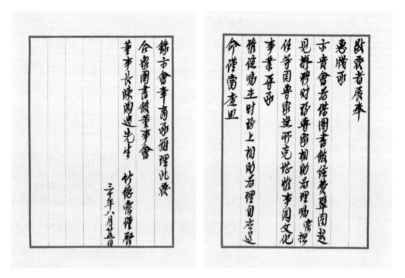

竹淼生回函

---

① 顾廷龙：《顾廷龙日记》，李军、师元光整理，中华书局，2022，第 892、893、896 页。

敬复者，展奉惠笺，承示贵会为谋图书馆经费巩固起见，拟聘财务专家相助为理，嘱霂担任等因，专家岂所克堪，惟事关文化事业，辱承雅谊，嘱在财务上相助为理，自应遵命，谨当查照录示会章商承办理。此覆

合众图书馆董事会

董事长陈陶遗先生

竹德霂谨启

三十年八月廿五日 ①

竹淼生，1897 年 9 月 29 日（光绪二十三年九月初四）生，名德霂，字淼生，浙江嵊县人。毕业于上海私立大同大学，后投身金融业，青年时曾任职于内蒙古的中央银行，后返回上海。《叶景葵年谱长编》有记：1933 年 3 月 14 日，在董事长叶景葵主持的董事会议上，竹淼生被任命为浙江兴业银行总行经理。

竹淼生

在浙兴所办刊物《兴业邮乘》上曾刊有"同人介绍"，对新任总行经理竹淼生大加赞美：

同人介绍

竹淼生先生

---

① 顾廷龙：《顾廷龙日记》，李军、师元光整理，中华书局，2022，第 1018 页。

——新任总行经理[①]——

后之修吾行历史者，将以二十二年六月为一可纪念之时期。盖嵊县竹森生先生，即于此际惠然莅临，为吾总行之经理也。先生与吾行本有渊源，总行同人曾与共事者，十人而五。闻先生将来行，素谂知其为人者，无不雀跃。不知者辗转相询，及得其究竟，又无不欢然翕然。先是先生于十一年三月，即供职吾行。前曾历任职于财政部炼铜厂，中国银行，足迹遍北平，天津，汉口，及库伦，香港，汕头等处。十七年，为上海中央银行延揽为业务局襄理。兹复由吾行聘任今职。先生躯干挺拔，眉宇轩昂，慷爽精警之态，溢于颜色；而复俭朴诚笃。下车伊始，即谆谆以同人

1933年《兴业邮乘》对竹森生的介绍[②]

[①] 此总行经理并非总行的总经理，是在总经理之下的经理，另有副经理、襄理若干，皆由总经理领导。

[②] 彭晓亮：《万贯家财，身藏不露 or 反哺乡里？银行家竹森生的济世情怀》，上海市银行博物馆微信公众号，2021-08-27, https://mp.weixin.qq.com/s/rfFAAuZC6kduSFnVCCdXvg?，访问日期：2024年8月26日。

利益为重，一再致意，谓当上下一心，通力合作。吾行得此经理，不但当为吾行庆；先生之立身行事，非吾同人之表率耶，是又当为同人庆也。[①]

担任经理后，竹森生在浙江兴业银行的工作总的来说顺风顺水。但在1943年12月7日，叶景葵主持浙江兴业银行董事会会议，议决"总行业务处经理竹森生君应即解除经理职务"。《叶景葵年谱长编》中有记：

> （1943年）11月14日　……此番浙兴增资风波背景复杂，除日伪当局"限令"（实为盘剥）外因外，导火索乃是浙兴股东内部积聚多年的利害矛盾大爆发，经理竹森生可谓"祸首"。（1932年）竹森生进浙兴后，一度取得叶揆初的绝对信任……后来，竹利用职权，培植亲信，侵占行产……竹的手法，一是利用手中掌握的中国投资公司，低价套购浙兴转移国外的外汇资金；二是在出售地产中营私舞弊；三是套用行款。这三者使浙兴蒙受很大损失。（李国胜《浙江兴业银行研究》，第30—31页）
>
> 12月4日　浙兴增资后，竹森生集团股权比重相对下降，于是对增资坚决反对。先生对竹所依所为亦愈感不满。是日上午批竹谈话，婉言劝其辞职。竹不理，导致"叶、竹闹翻"。（《项兰生自订年谱》（三），《上海档案史料研究》，第11辑，第285页）先生限其当日中午12时前提出辞职，竹仍不理。为此，先生决定只有通过董事会解除其职务。[②]

[①] 彭晓亮：《万贯家财，身藏不露 or 反哺乡里？银行家竹森生的济世情怀》，上海市银行博物馆微信公众号，2021-08-27，https://mp.weixin.qq.com/s/rfFAAuZC6kduSFnVCCdXvg?，访问日期：2024年8月26日。

[②] 柳和城编著《叶景葵年谱长编》，上海交通大学出版社，2017，第1106、1107页。

被解除浙兴经理职务后，竹淼生仍为浙兴董事会成员，并对合众图书馆继续有所支持。顾廷龙在日记中记有："（1944 年 2 月）二十四日　揆丈来言，淼生捐四十五万，其经营所得者。"①

1946 年 5 月 3 日，在合众图书馆董事会第五次临时会议上，叶景葵报告事项中有"竹福记捐基金法币六十二万六千五百八十元三角四分"，《叶景葵年谱长编》编者有注："似即竹淼生。"1949 年 11 月至 1950 年 2 月"各户捐款名单"中，有一栏记着"竹淼生君 4 000 000.00"。

应该说，竹淼生仍念及与叶景葵的情谊，并对合众图书馆的事业保留着一份感情。

有资料记述：竹淼生"离开兴业银行，与密友唐星海、朱如堂和严庆龄共同创办了建安实业公司。1948—1949 年，和唐星海前往香港，加盟海南纺织公司并定居香港，1969 年于香港逝世，享年 74 岁"②。

四、员工更迭与待遇

依照叶景葵办馆思路，合众图书馆工作人员始终非常精干简练。1939 年筹备之初，顾廷龙《合众图书馆筹备一年（1939 年 8 月至 1940 年 8 月）纪略》中这样记载馆中人事：

> 朱　仁，廿八年五月一日到馆。
>
> 顾廷龙，廿年七月十七日到馆。
>
> 朱方饬，廿八年十二月一日到馆，廿九年五月八日去馆。

---

① 顾廷龙：《顾廷龙日记》，李军、师元光整理，中华书局，2022，第 358 页。

② 新浪收藏：《清乾隆松石绿地洋彩胭脂料彩天球瓶 1 250 万落槌》，2014 年 12 月 03 日，collection.sina.com.cn/auction/pcdt/20141203/2002172162.shtml，访问日期：2024 年 8 月 26 日。

杨敬涵，廿九年四月廿二日到馆。

装订工，倪介眉，二十九年三月十六日到馆。

仆役二人。

半工花匠一人。

第二年（1940 年 8 月至 1941 年 8 月）记有：

潘承弼，廿九年八月一日到馆。

第三年（1941 年 8 月至 1942 年 8 月）记有：

杨敬涵于卅年十月因病辞职。[①]

这一年，物价上涨的问题开始波及合众图书馆。从顾廷龙撰写的《议事录》看，给员工涨薪已经成为董事会各类会议中"讨论"项下的重要内容。1941 年 12 月 22 日，合众图书馆董事会第三次会议第一次常会讨论了员工生活及加薪等相关事项：

一、叶董事提，拟从盈余之五千元中提出三千元作备购米、煤之用。

议决：通过。

二、张董事提，近来百物腾贵，职员薪金应予酌加。

议决：自卅一年一月起，总干事加四十元，潘景郑君加三十

---

① 顾廷龙：《顾廷龙日记》，李军、师元光整理，中华书局，2022，第 665、673、679 页。

元，朱子毅君加十元。

三、叶董事提，现在物价时涨，开支渐大，每月预算应予增加。

议决：自卅一年一月至三月，暂定每月经常费为二千四百元。①

第四年（1942 年 7 月至 1943 年 8 月）记有：

装订工倪介眉服务两年，遽于卅一年八月七日病殁于家。②

倪介眉是叶景葵在 1940 年 3 月 14 日介绍入合众的，叶景葵在给顾廷龙的函中写道：

修书人倪介眉与之说定，月薪十五元，供膳宿，先嘱谒见吾兄即可试用，如彼此不合式可以分手，由兄面定一试用期可也。此致辣斐德路六百十四号合众图书馆顾起潜先生。揆初启。二十九、三、十四。③

信中，叶景葵对顾廷龙予以充分尊重。顾廷龙在日记中多处记到倪介眉，除一般做事外，还有关于倪介眉父亲去世和本人病逝的记录，文字虽短，但从中可以看到叶景葵对合众图书馆员工的关爱之情："（1942 年）三月十五日 ……倪工视父归，言父病垂危……三月十六日 ……倪工因父病，假……三月十七日 ……倪工遄归，言父病故，乞助棺殓，因就揆丈商之，丈慨予

---

① 顾廷龙：《顾廷龙日记》，李军、师元光整理，中华书局，2022，第 900 页。
② 顾廷龙：《顾廷龙日记》，李军、师元光整理，中华书局，2022，第 688 页。
③ 叶景葵：《叶景葵文集（上中下）》，柳和城编，上海科学技术文献出版社，2016，第 1135 页。

三百，余赙廿，可以料理矣……三月十八日　倪工来电话，言其家被封锁，父尸送殡仪馆，定今日往殓，今不能去。商之殡仪馆，迟至下午，不能不殓，封锁解除恐非半日间事，只得听之矣……八月五日　……倪工病假……八月七日　……倪工邻居来，言其今晨病殁，无以为殓，乞助馆恤四月工资至年底。揆丈给三百，其父殁仅五月。"①

1942 年 3 月 25 日，合众图书馆董事会第一次临时会议上，又一次讨论了员工的生活问题：

> 一、叶常务提，本馆经常费预算上次会议暂定一月至三月每月二千四百元。近来物价飞涨，有所不敷，四月份起须予酌增，兹拟参照市情，暂加三成，即合七百二十元。计四月起，经常费为三千一百二十元。馆员工役薪工一律加三成。提特别费备购米、煤，今油价甚昂，亦由此费开支。
>
> 议决：通过。②

仅仅两个月后，这一年的 5 月 25 日，合众图书馆董事会第二次临时会议上，叶景葵根据"前拨特别费业已用罄"，提议"现须再提特别费三千元，备购米、煤、油等物"③。8 月 29 日，合众图书馆董事会常会第二次会议有这样的记录：

> 一、叶常务提，经常费原定每月三千一百二十元，现在物价上涨，应酌加。兹拟每月增加五百元，自九月份起，膳食加

---

① 顾廷龙：《顾廷龙日记》，李军、师元光整理，中华书局，2022，第 225、226、255、256 页。

② 顾廷龙：《顾廷龙日记》，李军、师元光整理，中华书局，2022，第 901 页。

③ 顾廷龙：《顾廷龙日记》，李军、师元光整理，中华书局，2022，第 902 页。

一百五十元，总干事加津贴一百五十元，干事各加津贴一百元。①

第五年（1943 年 8 月至 1944 年 8 月）人员无变化，但人工成本却继续大幅提升：

二、叶常务提，本馆经常费原定三千六百二十元，自三十一年十二月份物价上涨，本席权加膳食一百八十元，经常费改为三千八百元，三十二年一月、二月份用，三月份物价续涨，再加二百元，经常费改为四千元，请予追认。又，自四月份起，拟加职员津贴，总干事一百三十元，潘干事七十元，朱干事因就兼职，上次议加津贴不受，兹将每月原支车费改为二十六元。

议决：通过。②

以后的董事会常会、临时会上，提高生活费用成为一个例行议题：

合众图书馆董事会临时会议　第四次

时间：中华民国三十二年七月三十一日下午五时

…………

乙、讨论事项

一、叶常务提，馆中米、油两项，原定另拨特别费开支，惟本年度尚未拨过，现在经常费积余项下支付，计三千三百三十二元五角正，应由会拨还之。

---

① 顾廷龙：《顾廷龙日记》，李军、师元光整理，中华书局，2022，第 903 页。

② 顾廷龙：《顾廷龙日记》，李军、师元光整理，中华书局，2022，第 903、904 页。

议决：米、油仍须筹备，再由会款筹拨。

二、又提关于经常费因物价日涨不已，每感不敷，三月份议定四千元，至四、五两月份，酌加二百元。六、七两月份，再加三百元。应请追认。八月份，拟改定为六千元，即膳食加七百五十元，薪金加七百五十元。杂费不足时，则可在积余项下支用。

议决：通过。

三、又提本馆职员薪金津贴，拟重规定：

总干事：薪水五百元，津贴四百元。

潘干事：薪水四百元，津贴三百元。

朱干事：薪水一百六十元，津贴四十元。

议决：通过。①

第六年（1944 年 8 月至 1945 年 8 月）记有：

（1944 年）五月十六日，请王庸编纂叶遐盦藏书提要，八月辞职。②

《议事录》中记录的第三次、第四次董事会常会会议的部分内容为：

合众图书馆董事会常会会议　第三次

时间：中华民国三十三年三月八日下午四时

…………

---

① 顾廷龙：《顾廷龙日记》，李军、师元光整理，中华书局，2022，第 904、905、906 页。

② 顾廷龙：《顾廷龙日记》，李军、师元光整理，中华书局，2022，第 701 页。

乙、讨论事项：

一、叶常务提，去冬物价上涨，自十二月份起，经常费六千元酌加一千五百元，职员津贴，顾总干事加三百元、潘干事加二百元、朱干事加一百元。膳食加六百元，杂费加三百元，请予追认。迩来物价续涨，自三月份起，经常费再加一千五百元，共为九千元。津贴按前例照加。膳食加九百元。请公决。

决议：通过。

二、叶常务提，自去年八月以来，陆续购置米、煤及酌添用具等项，拨过特别费五万零四百元正，请追认。

决议：通过。

················

合众图书馆董事会常会会议　第四次

时间：中华民国三十三年十二月十日下午二时

············

丙、讨论事项：

一、叶常务提，自六月份起，因物价渐涨，膳费及职员津贴皆陆续增加，计改六、七月经常费为一万二千元，膳费加一千八百元，津贴加顾总干事六百元、潘干事四百元、朱干事二百元。八、九、十月经常费一万七千元，膳费加一千七百廿六元。津贴加顾总干事四百元、潘干事六百元、朱干事二百元。十一月、十二月经常费为二万五千元，膳费加二千一百元。津贴加顾总干事八百元、潘干事八百元、朱干事二百六十元。又米、煤、油特别费十五万五千一百零七元。地捐及里弄公共开支一万七千二百廿四元八角六分，请追认案。

决议，通过。[1]

第七年（1945 年 8 月至 1946 年 8 月）记有：

干事潘景郑自十一月起请长假，卅五年二月辞职。

十二月二十日，书记黄筠辞职。卅五年一月廿三日，延杜幹卿为书记。[2]

第五次董事会常会会议部分内容为：

三、叶常务提，本馆经常费，因物价高涨，开支激增，自本年一月份起陆续调整，计一月份为中储券三万元，二月份为中储券七万八千八百五十元五角四分，三月份为中储券十万零一百八十八元，四月份为中储券十万零一千零二十元，五月份为中储券十二万元，六月份为中储券十九万五千元，七月份为中储券三十万元，八月份为中储券六十万元，九月份为中储券八十万元。所有职员薪津及膳费逐月均照增加数目比例支配，又先后拨付特别购书费中储券六十万元，米、煤、油等特别费中储券三十五万二千八百元，请追认案。

决议：追认通过。[3]

第八年（1946 年 8 月至 1947 年 8 月）记有：

---

① 顾廷龙：《顾廷龙日记》，李军、师元光整理，中华书局，2022，第 906、907、908 页。
② 顾廷龙：《顾廷龙日记》，李军、师元光整理，中华书局，2022，第 709 页。
③ 顾廷龙：《顾廷龙日记》，李军、师元光整理，中华书局，2022，第 908、909 页。

六月三日，黄筠回馆工作。

八月二十日，中国国际救济委员会派工助生来，襄助整理。
一个月为期，九月十三日结束。①

《议事录》中记录的董事会第五次临时会议中有：

一、叶常务提，本馆经常费自上年十月份起，改为法币三万
元，内膳费一万二千元，各职员薪津一万三千五百元。支配如下：

顾廷龙五千元　　潘景郑五千元

朱子毅二千元　　黄筠一千五百元

十一月份起，增为法币四万元。本年二月份为法币八万元，
三月份、四月份为法币十四万元，五月份为法币十八万元。所有
膳费及职员薪津均按逐月增加总数比例支配，又先后拨付特别购
书费法币九万七千元，特别费法币十一万六千七百元，均请追
认案。②

第九年（1947 年 8 月至 1948 年 8 月）在人事安排方面记有：

卅七年一月，延华敏初装裱汪穰卿师友手札。③

对于此事，顾廷龙在 1986 年 9 月写下的《汪康年师友书札跋尾》文中
有记。

---

① 顾廷龙：《顾廷龙日记》，李军、师元光整理，中华书局，2022，第 716 页。

② 顾廷龙：《顾廷龙日记》，李军、师元光整理，中华书局，2022，第 911、912 页。

③ 顾廷龙：《顾廷龙日记》，李军、师元光整理，中华书局，2022，第 726 页。

第十年（1948 年 8 月至 1949 年 8 月）记有：

卅八年一月十八日，延沈燮元为干事，助编书目，六月辞职。[1]

沈燮元曾为《合众图书馆董事会议事录》写有一篇跋，其中讲述了自己与合众图书馆的过往与在那里工作的经历：

一九九九年年底，有人带信，说北京老友拓晓堂兄有事找我。我随即和拓兄通了电话，才知道是这么回事：拓兄有一位友人胡星来先生，在上海拍卖会上买到了一本顾廷龙先生手写的《合众图书馆董事会议事录》，拓兄知道我曾在合众图书馆工作过一段时期，嘱我在《议事录》后面写几句，以作纪念。我十分高兴接受这项任务，虽然时间已经历了半个世纪，但有许多事，犹历历如在目前。

话还得从一九四七年说起。当时我和同班同学冯其庸、张仁迪二人转学到无锡国专上海分校读书，地址在江宁路。上海是寸金地，房屋很紧张，能在当时的所谓租界上借得一块地盘上课，已经很不容易了。记得那时上海分校和两个中学在一起，同一个大门进出。国专分校在楼上借了几间屋子，一间大教室，各个班级，错开时间，轮流上课。另外三小间，一间是教务长办公室，一间是教务员办公兼作教员的休息室，一小间作外埠学生宿舍，里面放四个床位，都是双层铺。住在上层的，要用脚踏了下铺的床沿才能爬上去，住在底层的，头抬不起来，要低下头，才能坐

---

[1] 顾廷龙：《顾廷龙日记》，李军、师元光整理，中华书局，2022，第 737 页。

到床上去。室内光线也暗，有一二张两屉的小桌子，放放漱口杯之类零碎东西，根本无法看书。在无可奈何的情况下，我们去找了教务长王蘧常老师，说教室要上课，宿舍里人多，空气不好，光线暗，无法自修，可否设法找个公共图书馆看看书。蘧常师立即说有，就在离学校不远，有一个合众图书馆，是文化界老前辈张元济、叶景葵先生私人创办的，那里书很多，可以介绍你们去。蘧常师给我们写了介绍信，我们三人随即去了图书馆，见到了心仪已久的顾廷龙先生。果然，静谧的环境、丰富的图籍，满足了我们梦寐以求的想法。我在那里完成了《屠绅年谱》的初稿，其庸兄则写他的《蒋鹿潭年谱考略》。我的年谱，第一次在《中央日报》副刊《俗文学》上发表。一九五七年，胡道静先生来约稿，把稿子要了去，一九五八年在上海古典文学出版社正式出版。其庸兄的《蒋鹿潭年谱考略》则迟至一九八六年始由齐鲁书社出版。这两部年谱的正式出版，都不能不归功于当时合众图书馆丰富的藏书，和顾廷龙先生对我们青年人的大力提携和热情帮助，受惠的，不止其庸和我两个人，还有许多年轻人，其详情可参见顾廷龙《张元济和合众图书馆》一文。

国专上海分校所开的课程，和无锡本校不尽相同。无锡读的课程，和上海分校的学分不能通用，如要在上海读下去，必须重选课，学分另外算起。读了一学期，只能仍回无锡本校，一直读到一九四八年毕业。

人虽然回到了无锡，但却常常想到合众丰富的藏书。无锡校中藏书也不算少，但都是《四部丛刊》《四部备要》和一些大部头的丛书，单行本不多，尤其是"五四"以后，用新方法整理国学的工具书，和几个有名大学出版的学报，如北大的《国学季刊》、清华的《清华学报》、燕京的《燕京学报》等等都没有。顾老是从燕京大学图书馆过来的，所以各大学的学报以及燕大出版的各种引得，收罗得应有尽有。再有当时刚出版的日本《东方文化研究所汉籍分类目录》，附有书名、人名索引，既收了古人们著作，又有现代人研究的专著。当时来说，真是大开眼界，犹如一间久为封闭的屋子，新开了两扇窗户，清新的空气不断从窗外吹来。

以国专图书馆的藏书，和合众图书馆藏书来比，门类之全、品质之高，简直是小巫见大巫，国专是无法和合众比的。因此，我总想在上海找个工作，这样，便可以在合众看到我要看的书。

因为平时看书，常常碰到一些疑难问题，不易解决，经常和顾老通信，向他求教。他总有满意的答复给我，所谓"小叩则小鸣，大叩则大鸣"。因此，我和顾老保持着密切的通信关系。

毕业后，在家休息了一段时间，就想找工作。但是那时局势已相当紧张，币制贬值，物价飞涨，人心惶惶，不可终日。一个年轻人要在这种时候找工作，真是谈何容易。我一面写信给顾老，说我已从学校毕业，问有无适当的工作可做；一面我又专程去上海，和顾老见面，谈了我的近况，希望能在文教界找一位置。顾老十分同情我的处境，本来预备把我介绍给张元济老先生，到商务印书馆去编《辞源》节本。后来，可能商务临时改变计划，此事没有实行，所以我也没有去商务。顾老问我，我在上海可有亲戚，有无可以住宿的地方，如有住宿处，你不嫌这里简陋（这是顾老的谦辞），可以到这里来。因合众地方小，无法安排我的住宿。事有凑巧，我在上海有位亲戚住在当时法租界西爱咸斯路（今称襄阳南路）敦和里，房子是一幢三层楼，主人夫妇早于两年前带了小孩去香港定居，家中仅留老太太一人看守门户，还有一个老保姆。我和顾老说，我有亲戚，就住在附近，可以去试试。一试果成，亲戚巫希望我去帮同照料一下门户。因此，我就在敦和里住了下来，正式成为合众的一员，天天去上班。

下面要讲的是我在合众工作时的几件小故事。第一件事是胡适为我写了一张条幅。一九四九年一月，胡适从北平飞抵上海。当时没有立即离开上海，住在朋友家，天天到合众来看《水经注》的各种版本，由顾老接待，就在顾老的办公室看书，一人一只桌子，和顾老相对而坐。不知何人想请胡适写字，胡适为顾老、诵芬兄和我都写了一幅，连裱画工人华敏初也拿到了一幅。我记得胡适替我写的是宋人杨万里的一首七言绝句，上款是"燮元先生"，下款是"胡适"二字，没有盖章。可惜，这一张条幅放在苏州家中，"文革"期间已遭遗失。我估计，胡适为顾老和诵芬兄写的可能还在。

第二件是我和钱锺书先生相遇谈话。钱锺书先生当时住在蒲石路的蒲园，和合众相距不远，因此常来看书。合众当时大门不开，由后门出入，装有门铃。门铃响了，每次开门不是保姆，便是顾老自己开。有一次，保姆和顾老都不在，铃响了，由我去开，一看是锺书先生（因钱先生经常来，虽未接谈，但知道他是钱锺书）。因顾老不在家，只好由我接待。他问我"尊姓大名"，我据实以对。后来他又听出我讲话有无锡口音，索性用无锡话来和我谈话。谈话中，得悉我是无锡国专毕业的，他听后特别兴奋（因为锺书先生的尊人子泉先生曾在国专教过书），又问我有哪些老师。我告诉他有朱东润先生，讲中国文学批评史，我说朱先生跟吴稚晖先生去过英国，曾在伦敦西南学院肄业，同时又谈到了他的叔叔孙卿先生，谈话一下子从平淡无奇转入了热烈的高潮，他称我为"密斯脱沈"，最后主动把他的地址给了我，嘱我有空时可以去看他。但天下事并不如人们所想象得那么圆满，蒲园我曾去过一次，但钱锺书、杨绛先生两位都不在家。否则的话，还有许多值得记载的东西记下来。

最后一件事，是顾颉刚先生为我取了一个号——理卿。我到合众不久，就要求顾老替我取个号。第一次问他，顾老说让我考虑考虑，再告诉你。又一次问他，他说，我已请颉刚先生替你取了。隔了不久，顾老给我看一张小纸，上面写的是"理卿"二字，他说这是颉刚先生替你取的号。我当然十分高兴，但当时我还不认识顾颉刚先生。直到一九五一年，顾颉刚先生和徐森玉先生从上海来苏南区文物管理委员会正式访问，才相互认识，以后并有书信往来，关系一直保持到一九八〇年顾先生逝世为止。

我在合众的时间，不到半年，但遇到了很多硕学鸿儒，看到了以前在无锡从没有见到过的书，扩大了眼界，增长了知识，为以后开展工作铺下了坚实的基础，有许多都是学校里书本上不容易学到的东西。

……………

　　　　二〇〇〇年十二月七日写定，沈燮元，时年七十有八[1]

第十一年（1949年8月至1950年8月）记有：

一九四九年十月六日，黄筠辞职。

一九五〇年二月廿一日，延王煦华为干事，编纂书目。六月

---

[1] 顾廷龙：《顾廷龙日记》，李军、师元光整理，中华书局，2022，第939-943页。

廿一日，延杨鉴为兼任干事，整理期刊。[①]

王煦华在为《合众图书馆董事会议事录》写的跋中记述了自己在合众工作的经历：

> 一九五〇年二月，我在诚明文学院中国语文学系毕业后，系主任顾颉刚先生介绍我去合众，此时正是合众经济最困难的时候。合众创办十余年来，各项经费实际上都是叶景葵先生独力筹措的。一九四九年四月他逝世后，经济来源断绝，董事们先向往来银行透支以济急，后来向上海几家大银行和香港几家大企业募到一批款项，得以维持。由于经费不充裕，最初工作人员仅总干事顾廷龙、干事潘景郑、朱子毅三人。到一九四六年才增加了黄筠一人，但不久潘景郑先生又离职回苏州去了，其后杜幹卿、沈燮元先后来馆。黄、沈没有工作多久，又先后离去。我到馆时，仅剩顾廷龙先生和杜幹卿先生（管理阅览室，兼盖藏书章及钞写）二人，朱子毅先生仅星期日来整理收支账目。星期日来的还有一位商务印书馆的编辑胡文楷先生，经常帮助编目，他是研究闺秀的专家，毕生收集闺秀著作，在编目中遇到他未见过的著作，就借回去钞录，撰有《历代妇女著作考》。此外还有装裱工华敏初（《汪穰卿师友信札》就是他装裱的，共装裱了三年）、工友陈履刚。我进馆后的工作为采购书刊和编目。读者来看书时，顾廷龙先生在馆时大都由他接待，他外出时由我接待，我们都为读者查书和到书库取书、还书。老同学杨鉴住在图书馆附近，常来看书，这年秋天，

---

① 顾廷龙：《顾廷龙日记》，李军、师元光整理，中华书局，2022，第746页。

顾先生问我他有没有工作，我说还没有，顾先生叫我问他愿不愿意来图书馆工作，杨鉴就这样来了。他来之后，就整理十多年来入藏的旧期刊。一九五一年五月，在教育局再三督促下，合众由不公开阅览改为公开阅览，增辟了普通阅览室，由杜幹卿去管理此室。原来的阅览室改名参考阅览室，由杨鉴兼管，仍继续整理旧期刊，《上海市历史文献图书馆期刊目录》就是他一手编成的，附在后面为数不多的西文期刊，则是捐献后梁玉龄编的。由于历年入藏的图书都未做过财产登录，顾先生又要我介绍一个钢笔字写得端正的人来登录，我把朱一冰来信的信封给他看了，他看了信封上的字迹，予以认可，朱一冰就于一九五一年二月到馆了。她除了登录历年入藏的古籍外，兼作新书编目分类。潘景郑先生也在这年回来了，仍作古籍编目。义务工作多年的潘承圭女士也改为正式职员，在教育局督促下增辟的儿童阅览，就由她管理。由于儿童的吵闹，使得其他读者不能安静看书，不久图书馆又改归文化局管理，就申请停办，得到同意后就停办了，她改管参考阅览室，这个阅览室的读者就大都由杨鉴接待了，顾、潘二先生和我有时也帮他接待一下。此时正式职员七人、工友一人，是职工人数最多的时期，一直保持到捐献。还有一位以前曾任职江苏省立苏州图书馆、当时在上海自行车厂工作的洪驾时先生，多年来业余为合众钞了很多罕见的旧刻本和钞、校、稿本，《合众图书馆丛书》中的一些书和合众图书馆藏书目录中的一些目录，都是他手写石印和刻蜡纸油印的。还有顾颉刚先生的《西北考察日记》、《浪口村随笔》、《上游集》，刘厚生先生的《张謇传记》、王謇的《续补藏书纪事诗》等最初问世的油印本，也都是他刻的蜡纸。

　　…………

一九九九年十二月九日，王煦华于北京中国社会科学院

历史研究所[1]

黄筠是顾廷龙妹妹顾廷慧的二女儿，顾廷慧 1921 年去世。抗战时期，妹夫黄樨培（黄炎培堂弟）把黄筠托付给顾廷龙照顾。顾诵芬的记忆里，二表姐住在合众图书馆，平日还帮着做一些抄写卡片的工作，直到解放后参军为止。

第十二年（1950 年 8 月至 1951 年 8 月）记有：

一九五一年二月廿六日，延朱一冰为干事，担任登录。

同年五月一日，杨鉴改为专任，担任新旧期刊管理。[2]

潘承圭

第十三年（1951 年 8 月至 1952 年 8 月）记有：

一九五二年一月一日，延潘承圭为干事。[3]

顾廷龙夫人潘承圭（1905—1967）1939 年与顾廷龙携全家来到合众图书馆筹备处，一直在为合众图书馆义务工作。

1951 年 11 月 11 日，合众图书馆董事会第十一次常会会议上：

谢（仁冰）董事提，潘承圭君义务服务已有多年，今拟聘为

① 顾廷龙：《顾廷龙日记》，李军、师元光整理，中华书局，2022，第 932-939 页。
② 顾廷龙：《顾廷龙日记》，李军、师元光整理，中华书局，2022，第 752 页。
③ 顾廷龙：《顾廷龙日记》，李军、师元光整理，中华书局，2022，第 758 页。

正式职员案。

　　决议：通过。①

　　虽被聘为正式职员，但潘承圭一直享受的是兼任人员待遇。在 1952 年 12 月 14 日，合众图书馆董事会第十四次临时会会议上：

　　裴（延九）董事提议，潘承圭君补职员后全日工作，仅支兼任待遇，应予调整案。

　　决议：通过。②

　　1957 年，尽管当时上海合众图书馆已经上交国家，图书馆工作人员应该享受国家工作人员待遇，但潘承圭却做出了一个出人意料的决定。《顾廷龙年谱》记载："一月十一日，夫人潘承圭因健康原因，有致馆退职信。云：'我在职休养，已经一年多了，但是健康还没有完全恢复，恐怕一年内难能销假。而我思想上感到拿了工资不工作，终觉不安。因此，请求退职，以便从容休养，即希照准为荷。'（原件复印件）一月二十五日，上海市文化局有批文，为潘承圭因病不能继续工作，准其退职。（文化局批文）"③

　　1953 年 4 月 24 日，在合众图书馆董事会第十五次临时会会议上，裴延九提出了给员工的最后一次福利：

　　四、裴董事提议，本馆工作人员薪给菲薄，平时均颇勤劳，现值捐献，尚有余款人民币二千二百二十万元，拟拨作酬劳金，

---

① 顾廷龙：《顾廷龙日记》，李军、师元光整理，中华书局，2022，第 925 页。

② 顾廷龙：《顾廷龙日记》，李军、师元光整理，中华书局，2022，第 928 页。

③ 沈津编著《顾廷龙年谱》，上海古籍出版社，2004，第 527、528 页。

合众图书馆员工名单

请公决案。

决议：本会助员朱子毅君现在不支薪工，应酌酬一百五十万元。其余同人一律按薪额平均分配之。通过。[1]

在顾廷龙保存的资料中有一份《私立合众图书馆章程》[2]。此件独立成册，封面题为"私立合众图书馆章程　中华民国三十年八月十九日"，内题为"上海市私立合众图书馆组织大纲"。其中附有一份员工名单，其中有较为详细的介绍。

照录整理如下：

私立合众图书馆职员表

姓名	别名	学历	经历职务	现任职务	薪给
顾廷龙	起潜	燕京大学文学硕士	国立北平研究院史学研究所名誉编辑、齐鲁大学国学研究所名誉研究员、燕京大学图书馆中文采访部主任兼美国哈佛大学图书馆驻平采访处主任，任职六年	总干事	薪二百四十元津六千二百六十元
潘承弼	景郑	家塾	太炎文学院教授兼图书馆主任、齐鲁大学国学研究所名誉研究员	干事	薪一百七十元津六千三百三十元
朱 仁	子毅	东吴大学法学士	宁绍商轮公司职员	干事	薪一百十元津二千四百九十元
杜 桢	幹卿	家塾	北平电话局庶务	书记	薪八十元津一千八百七十元
胡世范		家塾	商务印书馆编译所助理编审	助理	

① 顾廷龙：《顾廷龙日记》，李军、师元光整理，中华书局，2022，第930页。

② 原件存上海图书馆。

　　1953 年，合众图书馆被捐献给上海市人民政府时，顾廷龙写有《上海私立合众图书馆十四年小史》一文，后附员工名单：

姓名	性别	年龄	籍贯	学历	经　历	职　务	到职年月
顾廷龙	男	四九	江苏苏州	前燕京大学研究院毕业	前燕京大学图书馆中文采访主任、前暨南光华大学兼任教授、前中央图书馆编纂	总干事	一九三九、七
潘景郑	男	四六	江苏苏州	家塾	前章氏国学讲习会太炎文学院讲师兼图书馆主任、原任本馆顾问	干事（主管历史图书采编）	一九四〇、八～ 一九四六、三 一九五一、三
王煦华	男	二六	江苏江阴	前诚明文学院毕业		干事（主管新文化图书采编）	一九五〇、二
杨　鉴	男	二七	江苏扬州	前诚明文学院国学专修科毕业	正中中学诚明业余学校语文教员	干事（主管期刊采编及参考室）	一九五〇、六
朱一冰	女	二六	江苏南通	前之江大学毕业	南通唐闸工人子弟学校会计兼高级科任教员	干事（主管登录编目及财务）	一九五一、四
杜幹卿	男	五九	北京	家塾六年	北京电话局庶务	干事（管理普通阅览室）	一九四六、二
潘承圭	女	四七	江苏苏州	家塾九年		助理员（管理报纸阅览室及庶务）	一九五二、二
周同和	男	二一	江苏海门	小学		勤杂员	一九五一、四
邹云泉	男	三七	江苏无锡	小学		勤杂员	一九五二、七

资料来源：顾廷龙：《顾廷龙日记》，李军、师元光整理，中华书局，2022，第 654、655 页。

　　表格中列有"杜幹卿"，到职时间记为"一九四六年二月"，但1946年工作总结的人事变动内容中未见记录。顾廷龙1946年1月日记有记："二十二日　鉴资[1]带杜幹卿来见，约明日来试事。二十七日　鉴资来。视杜幹卿。"[2]

　　顾廷龙曾在《读新版文字同盟杂感》文中写道："《同盟》中所提及诸人，若干年后余皆得奉手承教，如杨雪桥先生有遗文一册，原交其记室杜君保管，杜君后入合众图书馆工作，病中以交于余。余以原本送辽宁图书馆，复印一本存合众图书馆。"[3]"记室"，即秘书、书童。显然是杨雪桥去世后，其子杨鉴资要对父亲身边的人做一个安排，所以有22日的引荐，还有27日的看望，足见其对父亲身边旧人的关切。

　　杜幹卿较顾廷龙年长10岁，在顾廷龙日记中多被记为"老杜"，除参与一些管理工作（如员工膳食等）外，还从事缮写方面的业务。顾廷龙有记，1949年三月，胡适常至合众图书馆读书："谓将修改有关《水经注》文章，并出所著诸跋见示。余即随手请杜幹卿君录副，每抄就一篇，余即校读一过，储之篋衍忽忽四十年矣。"[4]

　　在合众图书馆员工中，杜幹卿应属年龄最长、资历较深的一位。

　　还有部分短期工作的员工，未见于以上表格中，其中有叶景葵给顾廷龙的信函中提及的一位缮写生潘士霖。

　　1939年10月：

---

① 杨鉴资（1900—?），名懿涞，字鉴资，辽阳人。曾任职商务印书馆，程沧波秘书。著名诗人。清末藏书家杨钟羲（字子勤，号雪桥）子。苏州藏书家曹元忠女婿。

② 顾廷龙：《顾廷龙日记》，李军、师元光整理，中华书局，2022，第440、441页。

③ 顾廷龙：《读新版文字同盟杂感》，载《顾廷龙文集》，上海科技文献出版社，2002，第695页。

④ 顾廷龙：《胡适之先生水经注论著附手札识语》，载《顾廷龙文集》，上海科技文献出版社，2002，第99页。

潘士林来，如有需抄之件，可与面洽。葵。起潜兄鉴。[①]

1939 年 10 月 30 日：

潘士霖已与说妥，渠家住沪西，因晚间环境不良，故非回家不可，早八点到馆，晚六点散值，午饭自出外吃，有脚踏车，来往不致误公，月薪四十元，已与约定试办。明日赴法院辞职，如一号不能到馆，薪水可按日扣算。特与此函为凭。此致起潜兄。弟葵顿首，卅。[②]

1939 年 11 月 1 日：

缮写生潘士霖顷遣其进谒，请兄面加考询，并问其志愿，即行当面决定可也。此致起潜兄鉴。弟景葵顿首。[③]

约 1939 年 11 月：

潘士霖遗缺可请菊老访求。揆复。[④]

这一次介绍，很可能没有成功，其中原委无法了解。但在顾廷龙 1941 年的日记中，潘士霖的名字出现了多次："（1941 年）十一月二十八日 ……刘

① 叶景葵：《叶景葵文集（上中下）》，柳和城编，上海科学技术文献出版社，2016，第 1130 页。
② 叶景葵：《叶景葵文集（上中下）》，柳和城编，上海科学技术文献出版社，2016，第 1130 页。
③ 叶景葵：《叶景葵文集（上中下）》，柳和城编，上海科学技术文献出版社，2016，第 1130 页。
④ 叶景葵：《叶景葵文集（上中下）》，柳和城编，上海科学技术文献出版社，2016，第 1130 页。

厚生来，托招潘士霖，有书属其缮录，即函仲恕先生转知之。（1942年）二月十八日 ……潘士霖来取钞件，以高金斋文集一册付钞纸百张……四月二十三日 ……潘士霖取《吴郡志》去抄。杨秋农取《鼓山题名》去抄三册，毛边，百五十二张……七月二日 ……潘士霖来取《俄罗斯进呈书目》去钞……七月二十日 ……《尚书私学》，据《存目》提要似不甚精核，全书约三万余，而索值甚昂，不如传钞一本存之。即片招潘士霖来……八月十日 潘士霖钞就《尚书私学》一册，校一卷。"①

由以上记载看，潘士霖在1941年底至1942年8月曾为合众图书馆承担抄写工作，此间还有一位杨秋农②，也是从事缮写工作的。

1939年11月26日，叶景葵在给顾廷龙的函中介绍了一位朱容孺：

> 兹介绍朱容孺兄诣馆与兄一谈。容兄系古微侍郎③哲嗣，极愿在馆习练，待遇条件，弟再与兄面洽可也。此致起潜兄。弟葵顿首。廿八年十一月廿六日。④

这次介绍，顾廷龙显然是重视的，但结果却令他失望。顾廷龙在日记中写道：

> （1940年）五月八日 ……夜七时，朱容孺来辞去，学习半

---

① 顾廷龙：《顾廷龙日记》，李军、师元光整理，中华书局，2022，第200、220、234、250、253、256页。

② 顾诵芬在本书序中介绍到此人："至于抄书，则请了一位半身瘫痪的老先生杨秋农，他是我的表姑夫，原来在政府机关当文书，不幸瘫痪后闲散在家，父亲知道他字写得好，因此请他来帮助抄录。"

③ 文中"古微侍郎"指朱祖谋。朱祖谋（1857—1931），原名朱孝臧，字藿生，一字古微，一作古薇，号沤尹，又号彊村，浙江归安（今湖州）埭溪渚上彊村人。1883年（光绪九年）进士，官至礼部右侍郎，因病假归作上海寓公。朱祖谋与叶景葵、张元济很早就熟识，一起参与过一些社会活动，在《张元济年谱长编》和《叶景葵年谱长编》中均有记载。

④ 叶景葵：《叶景葵文集（上中下）》，柳和城编，上海科学技术文献出版社，2016，第1132页。

年矣，不能习清苦，为之痛惜。

五月九日　容孺来，送本月薪，优视之也……

…………………

五月十一日　……与杨敬涵商补朱容孺遗缺，渠欣然允之，即约后日始。①

叶景葵介绍员工主要在筹备初期，显然是为顾廷龙寻觅助手，以后即没有类似事情见诸文字。顾廷龙日记中还有"巧龙""财生""陆松寿""陈履刚"等员工名字出现，应为短期的临时用工或工友，而非合众图书馆管理人员。

---

① 顾廷龙：《顾廷龙日记》，李军、师元光整理，中华书局，2022，第78页。

第六章

苦心孤诣，成就斐然

　　近一个世纪过去了，回首其间，我干的最多的是图书馆工作，整整六十五个年头。说起来，我做的工作很普通，归结一下只有六个字：收书，编书，印书。谈不上成就与贡献，只是在主观上一直努力认真地去做，总希望把事情做好，如此而已。

——顾廷龙：《我和图书馆》

一、集腋成裘

对于图书馆收藏，顾廷龙很赞同顾颉刚的见解，他曾在《我和图书馆》一文中阐述了顾颉刚的观点：

> 他提出必须打破传统观念，"能够用了材料的观念去看图书，能够用了搜集材料的观念去看图书馆的事业"，"要把记载自然界与社会材料一起收，无论什么东西，只要我们认为是一种材料就可以收下，不但要好的，并且要坏的"，使普通人可以得到知识，使专门家可以致力研究……作为一个史学家，颉刚先生在古代史、历史地理、民俗学诸学术领域进行了广泛而又深入的研究，唯其如此，方能理解图书资料的内容，真正懂得图书资料的运用，高度重视图书资料的搜集与整理。我十分佩服他对图书资料的真知灼见，并以搜集、整理材料作为一生办馆治书的方向。①

在这一思想指导下，1941年迁入新馆后，合众图书馆在短短几年中有了长足的发展。从筹办时期收进叶景葵、蒋抑卮等捐赠的第一批书开始，截至1943年8月馆藏"共计书籍一万六千五百六种、十二万八千四百二十九册，图及散页七十七张，尺牍一百四十六函，画一卷，石经十五包，景印卷三十二卷，奏折、信札二宗；共计拓片六百廿八张、一千一百五十五张、九十九册、一百三十五包、十九轴、四百七十七张，旧报七捆；寄存书籍计四百五十三种、一千二百八十五册。"② 1944年度：18 086 种，137 172 册；1945 年度：19 494

---

① 顾廷龙：《我和图书馆》，载《顾廷龙文集》，上海科技文献出版社，2002，第591页。
② 顾廷龙：《顾廷龙日记》，李军、师元光整理，中华书局，2022，第686页。

种，146 448 册；1946 年度：20 896 种，155 728 册······ 每 年 以 1 000 余 种、10 000 余册的速度在增长。

在 1943 年度《合众图书馆筹备第五年工作报告》中，顾廷龙写下了他看到 5 年来取得的成绩后的心情："本馆筹备以来，已岁星五周，捐赠、购置之书日增，而本馆之名亦日著，电话询阅览手续者踵门，请参观者颇不乏人，皆以筹备未竣却之，时势使然也。昌黎尝云：'沿河而下，苟不止，虽有迟疾，必至于海。'"①

顾廷龙曾在《上海私立合众图书馆十四年小史》中列举了一些重要的捐赠项目：

一九四一年，成立董事会。董事李宣龚先生陆续把所有近时人的诗文别集以及师友书札图卷等送来；董事陈叔通先生把家藏名人手札及所存的清末新学书刊送来。

一九四二年，叶恭绰先生来沪，知道了我馆的性质，表示热烈赞助，就把几十年来搜集的山水、寺庙等专志，以及其他图书、朋友书札一起捐赠。

一九四八年，胡朴安②先生逝世后，他夫人朱昭昭先生把胡先生所钻研的经学、文字学、佛学等书及朋友书札等都捐赠我馆。

一九四九年，冯雄先生把旅蜀时所集的四川文献，顾颉刚先生把所集近代史料及其他书籍、拓片等，潘景郑先生陆续把有关清人传记的资料及其他书籍先后送来。

---

① 顾廷龙：《顾廷龙日记》，李军、师元光整理，中华书局，2022，第689页。
② 胡朴安（1878—1947），近现代著名文字训诂学家、南社诗人。本名有忭，学名韫玉，字仲明、仲民、颂明、号朴安、半边翁，以号行世。安徽泾县溪头村人。曾先后任教于上海大学、持志大学、国民大学和群治大学等。抗战胜利后，《民国日报》在沪复刊，他受任馆长，并继任上海通志馆馆长之职，后任通志馆改组的文献委员会主任直到逝世。

一九五二年，裘毓葑先生把其父可桴先生，冯都良、宾符两先生把其父君木先生，张澍嘉先生把其父文伯先生平生研习所用的书籍送来，大都经过他们手自批点的。[1]

《上海私立合众图书馆十四年小史》还记录有稿本的捐赠和金石拓片的搜集：

四、稿本的捐赠

人家知道我馆重视稿本，所以郑重送来保存的不少。本人把稿本送来的：

汉川刘昶先生再庚，时年七十余。《庄子间诂》四册、《道德经正名》八册

萧山单士厘先生时年八十五岁。《清闺秀艺文略》四册

闽县林葆恒先生子有，时年七十五。《续词综补》二十八册

淮安田毓璠先生鲁屿，时年八十五。《易例类徵》四册

杭州王禔先生福庵，时年七十余。《福庵印稿》七十八册

后人以先世著述送来的，如：

吴谦斋先生交来其兄吴絅斋先生士鉴。《晋书斠注》手稿一百册

孙成伯先生交来其父孙和叔先生树礼。《诗文稿》十八册

瞿锐庵先生交来其父瞿子玖先生鸿禨。《奏稿》七册

刘子乔先生交来其高曾祖刘孟瞻文淇、伯山毓崧、恭甫寿曾三代所著《春秋左氏旧注疏证》正副稿十四册

有的人以家藏名人稿本相赠。如：

---

① 顾廷龙：《顾廷龙日记》，李军、师元光整理，中华书局，2022，第 644、645 页。

　　沈昆三先生赠查慎行《敬业堂诗集》手稿　三十二册

　　刘培余先生赠沈钦韩《汉书疏证》手稿　十八册

　　亦有人在冷摊购得的小种稿本见赠的。这都是我们引为极可感激的事。

　　五、金石拓片的搜集

　　金石拓片为考证历史的重要材料，足与图书相羽翼，因椎拓麻烦，流传不广。旧刻往往模糊难辨，这非稍有研究的人对之不会感觉兴趣的，一不小心，便遭废弃，实比访求图书为尤难，故非及时搜集不可。

　　我馆金石拓片的收藏，相当丰富而名贵，也是以叶景葵先生所捐的为基础。金文是吴式芬所集《据古录金文》的底本。石刻以造像为大观，叶先生的祖父和从叔父都是研究此学的，故搜罗既备，且多罕见。杭州顾鼎梅先生在河朔访碑，发现了很多前人所未著录的碑志，他自己保存的一份，晚年以廉价相让，属为保存，所以是非常难得。其他六朝隋唐墓志，除不易得的未有外，余可说应有尽有了。还有杭州、苏州两府学里的石刻的全份，也是不叫不易得的。其他为各家所送的很多。共计石刻拓片约一万五千余种。①

　　顾廷龙列举的重要捐赠中，有叶恭绰"把几十年来搜集的山水寺庙等专志以及其他图书朋友书札一起捐赠"项。顾廷龙日记中记有这一段时间与叶恭绰的交往，时起自叶刚到上海不久："（1942 年）十月二十六日　……振铎忽来电话，称叶誉虎有书赠合众，属往接洽。"②

---

① 顾廷龙:《顾廷龙日记》，李军、师元光整理，中华书局，2022，第 645、646 页。
② 顾廷龙:《顾廷龙日记》，李军、师元光整理，中华书局，2022，第 271 页。

叶恭绰（1881—1968），字裕甫（玉甫、玉虎、玉父），又字誉虎，号遐庵，晚年别署矩园，室名"宣室"。祖籍浙江余姚，生于广东番禺书香门第。早年毕业于京师大学堂仕学馆，后留学日本，加入孙中山领导的同盟会。曾任北洋政府交通总长、广州国民政府财政部长、南京国民政府铁道部长。1927年出任北京大学国学馆馆长。中华人民共和国成立后曾任中央文史馆副馆长、第二届中国政协常委。

叶恭绰

按照《创办合众图书馆意见书》中，合众图书馆的目录"以捐赠各家分别编纂，题曰合众图书馆某氏书目"的原则，叶恭绰捐赠图书编有《番禺叶氏遐庵藏书目录》一卷。1948年8月，顾廷龙题签的《番禺叶氏遐庵藏书目录》出版。此目录为合众图书馆藏书分目之二。潘景郑撰写初稿，顾廷龙重编并缮写后付诸石印。

顾诵芬曾回忆："父亲为什么要与日本东洋文库一比高下？因为东洋文库出了目录，扬言世界上研究中国古籍非他莫属，而在中国却没有人敢与它较劲，所以合众一定要胜过它。"[1]与顾廷龙有同样志向的大有人在，叶恭绰即为其一。在其所著《矩园余墨》书中有《书〈遐庵藏书目录〉后》一文，写下了他捐赠的初衷：

[1] 老科学家学术成长资料采集工程顾诵芬院士采集小组编《中国工程院院士传记 顾诵芬传》，航空工业出版社，2021，第46页。

　　余于一九四三年（民国三十二年）以所藏关于地理类图籍捐赠上海合众图书馆，凡九百六种二千二百四十五册。盖其时余方为日寇俘囚，余誓不为之屈，设一旦被害，则所藏更不可问。因以金石古器物及书画暨薄产概分与家属，以图录及拓片存于洞庭西山禅院，其关于佛教之文物，则捐之上海法宝馆，因编选清词，所收清人词凡三千余种，则赠与陆君微昭，继续其役。自余普通文物图籍可散者，则悉散之。而屡年所搜集之方志、山志、书院志、寺观志、古迹志，及关于文献考古诸函札图片，则悉以赠合众图书馆，而企其代编一目。该馆因先编行关于地理一类，其中复析为二十九目，即此是也。

　　余惟余之收集一切，本非如往昔藏家徒矜博雅供玩赏。盖自少颇有志于史学及文艺，感二者自昔径域之未闳深，研究之缺统系，考订之多疏舛，兼以时代不同，见地复异，故恒有从事述作之意，而先以搜罗资料及实物为准备。值时局屡变，所业不专，忽忽数十年，学既无成，宦徒抱拙，复懵于世故，牵于奔走，阻于世难，今行将就木，百无所冀，只幸所藏之已散而未毁灭者，犹存于天壤而已。

　　自昔制作及收藏文物者，恒镂刻为志曰"子孙永宝用"、曰"某氏世守"，其辞殷切而郑重，但能传至三四代者卒鲜。余既以为愚，且志本不同，但主存其藏目以资大众考索，此目之编行因欣符余愿也。张菊老之推许，非所敢当，顾、潘二君之劳，则深所纫谢，故特述之于此。一九四九年三月。[1]

---

① 叶恭绰：《矩园余墨》，辽宁教育出版社，1997，第 72 页。

顾廷龙则在该目录的序中写出了收书者的感想:"本馆筹设于抗倭之际,旨在保存国粹,联合气谊相投之友,各出所藏,以期集腋。吾友叶君遐庵自港返沪,力予赞助。一九四三年五月即举所藏地理类书籍相赠,空谷足音,良可善慰……尝念专藏之难,必日积月累,锲而不舍,始克有成,断非一时一地咄嗟可以立办,况丁丧乱,文物摧毁之余邪!南雷所谓读书难,藏书尤难,于今愈信。上海为通都大步,尚乏完善之图书馆,宁非憾事。甚愿合各家之专藏成一馆,合各专藏之馆以萃于一市,庶收分工合作之效,盖亦我合众命名之意也。"①

《番禺叶氏遐庵藏书目录》出版后,著名金石目录学家容媛写有书评:"本书计收史部地理类:水道总录之属、水道河之属、水道江淮海之属、水道郡邑之属、水道通论之属、山川山之属、山川川之属、专志宫殿之属、专志古迹之属、专志寺观之属、专志祠庙之属、专志陵墓之属、专志园亭之属、专志书院之属、专志圣门之属、专志会馆之属、杂记之属、游记总录之属、游记唐至明之属、游记清代之属、游记近代之属、游记游外国之属、游记外国人著述之属、边防北徼之属、边防江海之属、外记之属、总录之属、丛刻之属、方志之属、舆图之属等三十属,书凡九百六种,三千二百四十五册。其分类采国学图书馆法,略加增并,系统分明,足资研究地理者之参考。惟简目与书目分类之属略有出入,如水道郡邑之属,计收书目十三种,附录一种,而简目则赋阙如。为阅者便利计,甚盼编者能于简目空格中补添一栏,以便寻检。(《燕京学报》第35期)"②

1950年至1953年在合众图书馆工作过3年的王煦华为《顾廷龙文集》所作序中列举了他到合众图书馆以后经历的关于捐书的三件事:"一是南洋中学校长王培孙先生的藏书,一九五二年学校由于发展的需要,要腾空房屋,所藏

---

① 顾廷龙:《番禺叶氏遐庵藏书目录序》,载《顾廷龙文集》,上海科技文献出版社,2002,第139页。

② 沈津编著《顾廷龙年谱》,上海古籍出版社,2004,第434页。

七万余册古籍不是中学所需要的，想捐献出去，他们考察了上海各图书馆，认为合众最合适，可是合众是私立的，又觉得不合适，后来想出一个变通的办法：把书捐献给上海市文化局，建议拨交合众保管，得到文化局的批复同意，由合众点收造册。二是五十年代中华书局迁京时，于一九五三年舒新城先生等决定把抗战以前出版的样书五万余册，全部捐赠给合众。三是蒋竹庄（维乔）先生的捐赠日记，蒋先生是鸿英图书馆的馆长，鸿英又以搜集近代史料著称，按理他自己一生的日记，应该捐赠给鸿英保存，可是他却捐赠给合众。蒋先生是我的老师，他写了一明信片给我，说他的一生日记要捐赠给合众保存，教我到他家中去取。可惜这张明信片在十年动乱中遗失了。由此可见合众在文史界有很高的信誉。"①王煦华在文中还讲到，"合众征集私家藏书共同保存，得到社会各界的信赖"②。这是叶景葵、张元济等董事会成员的社会影响力所致，也得益于顾廷龙的办馆理念和精心管理。

顾廷龙在 1985 年 7 月写下的《张元济与合众图书馆》一文对合众接受捐赠的藏书做了简要介绍：

> "合众"以叶先生所捐其全部藏书为基础。叶氏书以抄校本，特别是先儒未刊稿本为特点，而近代考古报告、各种学术论文的学报期刊亦甚珍贵。其次是蒋抑厄先生的藏书，多为印本较早的常用四部书，应有尽有。李拔可先生所捐的藏书大都为近时人的诗文别集。陈叔通先生所捐藏书中有《冬暄草堂师友手札》及清末新学书刊。叶恭绰先生藏书的珍品有山水、寺庙、书院等志以及亲朋书札。胡朴安先生所捐藏书多为经学、文字学、佛学书籍

---

① 王煦华：《顾廷龙年谱》序二，载沈津编著《顾廷龙年谱》，上海古籍出版社，2004，第 3、4 页。
② 王煦华：《顾廷龙年谱》序二，载沈津编著《顾廷龙年谱》，上海古籍出版社，2004，第 3 页。

以及亲朋手札。顾颉刚先生所捐藏书多为近代史料方面书刊。潘景郑先生所捐藏书是有关清人传记资料及大宗金石拓片。周志辅先生所捐的藏书为几礼居戏曲文献。胡惠春先生所捐为明代刊本及名家校本。

张先生于一九四一年春即以历年收藏旧嘉兴一府前哲遗著四百七十六部一千八百二十二册赠与本馆，并以海盐先哲遗征三百五十五部一千一百十五册，又张氏先世著述及刊印评校藏弃之书一百四部八百五十六册，及石墨图卷各一，事先作寄存，冀日后宗祠书楼恢复或海盐有地方图书馆之设，领回移贮。既经倭乱，鉴于祠屋半毁，修复无力，本地图书馆之建设更属无望，遂改为永远捐助。①

二、精心购置

顾廷龙在燕京大学图书馆任采访部主任多年，在图书，尤其是古籍采购方面积累了丰富的经验，也结识了诸多书肆的老板，这对于合众图书馆在图书采购方面取得突出成绩起到了决定性作用。在《合众图书馆筹备一年记略》中，顾廷龙列举了购置书籍的成绩，同时也明确了购书的方针：

四、购置书：计七百九种、一万一百九十册、六十一张、两幅。

（一）购书方针：先为参考所须者，次为善本，又次地方总集及丛书，又次民国以来刊布之清代史料及覆印旧本。

---

① 顾廷龙：《张元济与合众图书馆》，载《顾廷龙文集》，上海科技文献出版社，2002，第561、562页。

（二）采购故宫博物院出版书籍，函托邵茗生先生代购，商得优待，按新价七折计算。北平图书馆编印各书，经张先生之函商，亦得按新价七折优待。

（三）从张尧伦处购得其所集大戴礼十四种，夏小正四十九种，颇有难得之本。

（四）所得较善之本列简目如下：

历代长术辑要手稿本　胡刻文选张敦仁手校本

三朝野史抄本。有荆驼逸史之阙卷　东池茅亭札记傅以礼手稿本

法帖释误稿本　湘城访古录许勉夫手稿本

丁氏家谱丁丙撰。稿本　今雨集顾沅编刊并手稿本

唐纪四库底本。见存目　六唐人集汲古阁刊本

王文村残稿手稿本　北郭集明万历中陈邦瞻、汪汝淳校刊本

元诗选初集卢抱经手校本　覆瓿集明朱同撰。万历本

词综朱彊村手校本　皇明词林人物考明刊本

说文翼下册严可均手稿本　龚定盦文集原刻本

映雪楼藏书目沈仲方撰。稿本　清实录[1]

以后的《工作报告》一直沿用了这种格式，从中可以看到每年购书的数量：1940 年 7 月—1941 年 6 月：

本年购置书籍共一三八一种、六二八八册，景印佛经十一卷，恽世临奏稿一宗，折片七二件，拓片九六种。[2]

---

[1] 顾廷龙：《顾廷龙日记》，李军、师元光整理，中华书局，2022，第 661、662 页。

[2] 顾廷龙：《顾廷龙日记》，李军、师元光整理，中华书局，2022，第 668 页。

1941 年 7 月—1942 年 8 月：

本年以经常费购置近年出版新书，特别费添置参考必用之书，约为丛书类书、奏议、浙江方志、近代史料、题名齿录、年鉴、报告、别集等类共计一千七十一种、九千一百六十八册，十三张，一卷，其中略有善本……①

1942 年 7 月—1943 年 8 月：

本年以书价上涨，经常费外加拨特别费所购书籍约为丛书、奏折、族谱、明清别集、搢绅录及公署报告、旧杂志等，皆以有历史参考价值为标准，又添购新出土铜器拓本及石刻拓本，共计书籍 1 712 种、9 354 册、33 张。共计拓本 419 种、541 张、22 册。②

1943 年 7 月—1944 年 8 月：

本年购书费不多，选择以实用为主，约为丛书、搢绅录、公署报告、旧杂志、前清各部则例及各种章程等类，间有稿本、批本收得。又从朱小汀氏购得朱卷大宗，尤为可贵……本年所购书籍共计 728 种、5 352 册、1 卷、1 张。③

1944 年 8 月—1945 年 8 月：

① 顾廷龙：《顾廷龙日记》，李军、师元光整理，中华书局，2022，第 675 页。
② 顾廷龙：《顾廷龙日记》，李军、师元光整理，中华书局，2022，第 683 页。
③ 顾廷龙：《顾廷龙日记》，李军、师元光整理，中华书局，2022，第 691、692 页。

今年本市制还魂纸之厂甚盛，于是贾人以不正当之手段得来者，或不易立时销售者，往往以废纸论斤售于纸厂。本馆自各处见之，力不能全得，略事选收，若期刊、统计报告有关实用者。其他总集、丛书之类，续有增益，善本甚少……本年所购书籍共计 822 种、2 972 册。①

1945 年 8 月—1946 年 8 月：

本年所购书籍，单本为多，较整齐而略可观者则水利、考古两类，虽皆近著，但已罕觏。该两类书籍，本馆素甚注意，随时补充。所得水利各种，闻系日侨专家故物。考古类因教育部清理战时文物损失委员会编辑中国在日文物总目，来馆参考访求所得……共计一年所购图书二四六种、五四〇册、十二函、二卷，拓片二十包、十九张。②

1946 年 8 月—1947 年 8 月：

本年所购以工具、考古、边务为多，略有善本……统计所购图书，共五百五十种、二千六百六十七册、八百六十一张。③

1947 年 8 月—1948 年 8 月：

---

① 顾廷龙：《顾廷龙日记》，李军、师元光整理，中华书局，2022，第 698、699 页。
② 顾廷龙：《顾廷龙日记》，李军、师元光整理，中华书局，2022，第 705、707 页。
③ 顾廷龙：《顾廷龙日记》，李军、师元光整理，中华书局，2022，第 714、715 页。

本年书价较昂，所购无多，除随添新出书外，约为清代大臣奏疏、儒林全集、笔记、小说及其他等。曩在北平效贤阁所购《道藏》一部，寄存浙江兴业银行北平支行者六年，今年始由中兴轮船公司运回，遂列入本年度收得书中……共计本年度所购图书四一四种、二五三三册。[①]

1948 年 8 月—1949 年 8 月：

本年以书费少，未能多购，仅于文海书店选购长沙张叔平寄售书四十六种，皆刘氏嘉业堂旧物，善本也。其他于各书局廉价时添置新书若干，又于各旧肆堆上选购另本多种……本年所购图书共计四二八种、八三四册、十六张、一卷，拓本六五种、八十张。[②]

1949 年 8 月—1950 年 8 月：

本年购书重心在添置新书，以研究马列主义、毛泽东思想为主……

旧书收购极少，名贵者有三：

票拟簿 明崇祯七年内阁所拟，钞本。松江封氏售废纸，书友郭石麒检出，当时似见十余册，仅抽得三册，余为人捆去作纸浆矣。

① 顾廷龙:《顾廷龙日记》，李军、师元光整理，中华书局，2022，第 724、725 页。
② 顾廷龙:《顾廷龙日记》，李军、师元光整理，中华书局，2022，第 734、736 页。

携李文系　此葛词蔚、张菊生、金钱孙三先生所编稿本，当时写定存嘉兴图书馆。倭寇占领，为汉奸夺去，菊生先生即托叶揆初先生留心访求，久无所闻。解放后，书友将来，阙目两册，存七十八册，时购书乏赀，适颜乐真君过访，助五万元，乃以十二万元成交，惜揆初先生之不及见也。

樗寮随笔　清姚椿所撰，未刻稿也。

本年所购图书共计四百四十八种、七百六十四册、三张。[1]

1950 年 8 月—1951 年 8 月：

本年购书费专添新文化书籍，以应急需，用购旧书者甚少。共计新书七六四种、七八一册。

一九五○年十一月，春秋书店收得大批解放前旧政府机关所出报告、统计之类，颇有参考价值，将称斤鬻为纸浆，该店据同业言，能知是项书籍有用者，只有合众图书馆，特来相告，当即往检，得二百九十斤，价一百拾万元正，苦款无出处，适陈器成先生至，知其窘况，慨然代付，为抢救废纸之先声也。共计旧书二七二种、三八一册、一张。

摄照宋拓薛尚功《钟鼎彝器款识》卅八张。[2]

1951 年 8 月—1952 年 8 月：

历史图书九七种、二二三册。

---

① 顾廷龙：《顾廷龙日记》，李军、师元光整理，中华书局，2022，第 744、745 页。
② 顾廷龙：《顾廷龙日记》，李军、师元光整理，中华书局，2022，第 751 页。

新文化图书一二二种、一四四册。

日文图书四种、四册。[1]

　　合众图书馆在资金极为困难的情况下，仍多次增加购书费用，与经常费和员工薪水的增幅及数额相比，可以看出叶景葵在购书经费方面的巨大努力。

　　1942年5月25日，在合众图书馆董事会第二次临时会议上，为解决经费困难，叶景葵提议"出售浙江兴业银行股票一百股，计票面一万元，以资挹注，业于三十一年五月十六日售出……除去佣金，合计得值法币二万三百四十一元五角，另立特种活存折，利息周年一厘，请予追认"。同时，在讨论事项中，他提出："本馆藏书之整理，粗有头绪，各类尚须补充，请从基金中拨出五万元作特别购书费。"[2]

　　1943年3月22日，合众图书馆董事会召开第三次临时会议，中有：

　　　　一、叶常务提，本馆各类书籍尚须补充，请拨第二次特别购书费五万元，又，本馆须用手工纸甚繁，应稍存储，请拨购纸费壹万元。

　　　　议决：通过。[3]

　　《议事录》记载，在1943年7月31日，合众图书馆董事会第四次临时会议上，叶景葵首先说明这次会议是由于"物价日涨，经常费应予调整"而特别召开的。会议内容有：

---

① 顾廷龙：《顾廷龙日记》，李军、师元光整理，中华书局，2022，第756页。

② 顾廷龙：《顾廷龙日记》，李军、师元光整理，中华书局，2022，第902页。

③ 顾廷龙：《顾廷龙日记》，李军、师元光整理，中华书局，2022，第904页。

四、又提书籍尚须陆续补充，请拨第三次特别购书费五万元。

议决：通过。[①]

在 1944 年 3 月 8 日，合众图书馆董事会常会第三次会议上，资金问题仍是主要议题：

三、叶常务提，据总干事呈请，馆中于三十一年五月购入中华《古今图书集成》中华书局缩印本，发现第四八四册剪贴错误，不足以资参考，拟乘市价方涨，及时售去，改购图书集成局排印本以备应用。又有《国民政府公报》四百七十五册，尚待随出随购。适承李太疏先生指捐一份，按期寄赠，拟将原购重本售去，所有书价及余款并可添补他书等情，业由景葵批准照办，请追认。

决议：通过。

四、叶常务提，本年尚须续置图书，拟拨第四次特别购书费五万元，分两期支领。请公决。

决议，通过。[②]

从 1946 年 5 月 3 日合众图书馆董事会第五次临时会议的记录看，经费开支的重心已经逐渐转向了维持员工生计，但购书费用仍没有停止拨付：

一、叶常务提，本馆经常费自上年十月份起，改为法币三万元，内膳费一万二千元，各职员薪津一万三千五百元……

---

① 顾廷龙：《顾廷龙日记》，李军、师元光整理，中华书局，2022，第 905、906 页。
② 顾廷龙：《顾廷龙日记》，李军、师元光整理，中华书局，2022，第 906、907 页。

十一月份起，增为法币四万元。本年二月份为法币八万元，三月份、四月份为法币十四万元，五月份为法币十八万元。所有膳费及职员薪津均按逐月增加总数比例支配，又先后拨付特别购书费法币九万七千元，特别费法币十一万六千七百元，均请追认案。

决议：通过。[1]

此文中的特别费与特别购书费是两个不同的支出项目，从历次董事会对特别费的解释，此项费用为"备购米、煤、油等物""购置米、煤及酌添用具等项"，这是为馆中员工用于饮食起居的开支。此次会议以后的历次会议中，没有了增加特别购书费一项的议题。

在购买书籍的过程中，顾廷龙与不少书商建立了密切的联系。1940 年 3 月 26 日的日记中记有："邃雅斋估董会卿来，述悉平中书市颇盛，向不买书者近皆大收，各有类属，或购词曲，或购初印。中南银行经理赵元方（旗人，易此名，谐音）力购无限，不畏价昂，皆托文禄堂王晋卿代办，抄校稿本均要。董康仍大收，偏于稿本，其燕京、哈佛、大同收购极勇，故书价亦飞涨，各肆大都重订价目，或照旧码无折扣。"[2]

文中提到的文禄堂王晋卿[3]，在顾廷龙的日记中多次出现。除购书、送书样、书信往来及在上海的面谈以外，顾廷龙还接下了他委托的一项任务："（1941 年）五月二十五日 ……王晋卿持《文禄堂访书记》求教正，日前乞搋

---

[1] 顾廷龙：《顾廷龙日记》，李军、师元光整理，中华书局，2022，第 912 页。

[2] 顾廷龙：《顾廷龙日记》，李军、师元光整理，中华书局，2022，第 62 页。

[3] 王晋卿（1894—1960），名文进，字晋卿，别号梦庄居士，河北任丘人。幼入乡塾，以家贫之故，略识字即辍学。适长兄设德友堂书肆于京师文昌会馆，由学徒而至协理，历十四五载。1925 年别设文禄堂书店于东南园。1933 年，书店迁至琉璃厂；1942 年，再迁至厂甸路南甲二六号文佑堂书肆故址。

丈先容矣，允之。书估能有纪录，尚属有心。至其行迹专在贸利，不能计矣。"①

王晋卿出身贫寒，在私塾里学了没几年即辍学，所以识字不多。但他进入书贾一行后，从学徒做起，非常用功，后来创办了文禄堂，在京城书店中赢得了一席之地。他在古籍流通商贸市场里摸爬滚打，收书贩书，经手的珍秘古籍颇多，在与当时各藏书家的交流中，开始收藏古籍，研究目录版本，终成书商界认可的版本目录学家，撰有《文禄堂访书记》，收录书750余种。但他毕竟是自学成才，所以很希望得到专家的指导帮助。这次他求到了顾廷龙，而且事先征得了叶景葵同意，所以顾廷龙不能拒绝。但修改这部初稿，使其能基本达到专业水准并非易事。接收书稿后的第二天，顾廷龙就投入了这项工作中。他在日记中写道：

　　五月二十六日　为王估校阅《访书记》史部，误夺触目，体例亦未划定，改不胜改，只可略标误字而已……

　　………………

　　五月三十一日　……王估晋卿来，携到《访书记》七册……王估晚又来，偕朱瑞轩，乞料理排印事，拒之。

　　………………

　　六月三日　阅王估《访书记》，错误殊甚，校阅极费力……

　　六月四日　阅王估《访书记》，分类多误，为之查改，史部粗竣，子部以下懒于翻动矣，阁之再说。渠倩人校阅已数年，经数人俱未改易一字，今乃知人之无从下笔也……

　　六月五日　王晋卿来，以百衲史售之，值二千元，即交现钞、期票各半清讫……晋卿因有求于吾，故出价稍大，亦可感也……

----

① 顾廷龙：《顾廷龙日记》，李军、师元光整理，中华书局，2022，第166页。

....

七月二十九日　审阅王晋卿《访书记》……

七月三十日　审阅王晋卿《书记》……

七月三十一日　审阅王晋卿《书记》……

八月一日　审阅王估《访书记》经部毕……

八月二日　审阅王估《访书记》……

....

八月四日　阅《访书记》……

八月五日　阅《访书记》……

....

八月十二日　……阅《访书记》完，此记舛误触目，凌乱无序，幸景郑阅去四册，然已费时不少矣……

八月十三日　……王晋卿来，《访书记》交还。①

经过顾廷龙、潘景郑审阅修改的稿子交还王晋卿后，来年有印本回赠。顾廷龙在日记中写道："（1942 年）十月二十一日　……王晋卿来，赠《文禄堂访书记》，即以《诗经守约》还之。"②《文禄堂访书记》有 1942 年文禄堂印本（全五册），这里所赠的当为此印本。1985 年 4 月，江苏广陵古籍刻印社据此印本影印，由扬州古籍书店发行。2007 年 6 月，上海古籍出版社将该书列入《中国历代书目题跋丛书》（第二辑）出版。2019 年 12 月，中华书局将其列入《书目题跋丛书》出版，署名：王文进著，柳向春整理，吴格审定。

此可谓顾廷龙古籍收购生涯中一轶事。

---

① 顾廷龙：《顾廷龙日记》，李军、师元光整理，中华书局，2022，第 166-168、179、182 页。
② 顾廷龙：《顾廷龙日记》，李军、师元光整理，中华书局，2022，第 269 页。

三、传　抄

在雕版印刷发明之前，图书主要以抄写的形式流传，其载体先是竹木简与帛素，随着纸的发明，尤其是植物纤维出现以后，人们便开始利用纸作为书写材料。宋代随着雕版印刷的盛行，刻本取代抄本成为图书流传的主要形式，但抄本并未因此消亡。因为传世书籍众多，有些书出于某种原因无法刊刻；或者人们因无法获得刻本而需通过抄录以补充藏书或配残本之缺；或者有的书出于特殊需要编纂，如帝王实录及出于个人治学所用的节本、汇编本，只要抄写便足敷使用；而《永乐大典》《四库全书》这样的鸿篇巨帙，官方也无力付梓；也有人纯粹出于爱好玩赏而抄写……种种因素，使得抄本依然是图书流传不可或缺的形式。可见，在印刷术已流行的时代，抄本的并行流传在某种程度上补充了印本的不足。

有这样一个人所共知的现象，即流传至今的宋元抄本极少，而明清抄本尤其是明代中期以后的抄本数量很大。仅就《中国古籍善本书目》而言，其总共收录善本古籍 5.6 万余部，其中抄本（主要是明清抄本）有 1.7 万余部，居总数的近三分之一，数量之多可见一斑。一个主要原因就是宋元旧本到了明代日渐稀少，为使流传、藏书家、学问家争相传抄，毕竟翻刻费时费财，而抄录则容易许多，至少能起到为古籍"续命"的作用。[①]

对于合众图书馆而言，在购书资金不足的情况下，传抄成为扩充馆藏的主要途径之一。即便传抄，也需付费，在抄写字数过多时，顾廷龙有时也只能叹息"无力进行也"。顾廷龙日记中关于传抄的内容很多，摘录如下：

> （1941 年）二月二十日　……偶与景郑议，从各家文集辑录
> 清代吴贤碑传集，次从家谱，又次其他，拟凡例六则，即日着手，

[①] 陈先行：《古籍稿抄本鉴定》，http://m.sohu.com/a/546436380_121124720/?pvid=000115_3w_a，访问日期：2024 年 7 月 17 日。

命馆童钞之，得两百人，即出一集，或较邑志之用为大，成十册，即可称巨观矣……

⋯⋯⋯⋯⋯⋯⋯⋯

四月二十四日　……友仁堂寄书来，《桂龄日记》确系手笔，有叙及与先高祖往来甚多，惜定价不廉，加以联钞升水甚大法币一百〇四元合联钞百元，恐须割爱，当与友仁堂以法币计，俟其南来面付。如不成，只可钞一本矣……

⋯⋯⋯⋯⋯⋯⋯⋯

五月七日　校韩日记毕。友仁堂来函，价不能让，只可退回，有此钞本，可以流传矣。

⋯⋯⋯⋯⋯⋯⋯⋯

七月二日　检阅去年八月以来日记，以备撰报告。所传钞之本尚不少，皆有小跋，亦不恶……

七月三日　搜集报告材料，一年中所钞书，叶先生处不在内，竟得一百七十余万字……

⋯⋯⋯⋯⋯⋯⋯⋯

十二月四日　……秋农夫人来，托表镜架心八幅，并缴《忘山庐日记》一册、《柚堂诗文》二册。今日起钞费润每千字以五角计加一角。

⋯⋯⋯⋯⋯⋯⋯⋯

十二月六日　……欣夫来领《鄣斋文稿》及印书款存折，承告中国书店新收得《诗考异再补》残稿，即往踪迹携归，仅存二卷，而索值二百。此系严思闇原本，豹人补，陈屾来青再补，其男钟英校，拟传钞一本还之……

⋯⋯⋯⋯⋯⋯⋯⋯

（1942年）二月二日　……访剑知，告《南北史合注》共二百八十余万字，钞费每千字一元，须款甚巨，无力进行也。

……………

三月二十六日　……秋农夫人来，《沈君庸集》钞毕，归入四月份，钞费增为每千八角，即交《陶云诗钞》卷八至十二钞补。

……………

六月三十日　蒋书丛部编定。得王晋卿信，各书价奇昂，无可留，复一片。《莫高冈书录》可备参考，决自传钞之……

……………

七月二十日　……《尚书私学》，据《存目》提要似不甚精核，全书约三万余，而索值甚昂，不如传钞一本存之。即片招潘士霖来。[①]

从1939年起，每年的工作报告均记述有传抄的成绩。《合众图书馆筹备一年记略》记有：

（五）传钞书：七种十七册，约六十五万字。

一、凡遘小种随即录存。

二、从涵芬楼借传秘本。

（一）《彭尺木文稿》。有未刊之文甚多，各篇均经汪大绅、罗台山、韩公复等一再删改，旁行斜上，评点满幅，可以见古人作文之审慎。惟字体既草，又来回涂乙，传钞甚

---

① 顾廷龙：《顾廷龙日记》，李军、师元光整理，中华书局，2022，第139、154、160、174、201、202、216、229、249、253页。

难，乃由叶先生手钞其最难辨读者，并依式删改，以存其真。其他各文，倩人录副，由廷龙据《二林居士集》、《一行居士集》通校一过，并编写总目于首。

（二）《周秦名字解诂》。此为刊本，曾经作者一再手自改订，后即写定为《春秋名字解诂》，附《经义述闻》中者，此实其底稿也，而《周秦名字解诂》遂不可见。原本中颇有后来以为阙疑而删去者，又修订之时，有证例数条，书于上方，皆定本所无。于此可见古人治学之经历，传钞其原本，复度其校改。

三、从吴县潘氏借录法书卷册。

（一）彭尺木文稿二篇，为涵芬楼藏本所无。

（二）介烈汝公殉节编题咏卷。汝公崇祯壬午殉难故城。

（三）艺风堂友朋手札。计一百四十余家，关于晚清收书、刻书掌故甚多。

（四）从钱唐孙慕韩中丞后裔借录抚东奏稿。

（六）过录批校秘笈

一、吴云甫以淳批《顾亭林诗集》。

二、季崧耘锡畴录王艮斋峻校《水经注》

三、曹君直元忠校《三国志》

四、惠定宇栋校《礼记正义》[1]

五、翁锦芝之廉录何仲子过何义门批校《李长吉集》。

（七）辑录书两种

一、《道德经注疏札记》，叶瀚。

二、《宣统廷寄》，赵尔巽。[2]

---

[1] 顾廷龙：《跋景宋本礼记正义》，载《顾廷龙全集·文集卷》（上），上海辞书出版社，2015，第23页。

[2] 顾廷龙：《顾廷龙日记》，李军、师元光整理，中华书局，2022，第662、663页。

《合众图书馆第二年纪略》记有：

> 传钞有刻本、无刻本书籍计四七种、六六册，约一七〇
> 五四八七字。[1]

《三十年度工作报告》(《合众图书馆第三年纪略》) 记有：

> 本年所钞共二十七种、四十册，计一百八十万二千三百六十字。[2]

《合众图书馆筹备第四年纪略》记有：

> 本年传钞书籍共三三种、七一册、一六六三八八九字。[3]

从记录数字看，以上 3 年传抄书籍的数量极大。其中除部分外请人员抄写，馆内高层和职员，包括常务董事叶景葵、总干事顾廷龙在内，都从事了这项工作。自 1943 年起，抄写量逐年下降，请人抄写费用过高是一个重要原因。

《合众图书馆筹备第五年工作报告》记有：

> 本年传钞书得二十九种、卅五册，约六四四四五七字。[4]

《合众图书馆筹备第六年工作报告》记有：

---

① 顾廷龙：《顾廷龙日记》，李军、师元光整理，中华书局，2022，第 669 页。
② 顾廷龙：《顾廷龙日记》，李军、师元光整理，中华书局，2022，第 676 页。
③ 顾廷龙：《顾廷龙日记》，李军、师元光整理，中华书局，2022，第 685 页。
④ 顾廷龙：《顾廷龙日记》，李军、师元光整理，中华书局，2022，第 692 页。

本年传钞书得十一种、十四册，约三十八万九千六百字。①

三十四年度工作报告（《合众图书馆第七年工作报告》）记有：

本年传钞仅二万柒千字，分钉四册。②

《合众图书馆第八年工作报告》记有：

检理传抄之本得：
陈陶遗先生哀挽录　康熙闲套帖……
共计十一种。③

《合众图书馆第九年工作报告》记有：

本年度传钞书籍不多。
谭復堂佚文　　　李越缦致潘文勤手札　　岐阳王别传
秋夜草疏图题解　钱衍石未刊诗稿
共五种八册。④

《合众图书馆第十年工作报告》记有：

本年度传钞之本，多为书肆送阅，价昂尚易副笔墨者，或借

① 顾廷龙：《顾廷龙日记》，李军、师元光整理，中华书局，2022，第699页。
② 顾廷龙：《顾廷龙日记》，李军、师元光整理，中华书局，2022，第707页。
③ 顾廷龙：《顾廷龙日记》，李军、师元光整理，中华书局，2022，第715、716页。
④ 顾廷龙：《顾廷龙日记》，李军、师元光整理，中华书局，2022，第725页。

自家藏者：

流寇编年_{清阙名著}　据旧钞本钞　一册

流寇编年清阙名著　据旧钞本钞　一册

天顺目录辩诬明汤韶撰　据文海书店藏钞本钞　一册

水经注疏证清吴县沈钦韩撰　据西安图书馆藏钞本钞　八册

再生纪异录明秀水沈国元撰　据文海书店藏钞本钞　一册

幻迹自警明金陵殷迈撰　据文海书店藏钞本钞　一册

韡园自定年谱清吴县潘霨撰　据家藏稿本钞　一册

越缦堂日记补佚文清会稽李慈铭撰　据稿本钞　一册

入蜀纪程、使滇纪程钱塘吴庆坻撰　据家藏稿本钞　一册

花庵诗钞清海宁许奎撰　据汉学书店藏稿本钞　一册

苏阁吟卷清海昌吴寿旸撰　据汉学书店藏稿本钞　一册

彻香堂诗集吴县邹福保撰　据家藏稿本钞　二册

钟山献明钟山女子杨宛撰　据国学书馆藏旧钞本钞　二册

共计十二种、二十四册。[1]

《合众图书馆第十一年工作报告》记有：

传钞

绛跗阁文稿　清秀水诸锦撰　二册

周氏言言斋藏曲目　今人绍兴周越然编　一册

共计二种、三册。[2]

[1]　顾廷龙：《顾廷龙日记》，李军、师元光整理，中华书局，2022，第736页。
[2]　顾廷龙：《顾廷龙日记》，李军、师元光整理，中华书局，2022，第745页。

《合众图书馆第十二年工作报告》记有：

> 传钞
>
> 释梧溪集订伪　顾千里未刊稿　一册①

《合众图书馆第十三年工作报告》记有：

> 传钞
>
> 中兴煤矿公司史钞从朱桂辛先生借读节录
> 宜稼堂书目从郁氏借钞
> 诸襄七文稿从金篯孙先生藏稿本借钞②

四、收藏无遗

北京大学图书馆官网有一个关于书同文网《清代科举硃卷集成》数据库的介绍：

> 书同文《清代科举硃卷集成》数据库选取的底本源于20世纪30年代末"孤岛"时期的上海合众图书馆。民国时期张元济、叶景葵等寻觅收藏民族文化典籍时，注意到了硃卷特有的文献价值。合众图书馆先是以重点购得浙江海盐朱氏寿鑫斋收藏的2 000余册硃卷，以后又得到江苏吴县潘氏著砚楼捐赠的硃卷千余种，

---

① 顾廷龙：《顾廷龙日记》，李军、师元光整理，中华书局，2022，第751页。
② 顾廷龙：《顾廷龙日记》，李军、师元光整理，中华书局，2022，第757页。

奠定了硃卷藏书的基础。该数据库总收录清代从康熙到光绪年间的乡试、会试、五贡等硃卷 8 235 份。其中会试卷 1 635 份，涉及的进士共近 12 000 人，另有武会试卷 4 份；乡试卷 5 186 份，另有武乡试卷 34 份；五贡卷 1 576 份。[①]

在顾廷龙为由他主编的《清代硃卷集成》所写序中可以对合众图书馆的硃卷收藏工作有更深入的了解。顾廷龙在文中介绍了硃卷的含义：

> 硃卷者，即举子的试卷弥封后交誊录生用硃笔重新誊写的卷子。考生用墨笔所写的试卷称为墨卷，亦称闱墨。硃卷的作用是使考官无法辨认应考者的字迹以防止其舞弊。而清代有一种风气，新中式的举人、进士都要将自己的试卷刻印以分送亲友，亲友在其开贺之日亦必还赠礼品以表祝贺。这种刊印的试卷虽系墨印，亦称为硃卷。起初此硃卷名称仅限于乡、会试范围，因只有乡、会试才实行试卷誊录。后来各种考试中式的刻印卷子皆采用类似方式，人们遂笼统地将这些试卷都称为硃卷，硃亦有简作"朱"者。这也就是我们此书在乡、会试硃卷外还收入贡卷的微意所在。
>
> 硃卷大凡由三个部分组成。其一为考生履历。先登本人姓名、字号、排行、出生年月、籍贯等。因各人情况不同，也有录其撰述与其他行谊者。次载本族谱系，最简也须明列祖妣三代，此乃应考规定。而其详者，上自始祖，下至子女，旁及同族尊长、兄弟姪辈以及母系、妻系，无不载入。凡有科名、官阶、封典、著作等，一一注于名下，以显扬门庭之昌盛。再录师承传授如受业

师、问业师、受知师的姓名、字号及科名官阶，以示学问渊源有自。其二是科份页，载有本科科份，考生中式名次，主考官或总裁、同考官的姓氏官阶与批语，以及该房原荐批语。其三即考生的文章，有三场全刊者，也有选刊自认为得意之作者，而乾隆中叶后，第一场之试帖诗习惯上都予刊刻，附在文后。①

对于硃卷，顾廷龙有着明确的观点，他认为"硃卷具有多方面的文献价值"。这既得自顾颉刚"要把记载自然界与社会材料一起收，无论什么东西，只要我们认为是一种材料就可以收下，不但要好的，并且要坏的"这一见解，也有他自己独立思考形成的理念。在列举多项理由后，他写道：

> 凡此种种，都说明硃卷是极待发掘的历史文献，其价值是毋庸置疑的。然而，具有这种对待历史文献眼光的人并不多，随着科举的废止，这方面资料被大量遗弃，保存者寥寥，以致商衍鎏先生在《清代科举考试述录》一书中叹道："自明至清，汗牛充栋之文，不可以数计，但藏书家不重，目录学不讲，图书馆不收，停科举废八股后，零落散失，覆瓿烧薪，将来欲求如策论诗赋之尚存留于世间，入于学者之口，恐不可得矣。"②

顾廷龙日记中关于硃卷事，始见于 1943 年 8 月：

> 八月二十九日 ……得范思函并《硃卷目》，知已点竣付邮。③

---

① 顾廷龙：《顾廷龙文集》，上海科技文献出版社，2002，第 106、107 页。

② 顾廷龙：《顾廷龙文集》，上海科技文献出版社，2002，第 107、108 页。

③ 顾廷龙：《顾廷龙日记》，李军、师元光整理，中华书局，2022，第 327 页。

沈范思为浙江兴业银行北平支行经理。1939 年 6 月 7 日，叶景葵致函顾廷龙："轮舱难得，应预托人定好。敝平行亦可代托津行办理，请与沈范思兄接洽。"[①] 在顾廷龙离开北平之前与到上海以后，叶景葵将其与浙江兴业银行之间资金方面的处理事宜，均交由沈范思办理。

顾廷龙在日记中详细记录了有关硃卷的具体工作：

（1943 年）八月三十日　……接邮局通知，硃卷四十一件已到，明日可去领矣……

八月三十一日　……硃卷四十一件到，包均拆过，向年所无。适来薰张夥来，言上海邮总局因废纸多，知称斤出卖赚钱，局员艳美，曾向来青阁索佣费，不与，遂每次寄到必失去一二十包皆平寄。呜呼，邮局信誉从此堕落，恢复难矣……

………………

九月三日　点硃卷……

………………

九月八日　……检点硃卷。

………………

九月二十二日　……得范思信，附来朱小汀[②]复书，为硃卷事。

九月二十三日　……复范思信，购二批硃卷，核实二百八十

---

① 叶景葵：《叶景葵文集（上中下）》，柳和城编，上海科学技术文献出版社，2016，第 1125 页。

② 朱彭寿（1869—1950），别名筱汀，号述庵，又号述叟、寿鑫斋主人，浙江海盐人。中国近现代学者。1888 年（光绪十四年）中举人，1898 年（光绪二十四年）成戊戌科进士。历任典礼院直阁学士、陆军部右丞、陆军部左丞。北洋政府时期，曾任长沙海关监督等职。曾受徐世昌聘请总纂《清儒学案》。著有《旧典备徵》5 卷、《国朝人物考略》32 卷、《皇清记事五表》32 卷、《古今人生日考》12 卷、《述庵诗草》6 卷、《安乐康平室随笔》6 卷等。

余元。除存，须汇一百七十五元……

……………………

十一月四日 ……全通尹来示小汀信，知有金甸丞、金翰皋朱卷，系赠钱老者，附所购二批朱卷中……

……………

十一月十三日 ……点砵卷。朱小汀寄来……

十一月十四日 复沈范思信，为退朱卷残本。[①]

由日记可知这批砵卷购自北平，经手人为沈范思。在砵卷收藏方面，顾廷龙日记中还曾记着一位收藏家："（1945 年）十一月十九日 ……沈祖牟[②]来，出示淡生堂抄本钱古训《百夷传》。夜，校一过，视国学图书馆印本略有删节，淡生堂本当即所谓《征信丛录》之一。钱《百夷传》后附李思聪《百夷传》，大同小异，疑为一人之作，化成两人，遂略将字句改动，否则不能有相同之句甚多者也。又附《九夷本事》一种。沈君颇有意印出。沈君收藏甚多，有朱卷万余册，以为无人注意者，自矜别具只眼。告以本馆亦收有三千册，始称先得吾心。"[③]据说，沈祖牟的藏书已由其家属全部捐赠福建省图书馆，其中应该也包括他收藏的砵卷。

顾廷龙主编的《清代砵卷集成》共 420 册，1992 年由台北成文出版社出版。砵卷的历史文献价值得到了学术界的普遍认可，有学者方芳总结："关于《清代朱卷集成》（以下简称《集成》）的文献价值或学术价值，顾文韵的《整

---

① 顾廷龙：《顾廷龙日记》，李军、师元光整理，中华书局，2022，第 327-329、331、339、341 页。

② 沈祖牟（1909—1947），字丹来，福建侯官县人，世居宫巷，沈葆桢嫡玄孙。祖牟注重搜集历史资料，尤其热心地方志书的收藏和福建先贤著作的搜集整理工作。著有《谢钞考》《福建文献概述》《清代乡会试朱卷齿录汇存》《闽中文献录》《山而斋丛书》等。其全部藏书于 1955 年由家属捐献给福建省图书馆。

③ 顾廷龙：《顾廷龙日记》，李军、师元光整理，中华书局，2022，第 425 页。

理馆藏清代朱卷札记》、顾廷龙的《清代朱卷集成》序、董莲枝的《〈清代朱卷集成〉的文献价值》、张杰的《清代朱卷的文献价值》、蒋金星的《〈清代朱卷集成〉的文献价值和学术价值研究》、方芳的《〈清代朱卷集成〉研究——以进士履历档案为中心》和刘建臻的《清代科考履历档案综论》都论述过，公认《集成》在人口学、社会学、民族学、民俗学、经济史、人物传记、宗族制度、家族世系、科举学、教育等学科研究方面具有巨大的史料价值。"方芳认为："虽然，撰文探讨《集成》文献和学术价值的学者都认为《集成》是个亟待开发的宝藏，并呼吁学者多引用其中的资料进行学术研究，但目前的状况是利用《集成》进行研究的进展速度过慢、学术成果稀少。针对这个问题，笔者认为目前的研究思路和方法存在问题，应该突破局限于文本本身述及的内容及相应学科领域的研究范围，进行超越文本的跨学科综合研究，只有这样才能拓宽《集成》的学术价值，使其作为文献资料的学术张力真正为学界所关注。"①

顾廷龙的理念突破了政治藩篱。他曾经在《我和图书馆》一文中写到他在解放前即注意收藏革命文献的往事：

> 在我的记忆中，有这样三件事可视作对顾刚先生《购求中国图书计划书》的实践。一是保护革命文献。所谓革命文献，是指一九四九年以前有关传播马列主义、宣传革命与进步、介绍中国共产党的活动情况以及中国共产党自身出版的书刊资料。在当时历史背景条件下，这些书刊无论印制于革命根据地抑或发行于白区，数量都不大，共产党人缺乏收藏保存的条件，而在国民党统治范围，公立图书馆不会也不敢收藏，普通私家收藏一经发现则

---

① 方芳：《〈清代朱卷集成〉研究及利用探讨》，载《山东理工大学学报（社会科学版）》2009 年 9 月，第 25 卷第 5 期。

有杀头之虞，因此这些书刊流传至今者很少。我那时虽然不是一个马列主义者，但出于职业敏感，意识到它们具有珍贵的文献史料价值。所以我在参与创办合众图书馆时就千方百计注意搜集保护这方面的书刊资料。有一次，我打听到贵州大学图书馆有一批革命文献，原属汉奸陈群的旧物，他们正为如何处置这批书刊发愁。于是我不失时机与对方联系，用叶景葵先生刊印的清张惠言所撰《谐声谱》等一批复本书籍与他们交换。为防惹是生非，我专门请人镌刻了一方有"贵州大学图书馆遗存图书"字样的印章钤盖面上，以遮人耳目。当时虽然官方只知道合众图书馆收藏的是古籍，政治目标并不大，但也时不时有特务奸细擅自闯入，滥施淫威。为妥善保存革命文献，我们将之密藏在书架顶端与天花板接合之处，以免被人发现，直到解放后才取出。在那暗无天日的岁月里，"合众"为搜集保存革命文献所承受的政治风险，旁人是很难体会的。解放初期，中共中央宣传部曾派员到上海征集有关革命史料，他们在许多地方空手而归，却在"合众"觅得一大批珍贵资料，计有1921年版《列宁全书》第一种《劳农会之建设》、1926年版《中国农民运动近况》、1927年版刘少奇著《工会经济问题》《工会基本组织》等百余种。惊奇之余，他们不住夸我们"真有远见"。此时，作为一名"合众"成员，我的欣慰之情，真是难以言表。从"合众"（1953年后改名为上海市历史文献图书馆）到上海图书馆，我一直将革命文献作为收藏重点之一，其品种与数量，在国内外首屈一指。如1920年8月社会主义研究社出版的《共产党宣言》（陈望道译，封面误题作"共党产宣言"）即为当今不可多得的珍品。据我所知，北京图书馆一直将革命文献视为"新善本"保藏在善本书库，上海图书馆过去也为之设立专门珍本书库，现在上图搬迁至新馆，想必保管条件应当更好。我相信，这批革命文献定能在当前精神文明建设中继续发挥作用。①

五、典藏编目

2022 年 9 月 28 日，上海图书馆东馆开馆，与此同时，国家文物鉴定委员会委员、上海图书馆研究馆员，复旦大学、华东师范大学兼任教授陈先行汇编的《合众图书馆典藏目录汇编》由上海科技文献出版社出版。陈先行在该书的前言中，对合众图书馆编目给予了高度评价：

> 上图能以富藏古籍、碑帖、尺牍以及近代档案等历史文献享誉海内外，离不开"合众"的贡献，可以说，"合众"是上图这所伟岸大厦的重要基业。而这批目录，不仅是"合众"藏书的实录，也是"合众"历史的记载，更是"合众"精神的体现，具有多方面的研究与实用价值。②

古代的藏书室（楼、馆、堂、斋等）与现代的图书馆都是一个数据库，无论是对读者还是管理者（用户），要有效地掌管和利用数据信息，必须建立良好的用户接口。传统的检索系统靠手工查寻，于是就有了图书目录，即书目。我国著名学者姚明达在其所著《中国目录学史》中，开宗明义地讲道："目录有一书之目录，有群书之目录。""徧辨其名之谓目；详定其次之谓录；有多数之名

---

① 顾廷龙：《我和图书馆》，载《顾廷龙文集》，上海科技文献出版社，2002，第 591、592 页。
② 陈先行：《合众图书馆典藏目录汇编》，上海科学技术文献出版社，2022，第 1 页。

目且有一定之次序之谓目录。曰目曰录，皆非单独，义本相通，故成一体。万事万物，莫不有名，即莫不有目录；然多随意编次，不成学术。独图书之目录，发生甚早，发展迅速，其为学者所研究且成为一切学术之纲领也，尤迥异于他项目录，故独立成为专门之学术焉。一般称图书目录为目录，固非无由。"①

面对中国几千年历史所形成的"经典沉深，载籍浩瀚"②的图书资料，编纂目录绝非易事。顾廷龙说过："我一生编过不少书，尤以书目居多，或个人独编，或集体合编，这是职业使然。编书目是项很辛苦的工作，又同其他为读者服务工作一样，有如庖丁烹调盛宴，为主人享客，自己则不得染指，因而怕吃苦者远之，逐名利者避之，更有视其为雕虫小技而讥之。然而编制书目对文献的保存与利用具有至关重要的作用，不应轻视。而真要将书目编得有质量有特点，其实并不是一件容易的事。"③

顾廷龙编的第一部书目是《章氏四当斋藏书目》。他从编纂者与使用者的不同角度对前人所编各类目录进行了分析研究，认为"强调实用与著录的严谨是编制各类书目的前提，而编制书目又应因书制宜，能充分反映出藏书家的收藏意图、特点及其读书治学的倾向"。顾廷龙将章钰藏书按三类分为三卷：一，手自校勘及传抄之书；二，宋元旧刻、明清精刻及名家抄本；三，普通习用古籍。"每卷各以经、史、子、集别其部居；对前两类书，又采取前人藏书志编例，凡章氏的题跋、友人的识语及章氏逐录前人题记不经见者全部备录，以资读者参考。此外，凡校证之本有章氏假自前人者，我还在各题识之后加以按语，就见闻所及，记其姓氏、爵里、行谊之概略，以详渊源。这样做，在当时可作析疑之助，在后来可充文献之征。"④这部 30 万字的书目，从草创到问世，用了 10 个

---

① 姚明达：《中国目录学史》，上海书店出版，1984，第 1 页。

② 刘勰：《文心雕龙》，浙江古籍出版社，2011，第 133 页。

③ 顾廷龙：《我和图书馆》，载《顾廷龙文集》，上海科技文献出版社，2002，第 595 页。

④ 顾廷龙：《我和图书馆》，载《顾廷龙文集》，上海科技文献出版社，2002，第 595、596 页。

月的时间。叶景葵看到后曾写信赞许。

在顾廷龙撰写的《创办合众图书馆意见书》中，他对合众图书馆的藏书提出了明确的编目原则与方法：

> 四库之分，发源甚早，清代亦仅增损，吾人亦不妨稍加修订……总以不失中国固有分类法为原则，亦所以谋保存中国旧时藏书之遗风。
>
> 目录之编纂拟分两种：一为卡片式，一为书本式。卡片式以馆中所有书一统编纂，暂分三种：一为书名片，一为著者片，一为分类片。三种卡片合置或分置，尚须斟酌。如合置，则须另做书架片。此外拟加著者地域片一种，可备参考地方文献之需。[①]

按照这一思路，合众图书馆在十多年中编纂了一批馆藏书籍目录。顾廷龙在《上海私立合众图书馆十四年小史》中列有编目项：

一、编目

我馆藏书目录，原拟把各家捐赠的专藏变为分目，复合并自购及受赠之目，汇编为总目。先后编成的分目如下：

张氏涉园书目	叶氏遐庵书目
叶氏卷盦书目 排印中	蒋氏凡将草堂书目
李氏硕果亭书目	胡氏朴学斋书目
顾颉刚先生书目	潘氏宝山楼书目
馆藏书目二编	馆藏书目三编

---

① 顾廷龙：《创办合众图书馆意见书》，载《顾廷龙文集》，上海科技文献出版社，2002，第606、607页。

馆藏期刊目录初编

馆藏书目初编（一九三九年至一九四二年自购及各家所赠）因当时未及编写草片，现在补写中。自一九四三年起，随到随编，故二编、三编得先完成。

我国因分类法未曾确定，所以旧文化图书暂用前南京国学图书馆分类法，新文化图书暂用山东图书馆分类法。

金石拓片，我馆自订分类，已编好卡片，待钞成目。①

陈先行在《合众图书馆典藏目录汇编》前言中对合众图书馆所编目录有较详尽的介绍，摘录其中属于"私立合众图书馆"②时期的目录如下：

（一）海盐张氏涉园藏书目录四卷

……此目由潘景郑编撰，末附《张氏世系》一卷，为顾廷龙所辑，民国三十五年（一九四六）排印本，凡一册……

此目卷端题"合众图书馆藏书分目之一"……

（二）番禺叶氏遐庵藏书目录一卷

…………

此即叶先生所捐地理类藏书专目，由潘景郑初编，顾廷龙重编并缮写，民国三十七年（一九四八）石印本，凡一册。卷端题"合众图书馆藏书分目之二"……

（三）杭州叶氏卷盦藏书目录五卷

…………

---

① 顾廷龙：《顾廷龙日记》，李军、师元光整理，中华书局，2022，第656页。

② 1939年创办的合众图书馆馆前有"私立"二字。1953年捐赠给政府后，去掉了"私立"，仍保留合众图书馆馆名。1954年3月12日，合众图书馆改名上海市历史文献图书馆。

此目由顾廷龙、潘景郑编制，一九五三年排印本，凡一册，卷端题"合众图书馆藏书分目之三"……

（四）杭州蒋氏凡将草堂藏书目录六卷

…………

此目与《番禺叶氏遐庵藏书目录》同年编成，早于《杭州叶氏卷盦藏书目录》，意者当时欲如张氏涉园、叶氏遐庵两目正式印行，故卷端题"合众图书馆藏书分目之三"，或以为误题，其实非也。惜最终出版未果，仅存此一九四八年油印本，称专供校订所用之初稿，凡一册……

（五）闽县李氏硕果亭藏书目录五卷

…………

此目油印本，凡一册，书皮右上方贴一红纸，上有"草稿呈政，请勿外传"八字。卷端题"合众图书馆藏书分目之五"，没有序跋、凡例，也未载油印年代。据顾廷龙《合众图书馆第十二年工作报告》，该年度编成胡氏（朴学斋）、李氏（硕果亭）、潘氏（宝山楼）三种目录〔八〕，则油印当在一九五〇年。

（六）泾县胡氏朴学斋藏书目录六卷

…………

此目油印本，凡一册，卷端题"合众图书馆藏书分目之六"，没有序跋、凡例，也未载油印年代。据顾廷龙《合众图书馆第十二年工作报告》〔九〕，当印于一九五〇年……

（七）顾颉刚先生藏书目录五卷

…………

此目油印本，凡一册，没有序跋、凡例，也不载油印年代，卷端题"合众图书馆藏书分目之七"，书皮贴有"草稿呈政，请勿外传"红纸；上海图书馆古籍公务目录著录为一九五〇年油印本……

（八）吴县潘氏宝山楼藏书目录六卷

宝山楼主人潘景郑（一九〇七—二〇〇三），原名承弼，字良甫，晚号寄沤，江苏吴县人。著名版本、金石学家，喜藏书，精鉴别。从合众图书馆、上海市历史文献图书馆乃至上海图书馆，捐赠藏书未有间断。直至一九八〇年代初落实政策，发还"文革"中被抄没之书，他仅留若干常用工具书，其余无论善本抑或普通古籍，悉数捐给上图。

此为潘先生当年相继捐赠"合众"图籍之汇总目录，之后其仍有捐赠，该目不及载录。卷端题"合众图书馆藏书分目之八"，书皮贴有"草稿呈政，请勿外传"红纸，油印本，凡一册，没有序跋、凡例，也不载油印年代……

…………

（十）合众图书馆藏书目录二编五卷

此目油印本，凡上、下二册，书皮右上方贴有"草稿呈政，请勿外传"之红纸。没有序跋、凡例，不载印刷年代，上海图书馆古籍公务目录著录为一九五四年油印本。版心下有"合众图书馆"五字……

（十一）合众图书馆藏书目录三编五卷

此目油印本，凡一册，书皮右上方贴有"草稿呈政，请勿外传"之红纸。没有序跋、凡例，不载印刷年代，上海图书馆古籍公务目录著录为一九五四年油印本。版心下有"合众图书馆"五字，卷端题"合众图书馆藏书分目之十一"。

（十二）合众图书馆藏书目录四编五卷

此目油印本，凡一册，没有序跋、凡例，版心下有"合众图书馆"五字，卷端题"合众图书馆藏书分目之十二"，不载印刷年代。检览合众图书馆一九五四年下半年度工作计划，中有"油印书本目两种：一，馆藏四编；二，冯氏赠书目"，则此目油印当在一九五四年。

…………

（十八）上海市合众图书馆藏书清册

合众图书馆的藏书，从一九三九年至一九五三年，大致做了三项整理工作：陆续编制著录简繁不等的草片；初步登录；编纂书本目录。一九五三年五月政府接管后，"为了重视人民财产，必须求得藏书正确数字，展开清点工作，编造清册"。清点工作从当年九月开始，到年底基本结束。翌年又进行了校对，同时集中零星书刊，加以清理造册，直到八月始告完成。由于此番清点主要按书库排架进行，故该清册被视为"可以代替排架片及总登录"。

此《清册》为复写本，凡二十四册，仅著录架号、书名、册数三项，较为简略……

（十九）合众图书馆期刊目录初编

此目油印本，凡一册，书皮贴有"草稿呈政，请勿外传"红纸。凡收一千七百二十九种，其中清末期刊有光绪二十一年至二十二年《万国公报》（月刊）、光绪二十二年至二十四年《时务报》（后改昌言报）、光绪二十三年《湘学报》与《湘学新报》（旬刊）等六十六种，其余为民国期刊，末附日文报刊（主要为期刊）三十四种，按刊名以四角号码编次。该目未注明编印时间，当在一九五三年四月《合众图书馆报纸目录》编成之前，因其与此目互见之品种皆作备注故也……

（二十）合众图书馆报纸目录

此为写本，凡一册，书皮顾廷龙题"合众图书馆藏报纸目录"，而卷端所题无"藏"字，今据卷端。凡著录清光绪至一九五〇年代初各类报纸一百十五种……

…………

（二十二）合众图书馆接收文物整理仓库调拨图书碑帖清册

据上海图书馆古籍公务目录，此为一九五三年复写本，凡一册。记录分两类，一为图书……另一为碑帖，大部分为拓本，有卷轴（称"轴"者）、拓片（称"张"者）、裱本（称"册"者），最后著录有若干石印、影印之本……该草目可能亦潘景郑先生所编。①

六、"存亡续绝"，刻印流布

图书馆编印图书，是顾廷龙的一个主张，他认为："利用图书馆藏书便利编印图书，存亡续绝，使稀见典籍化身千百，既利于保存，又利于传播与弘扬民族优秀文化遗产，我始终将此作为图书馆事业的重要组成部分。"②

顾廷龙保存的合众图书馆资料中，《合众图书馆筹备一年记略》是一份工作总结，其中写道："排印《恬养斋文钞》四卷《补遗》一卷，仿《观堂遗书》板式，计九十九页，由国光印书局承印，列为《合众图书馆丛书》第一种。纸用中国毛边，分钉两册，定价每部二元四角，实售七折。"③

这是合众图书馆出版的第一种书，时间在 1940 年 7 月以前，采用铅字排印。在《上海私立合众图书馆十四年小史》中，顾廷龙列举了《合众图书馆丛

---

① 陈先行：《合众图书馆典藏目录汇编》，上海科学技术文献出版社，2022，第 6-20 页。

② 顾廷龙：《我和图书馆》，载《顾廷龙文集》，上海科技文献出版社，2002，第 598、599 页。

③ 顾廷龙：《顾廷龙日记》，李军、师元光整理，中华书局，2022，第 664、665 页。

书》的内容：

合众图书馆丛书第一集　民国三十四年汇编本　十六册

恬养斋文钞四卷补遗一卷　清仁和罗以智撰　补遗民国
杭州叶景揆辑

兔舟话柄一卷　清吴县许兆熊撰

吉云居书画录二卷补遗一卷　清海昌陈骥德撰

寒松阁题跋一卷　清嘉兴张鸣珂撰

潘氏三松堂书画记一卷补遗　清吴县潘志万辑

闽中书画录十六卷首一卷　清海盐黄锡蕃撰

吉云居书画续录二卷　清海昌陈骥德撰

里堂家训二卷　清江都焦循撰

李江州遗墨题跋一卷　清虞中王乃昭辑

论语孔注证伪二卷　清山阳丁晏撰

朱参军画象题词一卷　清长洲叶昌炽辑

东吴小稿一卷　元晋陵王寔撰

余冬琐录二卷　清吴县徐坚撰

归来草堂尺牍　清吴江吴兆骞撰

合众图书馆丛书第二集　民国三十二年石印本　一册

炳烛斋杂著　清江都江藩撰

舟车闻见录二卷续录二卷

端研记一卷

续南方草木状一卷

广南禽虫述一卷

河朔古迹图识　民国会稽顾燮元撰　民国三十二年影印本

255

二册

陶遗墨迹一卷　民国金山陈陶遗撰书　民国三十七年影印本
一册①

顾廷龙曾讲："后来则改为石印，这正是缺钱而为节约成本的缘故。"②

石印，是利用油水不相溶的原理在石灰石板上印刷的技术，由德籍捷克人阿洛伊斯·塞纳菲尔德于1796年发明。最初是在特殊石板上直接书写图文，再通过化学腐蚀制版，印刷成文。经过改进后的石印技术是在平整光滑、质地细腻的石灰石板上涂感光液作正片。普通墨书写文字或图画，照相获得反字负片，附着在石上感光获得反像，未感光部分用水冲洗掉，版即制成。上墨，再覆纸，加压，就得到一份正的图文。这种印刷技术能任意将图文放大缩小，解决了不规则图形和特殊符号的印刷难题，操作简便，省时省钱，在19世纪初即开始流行于欧洲，成为贯穿整个19世纪的主流印刷方法之一。

19世纪30年代，石印技术开始影响中国。1874年，上海徐家汇天主教堂附设的土山湾印书馆始设石印印刷部，开始印制教会宣传品；1876年，创设申报馆的英国人E.美查在上海开设了点石斋石印局，开始石印图书和期刊，出版了《康熙字典》《点石斋画报》等；随后中国人徐裕子、徐润等于1881年先后开设了同文书局和拜石山房，专印古书，如《二十四史》《古今图书集成》《康熙字典》等；此后许多石印书局相继出现。③

顾廷龙回忆道："尽管石印省钱，但钱毕竟是众多爱国人士资助的，乱花不得。为了多印书，必须将成本降至最低点，于是我自当抄胥，手写上版。那

---

① 顾廷龙：《顾廷龙日记》，李军、师元光整理，中华书局，2022，第657、658页。

② 顾廷龙：《我和图书馆》，载《顾廷龙文集》，上海科技文献出版社，2002，第599页。

③《石印-平版印刷的一种方法》，https://baike.so.com/doc/596926-6169870.html，访问日期：2024年9月11日。

时熬一个夜，可抄写三千小楷，权当练字吧。就是在这样艰难的条件下，我们陆续印成了《合众图书馆丛书》一、二集……这些书大多经过我们的校勘整理，现已成为通行之本。"①

曾跟随顾廷龙30年、任职美国哈佛大学哈佛燕京图书馆善本室主任16年的我国著名版本目录学家沈津在《顾廷龙与〈合众图书馆丛书〉》一文中介绍了当时合众图书馆出版丛书的情况：

> 此项丛书的捐资者，也并非富商大贾，然而他们热爱中华传统文化，愿为乡邦文献流布而贡献一己之力，这是值得赞扬的。然而印书不易，还不至此。为了节省一点排版费，顾先生担当了其中几本书的书写工作，写就即可上机石印。顾在1995年10月4日致潘树广的信中说："关于《合众图书馆丛书》，这是逐一积累起来，不是一次印成的。第一种是排印的，当时初创，图书馆创办人之一叶景葵，他收书重抄、校稿本，有愿将稿本逐渐印出。第一种清仁和罗以智的《恬养斋文钞》，第二种至六种皆有关书画者，李英年捐资，他爱好书画。焦循、丁晏、江藩三人著作是几位扬州营银钱者出资。照相石印印不起了，由我写药水纸直接上石者。图书馆的财力日绌，社会上物价日涨，抗战胜利后第二集印了一种，也是江都人著作，江都营银钱者捐资。时局动荡，物价飞涨，当时我亦苦中作乐也。"②

在《三十一年度报告》(《合众图书馆筹备第四年纪略》) 中，顾廷龙列举了

---

① 顾廷龙：《我和图书馆》，载《顾廷龙文集》，上海科技文献出版社，2002，第599页。
② 沈津：《顾廷龙与〈合众图书馆丛书〉》，《新世纪图书馆》2005年第4期。

资助丛书印刷出版的几位捐赠者：

三、校印

本年承李英年先生特捐印刷费，指定印传关于书画撰著，印成丛书九种：

吉云居书画录　　　三松堂书画记　　　吉云居书画续录

李江洲遗墨题跋　　朱参军画像题词　　余冬琐录

凫舟话柄　　　　　寒松阁题跋　　　　闽中书画录

又承诸仲芳先生介绍，得江都袁鹤松、潘炳臣、冷荣泉、上海杨季鹿诸先生捐资，印成《江都焦里堂家训》一种。①

合众图书馆的资金状况日渐困窘，沈津在文中还写道：

顾先生本人那时的日子也是过得紧巴巴的。津尝读顾先生日记，1945 年 1 月 8 日云："然余月入不敷甚钜，正在托嘉将李英年所赠布一匹出售。明日又候书估将《慈斋集古录》等让人，区区之物，不够一嚼。一两月尚有维持，以后不了，虽目前无论何处薪金不足以赡家，然负最高责任者亦当为职员思之。"也是同月，在征得叶景葵同意后，顾先生又将自家所藏图书十四种，价让"合众"，得款三万元，以交儿子诵芬学费。二月，新年即临，顾夫人斥金饰度岁，盖"已嚼书若干种，物昂不足维持，文人不事生产，所持者薪水。今薪水所入尚不给，若余者绝不愿谋分文不义之财。于是，自束至一无罅隙处，此忧患亦无愧无怍矣。"故

---

① 顾廷龙：《顾廷龙日记》，李军、师元光整理，中华书局，2022，第 687、688 页。

先生又叹曰："生活维艰。年况愈下，思之凄然。"[①]

在这样的境况下，顾廷龙在《合众图书馆丛书第一集跋》中写出了他在艰苦环境下孜孜矻矻的不懈追求：

本馆丛书之辑，志在使先贤未刊之稿或刊而难得之作广其流传，顾非一馆之藏之力所克胜任。缘商同志，谋集腋成裘之举。所选著述，以捐资者之意趣为指归，各彰所好，各闻所宗。学海无涯，造诣不一，要其专治所学，发抒心得，必有足贡献于后来者，勿偏持门户，勿执一绳百，采撷英华，视读者之去取何如耳。际此世变抢攘之日，物力凋剞，旷古未有。丛书之印，先后六年，成书十有四种，编次不免芜杂；工事每况愈下，因陋就简，咎何敢辞，勉强为之。

犹贤乎已。因便流通，汇编成集，述其缘起如此。

一九四五年五月十九日，匋誃顾廷龙识。[②]

① 沈津：《顾廷龙与〈合众图书馆丛书〉》，《新世纪图书馆》2005 年第 4 期。

② 顾廷龙：《合众图书馆丛书第一集跋》，载《顾廷龙文集》，上海科技文献出版社，2002，第 264 页。

第七章

读者不限一隅

　　说起来，"合众"在解放前没有办过对外公开阅览，实际上多少年来，它的读者还不限于上海一隅，而是遍及全国各地。他们或是来馆阅览，或是通信谘询。就著名学者来说，有地质学家章鸿钊，生物学家秉志，文学家冒广生、郭绍虞、钱锺书、钱南扬，历史学家周谷城、周予同、蔡尚思、李平心、顾颉刚、郑振铎、牟润孙、陈乐素等。亦有各大学学生来馆研究或写论文者，如冯其庸、沈燮元、王运熙、黄永年、洪廷彦、陈左高、陆萼庭、贺奉君等。还有编写专著的，如王庸、沈文倬辑校《全五代文》，陆维钊编校《清词钞》，刘厚生撰著《张謇传记》，李俨、严敦杰撰著《中国算学史》，胡道静撰著《梦溪笔谈校证》等，均来"合众"搜集资料。还有通信谘询的，如朱启钤、陈锺凡、陈寅恪、陈垣、邓之诚、聂崇岐、王重民、向达等。

　　　　　　　　——顾廷龙：《张元济与合众图书馆》

一、来馆阅读的学者

刘厚生

刘厚生（1873—1964），名刘垣，字厚生，生于江苏常州武进。清末秀才，南洋公学（今上海交通大学）第一期师范生。曾任农商部次长、热河北票煤矿公司董事长、新通公司董事长、大生纱厂监察（总经理）。他对中国近代史颇有研究，中华人民共和国成立后担任上海文史馆馆员。

大生纱厂是 1895 年（光绪二十一年）我国著名实业家张謇（季直）奉张之洞之命创办的。为保存清朝末造及辛亥革命后洪宪帝制自生自灭一段冗长之史料，刘厚生撰写了《张謇传》，所记多为自己亲历亲见亲闻，备受好评。

刘厚生与叶景葵之间的关系在《叶景葵年谱长编》中最早见于 1907 年 11 月 11 日叶景葵致函李维格，告以汉冶萍招股事宜进展，其中提及"造访郑、赵、金、刘"，编者加注"刘，约指刘厚生"。1914 年 4 月 12 日，叶景葵回到上海，刘厚生约请他在小有天餐馆一聚，同座的有蒋抑卮、郑孝胥等。4 月 15 日，叶景葵应樊世勋邀再赴小有天餐馆，刘厚生、蒋抑卮等同座。1916 年 6 月 15 日，中国银行商股股东联合会在上海召开成立大会，选举张謇为会长，叶景葵、林寿松为副会长，刘厚生等 8 人为干事。1946 年 2 月 13 日，蒋介石夫妇在上海台拉斯脱路主席公馆举行茶会，招待该市耆绅，叶景葵、刘厚生均受邀参加。

1949 年 4 月 28 日，叶景葵去世，29 日在康定路世界殡仪馆大殓，刘厚生致挽辞：

> 老寿亦何为，饱看生离与死别；
> 朝露宁非福，任他沧海变桑田。[1]

---

[1] 柳和城编著《叶景葵年谱长编》，上海交通大学出版社，2017，第 1186 页。

《张元济年谱长编》记载，刘厚生与张元济的交往始于 1906 年张謇、刘厚生、郑孝胥、王同愈等倡立的宪政研究会。经郑孝胥出面邀请，张元济于 10 月 6 日加入该会，二人以后在预备立宪会等组织中亦曾共事交往。1956 年，张元济九十大寿，刘厚生撰《张菊生先生九十大庆寿言》，由顾廷龙书。陈叔通在 6 月 7 日致函张元济，写道：

> 刘厚生兄寄示寿公文，由起潜兄写呈，绝无溢美，并说明与时代之关系。可谓能举甚大。①

刘厚生与合众图书馆的联系在顾廷龙的日记中有较多记录：

> （1941 年）十一月二十八日　……刘厚生来，托招潘士霖，有书属其缮录，即函仲恕先生转知之。
> ……………
> （1942 年）十二月十五日　……拔翁招饮，座有刘厚生、刘放园、刘子楷、夏剑丞、陈仲恕、沈昆山、梅畹华、揆丈及余，又冯幼伟……拔翁满室悬有法书名画，瞻览之余，似已置身承平之日矣……
> ……………
> （1943 年）四月七日　……刘厚生来，阅《本草》。
> ……………
> 十月五日　……晚，揆丈请食点心，座有陶遗、鱼占、叔通、厚生、放园、子楷、拔可、季孺、昆三诸公……
> ……………
> 十月十日　……揆丈出示《秋夜草疏图》卷，此纪辛亥杨翼

---

① 张人凤、柳和城编著《张元济年谱长编》，上海交通大学出版社，2011，第 1417 页。

之在程雪楼幕中，与雷君奋为程邀张季直同起疏稿，奏请改制，后与溥颋、孙慕韩联名电奏，他督抚未与也。卷中附装张季直与程联名致函袁蔚廷，劝出主持大局，特属翼之赍函前往面陈，并属张仲老偕行。仲老病不能行，亦作一书交杨，而杨亦病，遂罢。此卷首疏稿，湖帆画图，杨自记两则。张函，程、张仲老函。耆庵题诗、雪楼题记。瞿佶子、应季中、沈信卿、黄任之、刘厚生、梁任公、张仲仁、陈陶遗、孙慕韩、伍伯谷名辉裕、单束笙、王佩诤诸题，足资掌故者也……

……………

十月十二日　永清、厚生、揆丈来谈……

……………

十一月十七日　……刘厚生、秉志、孙振中秉徒皆来阅《本草》。

……………

（1944年）四月十二日　……揆丈招便饭，座有放园、仲恕、叔通、昆三、达仁、子楷、陶遗、拔可、厚生、志平。仲恕为陆冕侪家理拓本，得潘文勤及莫祥芝两拓见赠。诸公间述张香涛、端午桥轶事甚多。仲恕云，宣统某年见端，端言蔚廷对于民党办法颇巧，尝出示严缉，示用骈文，使普通不易知也。后晤仲老，询及其事，此骈文即出仲老手笔。端与袁并不与党人为难，或言端杀党人甚力，诬也。陶遗即曰，余即其人证也……

……………

四月二十九日　……止溪招饮，座有钱名山、刘厚生、孟靖叔侄、魏廷荣父子、王子松、金任钧、竹森生及余。

……………

六月二十二日　刘厚生赠《日本钢铁》杂志……

……………

（1946年）一月二十四日　刘厚生来，阅《治乱通诠》……

……………

一月二十五日　刘厚生来……

……………

一月二十九日　……厚生来，阅《治乱通诠》。

……………

三月九日　……厚生来……

……………

（1950年）五月二十四日　……厚生约兑之晚餐，余陪。

……………

（1951年）十一月二十七日　访厚生先生，精神尚好，以撰稿相托。①

刘厚生函

---

① 顾廷龙:《顾廷龙日记》，李军、师元光整理，中华书局，2022，第200、283、305、333、334、341、367、
368、370、378、441、446、538、591页。

在顾廷龙保存的合众图书馆史料中，有一封刘厚生的信，落款日期为1952年1月24日。信是写给"之游世讲"和"欢曾侄孙"的。"世讲"一词用以通称友朋的后辈。

照录整理如下：

之游世讲、欢曾侄孙同览：

张稿承上达，意允为印刷，但实际无法携寄，有辜他的盛意，乞为道谢。此传在脱稿之后，首以一份送交张菊生先生阅览，菊生大加揄扬，谓此是晚清亡国信史，必传无疑，后又分赠上海、北京友人，统计不满十册，反映甚佳，誉为有价值之历史，朋友之阿私所好，殆不能免，但扪心自问，传中所叙事实，百分之九十以上皆有来历。而搜集此项材料完全凭藉叶揆初、张菊生两先生所创办合众图书馆之书籍也，该馆主者顾君起潜尤为可佩，尝我研究某一时代、某一问题时，顾君能短时期内亲自抽取有关此问题之书籍供我阅览，拙著张传上卷之得以脱稿，完全仗顾君之力，我不过任执笔之劳而已。

该馆已有十二年之历史，藏书二十四万册，中国历史书籍应有尽有，此外，有江浙两省收藏家捐赠之善本亦不少，我敢断言，除国立图书馆外，很少能与比肩。最难者，完全由私人力量艰苦经营而成，解放前，文史学者来此作研究工作甚多，解放后，各机关及专家咸来蒐集资料，皆能有相当丰富之供应。去年五月以来，先后添设新文化图书及通俗图书之阅览，读者日有三四百人。此类新书大都由政府补助，当今政府号召节约之际，对于添置新书之费当能继续补助，但馆中经常开支以及蒐集旧籍史料之费，则须自筹，年来旧家有书籍者，随时散出，如属珍本，人知宝贵，当不致湮灭，若其他另星书刊，与有装潢不精而攸关历史价值甚巨者，此时不加保存，以后竟将绝迹。该馆创办之初，意即为此，而已有基础，亦即在此正欲继续发展而维持不易，无从再事收购，不能不希望同好之帮助也。

前年，该馆困顿，幸旅港银行家汉章、光甫、馥荪诸君之助，计可支持至今秋，以后开支不能不预先筹划。中南银行裴君延九月前赴港，菊生曾托其设法，最近延九返沪，谓已托童君侣青向港地纺织界募集。菊生又专函童君，想恳童君热心奔走，极为可佩。惟依我私见，倘能再由上达出面，登高一呼，而更烦两位向各方面接洽，范围更可广泛，收效必宏。应如何办理之处，请两位代为计划，可否与童君分头进行，各尽所长，或与之合作，均请酌夺。

鄙人因草写张传之故，饮水思源，深知该馆对于研究学术之贡献，极其伟大，尤其如顾君之博闻强记，小叩小应，大叩大应，而且对于馆务埋头工作，愿以此业终其身，环顾国内，罕见其俦。为特专函奉托两位加意援助。菊生年事比我更大，其期望此图书馆之可以持久，尤为殷切，诸惟垂察，专此奉布。顺颂年釐。

刘厚生手布
一九五二年一月廿四日①

刘厚生对合众图书馆及叶景葵、张元济、顾廷龙赞誉有加，尤其讲到顾廷龙"小叩小应，大叩大应"。此语取《礼记·学记》中"善待问者，如撞钟，叩

---

① 顾廷龙：《顾廷龙日记》，李军、师元光整理，中华书局，2022，第1035、1036页。

之以小者则小鸣，叩之以大者则大鸣，待其从容，然后尽其声"之意。

刘厚生其人的才华自是了得。有这样一个故事：

> 到（1911年）12月份，清廷架不住袁世凯的威逼，压力之下，只好同意退位，和平过渡。
>
> 退位诏书谁来写，唐绍仪是北方代表，当事人不便执笔；徐世昌古文功底深厚，也是朝中重臣，徐不干，怕担责任留千古骂名。
>
> 袁世凯的秘书阮忠枢草拟的稿子，袁世凯不满意，后来由洪述祖撰写，内容太长，不得要义，从开天辟地谈起，又臭又长。最终有人建议由张謇撰写。
>
> 事后刘垣回忆：季直先生初既彷徨于执笔责任，又踌躇于如何落墨。咨询与我，我答曰："今天既不是张某（指张謇）篡位自立，而是把政权还给老百姓，这是普天同庆的事，正应慨然应当，何所用其犹豫？"季直先生微笑点头说："那么拜托，拜托。"我立即动笔，二三十分钟草就。
>
> 几百字的退位诏书，在刘垣笔下倚马可待。写好后交给张謇看，只改动几字，交给唐绍仪看，唐绍仪看后也满意，由他交给袁世凯，袁世凯看后大为赞赏。①

这篇诏书，虽只有三百余字，却写得文情并茂，辞藻典雅。当时的皇帝溥仪只有5岁，他和隆裕太后难以写出这样的文章。那么，诏书究竟是谁人所

---

① 说道古今故事：《清帝退位诏书的撰写者—刘垣》，2021年6月18日，https://baijiahao.baidu.com/s?id=1702861512171711537，访问日期：2021年6月18日。

撰？长期以来众说纷纭，莫衷一是。虽然前述撰稿者为刘厚生只是其中说法之一，但也足见其才华是得到世人认可的。

这样一位大才子如此不吝赞誉之词，可见合众图书馆及顾廷龙等在他心目中的地位。顾廷龙与刘厚生的联系一直保持着。《顾廷龙年谱》有记："1958年五月二十四日，刘厚生有信致先生，谈'预备立宪公会'事。（0330原件）1959年七月二十四日，顾颉刚有信致先生，云：'……刘厚生先生《张謇传稿》大可寄与。厚丈近日身体好否？念念。'"①

顾廷龙在1985年7月撰写《张元济与合众图书馆》一文时，引用了刘厚生的一段文字：

> "合众"为读者服务，他们的大作出版，时蒙齿即。刘厚生先生在他《张謇传记》出版时《后记》中写道：我在写稿时，所有材料，不能不取资于图书馆。幸有老友叶景葵先生创立的合众图书馆（现在改称历史文献图书馆）与我住宅距离甚近，因之《张謇传记》的材料，有百分之七十都是向此馆搜集。②

顾廷龙谦逊，未将此刘厚生《后记》中的内容全部引用。就在前述这段话之后还写着：

> 而此图书馆之馆长顾廷龙先生，特别热心，不嫌烦碎，我所指定之史料，顾先生能于十分钟内，在杂乱的书城之中，取出供我阅读。顾先生待我之热心，使我深为感谢，其胸中之渊博，尤

---

① 沈津编著《顾廷龙年谱》，上海古籍出版社，2004，第531、535页。
② 顾廷龙：《张元济与合众图书馆》，载《顾廷龙文集》，上海科技文献出版社，2002，第562页。

不能不使我表示钦佩也。^①

1964 年，刘厚生去世，享年 91 岁。

秉　志

秉志（1886—1965），字农山，生于河南开封。中国近代生物学的主要奠基人。从 20 世纪 20 年代起，长期从事中国生物学的教学、研究和组织工作。是中国第一个生物学系和第一个生物学研究机构的创办人，中国动物学会的创始人。是民国时期中央研究院首批院士之一。

秉　志

秉志是美国政府退回"庚子赔款"后赴美留学的第一批学生，进入康奈尔大学农学院，在著名昆虫学家 J．G．倪达姆（J. G. Needham）指导下学习和研究昆虫学。1913 年获学士学位，1918 年获哲学博士学位，是第一位获得美国博士学位的中国学者。

1920 年回国后，秉志积极从事生物科学的教学、科研和组织领导工作。1921 年他在南京高等师范学校（次年改为东南大学，后改为中央大学）创建了中国第一个生物系，并根据本国情况编写了教材。在从事教学工作的同时，1922 年他在南京创办了中国第一个生物学研究机构——中国科学社生物研究

---

① 刘厚生编著《张謇传记》，龙门联合书局，1958，第 288 页。

所，1927 年创办北平静生生物调查所。当时国家贫穷，经费不足，在极为困难的条件下，秉志以高度的责任感和艰苦奋斗的精神，领导南北两所，为开创和发展中国生物科学的研究，作出了历史性的贡献。

1920 至 1937 年，秉志历任南京高等师范学校、东南大学、厦门大学、中央大学生物系主任、教授，同时担任中国科学社生物研究所和静生生物调查所所长兼研究员。抗战时期，秉志因夫人患病，困居上海 8 年。由于当时他在中国学术界颇有名望，敌伪千方百计地寻找他，企图拉他出来工作。他改名翟际潜，蓄须"隐居"。为避敌伪的耳目，他从中国科学社躲到震旦大学，最后躲到友人经营的中药厂里，但仍孜孜不倦地坚持做学问，完成多种论著。

顾廷龙在日记中记载了秉志与合众图书馆的联系，留存的最早一次记录是在辣斐德路筹备处：

（1941 年）六月十九日　……秉志、王志稼、刘咸偕来参观，相谈甚快。[①]

在合众迁入新馆后，秉志多次到合众图书馆与顾廷龙"畅谈"：

（1942 年）三月二十二日　……秉农山来，谈中国科学社暨明复图书馆决定于本月底结束，房屋出租，以保清白。并述静生生物调查所，殊堪嗟叹……
　　……………
　　七月二十日　……秉农山来，畅谈，渠今改复旧姓翟名际潜，号吉千矣……

---

① 顾廷龙：《顾廷龙日记》，李军、师元光整理，中华书局，2022，第 171 页。

....

十月二十六日　……秉志来，询悉前日偕刘重熙同来之张君名景欧，字海珊，前江苏昆虫局技师……

....

十一月十六日　……秉志偕杨宽来谈。

....

（1943年）五月九日　秉志来谈，久未晤面矣。

....

十一月十六日　……秉志偕赵景源来谈，赵在商务编辑。

十一月十七日　……刘厚生、秉志、孙振中秉徒皆来阅《本草》。

....

十二月十二日　……秉志合其弟子来查《本草》……

....

（1945年）三月五日　秉志来借书。

....

三月十一日　……秉志、叔通、调孚来借书……

....

四月二十二日　……秉志偕裘作霖来。裘为仙鹤草素药厂厂长，参观后颇有建议：（1）书库窗盘可加做搁板，可以装上放下；（2）窗因阳光太强，可上白粉油一层；（3）购到书可先入烘箱消毒。皆可采用也。①

---

① 顾廷龙：《顾廷龙日记》，李军、师元光整理，中华书局，2022，第227、228、253、271、276、277、310、341、345、415、416、420、421页。

这一年的 11 月 21 日，秉志到合众图书馆来，谈及订英文报刊事，顾廷龙向他表达了学习英文的想法，秉志表示可以予以指导：

（1945 年）十一月二十一日 ……秉先生来，畅谈。询及此间订英文报否，余乘机告以欲重学英文。渠表示愿为指导，因即约定每星期一、三、五晚饭后前往，试半年……

……………

十一月二十三日 ……晚饭后，访秉老，习英文。

……………

十一月二十六日 ……访秉老，讲新闻三则……

……………

十一月二十八日 ……读英文，访秉老。

……………

十二月三日 ……访秉老。

……………

十二月七日 ……访秉老。

……………

十二月十一日 ……秉老来……

……………

十二月二十七日 ……秉先生来……

……………

（1946 年）一月十一日 ……译英文一则。秉先生处，因时晚不及去……

……………

一月十四日 ……访秉志，不值……

一月十五日 ……秉老来……

……………………

一月十八日　王祖昌为秉老刻章交来。校片。访秉老……

……………………

一月二十一日　……秉老来授英文……

……………………

一月二十五日　……秉老来授英文……

……………………

一月二十八日　……秉老来授英文……

……………………

二月二日　阴历丙戌元旦。偕会、芬至叶宅贺岁。至秉老

处……

……………………

二月十一日　……秉老来……

……………………

二月十五日　读英文。秉老来……

……………………

三月一日　校片。秉老来……

……………………

三月十五日　……秉老来……

……………………

（1947年）一月二十三日　……午后，至秉公、朴师处……

……………………

三月十五日　……秉农山来。①

------

① 顾廷龙:《顾廷龙日记》，李军、师元光整理，中华书局，2022，第426-430、435、439-443、445、447、
470、476 页。

秉志对顾廷龙的儿子顾诵芬的成长有很大的影响。顾诵芬回忆："常来图书馆看书的知名学者很多，如钱锺书、冯其庸等。他们有的已写了回忆合众图书馆的文章。还有搞生物的秉志先生，他是前清的举人，去美国留过学，解放后为我国第一批的科学院学部委员。我记得他在鲤鱼变异方面做出过成绩。我父亲还专门引我去拜见他，秉志先生非常和气、平易近人。"①

还在顾诵芬读初中的时候，秉志就向顾廷龙建议，诵芬要在自然科学入门，最好去上海的博物馆和有关工厂看看。以后每逢节假日，顾廷龙总是带诵芬去华中墨水厂、亚洲文会、自然博物馆、仙鹤草素药厂以及现在重庆南路的震旦大学博物馆等处参观，这无疑拓宽了他的视野，为他以后成为我国飞机设计和飞机空气动力学的顶级专家奠定了良好的基础。

胡　适

1932 年，顾廷龙在北平顾颉刚家中结识胡适，以后二人常有接触，包括书信往来。

胡适（1891—1962），曾用名嗣穈，字希疆，学名洪骍，后改名适，字适之，安徽绩溪人。思想家、文学家、哲学家。以倡导白话文、领导新文化运动闻名于世。1962 年 1 月，病逝于台湾省台北市。

胡　适

---

① 老科学家学术成长资料采集工程顾诵芬院士采集小组编《中国工程院院士传记　顾诵芬传》，航空工业出版社，2021，第 69、70 页。

顾廷龙曾在《吴愙斋致胡守三手札跋》一中记述了他与胡适认识的经过：
"今夏六月二十一日，在颉刚坐上获识适之先生，即以拙稿请政。承示先世与吴
氏通好，藏有其手札，翌日亟诣乞假，都一册，皆与其尊人守三公者。公与余
外叔祖王胜之先生同客吴幕，极相契洽，吴氏尤重之。余侍外叔祖，为言师友
敬佩者每及公，故心识久矣。旋暑假南下，呈诸外叔祖，感懷旧雨，即为题记，
皆当时轶闻也。返平后出而玩读各扎，虽不纪年，大致可考，装表无差。"①

文中的"今夏"指 1932 年夏，"拙稿"是顾廷龙撰写的《吴愙斋年谱》。
1932 年 6 月 21 日，顾廷龙在顾颉刚家见到胡适，他把自己撰写的《吴愙斋年
谱》稿拿来向胡适请教。胡适告诉顾廷龙，他的父亲胡守三与吴氏有交往，保
存有吴愙斋的手札。第二天，胡适即借给顾廷龙装裱好的一册吴愙斋致胡守三
的信函。顾廷龙将其拿给自己的外叔祖王同愈看过。

顾廷龙笔记中还记有：

> 吾毕业之日，校方请胡适博士讲演，题为"往那里去？"就
> 是以他的名字作题。典礼毕，我和胡先生同往蒋家胡同。是日，
> 颉刚邀的客人有钱玄同、洪煨莲、黄子通、容庚等。②

1934 年 9 月 12 日，胡适致信顾廷龙，托查王韬入县学之真姓名，信中写
道："适曾假定他改了姓与名。""现在已请罗尔纲君去查光绪五年修的《昆山新
阳合志》，不知能得秀才名籍否？最好还请你向昆山甪直一带的旧家去访求道光
二十五年的诸生籍，证明那年昆山或新阳的县学第一是否王畹。此琐屑事，乃
屡屡奉烦，不安之至！"③

---

① 顾廷龙：《吴愙斋致胡守三手札跋》，载《顾廷龙文集》，上海科技文献出版社，2002，第 319 页。

② 沈津编著《顾廷龙年谱》，上海古籍出版社，2004，第 25 页。

③ 沈津编著《顾廷龙年谱》，上海古籍出版社，2004，第 38 页。

1946 年 7 月 9 日，张元济来合众，与叶景葵谈胡适校勘《水经注》事。次日，张元济致胡适书：

> 大乱之后，乃获于海上与故人相见，欣幸何极。昨与徐大春兄通电话，知清恙已瘥，又闻已可出门，甚喜，甚喜。台从在此未知有几日勾留，拟略□具，挽兄过寓小叙，乞核定何日见示，当再邀陪客，延企无似。昨闻叶揆初兄言，合众图书馆藏有旧抄本全谢山《水经注》校稿，亦尚有他本，有便可偕往一看，离敝居不远也。①

同日，顾廷龙即捡出《水经》本子，为胡适来查阅做了准备。7 月，顾廷龙在合众图书馆与胡适见面。胡适自美回国，至上海，叶景葵即往访之。胡氏为言其考证全祖望重校本《水经注》出于王梓材伪作。叶告以全校稿本为其所藏，今归合众图书馆。因偕胡适至"合众"，并介绍先生与之相见。胡犹忆与先生在"燕京"时即已相识。胡粗阅全稿，疑非全氏亲笔。②

1947 年 9 月 5 日，顾廷龙访胡适，未值。午后，胡适至徐森玉处，徐森玉请顾廷龙去。三人在一起畅谈。胡适讲到天津图书馆有全祖望五次校阅的《水经注》，书上面有四明抱经楼藏书印，只是以前所见过的目录有三种，都没有这个版本。

1948 年 9 月，胡适至上海，到合众阅览全祖望校本《水经注》三次，最后认为书中校改，确为全祖望亲笔。胡适在上海时，由徐森玉陪同访瞿氏铁琴铜剑楼，观明抄宋本《水经注》。后借到此书，并托徐森玉代校，徐森玉又属顾廷

---

① 张元济：《书信》，载《张元济全集　第 2 卷》，商务印书馆，2007，第 554 页。
② 沈津编著《顾廷龙年谱长编》，中华书局，2024，第 418 页。

龙为之，顾廷龙又约胡文楷为助。10 月 24 日，顾廷龙致信胡适：

> 适之先生左右：
>
> 日前从者来沪，畅聆教益为幸。辱承赐书屏幅，许录鸿文，尤所铭感。
>
> 全氏《水经注》重校本，兹以尊选一叶景印奉赏。沈文起《水经注疏证》一书稿本，原藏刘氏嘉业堂（文起《两汉书补注稿》已归敝馆，多浙局所未刻。其《苏诗补注》，似未刻，亦在此），于卅一年鬻书时失之。龙曾多方探询，卒无下落，惟闻傅沅老曾传钞一部，不知尚在插架否？拟恳先生便中重托沅老公子觅之。如能借得，敝馆颇欲传钞一部，稍广其传。素仰先生发潜阐幽不遗余力，而与傅氏商借，非鼎力不克济事。琐屑奉渎，无任主臣。
>
> 专此，祗请
>
> 撰安！
>
> > 后学顾廷龙顿首
> >
> > 卅七年十月二十四日灯下①

10 月 30 日，胡适有信致顾廷龙，感谢他在合众图书馆这几天所给予的厚待与种种的帮助，以及影印全谢山重校本《水经注》卷二首页，并希望他为自己的《跋杨惺吾两札》一文加以删削修改。10 月 31 日，胡适又有信致顾廷龙，告知"今日开始写《合众馆（收藏的）三（种全祖望的〈水经注〉校）本跋》"，请顾廷龙代为复检陈劢咏桥录本《水经注》的缺卷，并代钞卷十一。11 月 2 日，胡适有信致顾廷龙，请抄录全谢山《水经》重校本卷六的"湛水"。11

---

① 顾廷龙：《顾廷龙全集·书信卷》，上海辞书出版社，2015，第 82 页。

月 14 日，胡适有信致顾廷龙，告知"残宋本《水经注》又借来了，预备十二月十七日展览"。11 月 26 日，胡适致顾廷龙信，又有附笺，属顾廷龙影抄重校本卷一的第二及第三页，须包括引《管子》曰"水者，地之血气……又命曰川水也"一大段，又卷二之数十页。又有信致顾廷龙，告知《水经注疏证》稿本（或钞本）在西北大学被发现，已复信该校校长杨克强，请其将此书寄来，作为北京大学 50 周年纪念日《水经注》版本展览之一。如航寄上海更为方便，则直寄合众图书馆，托先生收下后"借钞一本，然后寄还"。"我的回信，写了千余字，匆匆不能写完，当续寄呈。"11 月 28 日，胡适又致信顾廷龙，说："我近年到处宣传我正治《水经注》，其用意正欲使各地的《水经注》都出现耳。"又说，"在天翻地覆中作此种故纸堆生活，可笑之至！"11 月 29 日，胡适有信致顾廷龙，说："我重读昨天的长书，颇觉得'黄友录本'（《水经注》）已可定案。但陈劢录本与'重校本'似尚有一些小问题没有完全弄明白。"12 月 13 日，胡适又致信："谢谢你的三封信，谢谢你影钞的诸叶及影印的全氏手稿一叶。森玉先生、文楷先生和老兄合校的瞿氏藏明钞宋本已由魏建功兄带到，已交去参加十六、七、八三天的《水经注》版本展览了。你们三位合作为瞿氏此书留一副本，实甚重要。将来这部合校本，我一定要写一篇跋。"关于沈文起《水经注疏证》，胡适请顾廷龙查一九三六年上海杂志公司出版的《艺文杂志》第一卷第二、四期，"这杂志是夏剑丞先生主编的。请你向夏剑丞先生询问他们从何处得来此稿？先后共登出多少卷？其底本现在何处？接公与剑公甚相熟，当不难一问此稿的究竟。尊寄全氏诸叶，特别有趣，可惜时局太坏，我太忙，尚未细考校。今寄赠一叶作纪念，乞兄留赠'合众'，作为'重校本'的一篇小记"。12 月 29 日，胡适致顾廷龙信，有云："森玉先生、文楷先生和老兄合校的瞿氏藏明抄宋本已由魏建功兄带到，已交去参加十六、七、八三天的'《水经注》版本展览'了。""此是北平寓中论学最后一信，次日已无飞机，故此信偶在行箧上，今日检出奉上。"胡适因在客中，无法承担《水经注疏证》的钞费，"颇盼望贵

馆能将此费担负下来，即将钞本作为贵馆所有"，"但如贵馆有困难，千万即乞
示知，我当设法筹汇。千万请勿客气"。除夕，顾廷龙复胡适信，同意由合众图
书馆负担《水经注疏证》的钞费。1949 年 1 月 3 日，胡适致顾廷龙信，谢合众
图书馆承担《水经注疏证》钞费事。"下次我来上海，也许能写一短跋。"1 月
17 日，叶景葵招饮，出席者有胡适、郑振铎、徐森玉、钱锺书、张芝联及顾廷
龙等。①

顾廷龙在《胡适之先生〈水经注〉论著附手札识语》一文中写道：

胡适为顾廷龙父顾元昌遗
墨题字②

胡适之先生《〈水经注〉论文》，忆是
一九四九年三月来沪时，常至合众图书馆阅
书，谓将修改有关《水经注》文章，并出所著
及诸跋见示。余即随手请杜幹卿君录副，每抄
就一篇，余即校读一过，储之箧衍，忽忽四十
年矣。

四月六日，胡适乘威尔逊总统号轮船离沪
赴美国。胡适离沪前，至合众图书馆向先生等
道别，并写字数幅。又为先生父亲之遗墨题记，
云："程明道作字时，甚敬。他说，'非欲字好，
即此是学'。我在儿童时，读朱子《小学》，记
得此语，终身颇受其影响。今见竹庵先生病中
遗墨，一笔不懈不苟，即是敬的精神。" 是日，
来馆与胡适话别者有陈济川、胡厚宣。③

① 沈津编著《顾廷龙年谱》，上海古籍出版社，2004，第 436-439 页。

② 原件存顾诵芬处。

③ 顾廷龙：《胡适之先生水经注论著附手札识语》，载《顾廷龙文集》，上海科技文献出版社，2002，第 99-101 页。

那些日子里，胡适午饭都是在图书馆与顾廷龙全家一起吃的。顾廷龙的儿子顾诵芬当时正在上海交通大学航空工程系读书，他回忆：

> 有一次吃饭的时候，胡适先生问我在大学学习什么专业，我答："航空工程。"他听后点点头说："这是实科，不像现在报上写文章的那些专家，那都是空头的。"
>
> 中午吃饭是我母亲领女佣做的。当时物价高涨，而且很多菜肴都买不到。胡适吃了非常满意，不断地道谢。最后还给我母亲写了一张扇面。①

冯其庸

冯其庸（1924—2017），名迟，字其庸，号宽堂。江苏无锡市前洲镇人。我国著名红学家、史学家、书法家、画家，以研究《红楼梦》著名于世。历任中国人民大学教授、中国艺术研究院副院长、中国红学会会长、中国戏曲学会副会长、中国作家协会会员、北京市文联理事、《红楼梦学刊》主编等职。2015 年 2 月被聘任为中央文史研究馆馆员。2017 年 1 月在北京逝世。

冯其庸

---

① 顾诵芬:《我与上海图书馆的情谊》,《图书馆杂志》2002 年第 7 期。

冯其庸曾经在《我的第一本书》文中讲到："我的第一本书——《蒋鹿潭年谱考略》，是 1948 年在上海图书馆的前身——合众图书馆写成的。"

我怎么会到合众图书馆写书的呢？这有一个过程：我是 1946 年春，抗战胜利后考入无锡国专的。1948 年初春转到了无锡国专上海分部，同去的还有老同学沈燮元、张仁迪两人。

到了上海的无锡国专以后，我很想认认真真地读点书，当时教授阵容很强，王蘧常先生开先秦诸子课，主讲《庄子》，童书业先生讲秦汉史，王佩诤先生讲目录学，葛绥成先生教地理学，朱大可、顾佛影先生讲诗学，张世禄先生讲音韵学等等等等。而王蘧常先生为了让我多读书，就介绍我去拜见顾廷龙先生，他是著名的目录版本学家，又是合众图书馆的馆长。

我见了顾廷龙先生以后，先生十分照顾，特给我留一个专柜，每天借书不用再办手续，所用的书放在专柜里，第二天自己取用，这样节省了很多时间。这时我正在写《蒋鹿潭年谱稿》，我除了依靠合众图书馆的资料外，还到福州路上的旧书店去找书。我差不多把福州路上的旧书店都查遍了，有时就干脆住在温知书店，经理王兆文先生是我的书友，这样我在福州路上的书店里搜集到与蒋鹿潭同时的不少淮海词人的词集，还有蒋鹿潭友人杜文澜、徐鼒、陈百生、宗源瀚、乔松年等人的集子。甚至连钤有蒋鹿潭的"水云楼"章的《水云楼词集》我也搜集到了。这样，我以合众图书馆作为我的基地，在那里开始写作，经过半年的时间，基本完成了初稿。中旬我还遇到车祸，撞伤了腿，有较长一段时间不能去合众图书馆，顾先生还托人来问，为什么不去看书？知道我受伤以后，还嘱咐我好好养病，书柜仍保留着。等我病愈以后，终于在那里完成了此书的初稿。之后，我又清抄了一遍。"文革"中，我的清抄本丢失了，而我在合众图书馆时的初稿本侥幸还保留着，大部分的资料还保存着，所以我又下决心依据初稿，重新撰写此书。并增写了《水云楼诗词辑校》，合为一书。[①]

1948 年，冯其庸还是一个学生，毕业后，1950 年任教于无锡市第一女中。1954 年调北京中国人民大学，从讲师、副教授到教授，迅速成为一名学有专精的学者。1975 年国务院文化组成立《红楼梦》校订组，他任副组长。1980 年、1981—1982 年，他两度赴美在史坦福、哈佛、耶鲁、柏克莱等大学讲学，获富布赖特基金会荣誉学术证状。

1982 年 6 月，冯其庸收到顾廷龙的信，感谢他为上海图书馆纪念论文集撰稿：

其庸同志：

昨奉手书，敬悉一一。

承许为敝馆纪念论文集撰稿，光我篇幅，至深感荷！

大著《蒋鹿潭年谱考略》，甚好。希望得暇命笔。为荷！近阅杨殿珣君年谱目录，鹿潭年谱尚付缺如。尊作出，足弥此憾。

闻京中炎热，上海尚不过二十八九度。诸惟珍摄。

匆复，不尽一一。祗请

撰安

弟廷龙敬上

六、二十[②]

---

① 冯其庸：《我的第一本书》，《新民晚报》2002 年 7 月 15 日。

② 顾廷龙：《顾廷龙全集·书信卷》，上海辞书出版社，2015，第 411 页。

《顾廷龙年谱》记载:"七月二十六日,冯其庸有信致先生,告知已为《上海图书馆三十周年纪念论文集》撰写《蒋鹿潭年谱考略》一文,并将尽快抄竣寄沪。"①

　　当时冯其庸的《蒋鹿潭年谱考略》已重新完成,当即将稿件寄奉,后来在上海图书馆的纪念论文集上发表。冯其庸写道:"这就是说,我的第一本书,即是在上海图书馆的前身合众图书馆写成的,而它的发表,又是在35年后的上海图书馆的论文集上发表的,到1986年,此书才由齐鲁书社出版。"②

　　之后,冯其庸一直保持着与上海图书馆和顾廷龙的联系,那一段时间里,顾廷龙常到北京来开会,一般都住在张自忠路和敬公主府内的招待所里,刚好与冯其庸的住处只有一墙之隔。冯其庸在住处五楼的阳台上,可以看到顾廷龙在隔壁庭院里散步。他回忆:"有一天,顾老竟然跑到我的五层楼上来闲谈,这真是我意想不到的事。后来顾老到北京来住了,我曾到他的住处拜望过他。"③

　　《顾廷龙年谱》中记有:"五月二十五日　……是日,先生还参加了冯其庸书画展的预展和开幕式。冯其庸回忆文章有'一九九八年五月,我在中国美术馆举办个人的书画展,想请顾老剪彩,但又想顾老年事已高,能不能出来,我即先打一个电话试试,电话接通后,顾老耳朵有点背,听不明白,他就叫一个年轻的女孩子来接,再由她转告。顾老听了转告,马上拿起电话来就对我说:可以,可以! 于是我的这次展览会开幕式,就得到了顾老的光临,而且顾老当时精神极好,绝无倦容。'(冯其庸《文章尚未报白头》,载《中国书法》2001年第11期)"④

　　两人的交往一直持续到1998年8月顾廷龙逝世前。

　　冯其庸曾写道:

---

① 沈津编著《顾廷龙年谱》,上海古籍出版社,2004,第638页。

② 冯其庸:《我的第一本书》,《新民晚报》2002年7月15日。

③ 冯其庸:《我的第一本书》,《新民晚报》2002年7月15日。

④ 沈津编著《顾廷龙年谱》,上海古籍出版社,2004,第806页。

顾老去世后，我与上海图书馆仍保持着亲密的关系，特别是2000年9月27日到10月2日，还承上海图书馆、《解放日报》、上海大学美术学院为我举办"玄奘取经之路暨大西部摄影展"。我的摄影展，也是生平第一次。

奇怪的是我的第一本书的撰写和发表，第一次学术性的摄影展的展出，都是在上海图书馆，这两个"第一"，并不是有意安排的，而且前后相隔几十年，也无从安排，这只能说是一种天缘巧合，是翰墨因缘！①

对于比自己年轻20岁的冯其庸，顾廷龙关爱有加，他曾写道：

有人尝说，"合众"的读者都是专家教授，其实也不尽然。我们对有志于文史研究的青年，不仅乐于接待，也能适当地做一些业务咨询。关于这问题，只要举冯其庸先生的例子，已能说明。

冯其庸先生在他的《蒋鹿潭年谱考略》一文（载《上海图书馆建馆三十周年论文集》）中说：

三十五年前，我在上海读书，除上课外，剩下的时间，绝大部分是在顾起潜先生主持的合众图书馆看书，有时我整天在图书馆，有时是半天在图书馆，当时我就是在撰写《蒋鹿潭年谱初稿》。使我十分感谢的是我时时能得到顾老的指点和关照，我读的书图书馆单给我存置一个书架，每天到后就取书阅读，不浪费一点时间。②

---

① 冯其庸：《文章尚未报白头》，《中国书法》2001年第11期。

② 顾廷龙：《张元济与合众图书馆》，载《顾廷龙文集》，上海科技文献出版社，2002，第563页。

方　行

方　行

方行（1915—2000），江苏常州人。1937年
8月参加上海文化界救亡协会，次年进沪江大学
社会科学讲习所（后改为社会科学专科学校）学
习，任同学会主席。1941年12月加入中国共产
党。翌年春受组织委派到淮南抗日民主根据地参
加江淮大学筹建。1943年奉命返沪筹建进化药厂，
生产药品运往根据地。抗战胜利后，任《新文化
半月刊》《消息半月刊》编辑，同时从事上海地下
党领导机关的机要工作和东方公司的经营业务。

　　方行曾任上海市文化局副局长、上海市文物管理委员会副主任、上海社联
常委、上海市历史学会理事和上海图书馆学会会长。编有《谭嗣同全集》《谭嗣
同真迹》《李大钊著译系年目录》《李大钊选集》《瞿秋白著译系年目录》《唐才
常著作系年目录》《徐光启著译集（二十集）》《樊锥文集》《王韬日记》《宋人
佚简》等，并为《鲁迅辑校古籍手稿》《鲁迅辑校石刻手稿》《鲁迅重订〈寰宇
贞石图〉》《鲁迅藏汉画像》等书的顾问。后任上海文物管理委员会顾问、上海
市党史资料征集委员会委员、上海市地方志编纂委员会委员、《中国古籍善本书
目》编委会副主任、上海政协之友社常务理事、复旦大学文博学院兼职教授、
《中国文化》研究集刊主编、"上海文献丛书"主编、"上海当代丛书"编委、
《瞿秋白文集》编委、《郑振铎文集》编委。

　　《史林》2007年增刊（总第102期）发表了一篇方行口述、方放整理的

《方行先生自述》，其中，方行回忆了自己的家世、早年的生活和参加地下工作的经历。他在第四节"文献编选二三事"讲述了编选谭嗣同、李大钊、瞿秋白文集的往事：

> 我编谭嗣同、李大钊、瞿秋白的文集，就是靠四处收罗材料，文章都是靠手抄的。当时照片拍不起，叫别人抄我又出不起钱，连抄写的纸张都是马路地摊上买来的。我编书就是靠徒手抄写，所以笔名叫"文操"。
>
> 这些人的文章都是散见书报，上海的书报最多，抗战中上海经常受轰炸，我担心战火殃及，所以就开始找书报抄这些文章，以便保存。做地下工作时，有时风声紧，我就躲在图书馆里抄。慢慢地抄了一大包，纸张都是大大小小、花花绿绿的。后来白色恐怖，我又怕放在上海家里不安全，就带到了香港。找上海地下党派到香港去的万景光①租个保险箱存放，直到解放后才找他拿回来。
>
> 抗战刚刚胜利时，我开始编《新文化》。对外请周建人出面，实际工作由我做。这期间我向蔡尚思②组稿，认识了蔡尚思。大家谈论罗列了近代最重要的20个思想家，其中就有谭嗣同，谈起谭嗣同的文章散见书报，应该编成集子，然后我就开始收集谭嗣同的文章。这期间还得到了复旦的陈子展教授的帮助。《谭嗣同全集》

---

① 原文后有注，万景光曾是中共华东局对台工作委员会驻港的领导人。

② 蔡尚思（1905—2008），号中睿，生于福建省泉州市德化县浔中镇诗敦村。著名历史学家、中国思想史研究专家。20余岁即入大学任教。1929—1934年先后任上海大夏大学、复旦大学和武昌华中大学讲师、教授。1935—1942年，同时任沪江大学、复旦大学、东吴大学等大学和无锡国学专修学校教授，光华大学历史系主任。1946—1949年，任沪江大学教授。1949年起，并任上海商务印书馆特约编辑。

的铅印本在解放前就编好了，交给了"生活书店"的徐伯昕。①

　　文中没有说明"躲在图书馆里抄"的图书馆是哪一家，后面则讲到了"这期间我向蔡尚思组稿，认识了蔡尚思"。

　　《顾廷龙日记》中记有：

　　（1947年）一月十日　……蔡尚思介绍方行来阅书……

　　一月十一日　……方行来阅书。

　　………………

　　一月十四日　……方行来阅书。②

　　顾廷龙在三天的日记中都记下了这一位比自己年轻10多岁、名不见经传的读者来阅书，而且在1946年8月—1947年8月的《合众图书馆第八年工作报告》中特别提到"（1947年）五月十九日，方行传钞谭嗣同致汪康年手札"。想必在顾廷龙眼中，这位读者有其不同凡响之处。

　　上海解放后，方行曾任上海市工商局主任秘书，参与接管工作。后参加筹建上海人民检察署，1951年初任副检察长。1952年7月任上海政法工作委员会委员兼秘书长。1954年春任上海市政府政法委专职秘书长。1955年1月仍任副检察长和党组副书记。《顾廷龙年谱长编》中有记："（1956年）11月29日，下午，郑振铎来，晤先生及潘景郑。晚六时，方行在新雅饭店宴请郑振铎，邀周予同、徐森玉、周而复及先生等作陪。（《郑振铎日记全编》，第470页）"③郑振

① 方行：《方行先生口述》，方放整理，载2007年《史林》（增刊）总第102期。徐伯昕（1905—1984），参与创办生活书店，任经理、总经理。1948年在香港任三联书店总经理。中华人民共和国成立后曾任新华书店总经理。

② 顾廷龙：《顾廷龙日记》，李军、师元光整理，中华书局，2022，第468、469页。

③ 沈津编著《顾廷龙年谱长编》，中华书局，2024，第596页。

铎与顾廷龙、潘承弼、徐森玉均为交往多年、过从甚密的老朋友。1949 年后郑振铎历任全国文联福利部部长、全国文协研究部长、人民政协文教组长、中央文化部文物局长、民间文学研究室副主任、中国科学院考古研究所所长、文化部副部长，是全国政协委员，全国文联全委、主席团委员，全国文协常委，中国作家协会理事。

1957 年，方行调任上海市文化局副局长及党组成员。

这次宴请，在《顾廷龙日记》中未见记录。但他肯定记得 1947 年来图书馆阅书的方行。在方行口述中有两处提及顾廷龙：

> 《谭嗣同真迹》中的书信都是我东南西北去收集来的。我从抗战时期就开始收，当时很多材料是借来的，看到有手迹的，还的时候就拍张照下来，那些初版用的原件现在是找不到了。谭嗣同写给汪康年的信都是上海图书馆的藏品。汪康年去世后留下几麻袋的信，都是当时名流写的，差一点要被称斤两卖掉，顾廷龙把它们留下来，编了四本书信集，这些信就是其中的。谭嗣同的信写得很好，像写给欧阳中鹄的万言长信，一气写来，一字不改。
>
> 解放后，听说北京有人有一册谭嗣同的手稿本。我向收藏人借，他说借阅可以，但是要 50 元，我就汇了 50 元给他，不久书果然寄来了。我和顾廷龙一看，里面有的是抄件，有的的确是谭氏真迹，是有涂改的文稿。我曾请张元济为初版的《谭嗣同全集》和《谭嗣同真迹》题书名，他当时是一口答应的。我们商量请张元济看看北京那个稿本的真伪，于是，一起去上方花园拜望张元济。张元济这时九十岁了，中风了，但人情况还是好的。他躺在床上，床上放着个小茶几，我们把手稿放在小茶几上给他看。张元济一看之下，竟然"啊——"一声大哭起来，脸涨得血红！他

看到了老朋友的东西，感触了，哭了，真是百感交集，老泪纵横。当时我吓坏了，老夫子这么大年纪，要是有个什么不测怎么办，这个责任我怎么担得起！这样看来，稿本中的一些手迹确是真的。想买又买不起，我让顾廷龙拍份照片下来，也不知道这份照片现在在哪里。这个稿本后来被卖给了湖南历史研究所。[①]

此段回忆中讲到汪康年去世后有几麻袋信，顾廷龙留下来并整理编印一事，顾廷龙在1986年9月写下的《汪康年师友书札跋尾》文中有记述：

一九四二年秋，合众图书馆与叶揆初先生先后移入新屋。葵老退居多暇，有时安步当车，访问附近亲友。一日至汪振声君家，见其检置资料一大堆，询其何为？则曰将以废纸弃去。盖深恐日本侵略军随时闯入搜查，如被发现，必致滋生祸端。葵老随手检视，则皆汪穰卿先生师友所贻手札，而经其弟颂谷先生手加整理者。葵老语之曰：此大宗书札，均为穰卿先生创办《时务报》以后在京沪办报时师友及读者之来信，为研究近代史极重要之资料，万不可毁弃。且曰我近与张菊生先生等创办一所合众图书馆，专为保存亲友家所藏之图书及文献资料，新建馆舍于蒲石路（后更名长乐路）七四六号，可送该馆保存，以垂永久，而供后人之阅览。汪振声君闻之，欣然举以相赠，遂使此宗手札有所归宿，真可谓得其所哉！

…………

葵老对穰卿先生极为尊重，而菊老与穰卿先生为同年执友，

---

① 方行：《方行先生口述》，方放整理，载2007年《史林》（增刊）总第102期。

颂谷又与菊生先生共事商务印书馆，皆有深交者。而余对穰卿先生之坚韧不拔，锲而不舍，从事报刊宣传，甚为佩仰，非一般见利忘义、见异思迁者所能想象。

…………

余既接到此宗函札，当即亲手检点。共计一百四十六袋，未清理者三包。每袋面上印有姓名、字号、籍贯等栏目，凡颂谷先生所知者均已填写，其不详者则付盖阙，若非颂谷先生加以注明，他人难以查考，历时愈久则知者愈鲜，卒至湮没而无闻，徒与文献无徵之叹。余既按原编次序抄成姓氏录一册，有不详者亦有未填者，亟请张菊生、叶揆初、陈仲恕（汉第）、陈叔通（原名敬第）、章仲和（宗祥）、项兰生（藻馨）诸先生加以补注，余亦间有增补，惜尘事鞅掌，作辍无常，卒未有成。

每思书札单片易致散失，按藏家之整理，均应裱为册页，讲究者，裱托宣纸五层挖嵌，页与页黏缀成册，每册加楠木书版。但合众财力非所能及。余但求托裱平正，装订成册，既使阅览，又便保存，于愿已足。时适善裱碑帖尺牍之华敏初君闲居无锡，特邀其来沪，专装尺牍。当时宣纸不易得，改用罗地纸单衬，镶以纸边，使其平整，用蓝纸为书面，以丝线装成书本。如此，则可维持多年不致散失。图书馆既要考虑长期保存，又要考虑便于读者之检阅。历时四年而成。[①]

此宗尺牍经誊录清本，六年成书，由上海古籍出版社出版。从书札入藏至排印成书，历经 40 余年。

---

① 顾廷龙：《顾廷龙文集》，上海科技文献出版社，2002，第 343 页。

方行担任上海市文化部门主要领导以后，与顾廷龙的联系更加密切了。《顾廷龙年谱》中二人书信往来、工作方面的请示汇报居多。1958年11月28日，顾廷龙致方行信，涉及编《中国丛书综录》事……1959年2月2日，中共上海市委批示同意建立全国第二中心图书馆，并成立中心图书馆委员会……徐森玉为主任委员、方行为副主任要员，委员会委员有郭绍虞、任鸿隽、李芳馥、曹未风、洪范五及先生等共十六人……1960年6月，上海市文物图书鉴定委员会改组，徐森玉任主任，顾廷龙作为上海图书馆代表参加……1961年4月8日……晚陪方行去苏州看书，宿外宾招待所。①

1962年11月22日，上海市人民政府任命顾廷龙为上海图书馆馆长。这一天，顾廷龙在日记中这样写道：

> 馆中通知八时半开馆务会议。八时一刻至潘馆长处，方局长有电话邀余往谈。将发表任命。到局，见局长，即言屡次相见均欲谈而辄为它事所牵，四馆统一以来，忽已四年，工作已逐渐上轨，馆长一职久悬，李馆长将负责全国第二中心图书馆事，已决定任为副主任委员，渠原已任命为上海图书馆付馆长，严馆长年老，加以照顾，仍为付馆长，郭馆长为付馆长，馆长之职属余。闻命之下，为之感奋不止！龙德才未孚，何能任此重任。但以革命事业，在党的培养教育之下，惟有边干边学，依靠支部的领导，几位馆长的分工合作，同志们的督促帮助，努力学习，积极工作，与大家一道来办好此图书馆事业。局长告余，将来馆务会议由余主持，对外有什么须要发展的东西，也可由大家商量写出。十时

---

① 沈津编著《顾廷龙年谱长编》，中华书局，2024，第605、610、620、628页。

返馆，局长宣布任命。①

从这次任命起，顾廷龙在上海图书馆馆长（1985 年改任名誉馆长）一职上度过了自己的一生。

方行 1995 年 7 月离休。《顾廷龙年谱》有记，1996 年 12 月 20 日，上海图书馆新馆落成。为配合开馆盛典，中国书法家协会、上海书法家协会与上海图书馆举办了"顾廷龙先生书法展"，并出版《顾廷龙书法选集》。22 日，中国书法家协会、上海书法家协会、上海图书馆和上海豫园管理处在豫园绮藻堂联合召开"顾廷龙学术成就暨书法艺术研讨会"，方行与会并发言。23 日，方行在圆明讲堂请吃素斋，顾廷龙、顾诵芬以及北京、南京、甘肃等图书馆负责人到座。

1997 年 4 月 22 日，顾廷龙致信方行，其中写道："上次到沪参加上图新馆开幕，又到上博参观，喜幸无似！公实奠基之人。（我记得没有为公写过字，今补课一纸，请指正。）……我记得没为公写过字，兹特补写一副，聊借一笑！"②1997 年 9 月 13 日，顾廷龙致信方行："上图邀我与古籍部部分同志谈谈，最近可能回沪一行，届时当奉访。属书横幅，很想写一幅像样的字呈教，但尚未着手，总想如愿以偿。"③

这应该是他们两人联系的最后记录。1998 年 8 月 22 日 21 时 5 分，顾廷龙在北京人民医院逝世，享年 95 岁。8 月 31 日上午 9 时 30 分，"顾廷龙同志追思会"在上海图书馆多功能厅隆重举行。方行与马远良、顾诵芬等先后发言缅怀顾廷龙的业绩和贡献。

顾廷龙去世后，方行对女儿方虹说："顾廷龙走了，我寂寞了！"

两年后的 2000 年 6 月 7 日，方行去世，享年 85 岁。

---

① 顾廷龙：《顾廷龙日记》，李军、师元光整理，中华书局，2022，第 622、623 页。

② 顾廷龙：《顾廷龙全集·书信卷》，上海辞书出版社，2017，第 350 页。

③ 顾廷龙：《顾廷龙全集·书信卷》，上海辞书出版社，2017，第 352 页。

二、通信咨询的名人

朱启钤

顾廷龙写到合众图书馆"还有通信谘询的"[1]时，列举的第一位即朱启钤。

朱启钤

朱启钤（1872—1964），字桂莘，号蠖园，祖籍贵州，生于河南信阳。1881年寓居长沙。光绪年间举人。1894年任修凿云阳大荡子新滩工程委员。越年保举知县，分发江苏试用。1902年任京师大学堂译学馆工程提调。1903年任京师大学堂译书馆监督，后任北京城内警察总监。1908年任东三省蒙务局督办。1910年任津浦路北段总办。民国成立后，曾任北洋政府交通总长、内务总长、代理国务总理，因拥护袁世凯称帝而被通缉。1918年获赦免，8月当选安福国会参议院副议长，未就任。同年发起成立北戴河海滨公益会，被推为会长。1919年任南北议和北方总代表。和谈破裂后辞职退出政界，潜心著述，先后寓居津、沪。1921年游历欧美等国。1930年组织中国营造学社，自任社长，从事古建筑研究。中华人民共和国成立后，任全国政协委员、中央文史研究馆馆员。著有《蠖园文存》。

---

[1] 顾廷龙：《张元济与合众图书馆》，载《顾廷龙文集》，上海科技文献出版社，2002，第562页。

朱启钤与张元济的交往在《张元济年谱长编》中最早见于 1919 年，这一年的 3 月 10 日，张元济"晚约朱启钤、熊希龄、张一麐、徐佛孙等在兴华川便饭"[①]。此后，在刊印《四库全书》一事上，张元济与朱启钤、叶恭绰有过多次交涉、讨论。1923 年，张元济、朱启钤与罗振玉、张学良、章鸿钊、梁启超、翁文灏、丁文江等人联合发起创办"古物研究社"。

关于朱启钤与叶景葵之间交往的记载要更早一些。《叶景葵年谱长编》中记载，1912 年 9 月 2 日，盛宣怀自东京致函叶景葵，与商发行债券集资及偿还日债事，其中有"上海有股东寄东一单，颇中肯綮。据云已函寄朱桂翁"[②]句，说明两人当时已熟络。这一年的 11 月 29 日，叶景葵与张謇、李维格联名致函时任北京政府交通部次长朱启钤，要求政府承认公债票在日本正金银行押款。1928 年 11 月 28 日，中兴煤矿有限公司第 17 次股东会上，两人同时当选为董事，之后在中兴董事会共事多年，1931 年 4 月，中兴煤矿有限公司第 20 次股东会上，朱启钤当选会长，叶景葵为常务董事。1934 年，叶景葵接任董事会长，朱启钤任董事。1941 年 9 月 2 日，叶景葵致函朱启钤，告以合众图书馆创办事宜，并寄赠《桂辛七十》贺诗七律四首：

桂辛先生台鉴：

自别霁颜，流光如驶，沪上情状当在轸念中。蛰居无聊，又因避居局促，笔、床、茶、灶都无位置，以致笺候久疏，歉罪何似。今岁十月为先生七秩览揆之辰，既不能渡海奉觞，又不愿以世俗藻缋之词上渎清听。而三十年来相契之深与相关之切，区区私忱，有不容自己者。谨赋长句四章，聊志向往之谊，写呈冰

---

① 张人凤、柳和城编著《张元济年谱长编》，上海交通大学出版社，2011，第 537 页。
② 柳和城编著《叶景葵年谱长编》，上海交通大学出版社，2017，第 235 页。

鉴，知不以俚俗为嫌也。景葵历年搜集群书，颇多未刊之稿及不经见之刊本，四五年前颇有捐献浙江省立图书馆之意，已有同志二三起而和之。战事骤起，浙馆迁徙，非复旧观。景葵年事渐增，所谓同志，亦嗟沦谢。乃于前岁另集同志数人，创办一馆，名曰"合众"，冀海内应和有人。筹备两年，今岁自建馆屋数楹，工取简朴，惟以避火避水为主。刻已落成，集有书十万册，碑拓四五千通。一篑之覆，深虞棉薄，仍望先进与后贤百方匡助。先生所收河防各书及黔省先贤著作，极为闳富，内有未刊之稿及不经见之孤刻，拟陆续借钞，俾有副墨，可资流布。尚乞赐示目录，以便选取，无任感幸之至。敬颂

颐安。

辛巳七月十一日　弟叶景葵拜上 [①]

10月8日，朱启钤回函，叶景葵即将其交给顾廷龙。顾廷龙在日记中记有："十月八日　……揆丈交来陈豪画《岁莫归书图》，朱桂莘、邢冕之函……十一月十三日　……严鸥客来，交到朱桂莘赠揆老《贵州文献目》。"[②] 顾廷龙即回函致朱启钤，从落款看，似与朱启钤还不熟悉，所以未用本人名义，公函用语中规中矩，而且很正规地盖上了合众图书馆筹备处的公章。

此函照录整理如下：

蠖公先生执事：

比由叶揆初先生转赠尊编贵州文献目录一册，无任感荷。

---

① 叶景葵：《叶景葵文集（上中下）》，柳和城编，上海科学技术文献出版社，2016，第1408、1409页。
② 顾廷龙：《顾廷龙日记》，李军、师元光整理，中华书局，2022，第190、197、198页。

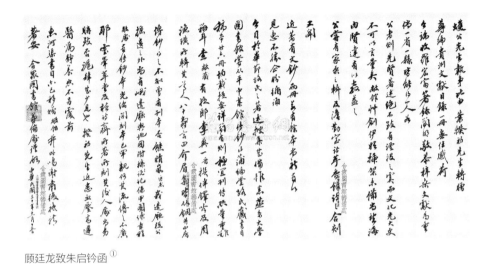

顾廷龙致朱启钤函 [1]

　　台端收罗宏富，著录简明，敬恭梓桑文献为重，倘一省一县皆能得一人如公者，则先贤著述绝不致有湮没之虞，而文化光大更不可以言量矣。

　　敝馆草创伊始，插架未备，尚望海内贤达有以教益之。

　　公尝有家桑之辑及澹勤室诗、芋香馆诗之合刻，又闻近著有文钞两册，若有余本，尚祈有以见惠，不胜企盼。循颂公目，于毕节路氏之著述搜集甚备，惟悉燕京大学图书馆尝从平中某馆传钞得蒲编堂路氏藏书目稿本二十六册，均载提要，详简有则，极宜刊传，恐量重难办耳。查敝藏有郎李冀一晋撰伴铎吟及周渔璜所辑其尊人八十寿言曰，介眉集皆从铜井山房传钞得之，不知曾有刊本否？熊晴岚匡杰峨边厅从公撝遗之外，尚有峨边厅舆地图附杂说，记保甲团练章程，敝处有传钞本，光绪间刻本已罕觏，何其流传之不广耶。灵峰草堂及听诗斋所著所刻，其后人处当易

---

[1] 此函见于某拍卖公司官网。落款处加盖有仿宋体字"合众图书馆筹备处"印章和方形篆文钤印"合众图书馆印"。

购置否？沪肆甚少见也。揆初先生近患血压高，遵医嘱静养，恕不另复。前惠河渠书目，亦以移赠敝馆，并此鸣谢肃复。祗请

著安

合众图书馆筹备处谨启

中华民国三十年十一月十五日

1942 年 8 月 4 日，朱启钤有信复叶景葵，顾廷龙看到这封信后，在日记中写道："请传钞《训真书屋杂存》，愿为刊印，盛事也。"[①]

1944 年 6 月 23 日，叶景葵有函致朱启钤：

桂老大鉴：

久未函候为歉！日前寄到《紫江朱氏家乘》一函，敬一拜读一过。体例完密，印刷尤为当今所难能，书库中得此佳本可以神！王序例重第一页，阙第二页，请为预备一单张（序例二），以便补入。进来纸价工价一日千里，海内殆无出版之书矣！一月前有一邻人，持润田介绍书欲谈中兴收回事，弟以病未见，遣人告以华北组织经过，已选王君为董事长，其人不得要领而去。不久王君又托徐君一达来谈，谓将于六月间开股东会，并陈述王君力争股东权利极为出力经过情形，弟唯唯而已。以后即无所闻，不知此风从何处发生也。顺笔奉闻，想已洞鉴一切。手此鸣谢。敬颂

著安

弟叶景葵顿首

卅三年六月二十三日[②]

———————————

① 顾廷龙：《顾廷龙日记》，李军、师元光整理，中华书局，2022，第 255 页。

② 叶景葵：《叶景葵文集（上中下）》，柳和城编，上海科学技术文献出版社，2016，第 1409 页。

7月10日　朱启钤复叶景葵函：

> 月初奉到覆书，敬审起居迪吉，欣慰无既。弟入夏以来，气躁心烦，目病不已，执笔时少，百事俱废。拟辑《黔南碑传集》，积稿在案，昏聩亦无何成就耳。《家乘》早岁排印，散置未装。劫火频惊，惧不能守，遂促付订工，草草成卷。分寄南中，邮程又阻，聚置一隅，深恐不测。前以一部托之邺架，乃荷矜视，感怍交集。闻序例偶有脱简，疏忽为手民常态。兹检别本废叶一张，惟尺度微弱，先以补奉，俟得便另寄精装全函易置。如何？（尚拟装箱寄沪，恳分赠各大图书馆也。）危巢无可告语，沟壑菹俎苟免，抑后难过。①

1942年10月26顾廷龙日记有："朱桂辛赠《营造学社汇刊》五、六两卷。"1943年7月9日记有："朱桂老寄《训真书屋遗集》来，四十七部，即复。"1943年8月3日记有："朱桂辛赠《营造学社汇刊》卷三，此刊始得完全。"②

1950年1月，顾廷龙与朱启钤已经有了直接的交往，而且能明显看出朱启钤委托顾廷龙做一些事：

> 一月五日　……乐真、斐云来，斐云欲收购滂喜善本。朱桂老所藏岐阳王文物，曾属余代谋安置之处，因告斐云，可由文物局接受之。同访桂老，慨然允捐。桂老托余代借前北平图书馆《贵州通志》，今日送还。③

---

① 柳和城编著《叶景葵年谱长编》，上海交通大学出版社，2017，第1121页。

② 顾廷龙：《顾廷龙日记》，李军、师元光整理，中华书局，2022，第271、320、323页。

③ 顾廷龙：《顾廷龙日记》，李军、师元光整理，中华书局，2022，第521页。

1949 年 4 月，朱启钤被推为中兴轮船公司^①董事长，他设法将公司所有船只尽量由香港召回，集中于上海，支援新中国的建设工作，此举得到人民政府的表扬。后公司改为公私合营。由于在抗日战争时期未与日本资本合作，故按所持股份，按每股六厘的比例分利息给他，以示鼓励。

1950 年 1 月 27 日，顾廷龙有致朱启钤信，从中可以看到朱启钤对于曾任中兴煤矿公司董事长的叶景葵后人的关切：

蠖公先生：

献岁发春，敬维仗履安康，潭第多吉为颂。

去年承为揆公中兴恤金事，多方筹划，得换现金，具见公与叔老对叶夫人之关怀备至，又蒙党和政府之特予照顾，复荷叔廉先生之妥善办理，从此叶夫人可以安度其冰霜垂暮之年。叶夫人深感诸公之高谊，匪可言宣，属为专函肃谢，而拙笔无以达其悃诚，尚乞亮察。

《卷盦剩稿》全仗叔老与延九兄之大力，得以印传。此书与甘泉乡人《曝书杂记》为近，颇资参考。惟龙校字粗疏，尚多亥豕，□为歉怅。长者浏览所及，幸为指正。

高弟陈从周先生，闻声相思，亦既有年。近承惠书，索阅《卷盦剩稿》，当即检赠。惟渠寓同济，相距不远，尚未谋面耳。

专此，祗请

---

① 中兴轮船公司为中兴煤矿公司所设。中兴煤矿公司在山东峄县（今枣庄），1899 年由张翼等创办，徐世昌任董事长，由朱启钤代理。1919 年黎元洪任董事长，朱启钤任经理。1928 年朱启钤任董事长，1938 年改由叶景葵任董事长。后设中兴轮船公司。抗日战争开始后，日本人企图侵吞中兴轮船公司资产，有三艘轮船被强行征用，其他船只逃往香港。日本投降后，被征船只收回，集中于青岛，后又移往香港。上海解放后，除 7 000 吨的"中兴号"仍留香港暂营客运外，共有 9 艘船召回。

道安，并贺春禧。

晚顾廷龙敬上

（一九五〇年）一月二十七日 [1]

1955 年 1 月 28 日，顾廷龙为收购朱氏家藏《本草图谱》事有信复朱启钤：

桂丈尊鉴：

　　复电敬悉。当即转致前途，已决收购。商定分两期付款

　　一、一月内俟尊处收条及免税证何日到，即何日付五百万。

　　二、三月底付五百万。

　　想荷同意（如不同意，请见示，可作罢也）。龙本拟年内先取一部分款，但收条及免税无办法，只可展缓。望将收条分写两张，并写明为书款之一部分。免税证可一张，是否亦分？请酌。收条上又须写明"家藏《本草图谱》"，以别于营业者也。匆请

道安，并贺新禧！

晚龙顿首

（一九五五年一月）二十八日晨

　　收条及免税证，可迳寄："上海南京西路人民广场上海图书李芳馥馆长收"。龙转交亦可，当属该馆将款直接汇上。

　　收条拟式，妥否？请酌。

　　兹收到

　　上海图书馆收购家藏套印《本草图谱》一部〇〇册，一部分

---

① 顾廷龙:《顾廷龙全集·书信卷》，上海辞书出版社，2017，第 1 页。

书款人民币五百万元正。

〇〇〇□〇〇〇〇

公元一九五五年一月 [①]

此函原件进入了文物拍卖市场，2004 年，拍得此函的收藏者谢小星通过关系，请顾诵芬鉴定真伪，顾诵芬为此写下一段话 [②]："此通为朱启钤先生拟将其所藏《本草图谱》出让给上海图书馆，先父向他建议如何办理的信。该信当在一九五四年末，当时先父尚在历史文献图书馆。能见此件，深感欣慰，特别感谢小星同志对国故的珍爱。二〇〇四、三、二十二，顾诵芬谨记。"

1962 年 3 月 9 日，朱启钤有信致顾廷龙：

奉读华翰，敬谂献岁发春，起居迪吉，管领东南学海日进有功，而长乐馆舍□依然，深以为慰。揆老遗著裒集已矣。裴延九兄鸿赀传梓，编辑主持仍赖精心着力，诚盛事也。近承录寄揆老原笺赠言七律四首，默诵心维，如再亲謦欬，感如之何？自当什袭宝藏，以铭永好。但记得原笺附有小注，不知尚存真迹否？至于属写《卷盦剩稿》签题，拙书本不堪入目，惟以下走与揆翁交游契合之雅，非同泛常，且近世署嵓不以字论，只取名于□□耳。遂亦不敢方命，兹就来款试写数纸，可否合用，姑备一格而已。猥以贱辰，又蒙宠锡《齐天乐》一阕，属辞比事，藻饰过情，益增愧汗，而门下诸子方在搴集群贤雅奏付之蜡刻，认为斯文乃压

① 顾廷龙：《顾廷龙全集·书信卷》，上海辞书出版社，2017，第 2 页。

② 2018 年 7 月 13 日，顾诵芬曾以短信回复笔者询问："那信是中航技的高经理从地摊上买了，请王淑英找我鉴定，因此我写了这段话。"中航技是中国航空工业技术进出口公司的简称。王淑英曾任中航工业科技委办公室副主任。

卷之作，且与揆老七十赠言后先辉映，有许多事实，为当年友情相互真挚，文字尤非后学所不及，知更宜珍视保存者。而鄙意抑已谓然，容俟杀青有日，再当汇请明教。[①]

已经年逾九秩的朱启钤仍在为当年的老友叶景葵尽心尽力！

聂崇岐

聂崇岐是顾廷龙在燕京大学图书馆工作时期的好友，1939 年 7 月 13 日，顾廷龙一家离开北平的早晨，聂崇岐等皆来帮忙理行李。8 时，顾廷龙乘校中公用车离去，在校门送者有聂崇岐等人。

聂崇岐（1903—1962），字筱山，又作筱珊，天津蓟县人。著名宋史研究专家、目录学家。1928 年毕业于燕京大学，后长期执教于此。曾任燕京大学引得编纂处编辑、副主任，北平中法汉学研究所研究员兼通检部主任，燕京大学图书馆代理主任、教授、代理教务长。中华人民共和国成立后，任中国科学院近代史研究所研究员。

聂崇岐

1962 年初夏，猝然病逝，享年仅 59 岁。著有《宋史丛考》，参与编写《中国近代史资料丛刊》。

---

① 沈津编著《顾廷龙年谱长编》，中华书局，2024，第 636 页。

在顾廷龙的日记中，从 1940 年到 1951 年，两人通信及往来的记录超过 110 处，多为仅记有函件往来，其中记有内容的有：

（1940 年）一月十日 ……筱珊代购《中西交通史料》寄到……
……………

一月十八日 ……筱珊来书，知《四库珍本》已达……
……………

一月二十二日 ……余同时寄筱珊《四库珍本》另种，日前亦来函告已到，皆免火厄，幸何如之……
……………

三月十日 ……接筱珊函，《元丰官制》亦疑伪作也。艺风何竟未之察耶。
……………

四月一日 ……从景郑处钞得《宋遗民广录》，赠聂筱珊，加小跋云：妇弟潘君景郑得此钞本于冷摊，示余曰：聂君筱珊所纂《宋代传记引得》及之否？检之不获，盖筱珊未见者，亟假录副。原书未题撰人，读《亭林文集》，有为吴江朱不远明德作《广宋遗民录序》，疑即是书。惟序称朱《录》收四百余人，此仅百余人，岂别有同不远之志者欤，抑为残存之本欤？辄赠筱珊审定。
……………

四月十四日 ……筱珊来函，为查补《词林人物考》阙页阙字。
……………

九月五日 ……筱珊寄赠所编《辽金元传记引得》及《宋辽交聘考》……
……………

九月八日 ……得筱珊转来《古史辨自序》东译本，盖译者所赠也。

……………

（1941 年）一月二十二日　……筱珊来信，悉洪将二月五日抵沪……

……………

三月十四日　……接阶丈函，平冈片，筱珊转来……

……………

三月二十九日　……复筱珊书，托售百衲史，计已决矣……

……………

四月二十一日　……接筱珊信，劝赴美国，任哈佛汉和图书馆编目主任，月薪美金百余元……

……………

九月九日　……博山为筱珊画《征宋斋注史图》，甚精，即先寄去……

……………

九月十一日　……接筱珊转来《东方学报》单本两种。

……………

十二月二十六日　……得筱珊信，藉悉燕京近事。

……………

（1942 年）三月二日　……得筱珊信，悉勺园近况，被幽十五人，仅四人得归，可念也。

……………

五月五日　……得筱珊信，盼之久矣，闻希白、因百皆入北大讯，为之叹息，尤以希白为可惋惜，生计逼人，复何言哉。

……………

五月二十四日　接筱珊信，告洪煨莲、邓之诚、陆志韦、刘豁轩四君皆已获释，为之欣慰。诸君历劫不磨，不愧人师，当作书问安也。

....

六月二十四日　……得筱珊片，悉燕京被幽诸人皆得释归矣，为之大慰……

....

七月六日　……致筱珊函，托索《魏书》阙叶……

....

八月二十二日　接筱珊信，渠竟于七月廿三日蒙难，至本月七日始释，殊可系念。

....

九月四日　得筱山信，悉将入汉学研究所，如此不独生活可以维持，而身有所托矣，否则终难安居也。附阅清兰致彼书，知鸿舜已有信通矣。

....

十月十二日　……寄筱山《论衡校释》……

....

（1943 年）一月十一日　……复援庵、筱珊信，并赠新印书。

....

六月七日　得筱珊信，并中法汉学研究所赠《十八世纪、十九世纪之法国汉学》。

....

（1944 年）一月十三日　……筱珊寄来援庵书扇并赠色墨廿锭，可感也……

....

二月二十七日　……致筱珊，托购《食货》，付《缙绅录》价，书暂留彼处，计十三部……

……………

三月二十四日　……筱珊寄《搢绅》十七部来。即复，邮四元四角八分缓付……

……………

五月十一日　……邮费将增价，即寄佩秋书及范思、筱珊联及函……

……………

八月三十日　……复筱珊，托配《引得》。

……………

九月三十日　……写信复筱山，托购《搢绅》……

……………

（1945 年）十一月一日　……得筱珊九月卅日信，言陆志韦先生甚望吾能去帮忙。

……………

十一月五日　……接筱珊函，谓陆志韦邀吾去任文字学，吾何能脱身……

……………

十一月九日　发致筱珊、仁之信，托检颉刚书……

……………

十一月十三日　……得筱珊胜利后第一札……

……………

十一月十八日　得筱珊信，悉颉刚书存临湖轩者，为敌掳去，即作函告之。余疑当整个存在平中，尚不致携回日本，并不致星散，可托北平当局追究之。

⋯⋯⋯⋯⋯⋯

十一月二十六日　⋯⋯得筱珊八月中信。

⋯⋯⋯⋯⋯⋯

（1946 年）四月二十九日　⋯⋯复筱珊，告取还上海展览书⋯⋯

⋯⋯⋯⋯⋯⋯

（1947 年）三月二十日　⋯⋯得筱珊信，谓陆志韦先生欲聘余返燕京任教授。

⋯⋯⋯⋯⋯⋯

三月二十五日　⋯⋯复筱珊信，婉辞陆校长之招⋯⋯

⋯⋯⋯⋯⋯⋯

四月二十七日　⋯⋯筱珊信，《引得》可赠。渠惜母校不能请伯平，实以冯翁阻其路，此时真应互相合作，筱珊能持公道，是可佩也⋯⋯

⋯⋯⋯⋯⋯⋯

（1950 年）九月三十日　⋯⋯复筱珊，倾怀以告。

⋯⋯⋯⋯⋯⋯

（1951 年）一月二十六日　⋯⋯孙志芳小姐来，带到筱珊赠星斋先生单款七言联及信笺四匣。

一月二十七日　⋯⋯筱山来函，燕京将改国立矣。

⋯⋯⋯⋯⋯⋯

四月一日　⋯⋯致筱珊，商芬儿它日拟往寄宿。[①]

---

① 顾廷龙:《顾廷龙日记》，李军、师元光整理，中华书局，2022，第 39、45、46、57、65、72、103、104、133、145、148、154、186、206、222、237、242、248、251、257、259、260、265、289、316、350、358、363、372、387、392、422、423、424、425、426、454、476、477、481、482、550、560、561、566 页。

1945 年 11 月 13 日，顾廷龙在给顾颉刚的信中讲到，"'一二·八'后，燕大旧雨通信者，惟聂君一人"①，可见聂崇岐在顾廷龙心目中的位置。有这样一位至交作为学术乃至古籍收藏以及书肆情势的联络者，对于合众图书馆的发展确实起到了实质性支持和帮助。

1955 年 2 月 2 日，聂崇岐致信顾廷龙：

> 科学院近正草拟各种计划，其中有编纂工具书一项，曾有人来征求如何进行及调动人员意见，岐曾提起老兄，来人亦早闻大名，特亦恐沪上不肯放也。《捻军》前寄呈一部，《中日战争》俟出版后亦必寄赠，因在该书编纂过程中，曾承老兄协助抄录《栩缘日记》及《吴愙斋电稿》，公事上应如此也。承询《通鉴》标点事，真一言难尽，缘在发动之初，岐只为标点者之一，总校则为颉刚先生，嗣以此举期限不长，在一九五五年十月必须完成，而颉刚先生年事较高，且有失眠之病，每日至多只能校五千字，该书约五百余万字，如是则非三年不可，因之领导上又改变计划，命岐司总校之事，时已届甲午除夕矣，越八日，召开一次会议，宣布成立校对小组，此后岐即以事于校点工作，而同时《中法战争》正在校对，《中日战争》又急于发稿，皆不能抛开，以故去年一年，忙迫无以复加，幸赖身躯顽健，未致误事。《通鉴》标校工作于十月廿日全完，《中法战争》于九月中出版，《中日战争》于十二月底已校完排样，然心中终引为憾事者，即在工作皆不克作到十分正确也。颉刚先生于校对小组宣布后，对《通鉴》工作曾略着手，此后即转而整理其旧稿，此校对小组办公地点在北海画

---

① 顾廷龙：《顾廷龙全集·书信卷》，上海辞书出版社，2017，第 141 页。

舫斋。岐自去春至秋，每星期五于人大上课之便，即至该处与组中人会晤，以故常见颉刚先生，自十月以后，《通鉴》标校工作完结，此小组无形解散，岐已数月未见颉刚先生矣，不知其近况果何如也。惟自前岁颉刚先生北来，以迄今日，领导上对之十分照顾，举凡一切薪资、房舍皆属破格办理，此为为一般胸襟狭隘者所羡所妬，而颉刚先生复常常叫穷，□□每月要有五百元方可开销，加之颉刚夫人言语不甚检点，以至若干人对之略有意见，幸颉刚先生年事既高，资望又大，尚不致公开提出批评耳。岐于夏间于一次会晤时，曾隐隐规讽，苦于交浅，不便深言，轻描淡写，无补于事也。

岐现正忙于校对《通鉴》清样，平均每日百页上下，呆板工作，虽岐在引得二十年，已甘之如饴，但终不及此役之累，惟思学植既浅，才又低劣，且复性格木讷，不能与时俯仰，则只有孜孜矻矻，以勤补拙，庶不负人民之付托而已。①

《顾廷龙年谱》有记，1954 年 4 月，顾廷龙随上海市图书馆考察团至北京、沈阳参观学习。在京时，曾去成府蒋家胡同看望在中国科学院历史研究所工作的聂崇岐。这是有记载的两人最后一次见面。

聂崇岐是一位典型的传统知识分子，他对宋人洪迈学术所作的精辟论断——"不苟同，不苟立异，不为离奇之论，而以至当为归"，也是他自己治学的深刻体验、始终不渝的守则。有记载说，他的父亲早年病故，致使家贫如洗。为节省费用，他常常不吃午饭，"以书治饿"，发奋学习而忘食。他学习成绩优

---

① 沈津编著《顾廷龙年谱长编》，中华书局，2024，第 582-583 页。

异，靠着连年得奖学金读完高中。1921年，他考入燕京大学。虽然已尽力节省开支，但因生活困难，他不得不辍学到小学去教书，到中国地理学会去做编辑工作以攒钱，凑够学费，再回燕京大学上学。到大学四年级时，他又囊中空空，不得不半工半读到燕京大学新校园的岛亭、花神庙、女生部去打工，所以直到1928年才大学毕业。①

在顾诵芬的记忆中，聂崇岐是他父亲在北平期间最要好的朋友之一：

> 他是研究宋史的，他的很多想法跟我父亲的想法非常一致，两人谈得来，在我们家的时候经常能谈到半夜。
>
> 他是真正的北京人，家在城里，但以后我们就没有联系了……
>
> 聂崇岐给了我10美元。我用这10美元从同学朱宝鎏那儿买了一个活塞发动机，他从香港回来的时候带回的，他说可以让给你。后来有同学说我那10块钱给人家太少了，但我也没办法，就这么10美元，别的什么都没有。聂先生也给我订了一套美国的航空杂志。
>
> 聂先生回国的时候，北京就要解放了，他给我带了一本美国的航空概论，国内也很少见，从气象一直讲到飞行原理、到飞机怎么维护，都讲了。②

1962年4月17日，聂崇岐伏案工作至凌晨两点多钟，突发心肌梗死与世长辞，享年59岁。

---

① 刘启林主编《当代中国社会科学名家》，社会科学文献出版社，1989，第262、263页。

② 老科学家学术成长资料采集工程顾诵芬院士采集小组编《中国工程院院士传记　顾诵芬传》，航空工业出版社，2021，第33页。

王重民

王重民

王重民（1903—1975），出生于河北高阳县西良淀村一个务农的家庭，在家中排行第三，故字有三。

1929年，王重民毕业于北京高等师范学校（今北京师范大学）国文系，曾任河北大学国文系主任，并在国立北平图书馆工作，以后担任该馆编纂委员兼索引组组长。1934年被北平图书馆以"互换馆员"的身份派赴法国巴黎国家图书馆，1938年又被转派伦敦博物馆图书馆，1939年受聘于美国国会图书馆，从事中国古籍的整理编目工作。在国外十余年间，他遍访法、英、德、意、美各国著名图书馆，致力于中国古籍善本的整理研究，并对流失国外的敦煌遗书、太平天国文献、明清之际来华天主教士的译述等珍贵文献进行了重点而系统的整理和研究。1947年回国后，任北平图书馆参考部主任，兼北京大学中文系教授，在该系创建图书馆学专科。①

《张元济全集·书信》中收有张元济致王重民的两封信。第一封落款日期为1936年12月19日，是张元济与在巴黎的王重民多封信函中的一封，讨论的内容是有关王重民书稿印行事。第二封是张元济将自己收藏的《翁文端手书日记》（25册）捐赠北京图书馆事，落款时间为1951年5月21日。

王重民与合众图书馆的联系更多是与顾廷龙之间。他们相识很早，顾廷龙

---

① 刘修业：《王重民教授生平及学术活动年表》，《图书馆学研究》1985年第5期。

《纪念袁同礼先生百龄冥诞》文中写道："一九二九年北平图书馆新馆落成，其址与北海相邻，美轮美奂……经过两年筹备，文津街新馆于一九三一年九月开幕，举办展览会，时余负笈燕京，前往参观，洋洋大观，美不胜收，对余此后终身服务于图书馆事业，从事目录版本之学，有深刻的影响。文津街新馆开幕以后，余时往阅览，先后得识王庸君、胡鸣盛君、向达君、赵万里君、谢国桢君、刘节君、贺昌群君、王重民君、孙楷第君。诸子皆学识渊博，而各有专长，可称一时之盛。请益切磋之乐，虽时逾半个世纪，犹历历在目。"①

《顾廷龙年谱》中还有顾廷龙所记："一九三二年秋，余暑假返校，颉刚先生欣然告以他有研究《尚书》的计划，其中有《尚书文字合编》一项嘱予相助。时向达先生赴英、王重民先生赴法了解敦煌古籍，颉刚先生即恳托两君将所见《尚书》照相见示。余在灯光上蒙薄纸书之，书就几页，即发刻几页。"②

顾廷龙与王重民的关系一直很密切。在合众图书馆办起来以后，1941年3月11日，"王重民自华盛顿抵沪，来书约晤"③。王重民此次来沪，应为归国赴京中途停留，但留住时间较长，所以顾廷龙与之见面机会较多，王重民并有时间到合众图书馆阅书：

（1941年）三月十五日　……王有三来，谈英、法、美藏中国书情形甚详。伦敦、巴黎藏敦煌卷极多，巴黎藏者经伯希和编号，八千以后者，有三曾为续编，皆非整卷矣，破碎，法人不知装表术，以日本薄纸糊于正面，致字迹蒙蔽，仅存影约耳。揆丈亦来，与有三值，门前谈片刻，送到书数包……

三月十六日　……袁守和来，述悉渠将游美，留有三主持

---

① 顾廷龙：《顾廷龙文集》，上海科技文献出版社，2002，第575、576页。

② 沈津编著《顾廷龙年谱》，上海古籍出版社，2004，第28页。

③ 顾廷龙：《顾廷龙日记》，李军、师元光整理，中华书局，2002，第144页。

馆事……

……………

三月十九日　访有三，询伯希和住址……

……………

三月二十三日　……晚，宴袁守和、徐森玉、王有三、刘重熙、浦江清，邀揆丈、博山、景郑陪。

……………

三月二十五日　……接筱珊、淑翰、有三信……

……………

四月九日　……王重民来阅书，未竟，约下星期再来，赠《敦煌残卷跋尾》第二辑。

……………

四月十四日　……午后，欣夫、有三、束老还梁燕生年谱，借《中和》、永瞻、家荣来谈……

……………

四月十七日　……午后，王重民来，同赴约翰访王欣夫，从兆丰公园出入为便，余来沪以后第一次入公共场所也。参观图书馆，主任王维廉。据云原为开架式，因近来偷书太甚，故不能不停止矣。设备一切均佳。[①]

这一年的 5 月 2 日，徐森玉宴请好友，座中有叶景葵、潘博山、潘景郑、吴湖帆、郑振铎等，王重民也是其中之一。之后，王重民即赴北平，于是就有了顾廷龙托王重民拍摄书照事：

---

① 顾廷龙：《顾廷龙日记》，李军、师元光整理，中华书局，2002，第 145-148、151-153 页。

314

五月十七日　……作致有三托照《盘庚》、《费誓》、蓉江函……

………………

六月十八日　……《尚书》写样校定，计《禹贡》六张，内有"东为中江"两页，前刻适与今写者接合。又《胤征》四张，以武内所得照片两张，与有三摄得两张，适可合成一卷。费时拼凑，匪易也……

………………

九月一日　……接王重民函。①

1947 年，王重民再次赴沪，这次有夫人、儿子同行，徐森玉为其洗尘，顾廷龙与陶孟和、郑振铎、魏建功、钱存训等一众好友同座。餐后，陶孟和、王重民一起到合众图书馆参观：

（1947 年）三月十一日　森老为王重民洗尘，座有王彦和、重民夫人及子、孟和、玄伯、西谛、建功、存训、麻君女……孟和、重民同来参观。②

解放以后，合众图书馆面临着新形势，顾廷龙希望能从王重民这里得到苏联图书馆的组织结构、运作流程以及编目方法，这是他以前没有予以注意的新事物。1949 年 11 月 19 日，顾廷龙有信致王重民：

重民先生左右：

久疏音问，想念为劳。森老归来述悉潭第安康为慰。

① 顾廷龙：《顾廷龙日记》，李军、师元光整理，中华书局，2002，第 163、164、170、171、184 页。
② 顾廷龙：《顾廷龙日记》，李军、师元光整理，中华书局，2002，第 476 页。

张氏约园所抄王本《郦志》，得便检掷，不急急也。兹有友人颜君文凯检其祖庭遗诗，属代赠贵馆，为邮寄之便，托北大图书馆转奉，希察收。

　　闻贵馆曾向苏联列宁图书馆征求该馆的组织大纲及编目法，不识已否索得？将来倘刊布以供人参考，尚祈惠及。迩来尊处有何刊物？念念。祗请

撰安！

弟顾廷龙顿首

（一九四九年）十一、十九^①

　　1949 年，王重民被任命为北京图书馆副馆长，并在北京大学成立的图书馆专科中任主任。1951 年，王重民提议北京大学图书馆专科改为系。1956 年，教育部正式决定成立图书馆学系，王重民任系主任。1957 年，王重民被划为"右派"并撤职。1959 年，被借调至中华书局参加《永乐大典》的整理工作，撰写《永乐大典的编纂及其价值》一文，为商务印书馆编《敦煌遗书总目录索引》。1960 年，回北京大学任教，给图书馆系和古典文献专业的同学讲授《中国目录学史》。1962 年，摘掉"右派"帽子，继续教学工作，编辑《徐光启集》。1963 年，《徐光启集》出版，《补全唐诗》编成，还撰写《论章学诚目录学》《校雠通义通解》，开始招收研究生。1965 年，撰写《永乐大典纂修人考》。1966 年至 1970 年，研究工作暂时搁置。1971 年，开始参加图书馆系教学活动。1974 年，系领导委托他和郑如斯办图书馆在职干部古籍整理进修班，讲授古籍目录、版本、校勘等课。

　　《顾廷龙年谱》中记有顾廷龙与王重民在这一年的两次通信："（1974 年）

---

① 顾廷龙:《顾廷龙全集·书信卷》，上海辞书出版社，2017，第 233 页。

九月五日，王重民有信致先生，请查清王绍兰《弟子职古本考注》，'所谓古本是哪几种古本，所考古注，有哪几家注？'十月二日，王重民有信致先生，已收到《弟子职古本考注》抄件。并告知'当时查询王书目的，为的是辨清郭（沫若）老谓刘绩为辽人，其书远在北宋初年'。"①

1975年，王重民因政治运动蒙受羞辱含冤自尽。②"王重民夫人刘修业在《冷庐文薮》中写道：'在童年时，因他的母亲晚年得子，特别宠爱，遇到事多迁就他，就养成他脾气很倔强。至于长大读书，乃慕古人刚正不阿，不愿逢迎有权势者……'这段对王重民性格成长的描述，可以使人理解王重民在绝境中，不愿低头偷生，誓要以死抗争的选择。"③

《顾廷龙年谱》有多处记录了顾廷龙与王重民之间的关系。在王重民去世后的第七年，刘修业有信致顾廷龙："（1982年）三月一日……谢先生为王重民《中国目录学史》写序及《中国善本书提要》题写书籤。信中也征求先生对王重民有关敦煌论文集中出版之书名'代为决定'……四月一日，刘修业有信致先生，谈编王重民《中国目录学史论文集》事……十月七日，刘修业有信致先生，告知王重民《中国目录学史论丛》已编竣，并请先生赐写书籤。"④ 1984年1月15日，刘修业有信致顾廷龙，对他为王重民《中国目录学史论丛》撰写跋文表示谢意，并寄上有关王重民的生平材料。

在《中国目录学史论丛》的跋中，顾廷龙回顾了自己与王重民、刘修业的情谊，也忆及1941年他们在上海的会面和在合众图书馆的谈话：

　　　　王君有三逝世之九年，夫人刘君修业整理其遗稿次第问世。

---

① 沈津编著《顾廷龙年谱》，上海古籍出版社，2004，第582、583页。
② 刘修业：《王重民教授生平及学术活动年表》，《图书馆学研究》1985年第5期。
③ 陶继华：《因知吾道后　冷淡亦如新：评介王重民先生〈冷庐文薮〉》，《图书馆杂志》2015年第12期。
④ 沈津编著《顾廷龙年谱》，上海古籍出版社，2004，第635、636、641页。

遗著《中国善本书提要》既风行海内矣，今《中国目录学史论丛》
又将出版。余与君系五十年旧交，而修业又与余燕京大学同学。
嘱咐一言，谊不敢辞。

君学贯中西，尤邃于目录版本之业，早岁曾在北平图书馆从
事编纂之役，潜研群籍，辑著多种。暨乃远涉重洋，历访法、英、
德、意、美诸国，遍读中国善本、敦煌遗书，见闻益广。平日尤
勤于笔札，翻帘所及，辄为提要。其探赜索隐，钩深致远之功，
名山传布，久为学术界所赞扬。

君于建国后致力教学，撰述《中国目录学史》以课诸生。又
先后成《明史艺文志》与《补史艺文志》《论四库全书》等专题论
文六篇，皆鞭辟入里，足以津逮后学，即今汇编入《中国目录学
史论丛》者。君尝以学习马列主义毛泽东思想所得，运用于目录
学史之研究。宜其论述能融会古今，多所创获，迈越前人矣。君
夙主"从事目录学史研究，不可忽视书目工作实践"。其言最为深
切。盖实践多，则体会深，研究目录学而不事深入实践者，是为
无源之水，无根之木。古人所谓"不揣其本而齐其末，方寸之木，
可使高于岑楼"。君之学皆从实践中来，诚足以信今而传后也。

犹忆一九三二年，吾家颉刚教授与余从事《尚书文字合编》
之纂辑，需求敦煌写本《尚书》，时适君访法，向君觉明赴英，即
托访致国外景本。未几，两君先后以照片见惠，感不能忘。惜摹
刻稽时，而卢沟桥变，事遂中辍。荏苒四十年，今者国泰民安，
躬逢盛世，余得重理旧业，必将有以慰我亡友也。

一九四一年三月，君自美归国，道出沪上，曾顾余于合众图
书馆，备述海外见闻，颇多启发。叶丈揆初获读君所赠《巴黎敦
煌残卷叙录第二辑》一书，尝称"校勘之学，亦随世界文明交通

而进步。断珠零璧，沦于西人之手，不过为博物馆添一门目，一经我国人研究，遂与古籍发明如许关系"。非君之博闻强记，安得于片纸只字之间从而发明之哉！

展诵遗文，获益滋多。学有同嗜，而请益无从，言念往事，梦影宛然，执笔陈词，益不胜牙弦绝响之感已！

　　　　　　　　　　　一九八四年三月顾廷龙识，时年八十又一[①]

---

① 顾廷龙：《中国目录学史论丛跋》，载《顾廷龙文集》，上海科学技术文献出版社，2002，第113页。

第八章
抗战胜利之后

　　我馆在解放前的足足十年之中，是非常艰苦的。日寇曾令法租界当局指借我馆的藏书，幸经旁人代为推辞，得免攫取。日寇的临保会及伪保甲办事处都要来占用房屋，又加以坚决拒绝。敌伪军警时时来检查抗日及进步书刊，未被发觉。到了抗战结束，国民党反动派又起搜查进步及敌伪书刊之风，令人皇皇不安。

——顾廷龙：《上海私立合众图书馆十四年小史》

一、资金蹇顿

1945 年 8 月 10 日，东京的广播电台开始向中、美、英、俄发出乞降的呼喊："日本政府已接受波茨坦宣言！" 8 月 11 日下午 10 时 30 分，四国接受日本投降。这一天，顾廷龙没有写日记，只在《回帆日记》跋中记下了自己的活动："今晨日本乞降之讯传出，人懼伪币之立废，各肆纷纷暂停，惟书庄依然营业而顾客仅有。归途购于萃古斋书店，价储券五千元，照两月前旧码加倍半，聊作纪念云尔。"[1]

顾廷龙 1945 年的日记在 4 月 29 日中止。

"四月二十九日　昨夜十一时半，甫睡，轰炸、枪炮声大作，不知何处有事也。许元方长卿，祖字久甫，西榜，长谈。止溪来，偕赴甘镜先家观画及宋本《史记》。《史记》计存《纪》五、六、八、九、十一、十二；《表》四、五；《世家》四至十、十八至廿六；《传》三九、四十、四七至五十，共三十卷，有'同治乙丑独山莫友芝子偲借读过'观款，末有徐渭仁跋。徐跋有郁泰峰掌故，特录之（略）。"[2]

9 月 1 日，在致顾颉刚的信中，顾廷龙表达了欣喜，但也有担忧："阔别八年，不通音问者亦已三周寒暑，闷损何如？今获胜利，宜解倒悬，是可欣喜，惟如笃疾新痊，调摄殊不易耳。"[3]

这一年的 11 月 1 日，顾廷龙又开始写日记："十一月一日　日本投降前后，观局势之浑沌，意趣索然，遂不能日日作记。然经过诸事，每感健忘，姑仍约略识之。"[4]顾廷龙感到"局势浑沌，意趣索然"是有原因的。1945 年 9 月 1 日下午 2 时，合众图书馆董事会召开第五次常会会议。出席者有张元济、陈叔通、

① 顾廷龙：《回帆日记跋》，载《顾廷龙文集》，上海科学技术文献出版社，2002，第 71 页。
② 顾廷龙：《顾廷龙日记》，李军、师元光整理，中华书局，2022，第 421、422 页。
③ 沈津编著《顾廷龙年谱》，上海古籍出版社，2004，第 351 页。
④ 顾廷龙：《顾廷龙日记》，李军、师元光整理，中华书局，2022，第 422 页。

李宣龚、叶景葵。由于董事长陈陶遗因病缺席，公推张元济为临时主席。《议事录》记下了这次会议的主要内容：

> 三、叶常务提，本馆经常费，因物价高涨，开支激增，自本年一月份起陆续调整，计一月份为中储券三万元，二月份为中储券七万八千八百五十元五角四分，三月份为中储券十万零一百八十八元，四月份为中储券十万零一千零二十元，五月份为中储券十二万元，六月份为中储券十九万五千元，七月份为中储券三十万元，八月份为中储券六十万元，九月份为中储券八十万元。所有职员薪津及膳费逐月均照增加数目比例支配。又先后拨付特别购书费中储券六十万元，米、煤、油等特别费中储券三十五万二千八百元，请追认案。
>
> 决议：追认通过。[1]

从叶景葵提出的月经常费支出情况看，1月份为3万元（中储券，下同），到8月份已经飞涨至60万元，9月份激增至80万元。

1942年汪伪当局以2元法币合1元中储券收换法币。顾廷龙保存的"合众图书馆董事会收支报告（民国三十一年二月十六日至八月十五日）"属于资产负债表类型，其中可以看到上届结存的法币919 333元，折合中储券为459 666元。1945年2月16日至8月15日收支报告中，"收入之部"上届结存494 620元（中储券）叶景葵捐款3 000 000元、叶恭绰（遐庵）捐赠焆赤[2]（足赤金）作

---

[1] 顾廷龙：《顾廷龙日记》，李军、师元光整理，中华书局，2022，第909页。

[2] 抗战前，宝庆、宝兴等几家大字号把进来的金条子开成叶子，然后用黄泥和盐分层封起来，用银炭再行提炼，使杂质为黄泥和盐吸收。经过提炼的金子，深黄略带赤色，这就是"焆赤"的由来。这样能使纯金含量超过99%。抗战期间，在上海进来的金条，都是进口的，纯度基本上在99%左右，因此，不再用老法提炼焆赤。但印记仍为"焆赤"。

价 10 000 000 元。[①] 根据 1945 年 9 月 26 日财政部公布的伪中央储备银行钞票收换办法的规定，自 1945 年 11 月 1 日至 1946 年 3 月 31 日，由中央银行及其委托至机关，按照 200 元中储券合法币 1 元的官方定价，收换中储券。这对于合众图书馆的货币资财和资产，是极大的缩水。从 1945 年以后的财务报表可以看到，图书馆的收入部分主要是靠捐款和在各公司、浙兴银行存款利息在维持，而且欠各户款的数额也在不断增大。

顾廷龙在日记中记载着："（1942 年）五月二十五日 ……今日金融变动甚剧，物价大涨，小民奈何……六月一日 今日起，法币被结作中储卷，二折一，损失不赀矣……六月五日 ……日来物价飞涨，新币名为倍值，物价不稍减，可以觇其高下矣。"[②]

但在经费如此困窘的情势下，合众图书馆购书的步伐仍没有停止。"（1945 年）一月五日 移橱插架。箱橱几皆无隙，遂拟将四楼旧架移下，应用颇为周折，惟如此，可于一年内敷用之……从富晋得《冀察统计》十二册 3 500，《墨池编》十二册 1 000，《尚书述》二册 550。忠厚得《洛氏伊兰卷译证》200，《述古丛钞》800。皆不能谓贵也……一月九日 ……购《曾忠襄全集》，以印本罕见，索价万元。余以书肆虑吾无力，遂不令让价，亦豪举也……一月十九日 ……飏民先生代购得《金陵学报》七卷一期一册，价八百元。此册出版值战起，毁多存少，故极名贵，今称全矣。以本馆丛书酬其物色之劳……一月二十八日 ……携芬儿阅肆，至忠厚选书，值二万七千余元，以称抵去，不足六千元，商定再换数种。"[③]

此时，顾廷龙承担的生活压力极大，他的日记中记下了当时的窘境和自己的心境："（1945 年）一月八日 ……竟日大雪。菜价狂涨。志翱寄来松师近作

① 顾廷龙：《顾廷龙日记》，李军、师元光整理，中华书局，2022，第 946、947、956、957 页。

② 顾廷龙：《顾廷龙日记》，李军、师元光整理，中华书局，2022，第 242、244 页。

③ 顾廷龙：《顾廷龙日记》，李军、师元光整理，中华书局，2022，第 408、410、411 页。

《艰食叹》[1]，读之凄然。余月入不敷甚巨，正在托嘉将英年所赠布一匹出售。明日又候书估将《愙斋集古录》等让人，区区之物，不够一鬻。一两月尚有维持，以后不了，虽目前无论何处薪金不足以赡家，然负最高责任者亦当为职员思之。"[2]

在此种窘困的境况下，顾廷龙不得不求助于叶景葵："（1945年）一月二十四日　……今晨与揆丈说明，余有书出售，是否可由馆中先购？丈言，尽可售与馆中，价亦不必客气。余选十四种，值三万元，后日为芬儿缴费之用。嘉来，托售青布一匹，前年止溪所赠者，可得五万，度岁所资矣。生活维艰，年况愈下，思之凄然。""二月七日　……会庆斥金饰度岁。先数日，余已鬻书若干种矣，物昂不足维持，文人不事生产，所持者薪水。今薪水所入尚不给，若余者绝不愿谋分文不义之财。于是自束至一无罅隙，处此忧患亦无愧无怍矣。"[3]

顾廷龙在图书馆经费支出上精打细算，但账面数字中没有包含他的"赔累"，也就是说有些运营费用并没有列支，他惟有在日记中抒发郁闷心情："三月十一日　……子毅来结半年帐，仅五十八万余，可谓省矣，然余实陪累二十万元左右矣。"[4]

顾廷龙所述生活的艰难，显然叶景葵已经注意到。1946年5月3日，在合众图书馆董事会第五次临时会议上：

　　一、叶常务提，本馆经常费自上年十月份起，改为法币三万

元，内膳费一万二千元，各职员薪津一万三千五百元。支配如下：

---

① 金松岑是顾廷龙的老师，晚年正处日寇侵华战乱之中，面临异族入侵，他困居苏州，生活清贫，但大义凛然，明耻立节。他生活凄凉，无经济来源，除变卖同里章家浜"大夫第"的房产外，别无长物。物价飙升，使他糠豆不赡，每月靠几位亲近的学生接济一点食物勉强度日，有诗作《艰食叹》，铁骨铮铮，宁死不肯屈从于日伪。

② 顾廷龙：《顾廷龙日记》，李军、师元光整理，中华书局，2022，第408页。

③ 顾廷龙：《顾廷龙日记》，李军、师元光整理，中华书局，2022，第411、413页。

④ 顾廷龙：《顾廷龙日记》，李军、师元光整理，中华书局，2022，第416页。

顾廷龙五千元　　潘景郑五千元

朱子毅二千元　　黄筠一千五百元

十一月份起，增为法币四万元。本年二月份为法币八万元，三月份、四月份为法币十四万元，五月份为法币十八万元。所有膳费及职员薪津均按逐月增加总数比例支配，又先后拨付特别购书费法币九万七千元，特别费法币十一万六千七百元，均请追认案。

决议：通过。①

然而面临的通货膨胀态势愈加险恶，合众图书馆的资金问题亦日渐突出。叶景葵已经明显感觉到"本馆经济拮据"，巨大的资金压力使他不得不采取非常举措。1946年9月16日，在合众图书馆董事会第六次常会会议上，叶景葵提出了加大银行透支额度和寻求募集资金的提议：

四、叶常务报告，现在物价高涨，用款渐大，本馆与浙江兴业银行往来，仍以原道契抵押，改订透支额为法币二百万元。

…………

乙、讨论事项：

一、叶常务提，本馆经济拮据，拟略事筹募案。

决议：由各董事相机筹募。通过。②

在当时的情势下，募集资金绝非易事，要解决面临的难题，最简捷有效的办法还是从银行透支。1947年5月7日，在合众图书馆董事会第六次临时会议上，叶景葵"报告与浙江兴业银行往来，改订透支额为一千万元，以原道契为

---

① 顾廷龙:《顾廷龙日记》，李军、师元光整理，中华书局，2022，第912页。

② 顾廷龙:《顾廷龙日记》，李军、师元光整理，中华书局，2022，第912、913页。

抵押"。①1947 年 11 月 12 日，在合众图书馆董事会第七次常会会议上：

> 一、叶常务提，本馆书籍日增，书架已不敷应用，因即委
> 托文记营造厂承造洋松书架，不漆，共四十四只，实价八千万
> 元。该款系向浙江兴业增加透支额为一亿元，并向浙江实业透支
> 五千万元，请追认案。
>
> 决议：通过。②

物价飞涨、货币贬值，令叶景葵辛辛苦苦为合众图书馆的创办、发展所捐赠和筹措的充裕资金灰飞烟灭。1948 年 11 月 21 日，在合众图书馆董事会第八次常会会议上，叶景葵"报告卅五年度下届及卅六年度上届财政情形及收支概况"，并提出"币制改革后，经常费改为九月份金圆二百元，十月份二百五十元，十一月份金圆一千元，请追认案"③。这是叶景葵有记录的最后一次与合众图书馆资金和财务问题有关的提案。

在那一时期，物价受通货膨胀的影响，出现了不断上涨而且愈涨愈猛的惊人趋势。有专家以法币为例，对比不同时期物价：同样是 100 元伪法币，在 1937 年可买 2 头牛，1938 年可买 1 头牛，1941 年可买 1 头猪，1943 年可买 1 只鸡，1945 年可买 1 条鱼，1946 年可买 1 个鸡蛋，到 1947 年只能买 1/3 盒火柴，1948 年只能买 1/500 两米，1949 年只能买 1/400 粒米。物价暴涨之速度，开创了旧中国历史上的最高纪录。④

抗日战争胜利之后，通货膨胀不但没有停止，反而发展得更为严重，物价

---

① 顾廷龙：《顾廷龙日记》，李军、师元光整理，中华书局，2022，第 912、913 页。

② 顾廷龙：《顾廷龙日记》，李军、师元光整理，中华书局，2022，第 914、915 页。

③ 顾廷龙：《顾廷龙日记》，李军、师元光整理，中华书局，2022，第 915 页。

④ 王申：《解放初期上海平抑物价涨风纪实》，载《党史文汇》1996 年第 12 期。

涨势也更为猛烈：1945 年 9 月到 1947 年 12 月，上海物价指数上涨了 242 倍。1948 年 7 月又比 1947 年 12 月上涨 35 倍多。为了平抑物价，国民党当局曾于 1948 年 8 月 19 日宣布实行所谓"币制改革"，发行伪金圆券代替伪法币，并派蒋经国为"督导专员"，率领所谓"戡建第六大队"到上海强行限价。然而时仅两个月，限价政策即告破产，上海物价又如决堤洪水，迅猛上涨。11 月 11 日，上海米价以原价每石 20 元 9 角涨至 90 元，猪肉由每斤 7 角 8 分涨至 3 元，其他物价亦分别上涨四五倍至七八倍不等。到了中旬，面粉更从原限价每袋 7 元 6 角涨至 250 元，上涨 30 余倍，生油从原限价每百斤 60 元涨至 1 800 元，上涨 30 倍，其他物价也上涨了 20 倍左右。[1]

在叶景葵去世后，"浙江兴业银行于五月十九日致送金圆券五亿圆，作为叶景葵先生纪念金"[2]。张元济对于这笔捐赠予以重视，他在 5 月 21 日致信顾廷龙，告知已将复浙江兴业银行信稿"僭易数字缴上，仍呈核定缮成，即乞代钤贱章径送。昨日金圆大跌，五亿未知共易得多少，甚念"[3]。极具讽刺意味的是，在 1949 年 2 月 16 日—8 月 15 日年度的财务报表上记着："浙江兴业银行送叶揆初先生纪念金金圆券 5 亿元折合：5 000.00 元。"

1950 年 11 月 12 日，顾廷龙在日记中写道：

> 十一月十二日　致叔通函，告开会。拔老愈，来电话殷殷以开会情形相询，关于薪水有无调整，余只可告以容后再商，实则整个经济已竭，如何可以调整。余何尝不望加薪耶？徒重董事会之困难，不如吾一人受苦为善，而拔老之意可感。[4]

---

[1] 王申：《解放初期上海平抑物价涨风纪实》，载《党史文汇》1996 年第 12 期。

[2]《合众图书馆董事会第八次临时会议议录》，载沈津编著《顾廷龙年谱》，上海古籍出版社，2004，第 443 页。

[3] 张人凤、柳和城编著《张元济年谱长编》，上海交通大学出版社，2011，第 1319 页。

[4] 顾廷龙：《顾廷龙日记》，李军、师元光整理，中华书局，2022，第 555 页。

"经济已竭"，这是顾廷龙对合众图书馆当时资金状况的一个近乎绝望的结论。

二、再次登记

在《合众图书馆筹备第六年工作报告》（1944 年 8 月—1945 年 8 月）中，顾廷龙起首写道："本馆以每年八月十五日为年度终结，本届终了时，正传日本投降之讯，结怀略抒。溯自创始以来，环境日恶，经济日窘，搜集整理，因陋就简，暗然从事，不稍张皇，乃幸敌未加以检查，迄未迫其登记。"[1]

从保存的资料看，在抗战时期，法租界的登记手续比较简单，合众图书馆的诸位只是为减免房捐等费了一些周折。而汪伪政府尚未来得及强迫他们登记即随着日本的投降而垮台。抗战胜利后的登记就要烦琐一些。在 1945 年 8 月——1946 年 8 月的年度《合众图书馆第七年工作报告》"事务"一节中，登记一事多次出现：

> 卅四年十二月五日，教育局丁梅逸女士来调查。
>
> 卅五年一月二十四日，呈教育局申请立案。
>
> 二月廿三日，教育局王馨一先生来视察。
>
> 三月二日，奉教育局批董事会准予立案：该馆准先开办。
>
> 三月十一日，函房捐稽征处，请予免捐。
>
> 三月十八日，财政局派员来调查。
>
> 三月二十七日，呈财政局申请豁免房捐。
>
> 三月三十日，教育局知照，奉三月十九日部令，名称应于

---

[1] 顾廷龙：《顾廷龙日记》，李军、师元光整理，中华书局，2022，第 694 页。

"私立"上冠"上海市"三字，"董事会规程"改"董事会规则"。

四月六日，奉财政局批准，以补助费名义免捐。

五月二十三日，教育局王馨一先生来调查。

六月十七日，教育局发给补助费拾万元。

七月九日，教育局发给尊师运动委员会津贴。[1]

顾廷龙也在日记中记有："（1945年）十二月五日 ……教育局社会处调查科丁梅逸来调查，丁为雷洁琼弟子……十二月六日 因昨日之调查，颇思乘教育局多熟人，不如及早立案之为便，与揆丈商之，极赞成。当访高君珊[2]先一谈。"[3]

雷洁琼

雷洁琼（1905—2011），祖籍广东台山，1905年生于广州市。1924年赴美留学，1931年获南加州大学社会学硕士学位，当年回国，在燕京大学任教。1935年，学生运动爆发，燕京大学学生走上北平街头，举行反对日本侵略者的示威游行。雷洁琼是燕京大学唯一参加这次游行的女教师。1937年七七事变后，她毅然离开讲台，到江西参加抗日救亡工作和妇女运动，先后担任江西省妇女生活改进会负责

① 顾廷龙：《顾廷龙日记》，李军、师元光整理，中华书局，2022，第708页。

② 高君珊（1893—1964），福建长乐人。1925年毕业于美国哥伦比亚大学，1931年获硕士学位。主要研究教育统计。先后任燕京大学副教授、中央大学、暨南大学、震旦女子文理学院、大同大学教授。其父为高梦旦。高梦旦（1870—1936），原名凤谦，号梦旦，1903年12月经张元济介绍进入商务印书馆编译所，与张元济共事多年。

③ 顾廷龙：《顾廷龙日记》，李军、师元光整理，中华书局，2022，第428页。

人、江西伤兵管理委员会上校课长和江西省地方政治讲习院妇女班主任、江西省战时妇女干部训练班主任等职。

1940 年任教于江西国立中正大学。1941 年后任上海东吴大学教授，并兼任沪江大学、圣约翰大学、华东大学、震旦女子文理学院教授。

在雷洁琼到上海以后，顾廷龙日记中有多次与雷洁琼见面的记录：

（1946 年）五月七日　……午请煨莲、颉刚、振铎、天泽、锺书、森老、揆老、君珊、洁琼……

………………

五月十一日　……严景耀、雷洁琼夫妇、高君珊合请颉刚、冰心、文藻，陪座西谛、孙瑞璜、王国秀夫妇及余……

………………

六月十二日　……洁琼来，欲看《内政年鉴》，适无其书。[①]

1946 年 6 月 23 日，上海人民团体联合会组成赴京和平请愿团，41 岁的雷洁琼是请愿团中最年轻的代表。代表团到达南京下关车站时，遭到法西斯暴徒的残暴殴打，雷洁琼也身负重伤。顾廷龙于 7 月 10 日去探望了雷洁琼。

1945 年，顾毓琇担任上海市教育局局长，高君珊、雷洁琼都在他领导下工作。既然有这样熟悉的人在管理这件事，这一次不需要再找数人关说，顾廷龙

---

① 顾廷龙：《顾廷龙日记》，李军、师元光整理，中华书局，2022，第 455、456、461 页。

直接去拜访了雷洁琼、高君珊。

这次事件中顾廷龙撰写的呈文，由上海图书馆上海科技情报研究所党委副书记兼历史文献中心主任王世伟从上海图书馆所藏档案中整理了出来，刊载在《历史文献论丛》一书中，照录如下：

呈为设立私立合众图书馆申请立案事，窃（陶遗、景葵、元济）等当昔国军西移以后，每痛倭寇侵略之深，辄念典籍为文化所系，东南实荟萃之区，因谋国故之保存，用维民族之精神，爰于中华民国二十八年五月发起筹设合众图书馆于上海，拾遗补阙，为后来之征。命名合众者，取众擎易举之义，各出所藏为创。初设筹备处，赁屋辣斐德路六百十四号，从事布置，先后承蒋抑卮、叶恭绰、闽侯李氏、长乐高氏、杭州陈氏等加以赞助，捐书甚伙。至三十年春，筹款自建馆舍于长乐路七百四十六号，即于同年八月一日成立发起人会。遵照教育部图书馆规程第十一条规定，决议聘请（宣龚、叔通）为董事，同年八月六日成立董事会。曾未几时，太平洋战事爆发、环境日恶，经费日绌，而敌伪注意亦綦严，勉力维持，罕事外接，始终未与敌伪合作。赖有清高积学若秉志、章鸿钊、马叙伦、郑振铎、陈聘丞、徐调孚、王庸、钱锺书等数十人以及社会潜修之士同情匡助，现在积存藏书约十四万册，正事陆续整理，准备供众阅览。采四部分类法，以史部、集部为多。先儒手稿本、名家抄校本、宋元旧刻本、明清精刊本皆有所藏。其中嘉兴、海盐两邑著述及全国山水寺庙书院志录网罗甚广，皆成专门；他如清季维新之书、时人诗文之集，著名者都备；至近年学术机关所出者亦颇采购，尤注意于工具参考之作，用便考据。此外有清代乡会试朱卷三千余本，陈蓝洲、汪穰卿两先生之师友手札约六百余家，皆为难得之品。金石拓片搜集约八千余种，汉唐碑拓一部分，尚系马氏存古阁旧物，其他以造像为大宗。又河朔石刻为顾氏鼎梅访拓自藏之本，较为完备，间尝校印未刊之稿十又六种，以资流通。六年来经过大概如此。前以交通阻梗不克呈请立案，兹值抗战胜利，日月重光，应将董事会之成立及图书馆筹设一并呈请核明立案，相应检同附件开列应具各款，俯乞钧局鉴核准予立案，批示祗遵，实为德便。谨呈上海市教育局。

计开

董事会应具各款

一、名称　私立合众图书馆董事会。

二、目的　详于附呈第一文件。

三、事务所之地址　上海长乐路七百四十六号。

四、关于董事会之组织及职权之规定　详于附呈第一文件。

五、关于资产或资金或其他收入之规定　现有资产基地壹亩玖分贰厘肆毫，上建三层钢骨水泥馆屋壹所。法发善后英金公债票面陆千柒百镑。

六、董事姓名籍贯职业及住址　详于附呈第一文件。

图书馆应具各款

一、名称　私立合众图书馆。

二、地址　上海长乐路七百四十六号。

三、经费　甲　经常费本年法币六十万元。

乙　临时费本年法币十万元。

以上两项来源因基金公债尚未付息由董事筹募。

四、现有书籍册数　约计十四万册。

五、建筑图式及其说明　详于附呈第二文件。

六、章程及规则　详于附呈第一文件。

七、开馆日期　在筹备中。

八、馆长及馆员学历经历职务薪给等　详于附呈第一文件。

具呈人　私立合众图书馆董事　陈陶遗

叶景葵

张元济

李宣龚

陈叔通

附呈：

第一文件　私立合众图书馆组织大纲、董事会办事规程、董
事姓名籍贯职业及住址表、职员学历经历职务薪
给表共一件。

第二文件　私立合众图书馆建筑图式及其说明一件。

中华民国三十五年一月二十四日 ①

顾廷龙在日记中写道：

（1946 年）二月二十三日　……教育局派王馨一来视察，据
云，本馆呈文去后，先以管呈文者请假，继值阴历新年，遂致延

---

① 王世伟主编《历史文献论丛》，上海社会科学出版社，2004，第 82-84 页。

搁。今高君珊先生电话敦促，属于三日内批复，故今日特来调查。一、开馆日期。答整理完毕。二、是否公开。答限制的公开。三、分类法。答采四库。有何专长？答嘉兴与海盐先哲遗著、近人诗文集、山水庙宇志及明刻本等。导之参观一周，赠以丛书一部，渠将送该局图书馆。允于下星期一将报告送入，数日即可批出。

....

三月四日　……教育局批来，准予立案……

三月五日　抄呈报文件补备。

三月六日　抄章则。[1]

接下来与房捐有关的事比较顺利：

三月七日　财政局送来房捐通知单，拟即具呈申请免捐。森老来，属拟文件，以余为总干事……

....

三月十八日　……森老来，商改清点会章程。财政局派曹、陈某来调查……

....

三月二十六日　……得浦拯东复揆老信，房捐可免，须另具文。

三月二十七日　……具呈财政局，乞免房捐……

....

四月六日　……接教育局令，称部令核示三事：一、"私立"上加冠"上海市"。二、"办事规程"改"办事规则"。三、经济情

---

① 顾廷龙：《顾廷龙日记》，李军、师元光整理，中华书局，2022，第444-446页。

形报部备查。

  ……………

  四月九日 ……得财政局批准，免房捐……

  ……………

  四月十一日 写呈文。[①]

在《三十五年度 第八年报告》(《合众图书馆第八年工作报告》1946 年 8 月—1947 年 8 月）中记录着申请免税及获批的经过：

  卅五年十一月十三日，呈请地政局减免地税。

  卅六年一月十五日，奉地政局批，仰即检具主案及成绩证明文件。

  卅六年一月廿一日，呈教育局请咨地政局证明立案及成绩。俾获免除地税。

  …………

  二月廿五日，奉地政局批，附发地价税减免申请书表填报，以便派员查勘后转请核免。

  三月三日，填报减免地价税申请书表。

  卅六年三月廿五日，奉地政局批示，地价税准予转报核免。

  四月十六日，开纳路宪兵队派宪兵二名来调查名称、主持人及营业状况。

  五月十日，与科学社、化学工业会连名具呈市长，请免建设捐，并函参议会制定免捐规则。

---

① 顾廷龙：《顾廷龙日记》，李军、师元光整理，中华书局，2022，第 446、448、449、451 页。

…………

五月廿七日，填报上海市私立社会教育机关登记表、统计表。①

三、首次挂牌

《叶景葵年谱长编》记有："（1947 年）3 月 1 日合众图书馆第一次挂牌。"②
在顾廷龙日记中，与合众挂牌事相关的记载始于 1941 年：

（1941 年）四月四日　……马君交大门题字尺寸纸一张……
……………

六月四日　……写馆额，屡易，甚不惬心。
……………

六月二十日　……写馆额，差可应悬，晚呈揆丈正之……
……………

十二月三十一日　……揆丈来谈，交来《藿田集》等两种，
并还图书馆额样。③

在许多人的记忆中，合众图书馆是没有挂过牌的，其中包括 1949 年 1 月至
6 月在图书馆工作半年的沈燮元。他曾经在一次接受电视台采访时明确说："它
要认识的人、熟人才来看书，没有介绍信，没有熟人，人家根本不知道有这个
图书馆，等于说门口没有牌子的，前门没有牌子，只有后门拉一下知道是图书

---

① 顾廷龙：《顾廷龙日记》，李军、师元光整理，中华书局，2022，第 717 页。
② 柳和城编著《叶景葵年谱长编》，上海交通大学出版社，2017，第 1156 页。
③ 顾廷龙：《顾廷龙日记》，李军、师元光整理，中华书局，2022，第 150、168、171、207 页。

馆。"①显然沈燮元的记忆有误。

合众图书馆馆牌的书写、交叶景葵看过并正式悬挂在顾廷龙的日记中是有记录的,而且该牌匾已有收藏者在网络上展示过,应该不存在争议。之所以被当年的亲历者误记,很有可能是因为它悬挂的位置比较隐蔽,不很引人注目。在有关叶景葵、张元济的文字中,均未见有图书馆挂牌的记载。顾廷龙日记中也没有记下两位前辈对挂牌一事的反应,个中原委不得而知。

顾廷龙书写馆额的时间是1941年6月,写过几次均不满意,说明他是很认真的。最后他写出一幅自己认为可以挂出去的作品,交到叶景葵处审阅批准。这幅作品在叶景葵处放置了较长时间,直到年底的最后一天,才返还给顾廷龙,但叶没有就此发表意见。这件事被搁置了几年。一个匾额,制作应该不用花太多时间,之所以没有进展,只有一个理由,就是叶景葵对此事不是很热心。也许是由于这一原因,加之法租界当局对挂牌一事没有强求,1941年虽然写就额样,但没有制作。

合众图书馆匾额②

到1947年,合众图书馆在登记后,正式开馆必须亮明身份,挂牌成为必要之事,与政府主管部门保持密切联系的顾廷龙有了紧迫感,于是在3月1日以前制成此匾额,并在这一天挂出。从日记所记看,挂牌一事没有声张,仅仅是请来工匠挂出完事。那一天,顾廷龙的活动较多:

---

① 央视网:《上海纪实-档案》,2019年05月08日,《近代私立图书馆典范——合众图书馆》,https://jishi.atv.com/2019/05/08/VIDEjahSnHPcvziptdYHKplx190508.shtml,访问日期:2024年7月17日。

② 从图片看出,上方有两处修补遮盖痕迹,应为"私立"二字。

　　三月一日　森老还《全唐文》一册。西谛还《旅顺博物馆图录》，并将预约之《版画史》送下。森老饯朴山，邀饮。贝树德携匠来挂馆牌，试挂甚好。一挂不脱，即由今日始也。[1]

　　从日记内容看，那一天徐森玉、郑振铎均曾到馆，但顾廷龙没有邀请他们看挂牌，没有挂牌的仪式，挂牌时间也不讲究，连住在馆内的人员也没有到场。但顾廷龙的心情显然很好，对挂出的效果很满意，决定"一挂不脱"。

　　1946年3月30日，曾有教育局令，称奉部3月19日令，核示三事，其中之一是要求在"私立"上加冠"上海市"。[2]很有可能在此之前，匾额已经做好，没有加"上海市"三字的位置，所以简单处理，将"私立"二字遮盖，仅保留了"合众图书馆"五字，作为匾额，这样似可勉强应对。

　　但这个匾额悬挂的位置显然是不引人注意的，所以在解放以后的1950年8月曾受到公安部门的训斥。顾廷龙在日记中记道：

　　八月二十四日　关户警偕公安员一人来，其势汹汹，开口即问，解放后为何停顿？门前大牌子为何不挂？余言全无其事，汝何由而知？不答，坚索登记证阅看。乃出教局复仁冰信示之，始去。不知是何意也……

　　八月二十五日　关户警来，属填团体调查表，并言昨来者为新任派出所长，适自山东调来，一切尚未了解，不听人言，殊觉抱歉。[3]

---

[1] 顾廷龙：《顾廷龙日记》，李军、师元光整理，中华书局，2022，第474、475页。

[2] 顾廷龙：《顾廷龙日记》，李军、师元光整理，中华书局，2022，第708页。

[3] 顾廷龙：《顾廷龙日记》，李军、师元光整理，中华书局，2022，第546页。

第九章

迎接解放

解放前夕，伪军屡要占用，结果占了一天开走。其时张元济先生与徐森玉先生都亲自来照料，幸即解放，得免糟蹋。尤困难的，此十年中，币制迭更，币值日跌，物价飞涨，旷古未有，私立文化机关的维持，实在不易。

——顾廷龙：《上海私立合众图书馆十四年小史》

一、十老上书

1947年6月，顾廷龙在日记中记载了一件事：

六月二日 ……谒菊老，告配丛刊事。谈及压制学潮，相与愤慨。菊老久已不问外事，此次慷慨发言，愿约本市有资望老辈联名致函吴国桢市长、宣铁吾司令。稿系陈叔老手笔，菊老删定手写，交余请揆老署名。兹录于此，以为将来文献之征（相约不在报纸上发表）：

吴市长、宣司令同鉴：

敬启者，文治等蛰居本市，不问外事。顾学潮汹涌，愈演愈惨，谁非父母，谁无子弟，心所不忍，实有不能已于言者。学潮有远因，有近因。远因至为复杂，姑置不论，近因则不过学校以内问题，亦有因生活高涨，痛至切肤，而推源于内战，此要为尽人所同情，政府不知罪己，而调兵派警，如临大敌，更有非兵非警参杂其间，忽而殴打，忽而逮捕，甚至有公开将逮捕之学生送往中共占领地区之言，此诚为文治等所未解。学生亦人民也，人民犯罪有法庭在，不出于此而于法外任意处置，是政府先已违法，何以临民，况中共区域已入战争状态，不知派何人以何种交通工具送往，外间纷纷传说以前失踪之人实以置之死地，送往中共区域者不过一种掩饰之词。文治等固未敢轻信，然离奇变幻，纲纪荡然，则众口同声，令人骇悸，伏望高瞻远瞩，临之以静，持之以正，先将被捕之学生速行释放，由学校自与开导，其呼吁无悖于理者，亦予虚衷采纳，则教育前途幸甚，地方幸甚。中华民国

三十六年六月二日 [1]

此即当时在社会上引起强烈反响的"十老上书"。

1947 年 5 月，上海学生进行反内战的宣传示威，国民党上海警备司令部逮捕了大批学生。张元济联合陈叔通、唐蔚芝、李宣龚、叶景葵、张国淦、胡藻青、项兰生、钱自严、陈仲恕等 70 岁以上老人共同具名，分函吴国桢（上海市长）、宣铁吾（上海警备司令），坚决表示反对，要求立即释放被捕学生。当时上海《大公报》以《十老上书》为题对此事进行了报道。

"十老上书"事件之所以引人注目，是因为这 10 人都是社会名流与大家，而且都已是耄耋之年、德高望重的老者，具有广泛的社会影响力与号召力，说话很有分量。

吴国桢、宣铁吾等对此大为恼火，但慑于上书者年高德劭，在社会上有很高声望，不敢妄动，便想采取茶话会形式请他们去谈话，但都被拒绝。最终，国民党当局迫于舆论压力，不得不释放全部被捕学生。

二、叶景葵去世

1949 年 5 月 8 日，合众图书馆董事会第七次临时会会议的议程中，有"张董事长报告常务董事叶揆初不幸于四月二十八日十时三十分因心脏扩大逝世，同深哀悼"[2]。

心脏扩大（cardiac dilatation），指心脏各房室增大，心脏形状发生改变，随时可能会出现心脏骤停、猝死。患者随着心脏的扩大，会出现心力衰竭的症状，

---

① 顾廷龙：《顾廷龙日记》，李军、师元光整理，中华书局，2022，第 488、489 页。
② 顾廷龙：《顾廷龙日记》，李军、师元光整理，中华书局，2022，第 916 页。

如喘憋、气短、下肢浮肿、胸闷等症状，应当及时地进行二级预防治疗，服用一些可以改善跟预防心脏进一步扩大的药物。

《叶景葵年谱长编》中，1949年叶景葵没有去医院治病的记录，但从顾廷龙事后的记述看，叶景葵是去过医院并得到了治疗的。5月6日，顾廷龙有信致叶恭绰，其中写道：

> 叶揆初丈不幸因心脏扩大不治，遽于四月廿七日作古，殊觉悲悼。先是陈伏庐先生于三月十六日（陈叔通先生为兄撰家传中记为3月15日）去世，顾形伤感，十八日大敛，由揆丈题主，天阴有风，因之感冒，略有热度，迨诊治后，始知肺部、腰子均有发炎，而心脏扩大，针疗后似颇有效，不意廿七日上午十时二十五分，竟以大便虚脱。龙相依十年，不啻家人父子，尤为伤感。[①]

这一年的2月，浙兴苏行经理王叔畲到沪，向叶景葵拜年，后来回忆道："余返沪至公处贺岁，公下楼款接，精神矍铄，不异往时。时战争迫徐蚌，或问公拟避地否。公笑谓，避地有二：一为今日所坐之屋，一乃万国公墓也。"[②] 谁想笑谈之言，竟一语成谶。4月14日，叶景葵仍赴浙江兴业银行视事，归后致顾廷龙短笺："立法院书据示信云已径送来。又为尊处定米二石，送到收入。明日同济之约只得谢谢。多走尚喘。"

此函附有顾廷龙注："此揆丈四月十四日自总行归所与之札，亦与龙书之末一通也。丈殁二日检记，不觉泫然。"[③]

---

① 顾廷龙：《顾廷龙全集·书信卷》，上海辞书出版社，2017，第60页。

② 柳和城编著《叶景葵年谱长编》，上海交通大学出版社，2017，第1184页。

③ 上海图书馆历史文献研究所编《历史文献（第二辑）》，上海古籍出版社，1999，第64页。

合众图书馆的历史上，似乎每前进一步，都会有人付出生命的代价。

1939 年 9 月，顾廷龙之子顾诵诗病逝。

1940 年 11 月 18 日蒋抑卮去世。

蒋抑卮 1907 年 5 月与叶景葵结识，在浙江兴业银行共事多年，与张元济亦为多年好友。蒋抑卮去世后，叶景葵撰有《蒋君抑卮家传》，其中写到他与蒋抑卮多年共事、相知相契、临危前以家传相托的深厚情谊：

顾诵诗与父亲顾廷龙、母亲潘承圭

> 光绪三十三年，余与君相识于汉口，次年浙江兴业银行聘余为汉行经理，又一年当选为董事[①]，由是一室共事，晨夕相榷者至今三十余年。先后开拓分支行，岁时巡察，往往舟车共载，遇有疑难之事，反复研求。君心思敏锐而又精于钩稽，颇能补余之短；即有异同争辩，彼此不敢苟阿，而其终必归于一是，互相推服……临危前数日，执余手以家传相托，唯唯不敢辞。余虽不文，而知君之深固莫若余……[②]

蒋抑卮

---

① 此处有误，叶景葵当选董事时为民国元年。叶景葵《在蒋抑卮先生追悼会上演辞》中特加以纠正。

② 叶景葵：《叶景葵文集（上中下）》，柳和城编，上海科技文献出版社，2016，第 348 页。

在蒋抑卮追悼会演辞中，叶景葵讲到 1935 年 8 月他与蒋抑卮、王绶珊在莫干山论及藏书归宿：

忆民国二十四年夏，先生与王绶珊先生及景葵均避暑莫干山，论及藏书之归宿问题。景葵以为办法有二：一则捐赠浙江省立图书馆，该馆管理尚善，当可不负委托；或则合办私家图书馆，王先生所藏最多，可即以"绶珊"名馆。抑卮先生谓，二法均可酌用，并提议图书馆应有相当基金，俾垂久远。抗战起后，王先生病殁，其后人旨趣不同，无从接洽，绶珊图书馆之议无形取消，而浙江省立图书馆亦已破坏。景葵有感于此，发愿创办合众图书馆。抑卮先生异常赞同，并整理所藏，以待捐赠。不幸今秋逝世，而遗命犹有捐助图书馆基金五万元之语。先生为人之恳挚为何如！①

顾廷龙在《合众图书馆筹备一年纪略》中记有"蒋抑卮先生捐书：计六百六十七种、四千七百五十五册"②。这是与叶景葵同一时期捐赠，为合众奠基的第一批藏书的主要组成部分。《三十年度工作报告》（《合众图书馆第三年纪略》）中记有："蒋抑卮先生家族谨遵遗命捐书二千四百五十六种、三万二千八百二十册，装二百四十箱。"③ 1941 年 8 月 1 日，合众图书馆发起人会议上，叶景葵报告"经费来源，捐赠"中有："蒋抑卮明庶农业公司股票，票面法币五万元，指定作购书基金。"④ 1941 年 11 月 18 日，合众图书馆

---

① 叶景葵：《叶景葵文集（上中下）》，柳和城编，上海科技文献出版社，2016，第 352 页。
② 顾廷龙：《顾廷龙日记》，李军、师元光整理，中华书局，2022，第 660 页。
③ 顾廷龙：《顾廷龙日记》，李军、师元光整理，中华书局，2022，第 674 页。
④ 顾廷龙：《顾廷龙日记》，李军、师元光整理，中华书局，2022，第 888 页。

董事会第三次会议第一次常会上，叶景葵报告："叶董事报告，蒋抑卮先生所捐明庶农业公司股份，本息九万一千二百元，又叻币[1]凭证三千四十元，业已收到。"[2]

可以说，蒋抑卮是叶景葵创办合众图书馆最早、最坚定，也是给予最大支持的人。顾廷龙日记有记："（1940 年）一月四日　……访抑翁，还刘十枝撰《汇刻书目》及送馆书目一册。谈及殿本《图书集成》流传甚少，曾闻伶人杨小楼获赐一部，杨近化去，询诸其戚唐某，知此书尚珍守平家……九月二十一日　……访抑翁，借得《清秘述闻》正、续、补，《简庄缀》正、续编。据云藏书章已盖毕，不日可送来……十月十三日　……谒揆丈，悉抑卮先生病伤寒，甚危……十一月十八日　……揆丈今日移居行中，丈云蒋抑卮先生于今晨七时病逝，为之惋悼。"[3]

1940 年 11 月 20 日，浙兴设小型灵堂吊唁，叶景葵的挽联上写着：

> 抱卓绝之识，兼博览之学，成亿中之才，并辔卅三年，同心若金，攻错若石；
> 养亲瘁其志，齐家劳其神，治生伤其脑，临床千百变，存兮憔悴，殁兮悲凉。[4]

1943 年 5 月 6 日，潘博山去世。

---

① 叻币（Straits Dollar），是英殖民地时期，由英殖民地政府在马来西亚、新加坡与文莱所发行的货币。发行单位是叻屿呷政府（即海峡殖民地），使用年限为 1826 至 1939 年。华人俗称"叻币"。

② 顾廷龙：《顾廷龙日记》，李军、师元光整理，中华书局，2022，第 900 页。

③ 顾廷龙：《顾廷龙日记》，李军、师元光整理，中华书局，2022，第 37、106、110、116 页。

④ 叶景葵：《叶景葵杂著》，顾廷龙编，上海古籍出版社，1986，第 411 页。

潘博山

潘博山（1904—1943），名厚，一名承厚，字温甫，号博山，别署蘦盦，江苏苏州人，吴门望族潘氏之后。家学渊源，其祖有"竹山堂"藏书 4 万卷，他与弟承弼（景郑）共同将藏书增至 30 万卷。所藏举凡明末史料，清人文集，时人稿本，乡贤文献，年谱家谱，历代尺牍，金石碑拓以及名人书画，无不兼收并蓄。他是一位博学多才的学者，精于版本目录之学，为当代专家所倾服，曾任故宫博物院顾问。

《叶景葵年谱长编》中记载，叶景葵与潘博山在 1937 年 5 月 10 日同时被推举为上海文献展览会名誉理事，叶还在之后给顾廷龙的信中询问潘博山、潘承弼的信息。取得与潘氏兄弟的联系后，在 1939 年 6 月 1 日的信中，叶景葵明确说到，顾廷龙来沪后"尊寓应先备各物，最好开示一单，或托博山昆仲代办均可"。6 月 9 日，叶景葵致信顾廷龙：

前日复一函即得二日快函，欣悉。薪水于六月份起支，即以代沪寓布置各费已详前函。昨与博山昆仲商定，尊眷到后，暂在潘宅借宿，再从容布置，办法极妥。已嘱逐与兄函洽矣。[①]

在顾廷龙到上海后，潘博山参与了与合众图书馆有关的多次活动，显然叶

---

① 柳和城编著《叶景葵年谱长编》，上海交通大学出版社，2017，第 860、929 页。

景葵对潘博山是充分信任的。顾廷龙在日记中有这样的记录：

（1940年）一月三日　……校彭尺木未刊稿两篇，从博山处借来。……

………………

一月十七日　……诣揆丈，博山亦至，商估邓书价，出新由傅某送来草目一册，《寒瘦阁存目》则不尽在内矣……

………………

一月二十四日　……晚访博山，获观黄跋《静春堂诗集》四册、《萧台公余词》一册，皆乱后由丁氏散出，跋已见于辑《题识》。《静集》博山由四处收得，末册价六十元，共合二百余元……

一月二十五日　谒揆丈，商邓目价。博山先到……

………………

二月四日　博山来，畅谈至晚，为言邓书情形甚悉。

………………

二月十日　……赴博山约，观书籍、书画、尺牍，甚精，并晚饭，座有叶揆老、李拔老、陈叔老、华绎之、祝某。

………………

二月十八日　博山携示《两浙场所图说》两册，乾隆间进呈之本，写极工致……

………………

三月二十一日　为揆丈借博山藏蒋杲校《后山集》……

………………

六月十日　……景郑、博山先后阅书目……

………………

　　七月八日　……博山赠仇十洲、沈石田画册两本，商务方景印也。①

　　1940 年至 1941 年，张元济、郑振铎等人在沪秘密组织文献保存同志会，为在重庆的中央图书馆购得大量古籍善本。他们的工作曾得到不少爱国志士的帮助，潘博山就是其中的一位。有关藏家图书散出的信息的收集，以及居中和南北书贾讨价还价等事，多为潘氏默默而做的。郑振铎《求书目录》中有："1940年 1 月 15 日午餐后，至潘博山先生处。谈起暖红室刘氏藏书事，说，中有元刻元印《玉海》(刘世珩得此书，名其居为玉海堂)，又有剧曲不少。惟书贾居奇，恐不易成交。但他必力促其成。又谈起群碧楼邓氏书，亦欲出售，中多精钞名校本。他想，将为此事赴苏一行。他说，意在不任中国古籍流失国外耳。"②

　　1943 年 4 月 11 日，顾廷龙的日记中第一次出现"视博山疾"。4 月 16、17、18、19、21、23、25、29 日，顾廷龙多次探视潘博山。至 5 月 1 日，潘博山病情恶化。"五月一日　……视博山，热度忽高，殆受新风寒耶。五月二日　……再视博山，热益升，危矣哉……五月三日　……视博山，今晨出院返家，热仍百〇四度外，神志甚清……五月四日　……视博山疾，肝风略动，热高至百六度，神志甚清。五月五日　……视博山疾，恶象毕露，间有谵语，可虑矣……五月六日　昨睡未久，忽有电话，告博山噩耗，谓于一时半去世矣，为之凄然。会闻讯痛哭，急欲往，余即偕之坐三轮车往探。计起病实在立春，今日为阴历立夏，盖俗所谓百日痨也。八时余，移灵至安乐殡仪馆。十时余返家视，再至殡仪馆。余挽一联云：'服劳乡国，丕振家声，有为方册载，长才欲展天何忌；讨论学术，评量书画，相契逾廿年，一朝永诀谁与归。'……景郑挽

────────────────

① 顾廷龙：《顾廷龙日记》，李军、师元光整理，中华书局，2022，第 36、45、46、49、50、52、60、86、91 页。

② 见沈津：《冰雪聪明　雷霆精锐：说潘博山》，载《收藏家》2008 年第 5 期。

一联云：'卅年晨夕相依，多难独匡持，□□前尘留梦影；一病如风雨猝至，遗言重嘱咐，伤心何语慰萱堂。'皆余书之。夜十时归……五月七日　吊博山"。①

顾廷龙日记中记有叶景葵写给潘博山的挽联：

> 冰雪聪明，雷霆精锐，此清才非浊世所能容，只宜玉宇琼楼，长共飞仙适风月；
>
> 门有通德，家承赐书，幸群从与阿兄为同调，可卜牙签锦赠，不随急难付云烟。②

潘博山去世后，叶景葵为他撰写了《吴县潘君博山传》，其中写到了潘氏家族经1937年"丁丑之难"以后，家中创业近二百年的酱园业骤衰，经过潘博山"悉心擘画，营业复振"：

> 由是宗族戚党誉为亢宗之子，其才干为众所推重，先后在里组织电汽公司，协理田业银行。戊寅避沪，创设通惠银号。智虑沈敏，洞悉时机，亿中之财，翕然无间。其家自曾以来，门户鼎盛，宗支既繁，仰给尤众。君以一身肩巨任，遇有缓急，罔不肆应。秉性公正，律己甚严，凡属孔怀，同仁均爱。遭逢离乱，里居受损，奔驰救护，不遑宁息。历世所藏，手泽口泽，与彝鼎、图籍、金石、书画之类，苦心保存，不遗余力。其宗旨为全族乐利，非以便一己之私，虽在艰危，未渝初志，心神况瘁，实基于此。又聪颖过人，博闻强记，酷嗜典籍，心知其意。少学诗词，

---

① 顾廷龙：《顾廷龙日记》，李军、师元光整理，中华书局，2022，第309、310页。

② 顾廷龙：《顾廷龙日记》，李军、师元光整理，中华书局，2022，第310页。

兼长六法，未竟其业，而于古今艺术源流及其真伪粗精之别，覃思眇虑，剖析毫芒，为当代专家所倾服……天降丧乱，拂逆之境，与疑难之事，当之而不让。其智足以济变，其量可以容众。钩心镂肾，不敢告劳……①

旧时，在某人去世后所写的"传"，与今为某人治丧所撰其"生平"相似，其内容述及平生，更多的则是评价。叶景葵在为潘博山撰写的这篇"传"中，投入了自己对逝者的感情。他对自己这篇传写有评语："作潘博山传，起草成，颇肖其为人，结构亦遒紧。"②

潘博山去世后，其所有书画都寄存在合众图书馆。

1946 年 5 月 3 日，出席合众图书馆董事会第五次临时会议的董事只有 4 人：张元济、叶景葵、李宣龚、陈叔通。会议推举张元济为临时主席。会上叶景葵"报告陈董事长陶遗逝世经过，咸表哀悼"③。

1941 年合众图书馆董事会成立不久，叶景葵就对董事会成员"皆六七十之高年，可以同时老病"④的状况表示重视，但并没有提出明确的解决方案。仅仅 5 年时间，他所考虑的问题就显现出来了。而在当时的 5 名董事中，陈陶遗属年纪最轻者。

1946 年 4 月 27 日，陈陶遗去世。顾廷龙在日记中记载："（1946 年）四月二十七日　午，揆老来，言陶遗先生于十一时逝世。为之嗟悼不止。"⑤

叶景葵在挽联中写道：

① 叶景葵：《叶景葵杂著·吴县潘君博山传》，顾廷龙编，上海古籍出版社，1986，第 286 页。

② 叶景葵：《叶景葵杂著》，顾廷龙编，上海古籍出版社，1986，第 235 页。

③ 叶景葵：《叶景葵杂著》，顾廷龙编，上海古籍出版社，1986，第 911 页。

④ 叶景葵：《叶景葵杂著》，顾廷龙编，上海古籍出版社，1986，第 219 页。

⑤ 顾廷龙：《顾廷龙日记》，李军、师元光整理，中华书局，2022，第 454 页。

竟槁项寂寞而终，是国家社会诸般之不幸。

以黔首饥溺为念，非游侠隐逸两传所能赅。[①]

1948年，合众图书馆为陈陶遗编印了《陶遗墨迹》，封面由刘厚生题写书名，扉页有叶景葵用篆书题写的"陈陶遗先生墨迹"，末页左下方有"中华民国三十七年四月合众图书馆景印"篆书印记，本书影印刊行了陈陶遗的书法作品17幅。

合众图书馆编印的《陶遗墨迹》

① 顾廷龙:《顾廷龙日记》，李军、师元光整理，中华书局，2022，第454页。

叶景葵、张元济精心选择陈陶遗作为合众图书馆第一任董事长，说明了他们对陈陶遗的敬重，也说明了陈陶遗对于创办合众图书馆的重要性。在陈陶遗任职的 6 年中，每在关键时刻，都能看到他做出的贡献。顾廷龙在为该书撰写的跋中表达了钦敬怀念之情，也慨叹他"建国有殊勋""英勇果毅"的一生未能被完整记录下来：

陈陶遗先生为本馆第一任董事长，没将两稔，憧当年风雨飘摇之际，端赖擘画匡扶，幸得成立。先生建国有殊勋，抚辑乡邦，遗爱在民。迨归隐淞滨，不问世事，以鬻书终，老人且忘其英勇果毅之概矣。龙尝谒请先生就平生经历载笔庋诸本馆，俾征文献。先生抚然曰："余十年来所存文件、书札及笔记诸稿，都如千箧，藏在故乡，以待整比，不幸倭寇肆虐，概付焚如。"彼请就记忆意所及者述之，乃允俟交通稍便，约仅存老友，以尚秉和《辛壬春秋》为蓝本，共相补证，勒为一编，庶足考信。惟以体弱多病，未偿宿诺。毕生所为诗文，均不留稿。雅好书翰，得者珍如拱璧。早岁笃嗜篆隶，中年出入六朝碑版，晚而致力章草，盖服膺郡学叶石林。所摹《急就篇》刻石，得史游之真传，意趣高旷，肖其生平。兹蒐访墨迹得十七帧，付之景印，冀垂久远。承董和甫、严惠宇、叶揆初诸先生助纸捐款，始克有成。吉光片羽，乌足以表先生之丰功伟业耶？悲夫！

一九四八年三月一日，后学顾廷龙谨跋。[1]

令人扼腕太息的是，在最需要他发挥作用的时期，合众图书馆失去了陈陶

---

[1] 顾廷龙：《顾廷龙全集·文集卷》，上海辞书出版社，2015，第 652 页。

遗这位卓越的领导人。

平均每隔三年，就有一位披肝沥胆、与众人同心协力的重量级人物去世，可以想见叶景葵、张元济、顾廷龙等人内心的哀恸、悲凉。叶景葵为蒋抑卮写下"同心若金，攻错若石"，为潘博山写下"此清才非浊世所能容"，为陈陶遗写下"寂寞而终，是国家社会诸般之不幸"。在写下对友人的深情厚谊的同时，这些文字也让人感受到他对自己创办合众图书馆这一事业的刚毅、执着。

陈陶遗去世后，叶景葵推举徐森玉进入董事会。1947年，叶景葵提议聘请顾颉刚、钱锺书、潘承弼为顾问。他没有向死神屈服，他的考虑与最初成立董事会时一样，仍注重董事会成员的社会影响力。他希望凭借董事会成员在社会和文史界、收藏界的声望，扩大捐赠范围，为合众图书馆收集更多的古籍文物。而财务方面的困境，他几乎还是要靠一己之力来解决。

而这一次，死亡降临到了这位"掌门人"的身上，这是一次足以致命的打击。1949年5月6日，顾廷龙在给叶恭绰的信中写道：

> 二月中，先生来函尝言本馆应顾及持久之策，谅揆翁早有成竹，龙曾以此函呈揆丈阅过。当谓"吾虽不胸有成竹，但日在筹划之中，请函慰遐老"。而今已矣。
>
> 先生远居香港，不获时就请益，尤为怅惘，兹由菊生、拔可、森玉诸老负责，维持现状，俟局势略定，再筹长策。[1]

当日，顾廷龙又给叶恭绰写了第二封信：

---

[1] 顾廷龙：《顾廷龙全集·书信卷》，上海辞书出版社，2015，第60页。

遐丈尊鉴：

六日晨甫上一缄，告揆丈之耗，旋奉手书，即以此相询。龙自揆丈故后，心绪恶劣，加以杂务（军队相屋，派夫服役，友朋捐书）冗沓，以致迟迟，歉甚歉甚。揆丈之逝，出于突变，并无遗言。有嗣子二人，长维，寓平，前在东北大学执教，为胞弟叔衡先生长子，去年成婚。次絅，圣约翰毕业，习银行，现在美深造，为从弟幼达先生次子。现在家中惟如夫人及弟妇仲裕夫人，堂侄纯，浩吾先生孙，服务浙江兴业银行。诸子现由幼达先生为之主持，揆丈六十五以后即将所办之事陆续了理，自谓办理移交，创设图书馆亦此意焉……

姪龙顿首　卅八、五、六①

7月30日，《兴业邮乘》复第54号叶景葵先生纪念特辑出版。首页刊登先生遗像。目录为：

---

① 顾廷龙：《顾廷龙全集·书信卷》，上海辞书出版社，2017，第61页。

叶景葵（后右二）与张元济（后右三）、葛嗣浵（后左三）、陈理卿（前右一）等在陕西南五台山合影（1935 年 5 月）

搽公遗墨十一则 [1]

4 月 28 日，张元济撰五律《挽叶搽初》。诗云：

> 小别才三日，徘徊病榻前。
>
> 方欣占勿药昨日以电话询君病，君弟答以更见轻减，胡遽及重泉？
>
> 落落谁知我，梦梦欲问天。
>
> 痛君行自念，多难更何言。[2]

---

[1]　柳和城编著《叶景葵年谱长编》，上海交通大学出版社，2017，第 1189 页。

[2]　张人凤、柳和城编著《张元济年谱长编》，上海交通大学出版社，2011，第 1317 页。

5 月 7 日，张元济又有续五律三首《挽叶揆初》。诗云：

京洛论交始，今逾五十春。

维新百日尽，通艺几人存？光绪丙申年余与夏地山、陈简始诸君在
京师设通艺学堂，延师教英文、算术，君来共学。

变易沧田异，过从沪渎频。鼎革后君与余同居海上，往还较密。

新亭曾洒泪，情谊倍相亲。

故乡如此好，只手任撑扶。

入市兴洪业浙江兴业银行为君所创，趋朝索众逋沪杭铁路政府收为国
有，发给公债，后忽停止。君入都交涉，复允清偿，此案始结。

山头劳覆篑，江上快驱车钱塘江工政府亦以无资中辍。君从旁赞助，
为集巨款，始得观成。

恭敬维桑梓，高风世或无。

万卷输将近，豪情亦罕闻。

君能城众志，天未丧斯文君尽输所藏图籍，在上海创设私家图书馆。颜曰
合众。募集巨资，买地建筑，落成有年矣。约余同为发起人，甚愧未能有所襄助也。

差比曹仓富，还防秦火焚。

敢忘后死责，努力共艰辛。

诗注云："闻讣后即作成一首，成殓之日送悬灵前，意有未
尽，今又续成三首，亦聊搁哀情于万一耳。"①

---

① 张人凤、柳和城编著《张元济年谱长编》，上海交通大学出版社，2011，第 1318 页。

叶先生去世，合众图书馆同人也有挽辞，为：

藏室书仓遗规期勿失；泰山梁木后学更何承。

顾廷龙挽辞为：

晚岁创书藏，经之营之，嘉惠士林功不朽；
平生感知己，奖我掖我，缅怀风谊报无从。[①]

11月20日，叶景葵灵柩移葬上海虹桥公墓。顾廷龙后来写道：

一九四九年四月二十八日，叶先生以心脏病逝世。午后，张先生与李拔可先生来馆，对我说："一切事情由我们负责，请放心。"前一日，叶先生正为图书馆经费问题和我商谈，他说："所存无多，只有用完再说。"他突然病故，更使我彷徨无措。幸而张、李两先生勇于承担，图书馆方得维持下去。但由于经费日益支绌，不得不向有关方面作将伯之呼，而求援之书，皆为张先生亲笔所写寄。

一九四九年十二月二十一五日，张先生忽病，我闻讯驰往宝隆医院探望，他尚在昏迷之中。正在忧皇之际，忽接浙江兴业银行通知，即日起对图书馆用款停止透支。本来，依照叶先生意见，图书馆会计收支的事，委托浙江兴业银行信托部办理，使我们全力注意本身业务。叶先生既逝，张先生又病，银行方面以为"合众"

---

① 沈津：《顾廷龙与合众图书馆》，载上海图书馆编《顾廷龙先生纪念集》，上海科学技术文献出版社，2014，第39页。

无力支持，遂不顾文化事业的艰难，作出"停止透支"的决定。后来由陈叔通先生出面担保，继续透支，图书馆才得以维持。[1]

顾廷龙晚年还曾回忆叶景葵逝世前后的一些情况：

> 合众图书馆的创始人是叶先生，他可说是主要人物了。他与张菊老，若论亲戚关系，张要比叶长一辈，而且张菊老又有丰富的经验，所以叶先生请张菊老来做图书馆的董事……叶先生逝世之后，图书馆经费拮据，情况窘迫，其实这一情况，在抗战胜利不久即已出现。当时叶先生也打算向朋友募捐，但胜利后，政府发行建设公债，而叶先生认识的那些朋友，都是建设公债的主要认购者，在这种情况下，叶先生当然不好意思再向朋友开口。也有些人，你向他募捐，过不多久，他也会弄个名目来要你募捐。因此，这种人也不是很可信赖的。所以，抗战胜利后，合众图书馆的经费一直由叶先生自己设法，没有向社会上要过什么钱，虽然馆中费用支绌，总算还能勉强维持。但叶先生的突然去世，却是对图书馆的一个不小的打击。为了维持馆务，张菊老与陈叔通先生出面，给叶先生的一些老朋友写信，请他们帮助。结果，有人捐了一些，尽管不多，还算能应付，就这样一直捱到解放。[2]

叶景葵去世后，合众董事会补选陈朵如为董事。张元济、徐森玉等主持董事会的领导者意图非常明显，希望有陈朵如这样的银行家能接替叶景葵在解决

---

[1] 顾廷龙：《张元济与合众图书馆》，载《顾廷龙文集》，上海科技文献出版社，2002，第563页。

[2] 沈津编著：《顾廷龙年谱长编》，中华书局，2024，第472页。

资金问题方面起到作用，但叶景葵的作用是难以替代的。1949 年 11 月 10 日董事会第九次临时会议上，陈叔通提议修改《组织大纲》第五条第一项"董事会设董事五人"内容，改为七人至九人案。并增选董事：谢仁冰、裴延九、胡惠春、顾廷龙。其中有两位银行界巨擘，亦可见其用心良苦。

但合众图书馆的资金形势并没有好转。顾廷龙在 1941 年 8 月 9 日的日记中曾写下"基金之充绌，实为兴亡之关键。本馆基金不能如物价之并涨，可虑也"。他的担心成为步步逼近的现实。1950 年 5 月 17 日，顾廷龙在日记中写道：

　　　　五月十七日　揆丈周年，往奠。大厦难支，弥增怆感。①

叶景葵去世两年后，1951 年 6 月 24 日，合众图书馆董事会第十二次临时会会议上有一项议题："叶揆初先生租地建屋，原订合同载有租金，从前币制变动，难以折合，延搁未付。现在叶氏境况艰窘，无力负担，应如何处理案。"②叶景葵身后竟然"境况艰窘"，这应该是董事们始料未及的。董事会决议："感念叶揆初先生创办辛劳，租金应予免收，由双方协议在原合同上加以批注。通过。"③

叶氏租地建屋合同批注

　　本合同原承租人叶揆初先生于一九四九年四月廿八日逝世，由其家属代表人叶徐联璧女士继承本合同之权利、义务关系，经双方同意，批注如下：

　　一、出租人追维叶先生生前热心文化事业，首创本馆，艰苦经营，功在社会，身后家况甚窘，所有本合同第二条原订每年租

---

① 顾廷龙：《顾廷龙日记》，李军、师元光整理，中华书局，2022，第 538 页。
② 顾廷龙：《顾廷龙日记》，李军、师元光整理，中华书局，2022，第 923 页。
③ 顾廷龙：《顾廷龙日记》，李军、师元光整理，中华书局，2022，第 923 页。

赁地租金无力担负，经本馆董事会决定免收。又从前租金因币制变动未付部分并予免计，以资纪念。

二、如有第五条所定情况发生时，出租人贴与承租人之贴费由双方协商定之。

三、除上开两点外，其他悉以本合同原订条款办理。

公历一九五一年六月廿四日

出租人代表合众图书馆董事长

承租人家属代表

证明人

张元济（徐鸿宝代）[1]

顾廷龙曾经在《张元济年谱序》一文中回忆：

1946 年之秋，一日薄暮叶先生归来告龙曰："今日菊老处理家事，邀吾作见证人，想不到菊老一生积资甚菲，清廉可敬。"龙曰："菊老任商务董事长，股份不能太少。"叶先生曰："股份多借自亲友者。"龙始恍然！叶先生逝后，先生序其藏书目有云："身履膏腴之境，而淡泊持己。"又云："殁后始恍然悟其无蓄，是可以觇其高尚之志，为不可及矣。"龙请即以此数语为先生诵之。两先生之行为，诚足以风世矣。[2]

叶景葵用自己的生命为合众图书馆画下了一个动天地、泣鬼神的惊叹号，"诚足以风世矣"！

---

[1] 顾廷龙：《顾廷龙日记》，李军、师元光整理，中华书局，2022，第 923、924 页。

[2] 顾廷龙：《张元济年谱序》，载《顾廷龙文集》，上海科技文献出版社，2002，第 65 页。

三、险遭重创

叶景葵去世后不到一个月，上海和合众图书馆面临的局势发生了巨大的变化。

辽沈、淮海、平津三大战役胜利不久，"打过长江去，解放全中国"的口号响彻了大江南北。为了守住上海，蒋介石亲自部署"保卫大上海"作战计划。

1949 年 5 月 12 日，司令员兼政治委员陈毅、副司令员粟裕率领的第三野战军（以下简称三野）发起上海战役。13 日，解放军第 29 军奉命向月浦发起进攻，于 15 日拂晓攻占月浦老街。5 月 17 日，合众图书馆遭遇了一次劫难。顾廷龙回忆：

> 上海解放前夕，国民党军队骚扰地方，屡屡发生强占民居的事，而我馆也曾遭到同样的命运。一九四九年五月十七日，国民党军队某部强令将楼顶腾空。徐寄庼、徐森玉先生托人与军事首脑商请勿用文化机关，但无效。晚八时，开来一分队，将大门打开，我们只有通宵守护。十八日张先生闻讯即来坐镇，并与其分队长谈话，嘱其妥慎照料。谈话后对我说："分队长神色仓皇，语无伦次，可能即去。"夜十一时，果然开拔。五月二十四日，又有军队来声称全部征用。我说文化机关不好占用。军人说现在还讲什么文化？无奈，只可多方推宕使去。[①]

张元济在得知国民党军某部强令腾空楼顶一事后，17 日下午即致函顾廷龙：

> 今日午前电示之事，有无挽救办法？揆兄寓如何？均甚悬

---

① 顾廷龙：《张元济与合众图书馆》，载《顾廷龙文集》，上海科技文献出版社，2002，第 563 页。

念，乞示一二。①

18 日，张元济获知国民党军队强占合众图书馆，特来馆坐镇，并与其分队长谈话。已在上海交通大学读书的顾诵芬当时在场，他回忆：

> 1949 年 5 月 17 日，上海解放前夕，国民党兵强驻合众图书馆，要作为据点，因为合众图书馆舍在长乐路那个区域是最高的建筑，其转角的四层楼可以俯瞰一大片。虽经当时的董事徐森玉等向国民党上海警备司令部力争勿扰图书馆，但无效。当时已 83 岁高龄的张老先生不顾个人安危，只身坐三轮车从家直奔合众图书馆，当即向国民党兵晓以保存民族文化的大义。国民党兵原来要求将三楼、四楼书库都要腾空，后来他们仅占了一楼一间过道和一间工友宿舍。这可能与张老先生亲自来说服有一定关系。②

"打上海，要文打，不要武打，打的不仅是一个军事仗，也是一个出色的政治仗，不仅要消灭敌人，还要保全城市，还要争取人心。"这是毛泽东的指示。陈毅形象地说："上海之战好比瓷器店里打老鼠，既要捉住老鼠，又不能把那些珍贵的瓷器打碎。"根据中央和毛泽东的指示，三野制定了既要解放上海，又要保全城市的周密作战计划：战斗主要在城市郊外的宝山吴淞、月浦、杨行和浦东高行、高桥等地区进行，两翼迂回，重兵钳击吴淞口，"把敌军吸引到郊区歼灭之"，从而达到保全上海市区的目的。5 月 23 日夜间，三野发起全线总攻，分别从东、南、西三面攻打市区。为把人民生命财产的损失降到最低，三野下

---

① 张人凤、柳和城编著《张元济年谱长编》，上海交通大学出版社，2011，第 1319 页。
② 顾诵芬：《追怀往事　感念前贤》，载《顾诵芬文集》，航空工业出版社，2016，第 397 页。

令：攻打市区只准使用轻武器作战，一律禁止使用火炮和炸药。[①]经浴血奋战，三野攻克高桥，至26日中午肃清了浦东地区守军残部。27日，上海全部解放。《顾廷龙年谱》有记："（1949年）五月二十七日，上海解放。在中国人民解放军进军上海途中，第三野战军司令员陈毅指出：'上海是人民的上海，人民的上海要完整保全好。''我们还要组织力量加强对文物、图书的保护，因为上海也是书海。'中共上海地下组织根据陈毅指示，采取相应措施，加强了对文物图书的保护。"[②]显然，中共中央、毛泽东和三野司令员陈毅的指示，第三野战军作出的周密作战计划是合众图书馆在战火中得以保全的根本保证。

四、纾解资金困难

政权更迭的效应很快显现出来。"上海解放初，有外商银行15家，私营银行、钱庄203家。"新政权"对外商银行，取消其特权，允许其在遵守中国法令的前提下继续营业。对私营银钱业，根据'利用、限制、改造'的方针，明确中国人民银行为管理检查机关，对其进行严格管理，疏导其资金运用，并引导其逐步实行集中经营，走国家资本主义道路。1949年12月，由国家银行和私营行庄出资组成上海市公私合营金融业联合放款处，把私营银行的资金间接纳入国家计划轨道"[③]。

1950年3月3日，政务院第二十二次政务会议通过《关于统一国家财政经济工作的决定》，其中作出十项有关财政经济的规定。主要内容为：（一）统

[①] 王振：《解放上海为何誉为"战争的奇迹"》，载《学习时报》2020年6月8日。

[②] 沈津编著《顾廷龙年谱》，上海古籍出版社，2004，第442页。

[③]《第一节　接管银行、稳定金融》，据上海地方志办公室主办《上海通》电子书数据库：https://www.shtong.gov.cn/difangzhi-front/book/detailNew?oneId=1&bookId=72907&parentNodeId=73016&nodeId=85798&type=-1，访问日期：2024年7月18日。

一编制。（二）统一调配物资。（三）统一公粮。（四）统一税收。（五）统一贸易。（六）统一银行。（七）厉行节约。（八）工厂管理。（九）统一支出经费。（十）要求对此决定"必须严格地完全地予以执行"。

第六项"统一银行"，指定人民银行为国家现金调度的总机构。一切军政机关和公营企业的现金除由若干近期使用者外，一律存入国家银行，不得对私人放贷，不得存入私人行庄，违者应受处罚。国家银行应尽量吸收公私存款，但其本身业务上使用这些存款的限度，亦不得超过政务院财经委员会的规定。[①]这一系列的举措显然阻遏了合众图书馆在上海融通资金的渠道。

1949年6月9日下午3时，合众图书馆董事会召开第八次临时会会议。张元济出席并主持会议，李宣龚、徐森玉、陈叔通三位董事参加。担任记录员的还是顾廷龙。在这次会议上，顾廷龙报告："浙江兴业银行于五月十九日致送金圆券五亿圆，作为叶景葵先生纪念金。"陈叔通提议补选董事，陈选珍当选。

8月6日，合众图书馆董事会第九次临时会会议召开，讨论、议决事项无关宏旨，董事们似乎在观望、等待：

乙、讨论事项：

一、顾总干事拟呈修改阅览规则。

甲、原文"上海市私立合众图书馆暂订阅览规则"，拟改"上海市私立合众图书馆阅览规则"。

二、原文"一、本馆所藏图书整理尚未竣事，筹备亦未就绪，来阅览者须经本馆董事之介绍"，拟改"一、本馆所藏图书业经整理竣事者，先供阅览，编有目录备查"。

请审议案。

---

① 魏宏运主编，王金香撰：《国史纪事本末：第一卷》，辽宁人民出版社，2003，第128页。

决议：通过。①

然而，一项紧迫的任务不容等待，那就是寻求将合众图书馆办下去的资金。在内地募集、融资难以实现的情势下，董事会的目光转向了港澳地区。11 月 10 日，合众图书馆董事会第九次临时会会议上，董事陈叔通提本馆经费困难，拟积极筹募案。形成的决议为："由各董事连名函向沪、港两地与叶揆初先生有旧交者劝募之。"②

12 月 24 日，合众图书馆董事会第十次临时会议上，顾廷龙报告收到捐款情况，虽然有上海水泥公司、联合银行、金城银行、浙江第一商业银行、浙江兴业银行、新华银行、盐业银行、大陆银行、上海银行、中南银行、垦业银行等捐款共计 590 万元，但在讨论事项中，马上就提出了"此次捐款，除还欠及十一、十二月经常费、购书费、特别费开支外，已无余存，应如何办理案"。而后提出的解决办法是"向往来银行酌增透支额，应付目前开支"③。这是一个不是办法的办法，向银行透支的每一分钱都是要偿还的，合众图书馆除接受捐赠，几乎没有其他收入，仅有支出，将来用什么来偿还？针对这样的局面，董事裴延九提出："本馆经济拮据，应略筹基金，以纾困难，拟广请旅港热心人士设法劝募案。"对这一提议形成的决议是："再由董事连名致函旅港人士劝募之。"④

从顾廷龙保存的 1949 年 11 月至 1950 年 2 月各户捐款名单可以看出，尽管仍有机构和人员捐款，但捐款数额有限。从其中港币折合比例就可以看到，3 000 元港币折合当时的人民币 810 万元，即 1 : 2 700。捐款总计为 4 390 万元，折合港币 1.6 万元多一点。

---

① 顾廷龙：《顾廷龙日记》，李军、师元光整理，中华书局，2022，第 918 页。
② 顾廷龙：《顾廷龙日记》，李军、师元光整理，中华书局，2022，第 918、919 页。
③ 顾廷龙：《顾廷龙日记》，李军、师元光整理，中华书局，2022，第 919 页。
④ 顾廷龙：《顾廷龙日记》，李军、师元光整理，中华书局，2022，第 919、920 页。

这一时期的接受捐款与支出情况汇总如下：

时　　间	接受捐款情况	支出情况
1949 年 2 月 16 日— 8 月 15 日	浙江兴业银行送叶揆初先生纪念 金金圆券 5 亿元折合 0.5 万元	经常费（三至八月）55.5 万元 特别费 15.1 万元 购书费 20.0 万元
1949 年 8 月 16 日— 1950 年 2 月 15 日	各户捐款 4 390.7 万元	经常费 513.6 万元 特别费 228.9 万元 购书费 58.1 万元
1950 年 2 月 16 日— 8 月 15 日	林宰平 3.0 万元 章仲和 100.0 万元 刘厚生 11.0 万元	经常费 1 291.7 万元 特别费 1 121.7 万元 购书费 224.2 万元
1950 年 8 月 16 日— 1951 年 2 月 15 日	陈器成 110.0 万元	经常费 1 771.5 万元 特别费 146.9 万元 购书费 412.3 万元
1951 年 2 月 16 日— 8 月 15 日	黄玉仪经募捐款港币 1.0 万元， 折合人民币 3 859.1 万元	经常费 2 610.3 万元 特别费 878.6 万元 购书费 403.9 万元
1951 年 8 月 16 日— 1952 年 2 月 15 日	香港浙兴银行代收捐款 3 943.4 万元	经常费 3 120.2 万元 特别费 357.5 万元 购书费 133.0 万元
1952 年 2 月 16 日— 8 月 15 日	香港浙兴银行代收捐款 6 596.0 万元	经常费 4 140.0 万元 春季、夏季地产税 273.8 万元 杂项开支 29.6 万元
1952 年 8 月 16 日— 1953 年 2 月 15 日		经常费 4 320.0 万元 特别购书费 500.0 万元 钞书费 500.0 万元 秋季、冬季地产税 273.9 万元
总计	19 013.2 万元	23 400.3 万元

此表显示，自 1950 年 2 月以后，捐款者就只有个人，1951 年 2 月以后，仅有香港的捐赠款项，而 1952 年 8 月至 1953 年 2 月，捐款数额为 0。汇总结果：支远大于收。

从保存的几封信件中可以看到，张元济等人为了筹集款项竭尽全力。

1949 年 10 月 18 日，钱永铭、周作民有信致张元济等人，捐款 6 000 元港币：

菊生、鸿宝、叔通、拔可、朵如先生钧鉴：

　　奉别经时，正殷怀想，顷奉函教，敬谂兴居，同深忻慰。承示揆初手创之合众图书馆，年来因币制迭更，屡濒危境，诸公受故人之托，发恢宏续绝之愿，古道热肠，曷胜感佩，不独琳琅秘籍赖以保存，而嘉惠中外学术，其功更大焉。弟等与揆老本属至交，又承诸公之嘱，敬各捐港币三千元，共陆千元，除就近交与浙江兴业银行代收外，特此布复。①

1952 年 3 月 14 日，有童侣青致张元济函，此函用印有"上海商业银行储蓄银行"字样的旧信封装，背面有手书"送商务印书馆　俞明时先生转张菊生"。照录如下：

童侣青致张元济函

① 沈津编著《顾廷龙年谱长编》，中华书局，2024，第 484 页。

菊生先生阁下：

一月十二日接奉手示，敬悉维护合众图书馆之苦心孤诣。晚生也晚，未由一接尘教为恨，复以公私粟六、且有远行，致迄未报命，歉何为之。兹已得港友协助，募得港币一万七千元，已交由兴业银行汇上，并承江先生直接在沪划上人民币一千一百余万元，届时祈一并检收，赐覆为盼。专此，肃请道安。

晚童侣青顿首

一九五二、三、十四

如蒙惠赐墨宝，请迳寄香港晚收转交可也。附姓名如下：吴昆生、陆辅仁、许幹方、刘丕基、江上达、杨云游、童侣青。

捐款人

伟伦纱厂　　　三仟元

上海纱厂　　　三仟元

新华纱厂　　　三仟元

怡生纱厂　　　二仟元

南记　　　　　三仟元

裕民公司　　　三仟元

送商务印书馆余明时先生转张菊生。①

1952 年 4 月 7 日，张元济回函童侣青。此函有商务印书馆香港分馆收条，为"兹收到张元济先生（信壹件）　商务印书馆香港分馆　台照"，另有"香港伟伦纺织有限公司　收信专用"印记与代收人签字，时间为 1952 年 5 月 5 日。

---

① 顾廷龙：《顾廷龙日记》，李军、师元光整理，中华书局，2022，第 1036、1037 页。

显见此信是由商务印书馆香港分馆转交童侣青的，而童则应为香港伟伦纺织有限公司高层。为了这笔捐款，张元济书写了 7 件屏联，分别赠送给捐款者。从实而论，几乎与当年"鬻书为活"无异。张元济在信中表达了谢意：

侣青先生左右：

　　日前接奉还云，敬悉一一，敝馆艰窘，仰荷关垂，并承向港友劝募，感何可言，公等捐款港币一万七千元正，亦已由浙兴汇到，祗领之下，永志厚贶。承征拙书，敬备屏联七件呈教，因付装潢，觅便带上，聊为纪念。先此肃谢，祗请道安。

弟张元济

一九五二、四、七

　　诸君子前代达谢忱，不另。①

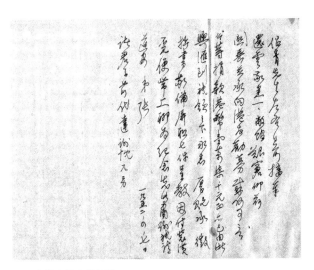

张元济给童侣青的复函

---

① 顾廷龙：《顾廷龙日记》，李军、师元光整理，中华书局，2022，第 1037 页。

尽管合众图书馆董事们的努力有成效，但维系馆内生存已属艰难，遑论发展。需要说明的是，这两封信中的捐款都是通过浙江兴业银行转的，数额与财务报表有差，是否是因为银行扣除了合众先前透支部分，不得而知。但资金形势的严峻在一个较长时期困扰着顾廷龙，他在日记中写道：

（1950年）十一月九日　开董事会。拔老以感冒不能来。朵如以为或不能来，心脏病初愈，而竟出席，喜甚。李、陈两董事任满，连选连任。他无讨论，因一切基于经济，经济不充裕，诸事缓议也。[1]

---

① 顾廷龙：《顾廷龙日记》，李军、师元光整理，中华书局，2022，第555页。

第十章

虽有迟疾，必至于海

　　我馆能存在到今日，都由于叶景揆先生的苦心经营，和张元济徐森玉两先生的正确领导，陈叔通先生的多方擘画，陈朵如裘延九两先生于经济上的筹措，以及各董事的尽力协助。

——顾廷龙：《上海私立合众图书馆十四年小史》

一、第三次登记

从《合众图书馆第十一年工作报告》（1949年8月至1950年8月）所列"事务"一项中可以看到事情在起变化，合众图书馆的工作中再一次写入了"登记""免税"等内容：

五、事务

一九四九年八月卅日，静安分局调查特种户口。

卅一日，地政局为请免地产税，派员来调查。

九月廿七日，地政局批准免税。

廿八日，中华业余图书馆发起，约同上海市立图书馆、青年会图书馆召集上海各图书馆聚会。意欲组织工作者协会，后未成。

十月廿三日，呈教育局请免房捐。

廿五日，上海市古代文物管理委员会展填概况。

廿六日，上海市立图书馆发详细表格属填。

廿七日，教育局派王旃来调查。

十一月廿一日，惠民学校政治教员蔡圣庆来视察。

廿六日，教育局批，房捐准免三分之一。

十二月廿二日，向教育局领表登记。

（1950年）二月廿二日，接管会为劝里弄购公债，借本馆应接室开会。杜美新村住户。

廿三日，民主青年联合会派员来调查。

廿八日，公安局派员来调查。

三月廿二日，中央文物局发来调查表令填。

四月六日，呈地政局请免地产税。

十日，地政局派员来丈量。

十五日，地政局批准，九分八厘五之地免税百分之廿。

廿五日，教育局为请免房捐派员来调查。

五月卅一日，直接税局借本馆应接室，召集附近商号开会，为工商税。

六月五日，新闻图书馆调查本馆所藏新旧报纸。

十二日，教育局令填表。

廿七日，工商局召集座谈会，商讨搜集工人数字资料。

廿九日，教育局同意请求减免房捐三分之二。

八月十日，教育局令填表。[①]

免税仍是一个问题。教育局和税务局的意见时有相左，顾廷龙只能从中斡旋。顾廷龙在日记中写道："（1950年）六月二十二日　访仁冰，前以房捐事乞向教局多予核免，旋复函称俟夏季再商，现通知已来，尚须一百七十余万。不胜负担，请再与教局接洽商减……六月二十九日　教局复仁冰函，同意房捐减免三分之二，并附致财局公函一件。伯绳来。赴税局接洽减房捐事……十一月六日　访仁冰，托请免税附交上教局呈。"[②]

11月14日，教育局派张承昭来调查，这是一位女性，顾廷龙记下了他与张承诏之间的对话。为了免除税负，顾廷龙甚至曾引用了列宁关于保存文化遗产是革命的主要任务之一的话语。在张承诏讲到"现在共同纲领要大众的、民族的、科学的"时，顾廷龙回应："专门研究而传布于大众，是亦大众的，不过间接耳。"顾廷龙在努力跟上形势的变化，而且利用一切机会据理力争：

---

① 顾廷龙：《顾廷龙日记》，李军、师元光整理，中华书局，2022，第746、747页。

② 顾廷龙：《顾廷龙日记》，李军、师元光整理，中华书局，2022，第541、542、554页。

十一月十四日 ……教育局张承昭来，称请免地税事已为转请，因知本馆之困难，愿以相助，切询是否欲谋业务发展。余曰，谋业务发展无日不如此想，本馆系供专门研究者，只想从这方面努力。渠问，有新书否？余曰，有。渠称，所谓协助发展业务者，即补助添置新书耳。渠言现在共同纲领要大众的、民族的、科学的。余曰，专门研究而传布于大众，是亦大众的，不过间接耳。余告以各机关来此搜集资料。渠始恍然不在看书之多少，而自有其作用矣。渠坚询有无空屋可以腾出扩充阅览。余言实无余地，欲造无力。余领之参观一周。渠言，设备、藏书均较鸿英为善。渠曾地方、人手无多是不能兼顾其他矣。教育局昔来调查之人均无如此明达。余忘告图书馆性质有普及、有提高。普及者现在各工会、各学校皆有矣。而提高性质属于专门者尚少。余曾告以列宁于革命，号召保存文化遗产为主要任务之一。渠询有无报纸。余答同人自看外不备。询书籍审查否。答未细审，文化遗产中不有反动书，即有反动书数种，已封存。①

顾廷龙的努力是有效果的："十一月十七日 致税局函，地税正向主管机关申请减免中，款尚无筹到，不克如限，先缴请滞纳罚金……十二月二日 校《书录》。接教局通知，领免税申请书……十二月三日 ……填申请减免地税单……十二月四日 ……教局电话招谈，免税只免本身使用者，表须重填……十二月五日 正重填免地产税申请表，接税局通知，经教育局证明，同意全免。午后即赴教局，与张承昭、郝中谈，允其不必再填申请单矣。"②

---

① 顾廷龙：《顾廷龙日记》，李军、师元光整理，中华书局，2022，第556页。
② 顾廷龙：《顾廷龙日记》，李军、师元光整理，中华书局，2022，第556、558页。

第三次登记总体比较顺利，人民政府主管部门中有对于专门收藏古籍的合众图书馆能够给予理解的工作人员，这使顾廷龙感到欣慰。

二、转型不易

人民政府要改天换地、重建社会秩序，各行各业包括文化事业都要做出响应。政府主管部门对图书馆的运作提出了要求，这一点，合众图书馆的董事们一开始还持保留态度，但很快就意识到主管部门的要求必须执行，所以开始遵照指令进行。1949 年 8 月—1950 年 8 月的《合众图书馆第十一年工作报告》提及本年度工作有四条改进举措：

> （一）　购置新文化书籍，以理论研究为主，俾供批判接受文化遗产之参考。（二）　阅览室更改陈设，以新书、新杂志及一部分工具书陈列室中，以便阅者自由取读。（三）　阅览手续放宽，不以介绍信为限，人数大增。（四）　一年中收到赠书甚多，积极整理登记，其他琐务如常。[1]

在 1950 年 8 月—1951 年 8 月的年度《合众图书馆第十二年工作报告》中明确了合众图书馆工作改进的原因，图书馆的办馆宗旨有了转变：

> 本年度本馆工作方针中，因叠经主管机关教育局之指示，遂由专门收藏进而传播马列主义、毛泽东思想，添办普通阅览，面向群众，为我馆一大转变。在经费支绌之中，添购新书，稍增设

---

[1]　顾廷龙：《顾廷龙日记》，李军、师元光整理，中华书局，2022，第 738 页。

备，勉敷应用，并即由原有人员从事新旧书刊之采购、编目、辅导以及杂务等，人负数责。普通阅览室即于五月十日开放，七月底作总结报告送主管机关。八月一日，教育局予以重点补助二千万元，商定添置新文化图书一千二百万元，历史图书六百万元，文具用具四百万元。遂逐渐充实，读者大增。又目前可以参考历史材料者仅我一处，整理不能稍懈，乃有双重业务，读者或称我馆新旧兼备，应有尽有，十得八九，参考便利，不虞之誉也。①

对于主管部门的要求，顾廷龙向董事会做了详尽的报告。1951 年 2 月 1 日在武康路 280 弄 11 号李宣龚家中召开的合众图书馆董事会第十一次临时会会议上，出席的董事会成员张元济（李宣龚代）、李宣龚、裴延九、胡惠春（裴延九代）、谢仁冰、陈叔通（谢仁冰代）、徐鸿宝听取了董事、总干事顾廷龙的报告：

（1950 年）十二月廿二日，教育局工作同志张承昭女士来馆指示，略称本馆房屋设备为私立图书馆中所少见，现在专供研究者参考固甚重要，但希望今后展开业务兼办普通阅览，趋于大众化等语。窃维当今文教事业自以面向群众为急务，本馆当循此方向前进。但本馆情形特殊，有其困难之处。查本馆于一九三九年创办时缘起中尝云，同人平素所嗜皆为旧学，以国故为范围，俾志一而心专，庶免汗漫无归之苦，乃得分工合作之效。筹备之初，复经郑重商酌，以上海区域之内普通图书馆、科学图书馆、经济图书馆均已有之，本馆当就各家捐赠书籍之性质，建设一专

---

① 顾廷龙：《顾廷龙日记》，李军、师元光整理，中华书局，2022，第 748 页。

门国学图书馆，以别树一帜。当年，张董事长即指示云，宗旨：一、专取国学之书；二、不办普通阅览。宗旨既定，一切办法便可依此决定。已故叶常董亦云，本馆以不办普通阅览为主要，因一切设备办普通阅览者易致繁费，房屋尤甚。因此本馆专事供应研究者之参考。十年以来，读者称便，外埠亦往往有函询资料者。解放后，各机关学校团体中有需研究资料者甚多，皆来本馆检阅，凡研究者所得结果，必将传布于大众。故本馆事业对于大众化为广义的、提高的、间接的。其宗旨实与时无违，此其一。况上海欲阅普通书籍之场所较多较便，因机关、学校、团体、工会大都各有图书馆。又，与本馆邻近之图书馆而办普通阅览者，南有鸿英图书馆、北有英国文化委员会。据本馆同仁往各图书馆视察所得，多数阅览尚属报纸，而供给报纸阅览除上述两馆外，尚有延安中路墙上贴报二处：一友声旅行团所办，在富民路口；一静安寺区政府所办，在威海卫路口，本馆无再办报纸阅览之必要。一年来，本馆置备马列主义、新文化书籍已有七百余册，任人阅览。至本馆原有之业务，实为本市所缺乏，此其二。本馆建筑为办专门图书馆而设计，不够宏大，赠书出乎意料之多，余屋难腾，卫生设备亦太少，倘人数过多，殊难应付，此其三。且本馆藏书已有廿二万余册，编就目录者仅五万余册，尚有十余万册亟待整编，以利阅览。若须兼办普通阅览，势必分散力量，卒恐徒具形式，两无实利，此其四。关于兼办普通阅览之指示，应向董事会报告，并加说明。[①]

[①] 顾廷龙：《顾廷龙日记》，李军、师元光整理，中华书局，2022，第921、922页。

对此，主席提议"本馆应否筹备普通阅览及如何着手案"，最终形成决议："有实际困难，暂缓举办。"顾廷龙将这一决定告诉了远在北京的陈叔通，并得到了同意。

半年后的 6 月 24 日，合众图书馆董事会举行第十二次临时会会议，这次会议的出席者有：张元济（徐鸿宝代）、徐鸿宝、谢仁冰、陈叔通（谢仁冰代）、陈朵如、李宣龚（顾廷龙代）。董事、总干事顾廷龙在作"一九五〇年八月十六日至一九五一年二月十五日上半年度财产目录及收支报告""二月以来经常费收支报告"后，就添辟普通阅览室一事做了详细报告：

> 四、顾总干事报告添辟普通阅览室经过。略称教育局两度指示，须增办普通阅览。曾经上次董事会决定，因有实际困难，缓办在案。迨三月十四日，教局又来指示，迫切之下，遂与各董事个别商酌，均同意克服困难，即行试办。当将应接室及穿堂间腾空，因原置书箱甚多，搬移较费时，前者改为阅书室，后者改为阅报室。设备方面，仅添制告白版两座、报纸架一只、圆凳十二只，先后承商务印书馆赠书一〇八种、三联书店十八种、大中国图书局赠地图画片四种、顾颉刚先生赠生理卫生挂图一套、杨勉斋先生赠茶杯十只。布置初毕，即于五月十日开放，改由前门出入，每日读者均在百人左右。[1]

在听取顾廷龙这次报告后，主席提议："本馆屡经主管机关指示，添办普通阅览室有迫切需要，自当克服一切困难，积极筹备。业于五月十日开放，请追认案。决议：通过。"对上级的指示必须服从，但思想上接受则还需要时间。从

---

① 顾廷龙:《顾廷龙日记》，李军、师元光整理，中华书局，2022，第 923 页。

顾廷龙日记中的一些经历，看得出他在努力学习，也在努力适应这个转变：

（1950 年）三月八日　竟日看书者自朝至暮十余人，均未来过，皆青年而并无耐心阅读者。想由日前民主青年联合会指引而来。余曾与该会王昌运者说明，本馆藏书系专门研究者……

…………………

三月十日　……有看书人来，言曾见日前《新闻报》载有图书馆名单，本馆在焉。日来来人之多，盖由是也……

…………………

三月二十七日　……午后，蒋玄怡偕罗先高来，询租界问题资料，借两种。彼等以财经学校政策研究室名义而来，不得不允也……

…………………

六月十二日　……接教局十日通知，附表令填，限十二日前送到。访森老，遇唐弢、蒋大沂。余略言文教当局应予私立图书馆就各个性格自由上进……

…………………

六月十四日　……读中共中央主席报告。

…………………

六月十六日　……得《文物参考资料》，载苏联图书馆亦以久借不归和偷窃为大患。

…………………

六月十八日　……阅书人多，不能作事……

…………………

六月二十三日　阅马克思主义……

……………………

七月六日　……若愚介陈光贻来询加入工会手续。余于此一无所知，转介其往鸿英，访程剑飞，必有端倪也……

……………………

八月二十七日　……看书人邵学明，宁波人，借阅《金文编》，私蒙东洋纸，用钢笔影钞……

……………………

九月二十八日　……阅书人冯来青阅《鲁迅传》，在书上乱写乱画，适为吾见之，即告以不可……

九月二十九日　写标语四则：曰爱护图书，曰提高公德，曰勿在书上乱写乱画，曰留心墨水笔沾污书籍……

……………………

十月十五日　……今日阅书人多，幹卿、履刚居然能调书应付，慰甚……

（1951年）三月二十五日　阅书人多，殊碌碌……

……………………

五月二十五日　上午阅览人渐多，中学生已增加矣。至同仁路视察，阅览室人并不多……午后，儿童麇集，均欲看连环画者，其中杜美新村看弄之子最为胡闹……

五月二十六日　今日金觉儿童阅览不易照顾，连环画皆行收起。

五月二十七日　儿童来，介绍其至铜仁路阅览室。成人较多矣。再俟其转变也。

……………………

七月一日　……今日试将图画书收起，不拟招待儿童。儿童之顽者，非真阅览，徒事吵闹，其本身无益而人受其害。屋窄，

1950 年，顾廷龙全家在合众图书馆合影

非停不可，否则一事无成矣。[①]

三、气象一新

随着新政权的建立，合众图书馆董事会的成员也发生了巨大的变化。

1949 年 5 月 25 日，上海还没有完全解放时，中共中央已致电中共华东局、上海市委，告以决定聘请黄炎培、陈叔通、张元济等 14 人为上海市人民政府顾问。6 月初，陈毅偕周而复到张元济处探访。6 月 5 日，上海市人民政府在八仙桥青年会九楼举行文化界著名人士集会，谢仁冰、徐森玉出席。6 月 15 日，陈毅、饶漱石邀集上海耆老座谈，张元济参加。

1949 年 8 月 6 日，合众董事会召开第九次临时会议，张元济主持，陈叔通缺席。此时的陈叔通已赴北平参加新政治协商会议筹备会，被推为副主任。

---

① 顾廷龙：《顾廷龙日记》，李军、师元光整理，中华书局，2022，第 530、531、533、540-543、546、549-552、565、569、574 页。

8月23日，陈叔通有信致张元济，告知新政协将召开，张元济被列为代表。

8月24日，上海市政府交际处处长梅达君向张元济转达中央来电，邀请张元济参加中国人民政治协商会议。

8月25日，时任中共中央政治局委员、中央财政经济委员会主任陈云到家访问张元济。

9月6日，张元济赴北平参加新政协会议。

9月30日，政协第八次会议选举毛泽东为中国人民政治协商会议第一届全国委员会主席，选举周恩来、李济深、沈钧儒、郭沫若、陈叔通五人为副主席。张元济当选第一届全国委员会委员。

此后陈叔通并没有完全脱离合众图书馆董事会。1949年11月10日、12月24日他还参加了合众图书馆董事会第九次、第十次临时会议。1950年初，顾廷龙在日记中写道："一月二日　访叔通老，未值……一月三日　访通老，未值……森老电告通老今晚行矣，往别。"[①]陈叔通虽然离开了上海，赴北京担任国家级领导人，但仍连选连任合众董事，只是以后每次会议均由谢仁冰代。

顾廷龙与陈叔通在1940年9月初识，首次见面即有畅谈。在他的日记中记着："（1940年）九月六日　……高君珊来函，附陈叔通先生书，知高梦旦所遗木板书悉以捐赠。即于下午二时前往接洽，先搬回六箱，皆寻常之本也。归即检理一过。九月七日　覆陈叔通先生函，并乞书扇……九月八日　谒陈叔通先生，此老诚笃可亲，畅谈……十月二十一日　……陈叔通丈为写扇面送来。"[②]此后，在合众图书馆的事务中，两人建立了密切的联系。1949年11月1日，顾廷龙代陈叔通草拟致时任上海市古代文物管理委员会秘书长陈虞荪信稿，谈及合众图书馆诸事项：

---

① 顾廷龙：《顾廷龙日记》，李军、师元光整理，中华书局，2022，第521页。

② 顾廷龙：《顾廷龙日记》，李军、师元光整理，中华书局，2022，第104、111页。

叔通北京归来，人事粟六，致尚未趋候为歉。前以敝馆地价税烦为申请豁免，已蒙核准，费神至感。惟房捐问题，夏季者曾向财政局申请，尚未批复。此次秋季房捐，业已按照《解放日报》消息，径向主管机关教育局申请，曾承派员来馆调查，亦尚未有批示，深恐教局于敝馆情况容未明了，谨为先生言之，祈代达于戴局长、舒副局长之前焉。

窃敝馆于一九三九年春，由叶揆初景葵、陈陶遗、张菊生元济三君发起，约李君拔可宣龚及叔通共同创办，组成董事会主持之，追叶、陈二君作古后，补选徐森玉鸿宝、陈朵如选珍二君为董事。当时感于日寇侵凌，沪郊沦陷，图籍散亡，亟欲以私人之力，尽其保存之心，取"众擎易举"之义，命名"合众"。各出所藏，萃于一楼，以叶君揆初书为最多，次则亡友蒋君抑卮者，而叔通等亦皆有之。十年来，亲友响应，捐赠日多，所藏近二十万册，随时整理编目，每成一种，即公开一部，以便众览。捐来之书，多属旧学，故以国学为范围，志在保存文献，并供专门之研究，亦有外埠学者通讯委查资料者。与普通图书馆性质略有不同，且私人财力有限，经费原甚艰窘，自始至今，一切简约，人少事繁，努力服务，区区成就，已感不易。当开办之初，虽筹有相当的款，自建筑馆舍后，即形拮据，加以金融动荡，旷古未有，十年之中，迭更币制，折蚀殆尽，以致捉襟见肘，开展无从。惟叔通等自当设法筹措，竭力维持，假以岁月，希为沪滨增一有力量之文化建设。所望主管机关了解鄙况，量予照顾，俾得实事求是，埋头苦干，早观厥成，敬将艰难孕育之情，略陈清听。诸惟亮察，倘荷时锡教言，以匡不逮，曷胜欣幸。再私立社教机关登记手续如何，已否开办，并乞探示为祷。[1]

---

[1] 沈津编著《顾廷龙年谱长编》，中华书局，2024，第485页。

在陈叔通离开上海以后一周，顾廷龙在日记中记下了他与陈叔通的书信往来："（1950）一月十七日 ……接通老函。一月二十三日 写信致通老，附《外交部刊物目》，闻宦乡欲阅也……一月二十九日 ……沈孝明持通老介绍函来，为宦乡借外交部条约及换文等，由渠出据领去。"[①] 此后至 11 月，顾廷龙与陈叔通之间的通信有记录的有六七次之多。1950 年 11 月，顾廷龙向陈叔通写信报告：

叔通先生台右：

久疏笺候，驰念良殷，比想为国宣劳，政躬安豫，式符九颂。

本馆董事会乘仁老赴京之前、惠春兄适返沪，即举行年会一次。朵老身体未大愈幸能出席，拔丈则临时以感冒未到。

馆中经济情况现在为止，尚有港币五千元（本期地产税六百〇五万，正请仁老为之申请减免），除去地产税，每月经费力事撙节，以不超过三百万元，当可支持至明年五月。朵老谓过年后再行设法。惠兄谓俟裴君归，当有可图。足纾廑注。

本馆一年来，工作大概可述者：

一、购置马列主义、毛泽东思想理论书籍，以供研究文化遗产者批判接受参考。

二、阅读室中陈列新文化书籍及新出杂志，以便阅者自由取读。

三、阅读手续不以介绍为限，人数增多。

四、一年中收到赠书一万四千余册，整理登记。

五、各机关来搜集资料者，有地政局、工商局、华东水利

[①] 顾廷龙：《顾廷龙日记》，李军、师元光整理，中华书局，2022，第 523-525 页。

部、文化部、文管会、历史博物馆、文献委员会等。

六、参加展览会二次：南京图书馆之鲁迅逝世纪念会，出品二十二种；出版总署之全国出版事业展览会，出品五四以前期刊二十五种。

他无足述……

（一九五〇年十一月）[①]

直到 1953 年，合众图书馆被捐赠给政府，陈叔通才卸任董事一职，董事会亦宣告解散。

解放初期，合众常务董事徐森玉也同样处于繁忙之中。1949 年 9 月 7 日，上海市军事管制委员会批准成立上海市古代文物管理委员会，9 月 10 日，召开第一次会议，聘任徐森玉、胡惠春等 10 人为委员，李亚农为主任委员，徐森玉为副主任委员。

1950 年 1 月 20 日，上海市人民政府批准市古代文物管理委员会更名为上海市文物管理委员会，隶属上海市人民政府，徐森玉仍任副主任。3 月，华东军政委员会文化部成立，徐森玉任文物处处长，唐弢任副处长。

顾廷龙也有不少社会活动与兼职："（1949 年）七月……任上海光华大学中文系教授……十二月，任上海市文物管理委员会顾问……（1950 年）七月二十八日，苏州市人民政府、第二届各界人民代表会议协商委员会聘请先生为苏州市文物保管委员会顾问……（1951 年）三月十五日……上海市文物管理委员会主任委员李亚农、副主任委员徐森玉聘先生为上海图书馆筹备委员。"[②]

---

① 顾廷龙：《顾廷龙全集·书信卷》，上海辞书出版社，2017，第 45 页。

② 沈津编著《顾廷龙年谱》，上海古籍出版社，2004，第 443、445、474 页。

四、形势与认识

中华人民共和国成立后的第三天，全国新华书店出版工作会议召开，这次会议从 1949 年 10 月 3 日—9 日一共开了 7 天。1950 年 9 月 15 日—25 日中央出版总署召开了第一届全国出版会议。会议对国营出版事业的统一分工与专业化、公私出版、发行、期刊、印刷业的调整和分工合作等问题进行了讨论，并达成共识。

1951 年 12 月 1 日《中共中央关于实行精兵简政、增产节约、反对贪污、反对浪费和反对官僚主义的决定》下发，在毛泽东主席的亲自领导下，"三反"运动在中央各部和国家机关以及各地普遍开展。1952 年 1 月 26 日，毛泽东指示开展"反对行贿、反对偷税漏税、反对盗骗国家财产、反对偷工减料和反对盗窃国家经济情报"的"五反"运动。

1951 年秋到 1952 年秋，中国共产党在知识分子中进行了一次大规模的思想改造运动。在文化教育界开展思想改造之后，工商界也提出了改造思想的问题。1952 年春，知识分子思想改造运动结合"三反"运动在全国普遍展开。

在迅猛的各项政治运动和新政策推行过程中，合众图书馆的董事们从不同渠道接收信息，思想上也开始有了巨大的转变。如关于董事陈朵如，有记载：

> 新中国成立后，人民政府在陈朵如家乡进行土地改革，他率先把地契证照和房地产交给当地政府。1951 年 11 月，他主管的银行决定加入上海 11 家银行的联合总管理处。次年 12 月，上海公私合营银行成立，陈朵如出任副董事长、总管理处副经理和董事会上海办事处主任。在金融业社会主义改造中，他又主动向人民银行交出浙江实业银行暗账资金 500 万美元。[1]

---

[1] 朱淼水：《著名银行家陈朵如》，《萧山日报》2019 年 12 月 28 日，第 2 版。

从顾廷龙的日记中可以看到他在这一时期的心路历程：

（1950年）一月二十五日　……访鸿英，知已请求教育局接办。教局决定两策，一津贴，一代管。经董事会决议，请代管，下月当即实行。

…………

二月二十一日　……访森老，见石公及陈郑中，言及市图书馆又将有全市图书馆集会之举。访鸿英，知已定由教育局代管矣。惟尚未派主管之人，经费预算亦未核定，仅由王旆前往调取表册数份而去……

…………

四月二十日　……教局郝中为请免房税事来了解本馆经济情况，索阅帐目，即以月表示之。谓解放以前之所为人民服务即为四大家族服务，图书馆应为工农兵服务，图书馆要办好，要办得像学堂……

…………

八月一～四日，为苏州图书馆善本被苏南文物管理委员会以集中名义提去一百六十余种。

…………

十一月十一日　……赴实验工校听教育局所主办之时事学习，先由舒文华东局宣传处长报告，继有出席人民代表大会某传达开会情形，后由教育工作者工会指示学习时事步验，主要者为仇美宣传，朝鲜事不能置之不理，抗美援朝，保家卫国等……

…………

十一月二十四日　校稿。教育局电话召于午后二时，开图书审查会议。到市图书馆蒋鹤寿、李继先、陈石铭；鸿英李寅文、耿良如；中华职业社图书馆施若霖；新闻图书馆沈镇潮；惠庆图书馆原为青年图书馆沈德溶；儿童图书馆黄之珍及余。局方出席副处长胡某及张承昭、郝中。

……………

（1951年）一月六日　九时，至教育工作工会，听学习布置。主要者为土改，次抗美援朝深入。

……………

一月二十九日　阅土改文件……

……………

二月二十八日　……育伊赠书，谈悉徐家汇天文台由科学院接管。该台已有八十年历史矣。藏书由十数册积至五万余册，皆专门天文者。

……………

五月十九日　……午后，教育局召开公私立社教机关工作人员大会，主题抗美援朝，贯彻新爱国主义教育，镇压反革命份子。处长李凯亭讲，有云各单位有对时事学习作得很好，有的自以为研究工作纯技术的，均不对，钱俊瑞部长对社会教育曾说，图书馆就是宣传机关云云。

……………

六月一日　教局张承昭来。凤起请西谛、森老，余陪，获观善本多种。西谛言，将来拟由中央统筹借书给私立图书馆。余当然称善。总之，中央确较地方为高明也……

……………

六月十日　访西谛，送其明日行也。渠言将来拟以私立图书馆为据点，推行新文化，各馆自就其原有业务发展。询余意何如？森老来，未值，遇于郑氏。

……………

六月十二日 ……里弄借此开会，公安局派吴同志出席指导。本弄六号杨某请本馆夜间定期开放，由彼轮流代为管理。会后金称其不合理之要求，专发空议论而不肯做事……

……………

六月二十二日 ……张承昭来谈两事，（一）一般补助将由人民图书馆购书办理。（二）近接政务院令，重点补助私立学校及图书馆。图书馆如合众，以线装书为专门，拟拨款补充，一方面本馆可添购新书，分借各学校，作为推广工作，属征董事会意见，尽速编制预算具报。渠于本馆诸董事似略有知。余告以吾馆开办经过，历史清白……苏南陈某询捐鼎事，余告以此鼎全国性者，上海为华东大埠，不久将办大规模博物馆，献诸政府，较为适宜。中央文物局、华东文物处均已说定。

……………

六月二十六日 ……访鸿英，颇资借镜。

……………

十一月十二日 教局开会，报告目前形势李处长。购圆凳。夜，区政府办事处开会，报告开区人代会准备工作。两会共坐足足八小时，惫甚。听得甚感不大众化，我能了解者十之二三耳。地方土音、专门名词夹杂其间，遂难辨矣。[1]

---

[1] 顾廷龙：《顾廷龙日记》，李军、师元光整理，中华书局，2022，第 524、528、535、545、555、557、559、561、563、568、570–573、589 页。

1951 年 5 月 10 日，陈叔通函致顾廷龙，其中主要内容为叶宅地租问题，其中涉及到合众图书馆的未来：

> 叔衡① 兄来，提及叶宅地租问题，能否由董事会提出免缴，一则现在拖欠不是办法，二则尤虑万一图书馆将来或至归公，则又不容拖欠。未知兄亦计及否？②

这是现存史料中合众图书馆董事会成员第一次提及合众图书馆"归公"事。5 月 19 日，陈叔通再次写信给顾廷龙，虽然内容仍为叶宅地租免缴事，但对于合众图书馆的前途有了更深入的思考：

> 弟十日曾上一函，由新华银行转，函内关于叶宅地租免缴一节，正与昨奉四日惠函相同。现在计算尚有十五年之久，图书馆是否尚有变化，即是否能支持，或竟至改为公有亦甚难说，则第五条是否尚有问题？③

此后的一年多时间里，合众图书馆诸董事显然就捐献一事有过交流、讨论，这从 1952 年 7 月 20 日陈叔通写给顾廷龙的信中可以看出。在这封信中，陈叔通很明确地提出了自己对捐献的意见，显见大家对"捐献"已形成共识，进入了对具体运作事宜的讨论。陈叔通的三条意见中除第三条外，成为 1952 年 12 月 14 日董事会关于捐献所作决议中的主要内容：

---

① 叶景莘（1881—1986），字叔衡，叶景葵三弟。
② 沈津编著《顾廷龙年谱长编》，中华书局，2024，第 519 页。
③ 指合众图书馆第一次董事会决议通过的"叶宅向本馆租地建屋合同"中第 5 条，内容为"租期届满前（指续租五年届满言），出租人对于出租地亩如有急迫需要有收回租赁地之必要时"的相关约定。

奉十七日手示，弟意仍作半年准备（年底以前），即是编书目，至于捐献，亦又有条件，第一不分散，可以他处并入我处，不可以我处并入他处；第二，须为创办人留纪念；第三，仍由公主持到底。未知菊老以为何如？并商之诸董事，可先期提到，由森老代表提出，届时再以书面声明……[1]

五、决定捐献

1952 年 9 月 22 日，上海市教育局和文化局联合发出通知："本市各公、私立图书馆，自本年九月十三日起，改由上海市人民政府文化局领导。"[2]

1952 年 12 月 14 日，合众图书馆董事会召开第十四次临时会会议，这次会议出席者为：张元济（徐鸿宝代）、徐鸿宝、唐弢、顾廷龙、陈朵如、陈叔通（陈朵如代）、裴延九、胡惠春（裴延九代）、陈次青。讨论事项共有五项，其中前四项为：

一、主席提议，我馆历史参考之图书已有相当基础，各处来此蒐集材料者甚多，亟宜加以发展。但馆舍已不敷用，工作人员亦不够分配，故谋发展，必先增加基本建设，其次添聘工作人员。惟现存经费仅堪维持，应如何办理案。

决议：捐献上海市人民政府文化局，俾成一专门性之大规模图书馆。通过。

二、主席提议，捐献拟推代表接洽案。

决议：公推徐常董、顾董事为代表。通过。

---

[1] 沈津编著《顾廷龙年谱长编》，中华书局，2024，第 541 页。
[2] 沈津编著《顾廷龙年谱》，上海古籍出版社，2004，第 500 页。

三、主席提议，捐献时，拟向政府请求：（一）本馆图书尽可能不予分散，以保持为参考便利而搜集的系统。（二）本馆与叶宅所订租地合同继续履行案。

决议：通过。

四、主席提议，我馆历史任务即将完成，拟撰私立合众图书馆记泐石，以为创办人纪念案。

决议：通过。①

此次会议，陈叔通没有出席，由陈朵如代表。董事会主席从合众图书馆的发展和生存两个方面提出了议题。对这一现实问题，捐献给政府应该是最佳解决方案。董事会主席还有一个令诸位董事感到欣慰的提议，即拟撰《私立合众图书馆记》，刻石碑以为纪念。此一决议虽然获通过，但 12 月 22 日，陈叔通有信致顾廷龙，对"倡为纪念"一事提出了不同意见：

> 先发一函，昨奉十八日手示并会议记录，至快。或于唐弢任董事有关，森老之力也。书籍当不至分散。叶、陈、张（叶宅合同非继续不可）倡为纪念，以不提为是。兄眷或须他移，能另拨宿舍亦可。揆初行状附入书目亦足矣，已详前函。②

陈叔通身处北京，他的考虑显然更为理性也更有高度。他的这一意见被张元济和其他董事接受，"撰私立合众图书馆记泐石，以为创办人纪念"的决议遂被搁置。

---

① 顾廷龙：《顾廷龙日记》，李军、师元光整理，中华书局，2022，第 928 页。
② 沈津编著《顾廷龙年谱长编》，中华书局，2024，第 549 页。

会议还形成了一份文件——《上文化局函》。照录整理如下：

上文化局函

亡友叶景葵与元济等以私人力量创办合众图书馆，蒐集历史参考之图书约二十四万册、金石拓片万余种，自置基地，并建馆舍，冀成一专门性之图书馆。艰辛经营十有四载，规模粗具，若欲扩而充之，以配合国家大规模建设，则非同人绵薄所及。兹经我会第十四次临时会议决议，呈献贵局，俾得大事发展。特推董事徐森玉、顾廷龙为代表，协商移交手续，即希查照赐复为荷。此致上海市人民政府文化局。

上海市私立合众图书馆董事长张元济

一九五二年十二月十五日①

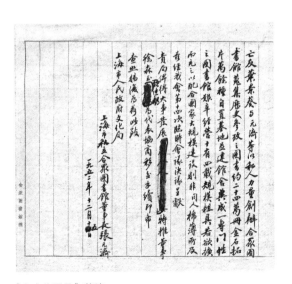

《上文化局函》草稿

---

① 顾廷龙：《顾廷龙日记》，李军、师元光整理，中华书局，2022，第 929 页。

六、捐赠前后

　　1953 年 1 月 13 日，张元济亲笔致函商务印书馆总管理处，将其原存东方图书馆之书刊，包括他的日记和信件，全部移存至合众图书馆。从此函中可以看到隶属商务印书馆的东方图书馆已决定解散，除留下编审需要的图书资料外，全部图书皆被献于政府。该函照录整理如下：

张元济致商务印书馆函

商务印书馆总管理处：

　　诸公钧鉴：敬启者，本公司东方图书馆即将解散，经董事会议决，全馆图书，除编审部需用者酌留若干外，余均献于中央政府。元济寓中历年积存书报，几于充栋，因于民国二十三年起，陆续赠送该馆收藏，一则冀其可以保存，二则图谋嗜读者之便利。近将曩存送书簿检阅一过，为数殊属不少，然大都为零种散件，自后为便利计，亦有分之于故人叶揆初、陈陶遗诸君续设于长乐路之合众图书馆者；然并无系统的分配，大抵随手掇拾为之，故往往有同属一书而析至两地者，例如《日本藏经阁藏书库汉籍分类目录》，本编在"东方"，而索引则在"合众"。又如本馆出版之《东方杂志》，自有全部，且有复沓，而"合众"则残缺甚多，如能整理配合，均可化无用为有用。又如历史性之刊本，足供稽考，卷册无多者，聚之则为珍罕，散之则为寻常。"合众"弆藏，属于此类者不少概见。如能类聚群分，于阅览尤有效用。按合众图书馆，近亦经董事会议定献之中央，是两馆之图书，均为政府之所有，因"合众"有自建馆屋，同时恳请政府留之上海。元济不揣冒昧，曾将历年致送书报于"东方"之簿册，邀同"合众"主任顾起潜君会同检阅，将可以移并于"合众"者，分别标识，计共两本，今特送呈台阅。如蒙叕准，则于彼于此，一转移间，而"东方"不啻得一替身，而"合众"内容，亦更见充实，且于两馆建设之初意，及元济赠与之目的，均有两全之美，务祈俯赐察覆。又有同时寄存元济在馆任职时之日记及各种信件，亦乞检出恩请发还。以上各节，是否可行？统祈裁展赐覆，如蒙允许，当请顾起潜君诣前，听候指挥。临颖不胜企祷之至。

董事会诸公均此。

张元济谨启

一九五三年一月十三日 ①

4月5日，张元济将自己的日记送往合众图书馆保存。4月7日，张元济又送交一批友朋之信留之保存。1953年4月25日，顾廷龙致函张元济。其中写道：

顾廷龙致张元济函

> 奉示祗悉，文化局复函并昨日会议纪录送呈察阅，附致文化局函亦请审核为幸。本馆小史匆匆草就，不识有无谬误，为念。文化局接收小组尚未召开。余容面罄。祗请菊丈尊鉴。
>
>
>
> 晚龙顿首
>
> 一九五三，四，廿五
>
>
> 日记拜收，极为感幸。龙颇拟效法，但恐难能精细耳。又行 ②

1953年4月24日，上海市人民政府文化局按照15日收到的"（53）沪府秘二字第1192号"批文③，有公函给张元济：

---

① 顾廷龙：《张元济与合众图书馆》，载《顾廷龙全集》，上海辞书出版社，2017，第569、570页。

② 顾廷龙：《顾廷龙日记》，李军、师元光整理，中华书局，2022，第1039页。

③《顾廷龙年谱》记为"四月十五日，上海市文化局接管合众图书馆。批文为市府"（53）沪府秘二字第1192号"。（先生之回忆随笔）合众图书馆被接管后，人员未动"。根据"沪化社二（53）字第二四七九号"文内容，应为文化局接到合众董事会"上文化局函"后向市政府请示，市政府于1953年4月15日下文给文化局，同意接受捐献。文化局遂拟文通知董事长张元济。

上海市人民政府文化局复函沪化社二（53）字
第二四七九号

前接尊函，略谓所办合众图书馆规模粗具，若欲扩而充之以配合国家建设，则非同人绵薄所及，并经董事会第十四次临时会议决议呈献政府一节，经报奉市府（53）沪府秘二字第一一九二号批示，同意所请，准予接受合众图书馆。除组织小组另行商谈接办事宜外，特此函覆，请予查照。

此致

张元济先生

上海市人民政府文化局

一九五三年四月二十四日[①]

1953 年 4 月 24 日，合众图书馆董事会召开第十五次，也是合众图书馆历史上最后一次董事会会议。出席这次会议的有：张元济（徐鸿宝代）、徐鸿宝、陈朵如、裴延九、陈叔通（陈朵如代）、胡惠春（裴延九代）、顾廷龙、唐弢（顾廷龙代）。《议事录》中没有提到陈次青的名字。会上，顾廷龙报告：

1. 本月廿一日下午二时，文化局图书馆科张白山科长约晤，告以我馆呈献已经市府批准接受，拟于月内举行交接仪式。所拟仪式程序及捐献书、受献书文稿，已经董事长、常务董事同意，仪式日期候文化局决定。

2. 中华书局捐赠一九三七年以前出版全部样书九十五箱，约计五万三千五百八十二册，现在清点中。

---

① 沈津编著《顾廷龙年谱》，上海古籍出版社，2004，第 509 页。

3. 我馆藏书日增，无法容纳，近由常务董事向法宝馆借用空屋一大间，不收租费。惟自夏季起，每季分担地产税及房捐，已于三月廿三日搬入。①

会议决定捐献书由董事长张元济及常务董事徐森玉署名。并就几项提议形成决议：

二、主席提议，上届决议捐献时，拟向政府请求：（一）本馆与叶宅所订租地合同继续履行。（二）本馆图书尽可能不予分散。两事已由图书馆科张白山科长口头答复，表示同意，但仍应正式具函申请案。

决议：通过。

三、主席提议，前为排印叶揆初先生藏书目录，议决拨费一千万元，恐尚不敷用，请酌加案。

决议：加二百万元。通过。

四、裴董事提议，本馆工作人员薪给菲薄，平时均颇勤劳，现值捐献，尚有余款人民币二千二百二十万元，拟拨作酬劳金，请公决案。

决议：本会助员朱子毅君现在不支薪工，应酌酬一百五十万元。其余同人一律按薪额平均分配之。通过。

五、陈董事朵如提议，本会拟即以此次会议为结束会议，在捐献仪式举行后，将经过情形通知各董事。

<hr />

① 顾廷龙：《顾廷龙日记》，李军、师元光整理，中华书局，2022，第929、930页。

决议：通过。^①

董事会议决形成了上交上海市文化局关于董事会议决事项的函：

兹接沪化社二（53）字第二四七九号大函，敬悉我馆捐献业经同意，无任欣感，惟本会十四次临时会议有一决议如下：

捐献时有两事相求：（一）本馆与叶宅所订租地合同继续履行案；（二）本馆图书尽可能不予分散，以保持为参考便利而搜集的系统。

此为本会代表捐款、赠书各家之深切愿望，尚祈俯准。所请惠予赐覆为荷。此致
上海市人民政府文化局

上海市私立合众图书馆董事长张元济
一九五三年四月二十五日^②

文化局对于这两点附带要求均表示同意：

又　沪化社二（53）字第〇二八一三号
四月二十五日大函已悉，所提捐献合众图书馆附带两点：
（一）该馆与叶宅所订租地合同，继续履行，本局可予同意；
（二）所藏图书尽可能不予分散，以保持为参考便利而搜集的系统一节，本局认为该馆有其特性，今后当在其原有基础上先

---

① 顾廷龙：《顾廷龙日记》，李军、师元光整理，中华书局，2022，第 929、930 页。
② 顾廷龙：《顾廷龙日记》，李军、师元光整理，中华书局，2022，第 930、931 页。

行巩固，现藏图书自亦尽量保存，不予分散。专此函覆。此致

张元济先生

上海市人民政府文化局

一九五三年五月五日 [①]

　　根据董事会决议，顾廷龙以董事长张元济先生、常务董事徐森玉先生的名义，草拟将合众图书馆捐献给上海市人民政府的《上海市私立合众图书馆捐献书》，由张元济核定。照录整理如下：

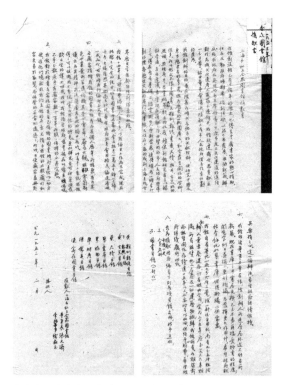

上海市私立合众图书馆捐献书（草稿）

---

① 顾廷龙：《顾廷龙日记》，李军、师元光整理，中华书局，2022，第 931、932 页。

上海市私立合众图书馆捐献书

一、我馆创设虽已有十余年的历史，也得若干藏书家的热心捐助，但在反动政府时期处处碰到阻碍，以致不易发展。解放后，我政府在英明的毛主席领导之下，逐步走上文化建设的途径，对于民族文化遗产尤蒐罗不遗余力。我馆欣逢盛世，思贡献出一分力量，故由董事会议决，捐献上海市人民政府，俾可作有计划的发展。

二、我馆创办的目的，是在搜集各时代、各地方的文献材料，供研究中国及东方历史者的参考。因为历史的范围广大，和它发生关系的学科很多，所以形式不限于图书，凡期刊、报纸、书画、尺牍、拓片、古器、服物、照明、照相底片及书板、纸型等类亦均收存，务使到馆研究者可以触类旁通，左右逢源。希望现在捐献之后，由贤明的市人民政府督导之下，得在原有基础上，踏实脚步，逐渐发展，使得确成为一个有计划的搜集历史文献的专门图书馆，凡住在上海的，或到上海来的，世界历史学者都能得到满意的收获。

三、我馆十四年来，因经费竭蹶，人员不多，以致编目工作尚未完成。现在根据不完全的统计，约有图书廿五万册，金石拓片一万五千种（已编卡片，未缮清册），其它尚未约计。希望政府派员会同检点，编造清册，一式两份，可能时再行编印正式目录。附呈一部份已成草目，以备参考。（附件一）

四、各藏家捐献我馆的图书文物，或为其个人历年所积聚，或为其先世累叶所留遗，均赖其苦心汇萃，蔚为大观。故虽零简断缣，亦为其精神所注，随处见出他的胸中成竹。此若干小系统，我馆得之可以组织成大系统，实为我馆的特色，更加补充，自可神采焕发，显出它的伟大功用。因此，我馆渴望政府，尽量保存此优良传统，不予分散，庶乎各藏家数十百年所兢兢保持的永远完整。

五、我馆对于赠书各家借阅其自己捐赠的图书时，向来给以一切方便，使他们晓然于我们立馆的本意，凡捐与我馆的比较藏于私家更易于取览，而保管的妥当则远过之，如此，可使藏家益兴起其乐捐之心。这一个办法希望政府继续维持。

六、我馆自有基地一亩九分六厘三毫，除一部分自用外，尚有九分五厘租给创办人叶景葵建屋，订有租地合同，定为二十五年，应至一九六六年期满，届时所有在租赁地上叶氏自建之房屋概归我馆所有。如期满前租赁关系已存续达十五年以上，馆中必要时可以收回，但须予以贴费。这个合同附在财产文件中。希望政府审阅后，继续履行此约。（附件三）

七、我馆在基地上建有钢骨水泥三层馆屋壹所，现在图书已塞屋充栋，不易再受赠书，阅览室亦日益缩小，更形拥挤。好在旁有余地，捐献之后，政府尚可考虑基本建设，有计划、有步骤地加以扩充，使它发挥更大的作用。房屋登记后取得收据一纸，尚未发给所有权。

八、我馆工作人员过去经常只有三四人，解放后，业务日繁，逐渐增加至九人，人数不多，而各人对于工作已相当熟练，并都很积极。希望政府继续任用，俾驾轻就熟，更能好好地为人民服务。（附件四）

九、兹为捐献政府，编有下列各项目录名册，祈予点收。

1.本馆小史

2.人员名册

3. 图书目录（一部份）

4. 期刊目录

5. 报纸目录

6. 古器目录

7. 尺牍目录

8. 书画目录

9. 服物目录

10. 财产文件

11. 家具目录

12. 寄存图书目录

我馆所有基金，法发英金善后公债六千七百镑、浙江兴业银行外汇股收条□张、浙江兴业银行股款收据、仲勉纪念户六十三股一张、英联船厂股票一百股一张（附件五）。

我馆尚有藏家寄存图书资料，拟请准予暂时寄存，接洽解决。

捐献人上海市私立合众图书馆

董 事 长　张元济

常务董事　徐森玉

董　　事

公元一九五三年二月①

撰写《捐献书》的同时，顾廷龙组织人员对合众图书馆的馆藏、资产等做了详尽的清理、登记，编制了《合众图书馆捐献清单》《合众图书馆藏报纸目

---

① 顾廷龙：《顾廷龙日记》，李军、师元光整理，中华书局，2022，第980-983页。

录》《合众图书馆藏书画草目》《合众图书馆藏书札草目》《合众图书馆藏文物草目》《合众图书馆家具目录》等。

文化局在回复合众图书馆捐献函的这一时间段，明确了顾廷龙任上海市合众图书馆代馆长。[1] 1953 年 6 月 18 日为合众图书馆捐献给上海市人民政府之日，张元济清晨即致札顾廷龙，表示欣慰感谢之意：

> 今日为"合众"结束之期，若干年来，弟尤得读书之乐。吾兄十余载之辛勤，不敢忘也。苦心孤诣，支持至今，揆翁有知，亦当铭感！兹有致徐森翁一信，祈阅过转送，为荷。顺颂起潜仁兄晨祉。张元济顿首。六月十八日。[2]

从顾廷龙与徐森玉、陈叔通的往来函件中可以看到对于举行捐献仪式的日期是有过几次协调的。在顾廷龙致陈叔通的两封未注明日期的信中，谈到合众图书馆捐赠仪式改期事：

> 政府接受我馆捐献，已由市长决定，十九晚六时假锦江举行仪式。可惜森老今日北上，不克展缓参加，已商定由唐弢先生代之。仪式举行后，由文化局与我馆组织小组办理点交手续。龙目前仍住馆中，俟点交后，再图他迁，馆中房屋不敷用，自应让出。私愿图书馆告一段落之时，颇拟摆脱北游，已与森老恳谈，惟公有以力助为祷……
>
> 文化局接受仪式，因森老北上，决改期举行。关于叶氏租地合同及图书不分散两事，已得允可。原函录呈。附致森玉、遐庵

---

[1] 沈津编著《顾廷龙年谱》记有"五月至八月，先生被任命为上海市合众图书馆代馆长。（履历表）"。

[2] 顾廷龙：《张元济与合众图书馆》，载《顾廷龙文集》，上海科技文献出版社，2002，第573、574页。

两先生信，敬烦转交。①

顾廷龙在 1953 年 6 月给徐森玉的信中写道：

> 十五晨失迓为罪。尊章已收到。十九日受献仪式，请唐弢先生代表，已承允。但十六晚，渠与金仲华副市长、文化局刘思慕副局长唔谈后，金谓：为隆重其事起见（十九为金市长所定），必得台端亲自出席。特决定改期，一俟台驾返沪，再行约期，今日图书馆科，已正式通知改期。唐先生并与张科长建议，不妨先行接管，补行仪式，亦已同意。知念奉闻。②

显见是徐森玉 15 日晨从北京回到上海，顾廷龙没有去迎接，故有"失迓为罪"之语。先前已经确定的仪式日期为 19 日，很可能徐森玉 19 日有事需要离开上海，所以请唐弢以合众董事身份作为捐献方的代表。16 日晚，唐弢向金仲华副市长等领导汇报后，领导认为仪式必须有徐森玉出席才够隆重，所以宁可推迟到徐森玉返沪以后举行。顾廷龙大约在 17 日将此信交给徐森玉，于是在最短时间内协商确定受献仪式于 6 月 18 日举行。此后（很可能是在 18 日晚或 19 日）顾廷龙在致陈叔通的信中记述了文化局接受捐献仪式的情况：

> 文化局接受我馆捐献仪式，已于十八晚七时在锦江十四楼一号举行，到金仲华副市长、刘思慕、陈虞荪两副局长、沈之瑜处长、张白山科长、我馆森老、朵老、延兄、唐兄及龙。刘局长、

---

① 顾廷龙：《顾廷龙全集·书信卷》，上海辞书出版社，2017，第 46、47 页。
② 顾廷龙：《顾廷龙全集·书信卷》，上海辞书出版社，2017，第 75 页。

金市长先后讲话，均对我馆已有成绩颇多奖饰，并称我馆文史专门图书馆之方针已经确定，基础很好，即从此基础发展，人民政府力量较大，必能办得更好。馆方由森老讲话。仪式后盛宴，皆公与菊丈德望所致也。我馆私立时代，善始善终，十分喜幸。①

在这一封信中，顾廷龙向陈叔通表示了自己的一些想法：

今后如何进行，局中尚无指示（截止现在为止）。惟龙自量对于图书馆事业素乏研习，当年只不过为揆丈之助整理旧籍，最怕图书馆之行政，素性迂阔，不善应付，又不善辞令，倘令负责全馆之责，必不胜任（人员即须增加）。前托森老在京相机说项，竟无枝栖可觅。龙不能一日无事，自不能不留于此，但求在此担任一整理工作，不计名义，于愿已足。倘发表须龙继续负责，龙只可先行维持，随求长者致函虞苏局长，另派新人，殊深企盼。再龙笔记迟钝，听觉不敏，年来记忆力锐退，最不善于听报告，不善听报告必致误事，奈何！龙以幸得与诸老相周旋，忘其马齿之徒增，诸老皆老当益壮，而龙实体力就衰，比来目力昏花，头痛时发，言之滋愧。虞苏与公相熟（日前于森老奉候起居），较易为力。龙若专心整理，暇可学习马列主义，始可为更好之服务。②

这封信极有可能是在文化局明确顾廷龙担任捐献后的合众图书馆代馆长以后写下的。顾廷龙的想法是希望自己能专心于古籍的整理、编目、校雠以及版

① 顾廷龙：《顾廷龙全集·书信卷》，上海辞书出版社，2017，第48页。
② 顾廷龙：《顾廷龙全集·书信卷》，上海辞书出版社，2017，第48页。

本、目录的研究，对于行政事务，实事求是地表示了自己"最怕"，其原因也很直接，"素性迂阔，不善应付，又不善辞令"，所以结论是"倘令负责全馆之责，必不胜任"。对于顾廷龙的思想活动，陈叔通显然已了然于心。6月21日，陈叔通有信致顾廷龙：

> 森老想已举行仪式，弟屡忘问及，尊眷移至何处，能将门牌号数开示，以后信即可直接寄，不必由馆转。前兄有北来之意，弟已托森老转致，一时决不放走，此间即有机会，亦与南中相同，仍有牵制，未必尽如我意，森老固深知之，似以少安为是。①

从内容看，此信是陈叔通在还没有收到顾廷龙告知捐献仪式已经举行的信之前所写的。而顾廷龙在更早一些时候给陈叔通的信件中已经表示，自己在合众图书馆被捐献以后有北上的想法。在以后的信中，他向陈叔通详述了自己的处境与想法。顾廷龙是一位性格内敛而有主见、有原则的人，在当时的境况下，似乎只能向陈叔通这位远在北京的长者倾诉，他在信中写道：

> 来书敬悉，奉悉想均递达。献馆举行仪式后，前日始有人事、财务、总务、图书各部门来接管，龙将董事会应移交之房地所有权状、股票、英金、善后公债、家具册、书画文物尺牍等清册、图书已编成之目录，及水电等保证金收据一并交出，但检阅一过，仍留交我，谓需要再来提取。龙继续维持，将来究竟如何，未有所闻。龙无办行政之才，新旧社会作事悬殊，终有陨越之虞。关于龙之住宿，决须迁移，惟尚未有人接替，不便骤然觅屋。前

① 沈津编著《顾廷龙年谱长编》，中华书局，2024，第565页。

日局中来员，龙已申明，俟保卫制度确定后，我即搬出，彼等无
一语。龙之所以决须搬者，为公私之分，同时各馆亦无此例，不
应再住。同时，目前要搬，朵公、延兄允自相助，此时不搬，以
后无法再动。私愿京中能觅一枝之栖，专事编辑工作，即有牵制，
总较负一单位之责较轻。龙自知能力不够，勉强而行，两无所益，
伏望长者相机设法，倘能到京，内子可慰其念子之心，龙亦不忍
见我馆不合理之变迁。前日，接馆图书部分之人，口口声声图书
不多，又有文物，认为方向不明。其实，我辈认明此皆征文考献
之资，方向甚明，倘彼时我辈不搜集，尚有人能应用乎？同日同
时，《新民报》编辑来搜集李时珍事迹者，临行谢曰：上海图书馆
藏书数或较此多，然远不如此完备而便于用。两相比照，我之功
罪，固不可遽定。然主管科之力大将渐使收缩（彼所谓专门也）。
附《新民报》所载消息，主管科中所示意者，即可见由博返约之
象矣。①

在这封信中，顾廷龙向陈叔通敞开心扉，写到自己想离开合众的一个原因
是"不忍见我馆不合理之变迁"，之所以有这样的想法，是因为从日前接管人员
的言行中，看出了主管科对合众的办馆方向提出质疑，已经显现"由博返约之
象"。这当然是顾廷龙极不愿意发生，而自己又无力改变之势。

7月4日，陈叔通有信致顾廷龙，内容除讲到刊印武进汤涤、贵阳姚华、
常熟杨无恙三家书画集具体事项外，就顾廷龙的安排给予了具体的建议：

六月二十九日函均谨悉。出处诚为大问题，惟从容与森老商

① 顾廷龙：《顾廷龙全集·书信卷》，上海辞书出版社，2017，第50、51页。

酌为要……移家是否能先移苏，觅屋不至需费，兄则暂住馆中，因在沪顶屋花费，倘有机会离开，岂不白花费。重点放在历史地理，与我们原意尚合。揆初创办，不特别说明，不克孤负。[①]

到 7 月 30 日，陈叔通有信致顾廷龙。这封信中只讲到三家书画刊印之事，似乎顾廷龙心中疑虑已经释然：

> 正欲上画，得二十七日手教，喜慰之至，序稿妄加涂乙（仍请菊老为最后之审定），幸恕冒昧，又毋笑我未克有桐城习气。三家书画，经森老与公评选（姚颖拓照得明晰否），又承景郑为助，至感至感。定之愈大愈见力量，山水，弟喜其在北京所作，到沪后变面目，似尚未有成就，后来喜画花卉，殆亦心知。蔬果可备一幅，崧生处似有之。定之诗，弟确记不止一首，可问心济。外签托宰平代书，特附上，能印在封面，不必黏在上面，但恐纸费，请酌之。揆初公牍第一，文次之，诗又次之。[②]

上海市文化局档案中存有《一九五三年上海市图书馆工作总结》，从中可以看到当时政府主管部门对合众等私立图书馆自献给国家这一决定的评价：

> 到五三年度，上海的图书馆事业不仅在图书馆网的扩大上，图书馆的设备上及经费上均超过上几年度，而最大的特点是公私立图书馆的比重起了极大的变化。公立图书馆不论在数量上、质

---

① 沈津编著《顾廷龙年谱长编》，中华书局，2024，第 566、567 页。
② 沈津编著《顾廷龙年谱长编》，中华书局，2024，第 567 页。

量上都大大超过私立图书馆。五二年底至五三年底止,我们接办了鸿英、儿童、振业、合众、新闻、海光六馆,并接收了复光图书馆、东方图书馆的全部藏书,使私立图书馆由十四所减少到七所,而公立图书馆由一所增加到六所(上海图书馆的领导关系在七月份也转到本局),这就为促进本市图书馆事业的繁荣发展创造了有利的条件。这里要着重指出:我们许多私人或团体创办的图书馆,在过去历史阶段中,对保藏文献史料、传播进步文化都有一定的成绩,但是在革命已取得巨大的胜利、国家已开始大规模的经济建设、图书馆事业必须为经济建设服务的今天,毫无疑义,要私人或团体所经营的图书馆来挑起这个任务,就主观条件力量来说,是不能够适应今天突飞猛进的客观形势的要求。鸿英、合众、儿童、振业、海光等馆董事会认清这一点,把图书馆献给国家继续办理是正确的。也只有这样,才有发展的前途。

现在各馆改为公立后,在本局直接领导下,已成为传播社会主义文化的阵地。[1]

---

① 《建国初期上海图书馆事业概况》,《档案春秋》2002 年第 1 期。

第十一章

涅槃重生

解放后，依照新民主主义的文教政策，我们认识到图书馆是宣传马列主义、教育群众的有效工具，应该为提高广大劳动人民的政治文化水平而努力，同时又结合到本馆的具体情况，应该珍视旧文化遗产，在原有的基础上，加以发展，于是确定了新的业务方针：（一）传播马列主义、毛泽东思想，为新民主主义文化建设而努力；（二）蒐罗历史材料，供专门研究者的参考。当即多购新文化书刊，筹办公开阅览。

通过上海市人民政府教育局重点补助及一般补助后，新文化书刊大为充实，同时也添补了一些旧文化图书。

一九五二年，改由上海市人民政府文化局领导，得到经常的补助，新书赖以随时补充。是冬，文化局接受了南洋中学捐献旧文化图书七万六千余册，交我馆保管，这些书籍正可和我们原有的书相互补充，帮助读者很多。

今年春，中华书局把一九三七年以前自己出版的全部样书送给我馆保存，可供研究出版史的参考。

综计我馆藏书，到现在为止，除了寄存部分外，包括复本约有三十万册。

——顾廷龙：《上海私立合众图书馆十四年小史》

一、善始得以善终

1953 年 10 月 20 日，陈叔通有信致顾廷龙：

> 近来馆中工作是否如常？合众董事会解决否？菊老意如何？现由国家接收，即无所谓董事会矣。①

未见顾廷龙对陈叔通此信的回复，现存资料中有一封信稿，其中可以看到顾廷龙对合众图书馆运作中存在问题的看法：

> 菊老前见揆老诗文，曾谓亦应印出。龙检出钞存，各文均考据翔实，可当资料看，不及时事。延九亦怂恿为之。馆中略有存纸（连四），印费延九允设法。现在揆文《书目》已排好一半，《文稿》拟即接印。《书目》作为捐献前馆中所印，《文稿》作为亲朋所印，想此事以菊老提倡，公与森老赞助之，当无问题。鹤逸《书画记》实由文管会所印，但不著一字，由顾氏分赠，盖公家出版，特别审慎也。按苏联省图书馆有出版科学著作图书目录和研究资料的权利，目前我国图书馆均在摸索。所谓专门，恐失之偏，即问题不能孤立而看也。新闻图书馆专门管报纸，鸿英专门管杂志，不免单调，尤其历史科学，牵涉问题太广。毛主席对于近百年史之指示，有应先作经济史、政治史、军事史、文化史几个部门的分析研究，然后可能作综合研究。史料搜集并非易事，不比买教科书可以供求相应，譬如我馆今日储有巨款，决非短期中可

---

① 沈津编著《顾廷龙年谱长编》，中华书局，2024，第 570 页。

得如许之资料。鄙人若亦用狭隘性之专门眼光，则革命文献要少保存不少。日前为续订期刊向科请示，因拟使我馆成专门史地图书馆，竟将《科学通报》《新中国妇女》《中国青年》等均在不予选订之列。平时不看内容，望文生义，不知《科学通报》包括考古、近代史以及介绍苏联对于东方学之研究，《新中国妇女》为中国妇女运动中重要刊物，并非妇女家庭刊物，《中国青年》为团的刊物，对青年有各方面之指导，图书馆岂可不有，我仍选订。总之我旧观念太深，不适宜于此工作矣。[①]

合众图书馆内部事务被要求接受政府主管部门指令，对于顾廷龙来说是全新的模式。过去，他的想法只需要与叶景葵、张元济以及董事会交换意见，取得认可后即可付诸实施，现在则要与主管部门的领导、工作人员沟通，而多数情况下，他"惟有服从领导，尽心力而已"[②]。有专家指出：

中华民国时期，关于建立和管理图书馆并没有规定为宣传"三民主义"服务等意识形态性的任务，如在国民政府教育部1915年颁布的《图书馆规程》《通俗图书馆规程》，1927年由大学院颁布的《图书馆条例》等法律性文件中均只是对设立和管理图书馆进行了一般技术性规定，即规定了图书馆设立规范、名称、人员、经费、管辖、兴废、报备、开放等技术性条款。

新中国文化事业性质的规定在1949年建国前颁布的宪章性文件《中国人民政治协商会议共同纲领》中就有原则性的规定，

[①] 沈津编著《顾廷龙年谱长编》，中华书局，2024，第567-568页。原注有：此信为底稿，据内容推测日期当在合众捐献之后，疑致陈叔通。

[②] 1954年1月15日，顾廷龙致刘放园信中语。

虽然在《共同纲领》中没有具体地对图书馆的性质进行定义，但在其第五章《文化教育政策》中，对教育、科学、文学、新闻出版等项事业已经明确地规定了"新民主主义的""为人民服务的""科学的历史观点""有益于人民的"等价值观标准。对图书馆性质的规定，虽然直到1982年宪法中才明确其是"为人民服务、为社会主义服务"的，但在20世纪50年代中期颁布的一些工作指示中已有明确的表述。这种选择在根本上是由国家性质决定的，也在事实上受到了苏联图书馆事业指导思想的示范作用影响。苏联明确规定图书馆事业"是真正的社会主义文化基地，是伟大的列宁—斯大林思想底传达者，是党与政府以共产主义教育劳动人民的忠实助手"，是列宁关于图书馆"是对群众进行政治思想教育的主要场所"的实践。"建国初期，和全国一样，图书馆界以学习研究苏联图书馆思想与方法为主"。主要内容是学习苏联"在图书馆彻底扫除帝国主义，排除封建的资产阶级的毒素，一定要宣传马克思列宁主义思想，使图书馆成为劳动人民获得各种文化、科学知识的阵地"。这些为巩固政权而不断强化的政治文化和意识形态宣传教育，强制性地使图书馆事业指导思想从中华民国时期的非意识形态性转向马列主义毛泽东思想。[1]

顾廷龙在给陈叔通的信中曾经说道"我馆私立时代，善始善终，十分喜幸"，现在他任去掉"私立"二字的公立图书馆的馆长，意味着进入新体制后，需要在善终的基础上开始新的善始。需要学习的新东西很多，而且其中很多与原来已经习惯的东西相矛盾，所以，在磨合期间不可避免地会有思想的冲突。

---

[1] 范兴坤：《20世纪50年代中苏图书馆事业交流及其影响研究》，《图书情报工作》2009年第3期。

他在努力适应，并在适应和学习的过程中完成自己的蜕变。

二、善终后的善始

从 1953 年 7 月份开始，顾廷龙采用了编写"工作简报"的形式记录图书馆的活动，其中"阅览"一项，记述的是读者来馆参观阅览的情况：

（7 月）

1. 本月份读者人数共二三七七人，比上月（一七〇四人）增加六三七人。但其中中学生占六三五人，这说明本月人数的增长，是由于暑假中，学生来馆阅览的较多。

2. 图书流通数。本月以文艺增加最多，自然科学及史地次之。

3. 检查研究资料八七次，参考图书七〇一册。查阅报刊八七次，较上月增加十三次。

4. 七月一日，上海总工会为了蒐集工运史料，函借一九四二年一月至一九四五年八月《新申报》四十四册。

5. 七月十日，中央委员会徐特立同志来馆参观，对本馆注意蒐集许多清末新学书刊，极为称许，认为是研究近代史的重要资料。

……………

（8 月）

1. 本月份读者人数共三一〇五人，比上月增加七二八人，但其中学生及教员占六三二人，这明显地说明了本月人数的增加是暑假期内师生来馆阅览的较多。

2. 图书流通数，本月以文艺增加最多，史地、总类、哲学次之，自然科学及教育略为减少。

3. 检查研究资料一六五次，参考图书一四六一册，查阅报刊一四四次、一七九册。较上月增加近一倍。

4. 八月五日，上海总工会为了搜集工运史料，函借一九四七年《大公报》十二册。

……………

（9月）

1. 本月读者人数共二三一四人，较上月减少七九一人，但其中学生及教员占七三〇人。这说明了本月人数的减少是因学校开学，师生来馆阅览的较少。

2. 图书流通数，因阅览人数减少，亦同时减少，其中以文艺减少最多，自然科学及应用技术等次之，社会科学则较上月增加。

3. 检查研究资料二一四次，参考图书一七七八册。查阅报刊九七次、一八四册。

……………

（10月）

1. 本月读者人数共一八九二人，较上月减少四二二人，其中学生占四〇八人，这说明本月份人数的减少是因学校开学，学生来馆阅览的继续减少。

2. 图书流通数，因阅览人数减少，亦同时减低，其中以文艺减少最多，但历史、地理则略有增加。

3. 检查研究资料一八四次，参考图书一五六九册，查阅报刊一三〇次、一九三册。

4. 举办屈原展览，另详总结。

……………

（11月）

1. 本月读者人数共二一九二人，较上月增加三〇〇人，其中学生增加最多，教员及其他次之。

2. 图书流通数，本月略有增加，其中以文艺增加最多，社会科学次之。

3. 检查研究资料二六一次，参考图书二〇九六册，较上月略有增加。查阅报刊一一四次、一六四册，比上月稍减。

4. 答复中国科学院考古研究所钟凤年同志函询我馆有关《水经注》重要资料。

5. 为了庆祝伟大的十月社会主义革命三十六周年，蒐集了列宁、斯大林以及我国革命先进的纪念文字作了一次展览，同时向中苏友好协会借了苏联历史画集图片二十张配合展出。自七日至十五日展览了九天，参观人数五四七人。

6. 十月份的屈原展览，我们做了总结，得出了一定的经验和体会，并编了草目，准备在十二月份用誊写版印出来。

……………

（12月）

1. 本月读者人数共三一一四人，因为学生来馆者较少，减少七八人。

2. 图书流通数，本月较上月大为增加，而检查研究资料一项，由于教授、专家与作家等来馆蒐集资料的较多，增加尤多，共二九五次、三六七六册。查阅报刊八九次、一七二册。

3. 上海电影制品厂来检阅民族形式的花鸟人物图案资料。

4. 华东人民出版社借阅有关中国社会史论战资料十二册。

5. 为了纪念斯大林同志诞辰七十四周年，于十九、二十二日举行了斯大林著作、传记及阐释他的著作的展览。①

　　首先是半年中来馆阅览的人数统计，最高为 8 月份，达到 3 105 人。最少为 10 月份，为 1 982 人。分析其原因，应是学校暑假期间，师生来馆人数的变化致使阅览人数有了千人左右的波动。

　　在这一年的年底，顾廷龙撰有年度工作总结：

上海市合众图书馆 1953 年度工作总结

（一）基本情况

　　我馆在接管时，工作人员计有干部七人，勤杂二人。藏书约卅万册，大都属于文史性质的。基本藏书，由各家捐赠的，各家所藏，各具专门，因此，重复的图书，一般说来是很少的。自有三层钢骨水泥结构的馆舍一幢，旁有隙地，可资扩充。另在常德路法宝馆借有临时书库一间。

　　藏书整理情况，凡进入本馆的图书，绝大部分已入箱归架，做好了初步登录（一九五〇年后已正式登录），编了草片。草片开始时很简单的（一九三九至一九四四入藏的），只有书名。一九四五年后已具备了编目应有的项目。这些草片，一方面供内部检查参考，一方面供读者索阅调取，同时作为编纂书本目录的根据，先后完成了十一种。

　　原有阅览室三间：一、普通阅览室，二、参考阅览室，三、报纸阅览。仅有阅书桌五只，椅子廿四只。此外家具，颇多借来，大都出于杂凑使用的。

　　房屋年久失修，油漆剥落，铅皮水落烂损，钢窗也渐见生

① 顾廷龙：《顾廷龙日记》，李军、师元光整理，中华书局，2022，第 761、762-768 页。

锈，屋顶漏水之处也渐加多了。

（二）接管后工作的展开

一九五三年五月接管后，根据中央"整顿巩固，重点发展，提高质量，稳步前进"的指示，明确了在原有基础上发展，并以历史为专业的方针。增加了财务工作人员一人。

1. 展开清点工作：为了重视人民财产，必须求得藏书正确数字。展开清点工作，编造清册，为半年中的中心工作。九月开始，到十二月底，基本上接近完成。

2. 展开群众性活动：在八个月中配合三个社念举行了图书展览。

一、世界四位文化名人逝世纪念，举办屈原的作品和有关资料的展览，编印了屈原作品展览的目录一册。

二、十月社会主义革命三十六周年，展览了列宁、斯大林、毛泽东论述十月革命的经典著作及先进们历年的纪念文字。

三、伟大的革命导师斯大林同志诞辰七十四周年，展览了他的经典著作、生平传记以及阐述经典的文字。

3. 修缮和增加设备：为了加强房屋保养工作，把钢窗、水落以及屋顶漏水都加以修理。同时，全部钢窗、水落都加油漆，焕然一新。设备方面，添置了阅览桌椅、办公桌椅、目录柜、书橱、灭火机等，得到了很大的改善。

（三）工作中的收获

1. 通过屈原展览，说明屈原作品在祖国文学传统上的崇高地位，只有在今天人民民主的政权下面，屈原作品里的人民性和战斗性才能够得到充分的发扬，使这位人民诗人得到更广大人民的热爱。而十月社会主义革命三十六周年展览和伟大的革命导师斯大林同志诞辰展览，也获得一定的成绩，使观众们得到对十月革命及斯大林同志提高了认识。

2. 清点工作：我们在这个工作中得到了几个收获：

一、可以得出藏书的确实数字。

二、作为将来统一登录的根据。

三、可以发挥与排架片同样的作用。

四、清点过程中做了一次全面的清洁大扫除。

五、各人在工作中掌握了藏书内容的大概。

同时，在清点中体会到过去人力单薄，能把入藏的图书因陋就简地做了各项记录，所有资料，可以尽量地供应读者参考。倘使当时固执于条件的具备，做全了各项手续方可推进，那末，到现在必然的把图书积压起来，反而不能利用了。

3. 阅览方面：我们对查阅参考资料的读者热诚的协助和服务，有一位读者说："我从前在学校里读书，有时还要思想开小差，现在这里看书，一天或半天，毫不分心了。因为看了你们为着读者上下拿书的忙，感激到只有在人民政权之下，我们才能得到做研究工作的方便，不能再辜负这种宝贵的光阴了。"

4. 通过增产节约运动，提高了工作效率，使原定第四季度的调拨图书工作，提早到第三季度完成，节省了往来搬运费。原拟把年久毁损的窗帘全部换新，改为可将就的推迟，破烂不堪的先换，并由工作人员自行裁制，长度上略加缩减，这样既省工，又省布，同时减少了其它预算支出，共计节约一〇二二四二〇〇元。

（四）工作中的优点和缺点

1. 因为全馆的事务业务过去是行政领导一手经历的，所以都很熟悉，在大家工作中，指导得还清楚。同时对各项工作都能亲自参加，故了解情况也比较深刻。

2. 工作人员不多，任务不算少，而能完成的原因，由于大家能够通力合作。例如：各人的工作，都不仅是一项。关于读者，检查资料的读者多了，一个人事实上应付不及的，我们要照顾读者时间的宝贵，不愿使他们多等着，那末，其它的人都自动地立即参加检取，用后，负责地共同归还原处。遇有突击任务，绝无推诿因循情况，甚至自动在假日及晚上休息时间再工作，能高兴地积极地很快很好的去完成它。

3. 行政领导原是做整理工作的，接管后工作开展，对于行政领导工作非常生疏，因此对于馆务的计划性不强，预见性不强，往往把工作需要时间估计太低，以致时有忙乱现象产生，并且影响于计划的不能如期完成。例如：清点工作，估计每月完成一万五千种，结果四个月中仅有一个月是勉强完成的。

4. 由于人少事多，处处靠着通力合作，因此，工作人员在分工上不能很明确，也是产生忙乱原因之一。

（五）存在的问题

1. 图书分类问题：我们编目分类，新书采用山东图书馆分类法，但实际中感到很不完备，因为我们是半开架式，在读者取阅方面尚无困难。旧书采用前南京国学图书馆分类法，也有许多缺点，所以仅用草卡片分类，没有把各书分定，这些都是临时的措施，希望中央编著的分类法早日公布，才得改编和重编。

2. 读者辅导问题：我馆为历史专业图书馆，知道的人渐多，来此检阅参考资料的也渐多，而方面很广泛。例如：电影创作所蒐集李时珍材料，华东人民出版社蒐集歌谣、农业、中国社会学说史等材料，科学教育电影制片厂蒐集中国古代天文学材料，上海电影制片厂蒐集民族形式的人物鸟兽的图案资料，我们虽都曾

以相当丰富的材料供给他们，他们也表示满意，但是这样仅凭我们记忆所得供给资料，在方法上是不够的。若要很好的辅导读者，必需多做各种索引，例如插图索引、论文索引、传记索引、书目索引等，方可使蕴藏在各图书的资料全部地揭露出来。①

这份由顾廷龙撰写的工作总结，显然是达不到上级主管部门要求的。从文化局1953年对全市图书馆工作的总结中可以看到，上级领导的思路和工作方针与顾廷龙总结中的思路并不一致。文化局1953年对全市图书馆工作的总结旗帜鲜明地指出：

一年来我们在工作中体会到本市图书馆事业中还存在着许多重大问题，譬如各图书馆的方针任务尚未明确，分工问题还没有解决；工作人员的业务学习没有经常进行，政治理论学习也没有加以巩固，或者未予足够的重视。对于图书的典藏，各馆尚未建立健全的制度，几个馆的资料工作，还在那里重复浪费地事倍功半地各搞一套……

关于后面的两个问题——分类法的改革和地区分布的调整，因为牵涉问题较广，目前还没有条件来着手进行，只好留待日后逐步解决。前面的四个问题，对于图书馆事业的发展关系至为重大密切，客观环境不容再缓，所以提出解决办法于后：

一、本市图书馆的方针任务问题：

（一）综合性图书馆的方针任务：

1. 我们对综合性图书馆的要求是一面要庋藏各种专门图书和

---

① 顾廷龙：《顾廷龙日记》，李军、师元光整理，中华书局，2022，第768–772页。

中外古今文献，并提倡学术研究；同时要推广通俗图书，进行各种群众活动，以提高广大人民的文化和政治水平。

…………

（二）专业图书馆的方针任务：

本市图书馆事业特点之一，那就是既具有一般综合性的图书馆，又具有各种类型的专业图书馆，这是发展本市图书馆事业的有利条件。

虽然如此，几年来这些专业图书馆的方针任务都不明确，大大影响了整个工作的推进。经过一年来在各专业图书馆整顿工作的结果，我们初步明确各专业图书馆的方针任务如下：

1. 鸿英、新闻图书馆：利用杂志报纸宣传马列主义毛泽东思想，为国家大规模的社会主义建设提供必要资料，因此必须加强资料编纂工作，有重点有步骤地与各机关、团体以及企业部门取得密切联系，建立资料服务网；并相应地发展杂志外借工作，逐步整理旧有馆藏，以满足读者要求。

2. 合众图书馆：利用史地的图书、杂志、报纸以及其他有关史地出版物深入生动地宣传爱国主义教育，以近百年史地资料为搜集与整理重点，并在此基础上开展阅览与流通业务。

3. 儿童图书馆：利用一切优秀儿童出版物，对初中以下儿童进行社会主义教育，协助学校培养儿童对科学技术、文学与艺术的认识与爱好，培养儿童成为社会主义的新人。因此必须加强对初中以下学校的联系以及教学大纲的研究，成为儿童教育最有力的助手。

…………

二、各图书馆资料工作分工问题：

目前全市各图书馆的资料工作，存在着相当严重的重复、浪费与质量低下的现象……

这些不合理的现象说明在本市图书馆中的资料工作必须进行明确分工，才能使工作质量提高一步，才能满足日益增长的客观需要。其次，从去年试办期刊专业工作的鸿英图书馆在一年中所获得的成就，也说明了本市图书馆的资料工作必须进行明确分工、集中办理。

…………

再其次是本市图书馆数目首届全国，这个客观有利条件，使本市图书馆事业可以进行比较仔细的分工，资料工作的分工就是其中之一。总括以上所说的，我们可以看到资料工作分工在本市图书馆事业中的重要性与必要性了。

那么怎样分工呢？我们的意见如下：

鸿英与新闻两馆集中全力进行期刊专业工作，鸿英搞中文杂志，新闻搞中文报纸。上海图书馆的资料工作，我们建议除了馆内所需的资料外，专搞外文报纸与杂志，同时可以与鸿英、新闻取得密切联系，以发挥更大的作用。

人民图书馆只搞馆内所需资料，其他不搞。

其他各馆不搞资料工作，所需资料可向鸿英、新闻两馆索取。

三、典藏工作问题：

目前各图书馆的典藏数字均不正确，一般均缺乏健全的典藏制度……至于拥有庞大数字图书的合众图书馆，则根本没有典藏制度，只有各家书目，因此在保管与使用上均成问题……

我们提出下面的解决办法：

（一）要求各馆严格执行五四年度开始实行的各项原始登录工作。

（二）以人民图书馆为试点，进行典型试验，以期取得经验，明确健全典藏工作，必需 [须] 具备那些必要制度。

（三）各馆可等人民图书馆试验取得经验后，结合各馆情况，在下半年全面进行典藏整顿工作，要求是：1. 精确统计与掌握全部图书财产；2. 建立典藏必要制度；3. 灵活调度图书，提高流通率。

四、干部学习：图书馆今天所需要的工作人员，不但数量多，而且质量也要高。怎样提高质量呢？当然要从业务水平与政治水平的提高入手。我们现在工作人员约有五百余人，一部分是新参加工作，有热情，却没有工作经验；一部分原已在图书馆工作，有一定的业务水平、工作经验，对政治的敏感性却较差，这是总的情况。如再深入考察：我们这许多工作人员在年来的工作中所暴露出来的有四个主要问题：

（一）纪律松懈，组织性不强，自由散漫，严重的还有违法乱纪的行为。

（二）工作上非工人阶级的保守思想，对过去所学得的资本主义图书馆学，明知不足以适合今天的要求，却要抱残守缺，不勇于改进，反而成为业务改进的障碍力。

（三）缺乏正确的为人民服务态度，具体表现在两个方面：一是轻视群众，看不起读者，另一是雇佣观点。

（四）脱离政治，或不重视政治学习，过分强调技术的重要。

针对这些存在的思想问题，我们拟在业务与政治学习两方面，暂作如下的处理：

（一）先集中力量，拟在第二季度开始进行上海图书馆的工作总结学习。

（二）拟在第三季度中组织参观组，前往各地参观兄弟图书馆。

（三）通过此次工作会议，各馆即按会议决议的内容，结合各馆存在具体问题，有步骤地进行深入学习，在思想上与业务上进行一次较彻底的整顿。

这些措置当然不可能把全部问题，特别是思想意识上的问题得到解决。但是我们相信，在大家有决心信心的条件下，是可以获得初步解决的。我们如不首先树立起为人民服务的正确态度，不建立社会主义思想，那就不可能把图书馆工作搞好。亦就是说，我们就没有办法担负起马列主义毛泽东思想的传播者的光荣使命，也不能完成党在过渡时期所交给图书馆事业的任务。[①]

三、界线在于本质不同

在顾廷龙之子顾诵芬处留存有一份母亲潘承圭所写的 1953 年工作小结，整理如下：

一九五三年工作小结　潘承圭

一、我现在担任的工作：

主要的是管理参考阅览室，替读者拿书；

其次，是写草片及写四角号码；

其次是图书上盖章。

（一）检查缺点部分：

第一点，在参考室替读者拿书，在态度上谦和的，对任何读

---

① 李燕：《建国初期上海图书馆事业概况》，载《档案春秋》2002 年第 1 期。

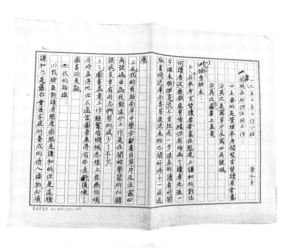

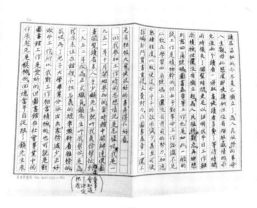

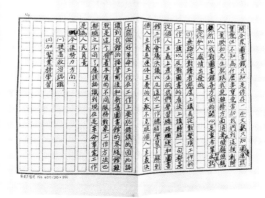

潘承圭工作小结手稿

者从无厌恶等情绪，但有时两个读者先后一步进来了，我是不肯把先一步进来的读者所开取书条送库，而是要等后进来的也开好条子，一同送库。

第二点，我的剪贴南洋中学全部书目草片及注写四角号码，因为我对这些工作是开始学习，所以错误很多，幸有同志们帮助，减少了不少。

第三点，图书盖章工作，虽然繁琐机械，思想上并无怕烦。有时盖得地位不适当，图章盖得有些歪斜，损坏了图书的美观。

（二）我的认识：

（1）我检查对读者态度固然是谦和的，但是这种谦和乃是旧社会、旧家庭所养成的待人接物必须谦恭温和的，而不是已树立了"为人民服务"的革命人生观，因此态度即使谦和，但没有阶级感情的，而先后两个读者一并取书，使读者多费了等待时间，同时损失了阅读时间，更足以证明，我平时工作虽尚积极，但还没有树立起"为人民服务"的观点。再联想到写四角号码、图书盖章等工作，也是如此。一般的说，工作是积极干的，但由于对革命工作认识不足，以致在学习四角号码上，还没有奔前的努力，加速熟练程度，以致使这些片子的效用减少，甚至可使采编部门买书重复，浪费财力。在图书盖章上还不免有粗枝大叶，使很好的图书，弄得不好看。

（2）我参加工作时的思想情况是怎样呢？我是一九五一年十月开始参加的，当时馆中开办连环图书阅览，读者多，人手少，顾先生就叫我义务帮忙到一九五二年。董事会知道了，决定把我改为正式职员。顾先生叫我帮忙，是为我原来住在馆里，不担名义的经常照料着杂务的。我呢，为了儿子大学毕业分派出去，家务减少，正好做些工作。所以我对工作相当积极的，也可说是对图书馆工作是爱好的，但图书馆在社会事业中的作用，起先是模糊的。回忆当年自从跟了顾先生来办合众图书馆。只知道是保存一些文献，只知道图书应该宝爱，但不知为什么要宝爱。当初我们到这里，创办人叶揆初先生就跟我说，杂务方面须要你照顾照顾，所以我对图书馆各方面的关心是重老辈的委托，是从私人感情出发的。

（3）无论从对读者态度上讲，或从对繁琐工作的工作上讲，以及对图书的看法上讲，归结一句，都是从个人主义上产生的。我们学习总路线和图书馆工作会议决议，以及这次工作总结学习，了解到个人主义是集体主义的大敌，不克服个人主义决不能做好革命工作，在工作上要犯错误的。因此认识到我馆的接管前后和新旧图书馆的界线，馆虽就是这个，但有着本质的不同，服务对象、工作方法也都随之不同了。应该认识到，现在是革命事业，工作是对人民负责。

（三）今后努力方向：

（1）提高政治认识。

（2）加紧业务学习。

对比顾廷龙的 1953 年度工作总结，潘承圭的思想认识更高、更深刻。其中最为重要的差距是潘承圭在小结中提到了思想认识问题，将自己工作中的些小差错（有的甚至不属于差错，如先后进来两个读者，一个先填写了需要查阅的取书条，她会等另一个也填

20 世纪 50 年代，顾廷龙与潘承圭在上海

写后一并取书）上升到树立"为人民服务"的革命人生观的高度，而且将自己原本做得很好的工作也能检查出是出于"个人主义""私人感情"，最后认识到"我馆的接管前后和新旧图书馆的界线，馆虽就是这个，但有着本质的不同，服务对象、工作方法也都随之不同了。应该认识到，现在是革命事业，工作是对人民负责"。潘承圭所言可谓一言中的，顾廷龙的总结显然没有达到这样的高度。

1954年1月15日，顾廷龙有致刘放园[1]信，从中可以看到他在新管理体制下的一些思想活动：

> 昨由厚老转下赐笺，诸承关垂，感何如之。我馆目前一切如常，清点工作已竟十九。我受之诸老，呈之政府，可释重负。遐老知我馆屋窄书增，无以容纳，乃在法宝馆中腾出两间见租，得稍纾其困，我馆添建之议，须推迟一年矣。

> 承公于我馆藏书尚便参考奖饰有加，为之感奋。龙十四年来致力于斯，虽来馆作研究参考者亦无不称善，然无如公与菊老、叔老、厚老诸位相知之深，一言嘉许，实我知己，窃喜所耗心力，可谓不虚。

> 将来新局如何，我固不知，惟有服从领导，尽心力而已。我希望叔老有机会时，是否可以提倡"行政单位工作者必须与事业单位工作者定期调用"，互资习练，减少隔阂，是真增产之道也（恐只文教方面有此需要耳）。龙无行政之才，盐车十驾，事倍功半，于公于私实非两利，奈何奈何。蒲柳之姿，年逾五十就衰，旧稿垂成，迄难毕功，殊深忧皇耳！

---

[1] 刘放园（1883—1957），名道铿，字放园，号佛楼、十三佛楼，福建福州人。著名作家冰心的表兄，曾任《晨报》总编辑、东吴大学教授。善诗书，著有《放园吟草》。

　　孙师郑稿，当检交厚老。《壬癸诗存》不在《旧京诗存》中，但附有一目，记得遐庵藏书中有之，暇当一检也。①

　　在此信中，他甚至想到请陈叔通有机会时提出一个非常超前的建议："行政单位工作者必须与事业单位工作者定期调用，互资习练，减少隔阂。"

　　在捐赠后，私立合众图书馆改名上海市合众图书馆。1954 年 3 月 24 日，顾廷龙致信叶恭绰，云："科技家参观者甚多，而均以为有助于研究，然亦有人以为不大众化，缺乏思想性，自知政治学习不够，不足以掌握耳。但就我馆所藏图籍，立即欲使大众可以阅读是不能也，非不为也。专门普通，亦必须分工，否则力量分散，得不偿失耳。"②

　　1939 年 7 月，顾廷龙在《创办合众图书馆意见书》中写下了"专门国粹之图书馆"语后，张元济明确加上了："宗旨：一专取国粹之书，二不办普通阅览。宗旨既定，一切办法便可依此决定。"③

　　在 1941 年 8 月 1 日发起人会议通过的《私立合众图书馆组织大纲草案》也明确：

　　本馆目的：

　　一、征集私家藏书，共同保存，以资发扬中国之文化；

　　二、蒐罗中国国学图书及有关系之外国文字图书；

　　三、专供研究高深中国国学者之参考；

　　四、刊布孤椠秘笈。④

---

① 顾廷龙：《顾廷龙全集·书信卷》，上海辞书出版社，2017，第 80-81 页。

② 顾廷龙：《顾廷龙全集·书信卷》，上海辞书出版社，2017，第 65 页。

③ 顾廷龙：《顾廷龙文集》，上海科学技术文献出版社，2002，第 604 页。

④ 顾廷龙：《顾廷龙日记》，李军、师元光整理，中华书局，2022，第 649 页。

这里突出的是"两专""一不",即收藏"专取国粹之书",服务对象"专供研究高深中国国学者之参考",并明确"不办普通阅览"。而文化局确定的合众图书馆方针则是:"利用史地的图书、杂志、报纸以及其他有关史地出版物深入生动地宣传爱国主义教育,以近百年史地资料为搜集与整理重点,并在此基础上开展阅览与流通业务。"

对于办馆方向的分歧,主管部门采取的解决方法是组织学习。在部署1954年工作时,文化局提出的针对的问题、干部学习的方法和目标中,"有一定的业务水平、工作经验,对政治的敏感性却较差""抱残守缺,不勇于改进""轻视群众,看不起读者""过分强调技术的重要",针对性极为明确,显然包括顾廷龙在内。

四、面向未来

面对自己不熟悉的一切,顾廷龙在努力适应并改变。他开始将自己学到的新知识应用到1955年学习计划的制订工作中:

上海市合众图书馆业务学习计划草案

(一)基本情况

本馆干部十三人,文化和业务水平是参差不齐的,有的受文化程度的限制,因而在工作中比较不易得到体会;有的文化水平虽然较高,但对本馆的业务尚不熟悉;有的对某些业务有很专门的研究,在一般的业务上还不够全面。毛主席指示我们说:"有工作经验的人,要向理论方面学习,要认真读书,然后才可以使经验带上条理性,综合性,上升成为理论,然后才可以不把局部经验认为即是普遍真理,才可不犯经验主义的错误。"因此必须展开统一的业务学习。

（二）目的要求

为了使工作人员基本能掌握图书馆技术，适合专业性图书馆的服务，提高业务水平，提高工作效率。

（三）组织

全部干部按业务组分为两组，并成立核心小组，领导学习。核心小组每周开会一次，布置参考提纲，归纳讨论小结。

（四）方法步骤

学习时间：自一九五五年二月起至十二月结束。

在职学习，要靠自己的觉悟。刘少奇同志说："不同的主观努力和修养的程度与方法，可以获得不同的甚至相反的结果。"因此，必须以自学为主，小组讨论为辅，发挥集体互助精神。

每天在业余时，对必读文件进行粗读，以求对学习内容有轮廓的了解，同时准备和讨论思考题的重点问题，在规定学习时间的一部分，再作有重点的围绕中心问题精读必读文件，进行比较深入的学习，并根据思考题的重点展开讨论。在讨论中得由核心小组布置各单元有关的参考资料。每组每星期讨论一次，每月两组合并讨论一次。

（五）学习文件

1. 必读书目

克连诺夫《图书馆技术》

荣孟源《中国近百年革命史略》

2. 参考书目

范文澜《中国近代史》

胡　华《中国新民主主义革命史》

叶德辉《书林清话》

蒋元卿《中国图书分类沿革》

3. 文物参考资料

根据上开二种必读文件，布置五个单元学完，所开书目分配如下：

第一单元：

《中国近百年革命史略》第一、二章：绪论；太平天国革命运动。

《图书馆技术》第一至二章：图书的版本形式、图书财产的登记、图书分类。

第二单元：

《中国近百年革命史略》第三、四章：维新运动；义和团反帝运动。

《图书馆技术》第四章：编目工作。

第三单元：

《中国历史》第五、第六章：辛亥革命；五四运动。

《图书馆技术》第四章：编目工作。

第四单元：

《中国历史》第七、第八章：中国共产党的成立和第一次国内革命战争；

《图书馆技术》第五至七章：图书装饰等。

第五单元：

《中国近百年革命史略》第七至第十章：抗日战争；第三次国内革命战争；

《图书馆技术》第八至十章：流通图书馆技术等。

在学习历史方面，希望大家能读中国近百年历史，并能掌握近百年的史料，记牢重要书目，这样才能更好为读者服务。

在学习图书馆技术方面，使能了解每一项工作的意义和作用，在工作中能够进一步钻研来改进工作，提高工作效率。

（六）学习检查

根据不同情况，采取下列各种方式来检查学习成绩：1. 自写体会；2. 实习试验；3. 检阅笔记；4. 出题测验等。这种检查拟在一个单元或两单元终了时举行一次。①

他在必读书目中列入了苏联 A.B. 克连诺夫（A.B. КЛенов）编著的《图书馆技术》，这是一本苏联一般图书馆工作者的基本读物。在建国初期，"全国掀起了全方位向苏联学习的热潮，同样在图书馆学界，向苏联学习成为图书馆事业重建的重要途径，凡苏联之学均被奉为圭臬"②，以此作为业务学习的必读书籍无疑是合乎要求的。另一本是荣孟源③著《中国近百年革命史略》，这是政治学习的重要教材。作者荣孟源是 1936 年加入中国共产党的历史学家。该书说明中讲道："这本小册子，是因为遇到特殊情况，要用很短的时间讲述中国近代史而写的教学提纲。"④

---

① 顾廷龙：《顾廷龙日记》，李军、师元光整理，中华书局，2022，第 813-815 页。

② 林梦笑：《苏联图书馆学术思想在中国的传播方式》，载《公共图书馆》(Public Library Journal) 2014 年 3 月。

③ 荣孟源（1913—1985），直隶宁津（今山东宁津县）大柳镇大柳街人。1931 年考入北平中国大学，九一八事变后，积极参加进步学生反帝爱国运动。1936 年加入中国共产党。1938 年去延安，曾任八路军总兵站卫生部股长，并先后在边区师范和行政学院任教。1950 年，从华北大学历史研究室转到新创建的中国科学院近代史研究所。历任研究员、学术委员、研究室主任，国务院古籍整理规划小组成员，中国现代史学会副会长等职。1985 年病逝于北京。

④ 荣孟源：《中国近百年革命史略》，生活·读书·新知三联书店，1954，第 1 页。

　　这本教材的结束语中写到了全书的核心观点。通过全国性的学习，这一观点深入人心，最终成为中国人对中国共产党和中国革命的共识：

　　　　中国革命的历史证明，特别是近三十年的历史证明：要使中国革命达到胜利，仅仅依靠现成的马克思列宁主义一般原则的指示是不够的。只有毛泽东主席把马克思列宁主义的普遍真理与中国革命的具体实践相结合，才能领导中国革命获得胜利。

　　　　中国人民在中国共产党、毛泽东主席领导下，在苏联与国际无偿阶级援助下，战胜了帝国主义、封建主义、官僚资本主义，建立了中华人民共和国，胜利地完成了民主主义革命的任务。毛主席指示："从中华人民共和国成立，到社会主义改造基本完成，这是一个过渡时期。党在这个过渡时期的总路线和总任务，是要在一个相当长的时期内，逐步实现国家的社会主义工业化，并逐步实现国家对农业、对手工业和对资本主义工商业的社会主义改造。这条总路线是照耀我们各项工作的灯塔，各项工作离开它，就要犯'右'倾或'左'倾的错误。"今后我们每一个中国人民，更应当加倍努力地在中国共产党、毛主席领导下为逐步实现国家的社会主义工业化，为逐步过渡到社会主义而奋斗；更应当加倍努力地与苏联、各人民民主国家和全世界劳动人民紧密团结，保卫世界和平，战胜敢于挑拨战争的帝国主义。[1]

　　对于深深植根于中国传统文化的合众图书馆，这无疑是一次脱胎换骨的改造。1955 年，顾廷龙对上半年的工作进行了总结，从中可以看到一幅全新的

① 荣孟源：《中国近百年革命史略》，生活·读书·新知三联书店，1954，第 232 页。

景象：

（二）阅览辅导

（1）图书展览。春节中举行了"一定要解放台湾"图书展览，利用图书及台湾文献图片、台湾年表、中国人民为支援解放台湾而斗争的集会表等，介绍台湾的历史、台湾人民革命事迹，得到观众的反映，认为"这个展览使提高对台湾史地的认识"、"深深感到台湾是中国领土的不可分割的一部份"，并要求将"展览中的图表……分送有关文化教育机关参考，以资增进知识"。华东师范大学历史系举办解放台湾展览时，把我们所做的图表都借了去。

（2）专题目录：已完成的有科学技术史料目录。刚完成的有台湾史料目录。编辑中的有司马迁生平及著作的参考目录、近百年经济史料目录。读者对科技目录的反映说，看了这个目录，才知中国古书中科技材料这样丰富。安徽省图书馆几位同志说，这个目录对他们起辅导工作上有帮助①，希望专业图书馆能对他们起辅导作用，并鼓励我们馆今后多编些这类的专题目录，建议酌收成本费，使他们可多得一本应用。

（3）咨询答复。考古研究所研究员钟凤年同志托校馆藏清全祖望的稿本"《水经注》重校本"，使他在研究"王（梓材）校全书公案可得正确解决"。中国科学院学部委员刘崇乐同志函询《本草纲目》中"紫钾"条引书异文及晋张勃《吴录》的成书年代等问题。西北师范学院教授凌洪龄同志来函要找些"蹴鞠球规"，都

---

① 原文如此。

提供了我们所有的材料，让他们都认为满意。

（4）座谈会。我馆的举行第一次座谈会，邀请了复旦大学、华东师范大学、上海市师范专科学校的史学教授们几人，请他们对我们过去工作予以批评，今后专业工作如何开展，提些宝贵的意见。大家对我们服务的作风态度加以表扬，并鼓励巩固这一优良传统。并指出蒐集工作中应注意到各方面的文件，加强与史学会等学术团体的联系，可以多得他们的协助。举行各种类型的座谈会来联系群众，才可逐步开展普及工作。

（5）专题陈列。半年中配合时事布置了"五一"国际劳动节、解放台湾、中苏友好纪念、共产主义道德教育、"三八"妇女节、列宁诞辰、批判胡适反动思想、学习辩证唯物主义等八次，对读者一方面提示了当前的中心任务，推荐了好书。同时，展览时事图片，对读者起了宣传时事政策的作用。[1]

这份总结前面的冠名已经不再是合众图书馆。1955年2月25日，经上海市人民政府批准，合众图书馆改名为上海市历史文献图书馆，从而成为专事收藏历史文献的专业图书馆。[2]

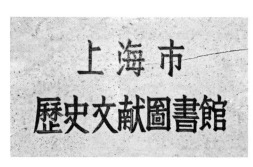
上海市历史文献图书馆馆牌

合众图书馆在抗战胜利后，牌匾去掉了"私立"二字，改名上海历史文献图书馆后，遂在原

---

① 顾廷龙：《顾廷龙日记》，李军、师元光整理，中华书局，2022，第828、829页。

② 沈津编著《顾廷龙年谱》，上海古籍出版社，2004，第516页。

来的牌匾背面写上新馆名，继续使用了一段时间，以后统一更换为长条馆牌。

从这一天起，合众图书馆成了历史。但"合众""继承先民所遗之宏业""肩负起保存固有文化之责任"的精神通过顾廷龙在延续、传承。

1955 年 3 月，顾廷龙被任命为上海市历史文献图书馆馆长。

1958 年 10 月 16 日，经中共上海市委宣传部"沪委宣（58）3398 号文"批准，上海图书馆、上海市科学技术图书馆、上海市报刊图书馆、上海市历史文献图书馆等四馆合并为上海图书馆。

1962 年 11 月 22 日，上海市人民政府任命顾廷龙为上海图书馆馆长。

1956 年潘承圭与同事在长乐路 746 号历史文献图书馆门前合影。可以看到长条馆牌右侧墙壁上有支架痕迹，极有可能是原来悬挂馆牌的位置

上海图书馆上海科学技术情报研究所原党委书记王鹤鸣在一篇纪念合众图书馆创办 80 周年的文章中记述了图书馆改名后的工作状况：

> 1955 年 3 月 10 日，上海市人民政府文化事业管理局正式下达关于合众图书馆改名为上海市历史文献图书馆的通知："为符合你馆蒐集保藏有关历史图书的专业性质，业经我局报请上海市人民政府以（55）沪府文字第五七八六号文批准，将馆名改称为'上海市历史文献图书馆'。希自即日起，正式改用新名称。另随文颁发你馆印信本质长、圆戳各一颗，文到五日内应将旧印信截角缴销。"

合众图书馆改名历史文献图书馆后一个月，顾廷龙馆长旋于1955年4月10日下午主持召开了上海市历史文献图书馆第一次读者座谈会。出席的有周谷城、胡厚宣、周予同、吴杰、徐德嶙、魏建猷、束世澂、张荫桐、赵景深等专家。与会专家充分肯定了"合众"的工作，对改名为历史文献图书馆的服务工作提出许多建议，如：

束世澂：希望把《左传》稿本印出来，阅览时间希望延长。

周谷城：专业化是太好了。我们搞历史的很高兴。"合众"的工作效率很高，应继续下去，书不必送上门，只要到了图书馆，就能看到书就好了。在整理方面，这里有很多条件，将来能不能为专家方便，除对为一般读者服务外，预备一间房子为专家服务，如以前海光图书馆为顾颉刚备一间房子供他作专门研究，这是图书馆的一种光荣。专题编目外，最好能将上海八个图书馆所藏的历史文献编一个总的联合书目，稿本可能出版的把它出版。

赵景深：我是弄戏曲小说的，在这里得到很大的帮助。这里的特点，人少书多，拿起书来很快，不像上海图书馆那样门禁森严。

魏建猷：1.要及时收集史料，以免散失。2.专业化，这个方向是好的，应当创造条件，把历史文献图书集中在一起。3.专题目录，对从事历史工作的人很有帮助。4.普及方面，可以中小学教师作为我们的对象。

出席座谈会的称得上是上海市一流的文史专家。历史文献图书馆甫告成立，顾廷龙馆长立即召开专家座谈会，听取意见，表明新成立的历史文献图书馆继承合众图书馆的办馆宗旨，将服务的重点放在文史专家身上。

历史文献图书馆不仅做好来馆借阅图书的专家服务工作，而且以馆藏的文献史料，做好很多机关团体及个人的参考咨询工作，读者遍及全国各地。全国各地之专家教授，或是来馆阅览，或是通信咨询。就著名学者来说，有地质学家章鸿钊，生物学家秉志，文学家冒广生、郭绍虞、钱锺书、钱南扬，历史学家周谷城、周予同、蔡尚思、李平心、顾颉刚、郑振铎、牟润孙、陈寅恪、陈垣、陈乐素等。亦有各大学学生来馆研究或写论文者，如冯其庸、沈燮元、王运熙、黄永年、洪廷彦、陈左高、陆萼庭、贺卓君等。

中国科学院院长郭沫若借阅上海历史文献图书馆珍贵图书《攈古录金文拓本》，就是突出的一例。郭于1956年4月20日致函上海历史文献图书馆：“您馆有（古文字，上白下大）生钟拓本（刻本见攈古三之一，三十页），请借我一阅，或摄影见寄亦可。因正整理《两周金文辞大系》，急于需要。专此　顺致敬礼！”历史文献图书馆接函后，经请示文化局，即及时将珍贵图书《攈古录金文拓本》第十二册及时寄给郭院长。收到寄件后，中国科学院院长办公室又于6月19日给历史文献图书馆来函，称：前承寄来之攈古录金文拓本第十二册一本已收到。谢谢你们。郭院长还想看看金文拓本攈古录金文拓本的其余部分，不知是否能全部借给。历史文献馆收到来函后，又及时将另外十三册一并寄去。郭院长看完后，中国科学院于7月19日将两次寄去共十四册拓本全数奉还，并专函上海历史文献图书馆再次表示感谢。

1958年10月，上海市委宣传部决定上海图书馆、历史文献图书馆（合众图书馆）、上海科技图书馆、上海报刊图书馆（鸿英图书馆）四馆合并，仍名上海图书馆，各馆馆长分任原职，实行联合办公。1962年11月，上海市政府任命顾廷龙为上海图书馆馆长，以及后来任上海图书馆名誉馆长，顾先生都继续积极以位于长乐路的历史文献书库馆藏，为上海乃至全国的文史专家服务，发挥着越来越大的作用。①

在外敌入侵的炮火中诞生的合众图书馆，经历了风风雨雨，完成了叶景葵、张元济、陈陶遗、顾廷龙等创办者赋予的历史使命。在顾廷龙带领下，它以新的面貌在新的时代跨上了新的征程。

---

① 王鹤鸣：《抗日烽火中诞生的合众图书馆：纪念合众图书馆创办 80 周年》，载《文汇报》2019 年 09 月 27 日。

第十二章

我生托子以为命

一九五三年六月十八日为合众图书馆捐献之日，张先生很高兴，清晨给我一缄，表示感谢：

……今日为"合众"结束之期。若干年来，弟尤得读书之乐。吾兄十余载之辛勤，不敢忘也。苦心孤诣，支持至今。揆翁有知，亦当铭感！

——顾廷龙：《张元济与合众图书馆》

一、张元济去世

1949 年 12 月 5 日下午，商务印书馆借用西藏中路宁波同乡会举行工会成立大会，张元济应邀出席。致辞时，张元济突然跌倒在台上，被急送中美医院（今凤阳路长征医院）抢救，经诊断为脑血栓症。翌日上午，转至离家较近的剑桥医院。经悉心医治，病情日渐好转，三个月后基本痊愈，但左侧瘫痪已无法恢复。

1950 年 5 月初张元济出院回家，开始了在病榻上的生活。1957 年开始，张元济身体明显虚弱。1958 年底以后，全身机能衰竭，不能吞咽，以鼻饲和吸氧维持生命。

1959 年 8 月 14 日晚 8 时零 4 分，合众图书馆发起人之一张元济病逝于上海华东医院。张元济之子张树年在一篇纪念文章中写道：

> 父亲去世以后，国内的政治气氛已不宜于对他的生平、对商务印书馆史的研究，但起潜在陈叔通丈的关心下，默默地注意收集先父的文稿、史料。"文革"期间，我们除了各自接受革命群众的批判和再教育之外，不可能有什么往来。后来，起潜对我讲起过这一时期内的两件事：先父曾于 1956 年给蒋介石写过一封信，劝其效法北宋初年钱武肃，纳土归顺，实现祖国和平统一。起潜保存了这份信稿，却招致了一场批斗，因为造反派的逻辑很简单：蒋是坏人，给蒋写信的也是坏人，保存坏人信稿的当然是坏人！另一件事是他在下放造纸厂劳动期间，亲眼看到 1910 年先父访欧时从各地寄回家中、详细记述行踪的厚厚一叠明信片被送去做再生纸。
>
> 党的十一届三中全会给知识界、学术界带来了春天。起潜在

上海图书馆务和学术活动都十分繁忙，但他对先父的有关书籍的出版或各种纪念活动，都给予大力支持。为张元济图书馆内"张元济先生纪念室"题匾额，为我主编的《张元济年谱》写序，有求必应。

70年代末，新西兰华裔叶宋曼瑛女士在奥克兰大学攻读博士学位，以《张元济的生平和事业》作为论文的题目。在海外寻找先父的资料十分困难，起潜得悉后，立即向她展示了上图收藏的先父文稿、书札，使叶女士如获至宝。后来，又得知她在中国古籍版本目录学这一专门的学术领域中遇到了障碍，即嘱我将《涉园序跋集录》和王绍曾教授的一篇有关论文寄去，并赠以新出版的《艺风堂友朋书札》，帮助她克服了这方面的困难。叶宋曼瑛的论文成为海外学者研究先父生平的第一本专著。成书之后，起潜为她题了书名。

先父在校勘《百衲本二十四史》时，曾留下了数百万字的校勘记。只因抗战军兴，商务已无力再整理出版，只能束之高阁。60年代被中华书局借去用作点校本《二十四史》的参考，"文革"中失去了一部分。1987年，在"张元济先生生平和思想"第一次学术讨论会上，绍曾兄大声疾呼，要求整理出版《初史校勘记》，得到起潜兄的大力支持，也引起了商务印书馆领导的关注。在他们共同努力下，第一种《史记校勘记》经整理，已于去年底影印出版。起潜兄的序言赫然列于卷端。可以告慰起潜兄的是两汉、三国的校勘记亦已发稿，其后各种亦将着手整理。[1]

---

[1] 张树年：《怀念起潜兄》，载《顾廷龙先生纪念文集》，上海科技文献出版社，1999，第27页。

顾廷龙在92岁高龄时为《百衲本二十四史校勘记》写下的序中记述了张元济为辑印《百衲本二十四史》所作贡献：

海盐张菊生先生尝慨今本正史之不可信，乃发重校正史之愿，集宋元明善本之大成，辑印《史》，沾溉海内外学人者多且广矣。顾先生所撰校勘记百数十巨册，以世变方殷，董理需时，至今五十余年，迄未付梓，不独学者引以为憾，且无以慰先生在天之灵。犹忆龙于四十年代初应叶揆初丈与先生之招，抵沪创办合众图书馆。时上海已成孤岛，江浙藏书纷纷流散，揆丈与先生率先倡议，网散罗佚，尽出箧藏，陈叔通、李拔可、陈陶遗诸公咸积极响应，于是库藏之富，甲于东南。时《百衲本二十四史校勘记》稿本，由商务丁英桂君保存，龙以工作之便，幸得假观。其中《史记》《汉书》《宋书》三种均为先生手稿，弥足珍贵。其他二十一种（《明史》原无校勘记，故实有二十三种），均出自校史处同仁迻录经先生审定者。眉端行间，率多先生斠语，蝇头细书，朱墨烂然……在创议之初，先生每获善本，辄亲自雠校，往往一校、再校而至三校，几至废寝忘食。一九二八年二月前，已校毕《宋书》《南齐书》《陈书》《魏书》《北齐书》《新五代史》，一九二八年后，又续校《史记》《汉书》《晋书》《南史》《北史》及其他诸史。每校一史，先生必广罗众本，随手记其异文，汇为校记，然后比勘异同，拔取殊尤，如获更胜之本，则舍去前者，有抽换至一而再者。惜先生校记原稿，除《史》《汉》《宋书》外，均未及见。夫校史之难，首在求本，善本难求，自古而然。先生独不辞劳瘁，持以坚毅，"招延同志，驰书四出；又复舟车远迈，周历江海大都，北上燕京，东抵日本，所至官私库藏，列肆冷摊，靡不恣意览阅。耳目闻见，借记于册。海内故家，闻风景附，咸出箧藏，助成盛举"。此中甘苦，傅沅叔前辈知之最深，不有记述，后人将无由知成书之难与先生校史之劳。至考斠异文，篇帙浩瀚，先生所加斠语，少则一二字，多至数百言，无不执中至当，动中奥窍。其诣力所到，时与王钱诸人相发明，而精审且或过之。[①]

张元济的一生，高风亮节，彪炳史册。1932 年，张元济之子张树年自美国留学回国，向父亲提出想进商务印书馆工作。张元济明确表示：

> "你不能进商务，我的事业不传代。"告诫树年你进商务有三不利。你若进商务，必然会有人吹捧你，你就失去刻苦锻炼机会，浮在上面，领取高薪，岂不毁你一生。二是对我不利，父子同一处工作，我就要受到牵制，尤其在人事安排上，很难主持公道，讲话无力。三是对公司不利。你进公司，这将开一极为恶劣之风气，必然有人要求援例。人人都有儿子，大家都把儿子塞进来，这还像什么企业。"我历来主张高级职员的子弟不准进公司，我应以身作则，言行一致。"[②]

仅此一例即可见张元济崇高的人生精神境界。

张元济去世后，顾廷龙撰写的专文计有：《回忆张菊生先生二三事》（1980年）、《张元济书札跋》（1981 年）、《张元济与合众图书馆》（1985 年）、《张元济访书手记辑录小引》（1987 年）、《张元济年谱序》（1991 年）等。另外在《我与

---

① 顾廷龙：《百衲本二十四史校勘记序》，载《顾廷龙文集》，上海科技文献出版社，2002，第 45、46 页。
② 张人凤、柳和城编著《张元济年谱长编》，上海交通大学出版社，2011，第 912 页。

商务印书馆》（1987 年）、《我和图书馆》（1997 年）等文中也有很多回忆与纪念文字。

有学者在研究张元济与顾廷龙交谊的文章中记述了一件往事：

1939 年 11 月，为避战乱移居上海的潘景郑从家乡苏州一严姓书商手中以 20 元购得此书（《王摩诘集》），并在书后题曰："此书前人以朱笔校宋本，颇多是正，又有蓝笔标点，署'王元美选'四字，当亦前贤手笔也……此本有'红药山房收藏私印'，及'屠用明字用明''埠华''元龙''雨岩'五印，为海盐张氏涉园故物……"1941 年顾、潘二人编《明代版本图录》时，因这部《王摩诘集》是"朱笔校宋本"，潘景郑遂将其书影收入《图录》。张元济看到书稿，发现其中的《王摩诘集》为张家六世叔祖故物，于是询问顾廷龙"原书未知何家所藏，乞示及"。潘景郑知道后，立即将《王摩诘集》璧还张元济，所以才有 10 月 8 日张元济复书顾廷龙"万不敢领"，同时他还证实了该书是张家先祖从马寒中（海宁人，清初著名藏书家）家购得，但书上的朱笔校勘并非张家先人所写，而是在购书前已经写上的。10 月 11 日，张元济为《王摩诘集》题跋后，原书奉还顾廷龙。

这部有张元济题跋的《王摩诘集》，现收藏于上海图书馆，它见证了张元济与顾廷龙、潘景郑在版本目录学方面的共同志趣和蒐集、保存中国古籍的拳拳之心。在古籍版本鉴定学上，《明代版本图录》的地位是不言而喻的，而张元济这位热心中国文化事业传播的师长功不可没。①

---

① 任雅君：《张元济与顾廷龙交谊述略》，《图书馆杂志》2009 年第 7 期。

　　此文还记有"办合众，张元济躬亲相助"、张元济与顾廷龙"为学术，切磋相长二十年"和顾廷龙"怀故人，三十年不忘知遇情"等内容，写出了顾廷龙对张元济在"合众"历史上贡献的评价，也写到了"合众"对顾廷龙辉煌人生的意义："以合众图书馆（即历史文献图书馆）收藏为基础发展起来的今上海图书馆历史文献中心，是当今中国乃至世界上收藏古籍善本书的重镇之一。饮水思源，这不能不说是当年张元济等三位'合众'发起人和总干事顾廷龙的功劳。而作为董事长、长辈的张元济，对顾廷龙的充分信任和支持是'合众'发展成长的基础，也是令顾廷龙感铭一生的记忆，晚年他曾由衷地说：'回顾（合众）从创办到捐献十有四年的经过，诸位先生的贡献都是巨大的。其中张先生始终参与其事，建国前后更直接主持馆务。每一项关键性事务，都得到他的妥善处理，其劳绩尤为卓绝。'历史是无法重来和假设的，所以后来人探究张、顾二人20年交往关系时，无法估量如果当初顾廷龙不来上海合众图书馆，他后来的人生将会是怎样的情形。我们已经看到的事实是，在张元济的一贯支持下，从'合众'开始，顾廷龙写就了他作为中国著名的图书馆和版本目录学家的辉煌人生。"①

二、由来意气合——"合众"的凝聚力

　　1944年3月12日，叶景葵为顾廷龙书一联：

<blockquote>
复见秀骨清，我生托子以为命；
由来意气合，汝更少年能缀文。②
</blockquote>

---

① 任雅君：《张元济与顾廷龙交谊述略》，《图书馆杂志》2009年第7期。
② 沈津编著《顾廷龙年谱》，上海古籍出版社，2004，第320页。

其中"我生托子以为命"取自杜甫《乾元中寓居同谷县，作歌七首》，此句为第二首歌的首句。原诗句苍凉悲壮，写诗人贫困交加，只能利用一柄长镵冒着风雪去挖一种像红薯或芋头的东西以维系全家人生命。叶景葵借此句说明了自己对顾廷龙的倚重。顾廷龙没有辜负叶景葵的期望，在合众图书馆14年的历史中，竭尽全力，不仅实现了叶景葵创办该馆的初衷和目标，而且在图书馆完成自己的使命，善始善终以后，仍在全力传承着该馆的精神和思想。

1940年6月，顾廷龙在燕京大学时期的挚友朱士嘉在接受了美国国会图书馆东方部主任的赴美邀请后，写信给顾廷龙，约他同去。顾廷龙婉拒了。他在日记中写下了理由：

> 六月二十六日 ……蓉江有信来（蓉江约吾赴美，吾欲助揆丈经营此馆，不便舍去，为事业不能为个人利益矣。谢书却之，而蓉江盛意极可感也）。①

当时，"合众"尚在筹备时期，顾廷龙毅然谢绝朱士嘉邀请，在赴美深造、开阔眼界、享受优渥待遇与艰辛创业、筚路蓝缕之间，他选择了支持叶景葵创办合众图书馆的事业。1941年4月21日，顾廷龙接到聂崇岐信，对方劝他赴美国，任哈佛大学汉和图书馆编目主任，并且明确告知"月薪美金百余元"②。对此，顾廷龙未见有回应。

叶景葵、张元济慧眼识真，精心遴选的事业的接班人、合众图书馆经管者顾廷龙没有辜负他们的期望和信任。在惊涛骇浪的岁月里，顾廷龙与他们相知互信，在共同的事业心、使命感和宏大愿景的基础上，形成了合众图书馆强大

---

① 顾廷龙：《顾廷龙日记》，李军、师元光整理，中华书局，2022，第89页。
② 顾廷龙：《顾廷龙日记》，李军、师元光整理，中华书局，2022，第154页。

的凝聚力。凭借这种精神力量，他们的事业战胜了种种困难，赢得了众多文化界名家宿耆的支持，在短短几年间，就产生了巨大的社会影响。

1953年，"合众"董事会决议将合众图书馆捐献上海市人民政府，虽然叶景葵已逝去，但这一决议与叶景葵的思想一脉相承。在给朱遂翔（字慎初)《抱经堂藏书图》撰写的题记中，叶景葵曾写道：

> 古今藏书家，或供怡悦，或勤纂述，或贻子孙，终不免有
> 自利之见存。若为利人之藏书，则整理研究，传抄刊印，事事
> 与自利相反，其功更溥，其传更久。此即先哲所云"独乐不如
> 众乐"……①

对这一点，顾廷龙有深刻的理解。1956年12月，他撰写的《卷盦书跋后记》中有一段话：

> 先生晚年适丁丧乱，目睹江南藏书纷纷流散，文化遗产之沦
> 胥，輒焉心伤，遂发愿创设文史专门图书馆，捐书捐赀，乃克有
> 成。命名曰"合众"，盖寓众擎易举之意，即今之上海市历史文献
> 图书馆是也。十余年来利泽群众，为科学研究者所称便。中国共
> 产党与人民政府颇加重视，今且经营隙地，恢宏新厦，图书日增，
> 读者陆绎，先生有知，当幸先谋之无违，其亦含笑于九京乎！②

叶景葵亲手创办的合众图书馆，因张元济、陈陶遗、顾廷龙等相助得以载入

---

① 叶景葵：《叶景葵杂著》，顾廷龙编，上海古籍出版社，1986，第191页。
② 叶景葵：《叶景葵杂著》，顾廷龙编，上海古籍出版社，1986，第431、432页。

史册，其"众擎易举"的信念流传永远。叶景葵、张元济没有看错人，如他们有知在他们身后顾廷龙所作的一切——"当幸先谋之无违，其亦含笑于九京乎！"

三、淡泊持己——合众前辈的道德操守

知识分子的历史使命就是提出符合时代要求的任务，身体力行，为之奋斗。在外敌入侵、战乱频仍的抗日战争时期，叶景葵、张元济、顾廷龙这样的知识分子实事求是，从自己的能力定位出发，选择了对国家、民族和社会有意义的行为。顾廷龙在写下"菊老一生积资甚微，清廉可敬"，"身履膏腴之境，而淡泊持己"[①]，"自非心细如发，安克耐其烦苦，又非博洽群书，亦何能为之析类"[②]这样的文字时，也在以自己的言行举止展现出知识分子的高风亮节。

顾廷龙的日记中有这样的一段话：

（1941年）七月二十五日　……余因从事图书馆事业，不宜自有收藏，且从前所积，除自读阅之本外，亦将赠馆。[③]

因从事图书馆事业，就不宜自己收藏古籍，这是一个以古籍为专业的图书馆管理者为自己定下的职业操守。没有任何人或任何机构予以规定、提出特别要求，但这是顾廷龙的原则，必须遵从，不可突破。社会上的各行各业都有自己的原则和底线，这属于从业者道德品行的范畴。人称"中国考古学之父"的李济，1928年任中央研究院历史语言研究所考古组主任，在发掘殷墟开始不久，便与考古组的同仁约法三章——凡是做田野考古的就都不藏古物，这一约

---

① 顾廷龙：《张元济年谱序》，载《顾廷龙文集》，上海科技文献出版社，2002，第66页。
② 顾廷龙：《杭州叶氏卷盦藏书目录跋》，载《顾廷龙文集》，上海科技文献出版社，2002，第141页。
③ 顾廷龙：《顾廷龙日记》，李军、师元光整理，中华书局，2022，第178页。

定被史学大家劳干称为"百世不易之领导金针"。李济一生亲手发掘和经手保管的文物无数，可他始终遵循自己当年订立的规矩。他去世后人们发现，在他的遗物中只有几件仿造艺术品，没有一件古物，所藏的 2 万余册书，也没有一本是珍本、善本。中国社科院考古研究所所长夏鼐从不收藏古董。20 世纪 80 年代，有记者到他家中采访，没有看到一件古物，甚至连一枚古币、一件古瓷、一只古鼎之类的小摆设也没有。

考古人铭记心头、身体力行的就是考古人不收藏古物、考古人不鉴定古物、考古人不买卖古物的"三不主义"。[1]从事古籍收藏的图书馆领导者顾廷龙与之相通，充分体现出中国传统知识分子崇仰的高风亮节。

顾廷龙的日记中还记有他从文史界前辈处听到的掌故，对涉及的人和事，他或敬仰、或鄙视，爱憎分明。1942 年 11 月 3 日，顾廷龙与潘承弼到叶恭绰处，畅谈中，叶恭绰讲到了西北科学考察团所得木简、杨惺吾《水经注疏稿》以及陈寅恪丢失数种书稿的事，还讲到了蔡元培：

（1942 年）十一月三日　偕景郑访玉甫懿园，畅谈……居港再可怜者，为蔡子民夫人及其两女，乱后遭劫两回，所有服物再抢仅存，玉翁命家中取衣相赠，而幼女已病卧□上，蔡夫人并长女三人覆一薄被，蜷卧其中。中央研究院及北大旧雨，竟无一人顾念及之。子民生前公私之钱，界限极清，致后来身体虚弱，医令打补针，一计积蓄无多、竟不针治，亦可敬矣。[2]

对于"公私之钱，界限极清""积蓄无多、竟不针治"的行为，顾廷龙表示钦敬。

---

[1] 高蒙河："考古'三不主义'：不藏、不鉴古、不买卖古物"，载 2014 年 1 月 2 日《中国文化报》。

[2] 顾廷龙：《顾廷龙日记》，李军、师元光整理，中华书局，2022，第 274 页。

1941 年 2 月 3 日，书贾杨金华带给顾廷龙两页《大元一统志》①，这是收藏家极为珍惜的古籍之一。顾廷龙日记中这样记录着：

> 二月三日 ……杨金华携示《大元一统志》两页，有傅跋，知傅从内阁大库捡出，携南以赠乙盦。举公物以赠私交，何异盗贼。公然题于纸尾，可耻孰甚。②

对于这种利用职务之便化公为私的行为，顾廷龙表现出极大愤慨。

人生面临的最重要的决策在取与舍之间。苏东坡在《前赤壁赋》中的"且夫天地之间，物各有主，苟非吾之所有，虽一毫而莫取。惟江上之清风，与山间之明月，耳得之而为声，目遇之而成色，取之无禁，用之不竭，是造物者之无尽藏也，而吾与子之所共适"诠释了"取"的最高境界。而在"舍"的方面，叶景葵在合众图书馆的事业中为后人做出了表率。合众图书馆名为"私立"，虽然资金、藏书尽出于己，但他没有丝毫据为己有的私心。面对通过家庭、学塾、自修、氛围熏陶、前辈表率影响等等这样多渠道传统文化的滋养而长成的叶景葵、张元济、顾廷龙这样的前辈，在审视他们崇高的精神境界和高贵的道德学养，由衷赞美他们表里澄澈、冰雪肝胆的无瑕人生时，人们应该探求与思考，有着这样人品、学问、成就的人是怎么形成的？这其中应该包含着传统国学的积极作用和文化传承的意义。

展读叶景葵早期的著述，虽为古文，但其表述的理念观点中会有令人感到清新扑面之处。如在著名的《条陈十策》中，他针砭时事，指出"上者深闭固拒，下者铤而走险。充此不治，虽兵精械利，外观有耀，而物朽虫生，内患将

---

① 《大元一统志》是元朝官修地理总志。1285 年（元世祖至元二十二年）由札马剌丁、虞应龙等开始编纂，于 1294 年完成初修稿 755 卷。现残存之《大元大一统志》仅得残本 44 卷，其中原卷还有的不全，甚至只存二三页。
② 顾廷龙：《顾廷龙日记》，李军、师元光整理，中华书局，2022，第 135 页。

大诚可惧也"[1]，可谓一语道破时政之弊病。有着这样胸怀和视界的知识分子，"平生眷怀国事，渴待清明之治"[2]，为官能做到勤政廉政，体恤民情，勇于革故鼎新，不畏艰难；为商能"无成见、无私心，但以国利民福为归"[3]，"调济金融，流通农产，辅助工商"，"图障利权于外溢"，做到"信誉日隆"；为学则能"以先贤精神所寄"，做到"鉴别前人墨迹最精审，每见异本，手自校勘，工伤不苟"，"或提撷精华，或评议体例，或考订版本，或叙述往事，皆足以津逮后学"[4]。也正由于受到叶景葵这种见解的感染，顾廷龙对于古籍的保存、利用和传布倍加重视。他为中国古籍出版社的题词道出了他的见地和期望：

中华书籍　先民智慧

五千余载　悠悠天地

国脉所循　国魂所寄

整理继承　启迪后世

发扬光大　开新世纪

顾廷龙为上海古籍出版社成立40周年题词

四、典藏，传布——合众图书馆的办馆理念

在合众图书馆创办之初，叶景葵提出了非常明确的办馆设想，即办馆资金由捐赠和募集两部分组成，所以没有投资人的概念，没有股东，这就奠定了合

---

① 叶景葵：《叶景葵文集》，柳和城编，上海科学技术文献出版社，2016，第14页。

② 顾廷龙：《叶公揆初行状》，载《顾廷龙文集》，上海科技文献出版社，2002，第545页。

③ 叶景葵：《叶景葵文集》，柳和城编，上海科学技术文献出版社，2016，第46页。

④ 顾廷龙：《叶公揆初行状》，载《顾廷龙文集》，上海科技文献出版社，2002，第545页。

众图书馆完全是一个非营利的公益机构的基本性质,杜绝了一切谋利的行为。其管理形态,是设立董事会,聘请外部董事。重大议案均由董事会这一决策层决定,由此避免了个人专权的可能。而执行层以总干事为核心,权限划分明晰,在多年的运作中,确保了效果、效率的最优化,而且没有出现管理方面的失误。在具体办馆方针方面,也有明确的规定。回顾合众图书馆走过的14年,不能不令人叹服叶景葵、张元济和顾廷龙在办馆理念方面的超前。

解放后,顾廷龙基本延续了合众图书馆的办馆思路,通过与政府主管部门的领导者磨合沟通,许多方面逐渐趋同,其中最为突出的是对"专门国粹之图书馆"的管理理念。文史专业所用古代图书资料本身艰深难懂,清末文人吴趼人曾列举有"文字深邃,不有笺注,苟非通才,遽难句读""卷帙浩繁,望而生畏"[①]等特点,而且早年刊刻的书籍不仅具有文物性质,本身也是精美的古代艺术品,更需要精心保管。沈津曾在一篇文章中介绍了他看到过的抄本中之精品——清乾隆时古香斋抄巾箱本《古香斋[②]鉴赏袖珍教乘法数摘要》十二卷,《古香斋鉴赏袖珍翻译名义集选》一卷、二册。他慨叹道:"这是我见过的千余部抄本中之白眉。""此书有函套,为吉祥纹仿宋锦如意函套,装潢精美,书签为洒银之纸,四边双框为手绘,未题书名,整体而观,旧气益然。函内书之封面则为蓝色绫面,书签为黄色,边框亦同函套之书签一样,皆手工绘制,钉书的丝线划齐匀整。""此二书用开化纸[③]所抄,纸白如玉,薄而坚韧,细腻腴润,高雅可观,触手如新,有抚不留手之感。""我看重此书,不仅在于难得稀见珍贵,更在于此书抄写之精工,其小字细若发丝,工整雅致,安排有度,令人叹

---

① 吴趼人:《历史小说总序》,《月月小说》1906年第1期。

② 古香斋为乾隆帝之斋名,其为皇子时的一处旧邸,今在故宫重华宫东庑保中殿内,殿内额曰"古香斋"。1727年(雍正五年)大婚前,身为皇子的弘历曾在此居住,登位后将此改称为宫。

③ 开化纸,为清代最名贵之纸张,也是顶级纸中的一种,以其产于浙江开化而得名。由于纸上常有一星半点微黄的晕点,如桃红色,又称"桃花纸",可谓"书中自有颜如玉"。用开化纸所抄之书,较刷印之本更为难得,百不存一,且难窥见真貌。

为观止……细细审阅，您会发现全书字与字之间有收有放，布置得当，长短错综，疏密相间。"《古香斋鉴赏袖珍教乘法数摘要》卷首有'婆娑界一日月须弥三界之图'，绘图之线条，也是精严蕴藉，美不胜收，不离轨度，层次分明，殆所谓放而能蓄者。如此之精妙之品，是藏家摩挲爱玩，手不忍释之物也。"[1]

对于这样一类珍贵的古籍文物、艺术精品，当然应该具有不同于一般书刊的管理原则。叶景葵、张元济、顾廷龙都是这方面的专家，清晰的观念源自他们的实践。合众图书馆创办之初，有人对图书不外借的规定表示不解，出言不逊。顾廷龙态度鲜明地回应：

> （1941 年）二月九日　……拔可谈及冒孝鲁声称揆老办图书馆，而书不借人，办之何用！不知本馆方在筹备，何能出借？即开幕后，亦须有相当限制。用功书总须自备。[2]

顾廷龙在日记中还记有两则关于珍稀古籍的掌故：

> （1943 年）九月六日　……陪剑知看止溪藏画。剑知述一趣闻，不可不记，夏剑丞闻汪精卫近好陶诗，遍访异本，大约受龙榆生所指示，丞知拔可有景宋钞本，极佳，遂讬言借阅。借得后，即赴南京亲献汪氏，曾得五千元照仪。一日，李释戡见汪，汪告以夏某新赠陶集，系令兄旧藏，有墨巢印记，此书甚佳。释戡驰书告拔可，拔可即以询夏。夏称，君当时似以赠吾，故敢转赠。一笑而罢。

---

[1] 沈津："抄本的鉴定"。原文有注：本文为沈津先生的未刊稿《丹铅手录掇精粹——抄本》中的一部分。载天一阁博物馆编《天一阁文丛（第 15 辑）》，浙江古籍出版社，2017，第 50—51 页。

[2] 顾廷龙：《顾廷龙日记》，李军、师元光整理，中华书局，2022，第 137 页。

....

（1950年）四月二十五日　……晤柳翼老、育伊。翼老谈及从前国学图书馆有沈某集，傅沅叔长教部，令苏教厅指借其书，约日归还。迨返，已换为钞本，图记亦系描润。言下不胜慨叹。[1]

藏书人爱书，但应取之有道。见珍本而忘义，必欲据为己有，这种德行当然为人不齿，然而难以根除，必须靠制度、法律以及严肃、严谨、严格的管理来防范。这一类现象也被新政府主管图书馆的机关领导所注意。上海市文化局在1953年总结中对采用保证金的方法提出批评，并举例：

过去一般人还以为有了保证金，图书出借就有了保障，不至遗失，这是消极的看法。而且事实已证明有保证金照样要丢书。人民图书馆就有一位读者愿出五万元保证金，借去一部绝版的印刷术，借走后便一去不返了。（在这里要附带指出，人民图书馆将绝版的善本图书出借是错误的，绝版书本来不应出借。）[2]

古典文史书籍的搜集、编目、考证、校雠、探求本义等都属于基础研究，其目的很明确地指向应用研究。吸取思想、传承文化、探求兴替的本因以促进当今社会发展，这种从历史中汲取经验的办法实际上起到了模拟社会实验室的功能。专业图书馆的典藏珍籍不应简单地面向普通读者开放，但对于专家的研究，则应该创造最大的方便，帮助他们获取最珍贵、最必需的知识资源，再通过他们的"专门研究而传布于大众"[3]。这是合众图书馆的基本管理思路，在顾廷

---

① 顾廷龙：《顾廷龙日记》，李军、师元光整理，中华书局，2022，第329、536页。

②《建国初期上海图书馆事业概况》，《档案春秋》2002年第1期。

③ 顾廷龙：《顾廷龙日记》，李军、师元光整理，中华书局，2022，第556页。

龙主持上海图书馆期间，这一点也得到了贯彻。曾任上海社会科学院经济研究所亚洲太平洋研究所研究员、研究室主任的林其锬，在经济思想史研究、《文心雕龙》及刘勰研究、华人经济文化研究三个领域均颇有建树。他在一篇回忆文章中讲到了顾廷龙对他研究《刘子》^①的支持：

> 笔者治《刘子》，与对《文心雕龙》和刘勰的研究兴趣有关。笔者大学读的是中文系汉语言文学专业，20世纪60年代初，在中国大陆曾在所谓"调整"时期出现过短暂的学术放松。那时在周杨等人的倡导下，以《光明日报》"文学遗产"为代表的全国报刊，展开了对古代文论《文心雕龙》的研究与争鸣，内容涉及《文心雕龙》的《原道》、《风骨》、《神思》、"批评论"、"创作论"、"风格论"以及刘勰的世界观、美学思想乃至其家世等等。这场讨论激发了笔者对《文心雕龙》和刘勰研究的极大兴趣，经常利用星期天跑到上海图书馆寻找、阅读全国报刊有关的争鸣文章，两年多时间里竟读了140多篇，并作了4厚册40多万字的摘录笔记。"史无前例"的"文革"期间，虽遭批斗，但仍搜阅"批判"《文心雕龙》和刘勰的资料，并且偷偷研习《文心雕龙》原著，做了700多张卡片，还按事类编辑成册，题为《刘勰〈文心雕龙〉资料汇编》。正因如此，粉碎"四人帮"后，我便投奔上海社会科学院，为的就是想搞《文心雕龙》和刘勰的研究。可是，进入社科院时，文学研究所尚未正式成立，只好委身于经济研究所当刊物编辑，后又转到经济思想史研究室从事中国经济思想史研究，一搞就是8年。

---

① 又名《刘子新论》《流子》《德言》等，著者或为刘勰，或为刘昼，或为刘歆，迄今仍无定论，为南北朝时期较有影响的一部著作，主要论述治国修身之要，间杂九流之说，善于运用比喻和寓言论证。寓言大约30余则，或改造旧寓言，或另加新制，都能别具一格。

　　在经济思想史研究室，我先是参加集体项目《秦汉经济思想史》的研究和编撰，同时还和陈正炎教授合撰了《中国古代大同思想研究》。在完成《秦汉经济思想史》项目之后，研究室又有续撰《魏晋南北朝经济思想史》计划。出于尽量拉近《文心雕龙》和刘勰研究的"私心"，我自告奋勇承担"南朝经济思想史"研究的任务。仍按老办法，从普查南朝时期有关文献资料的目录着手。也就在普查中，与《刘子》遭遇了。《刘子》之所以一触就强烈地吸引了笔者，主要原因有二：一是此书安邦治国思想将经济民生置于政治之前；二是新、旧《唐书》和许多版本都明确著录"《刘子》刘勰撰"。前者正符合课题研究的内容；后者则触动了笔者搞《文心雕龙》和刘勰的研究的神经。说实在，由于自己的孤陋寡闻，在此之前我从来没听说过刘勰还有这么一本书。但在进一步考察时发现关于《刘子》的作者也有不少异说，于是打算另列课题研究，可是多次申请皆未获批准，而且被视为"不务正业"。由于不能列入研究项目，只得在课题外"业余"进行，一无经费；二缺时间，条件相当艰难。正因如此，在上海图书馆进行校勘《刘子》时，早出晚归，中午也不敢回家，只在底楼大厅里花2角8分钱买两只包子、一杯淡咖啡果腹。

　　笔者先在社科院图书馆校了五六种《刘子》版本，然后到上图校勘。大约过了一个多月，有一天中午，当我吃了点心回到古籍部取回寄存在那里的稿本文具在阅览室准备继续校勘之时，善本保管员王翠兰同志抱着一大包牛皮纸包的古籍进来，笑嘻嘻地对笔者说："林老师，您额角头真高[①]！你的工作得到我们顾老关

---

① 原注：上海方言，意为运气真好。

心了！"我感到突然。她接着解释："今天中午顾老到部里来，问起最近读者的情况。我们对他说：'上海社科院有一位先生经常来校《刘子》，每天中午也不回去，现在他吃点心去了。喏，他的稿本放在桌子上。'顾老听后仔细翻阅了你的稿本。看了后他对我们说：'看来这位先生在《刘子》校勘上已经花了不少功夫了，我们应该支持他，把我们馆藏的宋本《刘子》拿出来给他看看。'"王翠兰同志说完便小心地打开那一层又一层夹着防蛀药的牛皮纸包，最后露出了用黄绸包着的那部由著名藏书家孙星衍考定为"南宋版本"、并留有黄丕烈（字芜圃）手跋的十卷本《刘子新论》。末了，她还郑重地宣布："这是国宝，看时要特别小心：一、不要带钢笔进来；二、不要用手指沾口水翻书；三、不能用纸盖在书上描图记。"

说实话，我当时真被这个天降的"奇缘"震呆了，面对桌上的国宝，似梦非梦，因为虽然知道存在过曾被清代著名藏书家、校勘学家黄丕烈称之为"孙星衍校藏残宋本"并"不惮至再至三"用以"一破群疑"的《刘子新论》，但在民国初年已被傅增湘宣告"今已不传"了。此国宝养上图"深闺"并不对外，因此鲜为人知，藏书卡是查不到的，突然出现完全出乎意料。此时真是又惊又喜，对刺鼻的防蛀药全不觉得，赶紧小心翼翼地翻看，想先探个究竟。果然，此本虽说是"十卷"，其实真正宋刻只有八卷，第一二两卷乃是明复宋刻本，从"《爱民》第十二"开始的第三卷以下才是南宋刻本，而且还有残缺和后人抄补者。整整半天，翻了一遍，犹似饿汉见到一盘香喷喷的白馒头，恨不得将它全吞进肚子。

闭馆时间到了，王翠兰同志前来催还，我依依不舍，小心地将其包好交给她，说明日定来续校。离开上图，我没有回家，骑着自行车，直奔香花桥马伯煌教授家，他是老专家、我们经济思想史研究室的主任。一进他的书房，便兴奋地向他报告："今天我见到了宋本《刘子》了！"笔者把下午的情况向他叙说了一番。没料到，马老听我说完后，摇摇头说："不可能！"他还以自己为例，"我参加由周恩来总理亲自抓的国家教委重点中华书局出版标校《二十四史》的《宋史》项目，当时得知辽宁图书馆藏有宋本《宋史》残卷，我是带着国家教委的介绍信到沈阳去，结果也没能看到，他们借口因战备转移了，不让看。所以你说看到宋本了，不大可能！"他的一席话犹如一盆冷水，把笔者的满腔兴奋之情，浇得灰溜溜地。那天晚上笔者想出一个办法，第二天一早，便带了铅笔、圆规、三角尺和卡片，一开馆就进古籍部阅览室，借出宋本《刘子》，费了整整一天时间，把书中 28 枚印章，按 1：1 量好尺寸，一个个照原字体描绘在卡片上。到了闭馆时，带着当天描下印章的卡片，又直奔到马伯煌先生的家里，对他说："这是我按原件描下的藏书章，请马老帮忙鉴定看是否是真宋本。"马老非常认真，戴起老花眼镜还另加放大镜，十分仔细地把所有图章逐个审看一遍，然后取下眼镜，大腿一拍，翘起大拇指兴奋地说："是宋本！真是不容易！"笔者一颗悬空的心，终于落地了。此后又花了两个星期，用宋本校了三遍，仔细地记下书中的每一细节。

顾廷龙先生出于支持后生学术研究的公心，指示给国宝宋本《刘子》供笔者作校勘版本，对于提高校勘质量和后来成书出版都起了关键的作用。由于见到了宋本，更使笔者下决心，找当时所能找到的 40 多种版本加以集校；由于有了宋本，更提高了集校本的质量和价值，所以使《刘子集校》出版比较顺利。[①]

[①] 林其锬：《流到前溪无半语，在山做得许多声：怀念顾老，学习顾老》，载《顾廷龙先生纪念集》，上海科学技术文献出版社，2014，第 95、96 页。

著名历史学家汤志钧①在顾廷龙100周年诞辰时写下了一篇纪念文章,题为《纪念顾廷龙诞辰一百周年》,其中写到了一件令国外读者与林其锬有相同感受的事:

> 顾老办事以严,待人以诚,一切以国家利益为重,以为读者服务为乐,他在《创办合众图书馆意见书》中表示:"专事整理,不为新作;专为前贤形役,不为个人张本。"他早年就有《吴窓斋先生年谱》,为人称誉,后来除整理旧稿《尚书文字合编》外,全部精力放在图书馆事业上。凡是有人向他求教,无不竭诚相待,得到国内外读者的赞誉。在我几次陪同外宾到上图看书时,就有切身的体会:1981年6月初,日本京都大学名誉教授岛田虔次到上图看书,询问中江兆民《民约通议》,顾老立即派人取出,封面为"人境庐主人题",戊戌(1898年)铅字排印本。岛田教授高兴极了,返国后于7月10日写信给我,特别提到:"在先生的陪同下到上海图书馆时,只是随意提了一下,竟然如愿拜见了顾廷龙先生,受到了教益。还了解到有关马一浮的刊印书的概要,可谓一大收获,给我惊喜不已。然而还有更大的收获呢!终于发现了《民约通议》。该书是明治时代最大的思想家中江兆民所注《民约译解》的翻译版,已是早有所闻的,但是该书由谁在何时何处出版?尚无一人所知,究竟是否出版成书,也一直是个谜,没想

---

① 汤志钧(1924—2023),江苏武进人。早年就读于无锡国专,1947年毕业于复旦大学。20世纪50年代初期,在常州中学任教。1956年,被调入中国科学院上海历史研究所筹备处。1978年上海社会科学院恢复,他被调回历史研究所,任中国近代史研究室主任,1982年任副所长。曾先后赴日本东京大学、京都大学、香港中文大学、美国柏克莱加里福尼亚大学、戴维斯加里福尼亚大学、史丹福大学、西雅图华盛顿大学、密西根大学、俄亥俄州立大学、耶鲁大学、哈佛大学和华盛顿美国国会图书馆讲学。

到此次亲眼目睹该书的存在，喜悦之情不必多说，这可真称得上是我近来最为愉快的一件事。"后来《中江兆民全集》在日本出版，还专门提到此事。①

这些实例充分说明了顾廷龙从合众图书馆时期形成的专业图书馆的管理理念符合古籍管理的特点和规律。最大限度的利用和最大限度的保护相结合，在图书馆科学技术已经进入网络化时代的当下，应该是一个不难解决但更需要深入研究的课题。

2017年11月4日，第十二届全国人民代表大会常务委员会第三十次会议通过《中华人民共和国公共图书馆法》，其中第四十一条明确规定：

> 政府设立的公共图书馆应当加强馆内古籍的保护，根据自身条件采用数字化、影印或者缩微技术等推进古籍的整理、出版和研究利用，并通过巡回展览、公益性讲座、善本再造、创意产品开发等方式，加强古籍宣传，传承发展中华优秀传统文化。

这一被纳入国家法律的精准表述是对叶景葵、张元济、顾廷龙办馆理念的充分肯定。

---

① 汤志钧：《永恒的怀念：纪念顾廷龙诞辰一百周年》，载《汤志均史学论文集》，上海社会科学出版社，2013，第273-274页。

第十三章

暗然日章，丰碑永驻

中国文化之渊邃传数千年而探索无穷，东西学者近亦竞相研求，矧吾国人，益当奋起，继承先民所遗之宏业。

——顾廷龙:《上海私立合众图书馆十四年小史》

一、顾廷龙去世

顾廷龙在北京北苑 2 号院家中写字

1988 年的春节，借北京文物局开会的机会，顾廷龙在儿子顾诵芬家中过年。2 月上旬到京，4 月 28 日返沪，在京不到三个月的时间里，他除参加会议外，还去了故宫博物院、中国社科院图书馆、北京图书馆博览藏书、抄录珍本、商洽工作，与此同时，他在家中利用简陋的餐桌为多个单位、作者书写了大量匾额题字、书籍题签等。

1991 年，顾廷龙病倒了。1992 年 1 月 8 日他在上海华东医院做了胃割除五分之四手术。治疗期间，他在病床上撰写了《读史方舆纪要稿本序》。

1994 年 7 月 4 日至 5 日，《续修四库全书》编纂出版工作会议在北京龙泉宾馆召开，顾廷龙被聘请为主编，翌年被聘为工作委员会委员。此后，他更多是在北京居住，工作依然繁忙。

1997 年 12 月 26 日，顾廷龙在邱嘉伦陪同下前往北京医院探望赵朴初，并赠送篆书立轴一幅，上书"纯鲁多禧，大寿万年"。上款为"朴初居士百岁开庆"，下款为"顾廷龙敬祝"。顾廷龙感谢赵朴初在 20 世纪 50 年代初期允借"法宝馆"藏庋所收集来的各种家谱、族谱。顾廷龙告辞时，赵朴初说："明年开春后，我要去您府上拜访，您老要泡一壶好一点的茶，我们聊他个半天也无妨。"①

1998 年 5 月上旬，顾廷龙在儿媳江泽菲陪同下去了北京中国书店，在地下书库见到了不少珍贵图书，久久不愿离去。

---

① 邱嘉伦：《花落还开水流不断：赵朴老与顾廷龙先生聚会侧记》，《佛教文化》2000 年第 3 期。

1997 年 12 月 26 日，顾廷龙前往北京医院探望赵朴初

1998 年 5 月，顾廷龙与顾诵芬在北京蒋家胡同三号顾颉刚旧居前留影

他还去北京协和医院看望老朋友单士元，两位九旬老人相聚，甚为难得。

5月25日，在顾诵芬陪伴下，顾廷龙踏访了圆明园旧址和顾颉刚在1932年至1939年的蒋家胡同寓所。

1998年6月21日，顾廷龙突然发病。他不愿意去医院，说："我有很多事等我去做。我还是回家带病延年。"6月24日，老人被转送至北京医科大学附属人民医院。6月26日，医院经专家会诊后，对顾廷龙进行了结肠癌手术。手术中发现，癌细胞已扩散至肝脏部位。

1998年8月22日晚9时5分，顾廷龙在北京第一人民医院去世。8月23日，顾廷龙同志治丧小组成立并发布讣告，同时发布了《顾廷龙同志生平》：

中国共产党党员，著名图书馆事业家，古籍版本目录学家，书法家，上海市第三、第四、第五届人民代表大会代表，上海市第五、第六届政治协商会议常务委员会委员，上海图书馆名誉馆长顾廷龙同志，因病医治无效，于一九九八年八月二十二日二十一时五分在北京人民医院逝世，享年九十五岁。

顾廷龙同志一九〇四年十一月十日出生于江苏苏州。一九三一年毕业于上海持志大学，获文学学士学位。一九三二年毕业于北京燕京大学研究院国文系，获文学硕士学位。之后即投身于图书馆事业，先后担任燕京大学图书馆采访部主任、上海私立合众图书馆总干事、董事。解放后，历任上海图书馆筹备委员会委员、上海历史文献图书馆馆长、上海图书馆馆长、上海图书馆名誉馆长，《辞海》编委和分科主编，文化部国家文物鉴定委员会委员，国务院古籍整理出版规划小组顾问，中国图书馆学会第一、二、三届副理事长，复旦大学、华东师范大学兼职教授，中国书法家协会名誉理事等职。

　　顾廷龙同志是我国杰出的图书馆事业家，他在图书馆园地勤奋耕耘近七十年，为保存、整理、研究、开发历史文献作出了卓越的贡献。七七事变后，他不忍江南文物遭日本侵略者肆意掳掠，毅然辞职回上海，与文化名人张元济、叶景葵等创办私立合众图书馆，借以保存濒临毁灭的文献典籍。在极为艰难的条件下，他历经坎坷，饱尝艰辛地勉力维持。解放前夕，还和妻子、同事连续好几个昼夜守护馆舍。解放后，他将十余年来辛勤收集的合众图书馆近三十万古籍及近代中外珍贵文献悉数捐献给国家，使之成为上海图书馆馆藏的重要组成部分，在我国近现代图书馆史上留下了光辉的一页。

　　顾廷龙同志以其独到的眼光长期致力于家谱、朱卷、日记、手扎、专人档案资料以及古籍稿本、批校本与革命文献的抢救与收集，使上海图书馆拥有颇具规模的特色专藏，在国内外处于领先地位。如：他从别人丢弃的杂书中收集到陈望道译《共产党宣言》、毛泽东《农民运动丛书》等早期革命书刊近百种。五十年代中期，他从造纸厂废纸堆中抢救出数以万计的家谱文献，也弥足珍贵。顾廷龙同志一贯坚持利用馆藏编印图书，使稀见典籍化身千百。早在四十年代，他就编纂了《合众图书馆丛书》一、二集。执掌上海图书馆后，又提出孤本不孤的印书计划，五六十年代，他主持了宋刻《唐鉴》《韵语阳秋》等三十余种馆藏珍贵孤本的编印，使之公诸于世。

　　顾廷龙同志又是古籍版本目录学界的权威。他编著的《章氏四当斋藏书目》与《明代版本图录初编》（与潘景郑合编），在三十年代即负盛名；他主编的《中国丛书综录》收罗宏富、分类详实、检索方便，在目录学史上开了先河，蜚声中外。为实现周恩来总理遗愿，他不顾年迈，毅然挑起《中国古籍善本书目》主编的重担。一九九二年胃癌手术后，还承担《续修四库全书》主编的工作，为最终圆满完成旷世盛举鞠躬尽瘁，倾注了晚年大量心血，为中国古籍的整理研究作出了重大贡献。为此，他荣获上海市政府与文化部的嘉奖。

顾廷龙同志还是著名书法家，篆隶真草四体皆擅长，尤精于篆书。他曾两次作为中国书法家代表访问日本，促进了两国书法艺术的交流。一九九六年十二月举办的顾廷龙先生书法展，比较完整地反映了顾廷龙先生的书法艺术。

顾廷龙同志在文字学、金石学、历史学等领域亦硕果累累，他编著的《吴愙斋先生年谱》、《古匋文舂录》、《尚书文字合编》（与顾颉刚合作）等，皆具有很高的学术价值而享誉海内外。

顾廷龙同志不仅在学术研究上造诣很深，而且十分重视培养人才。他要求青年学业务、识书体、记书名，在古籍整理工作的实践中，培养出一批历史文献鉴别、整理、修复、保管等方面具有较高水平的专业人才。他还兼任复旦大学、华东师范大学教授，悉心培养中国古典文献专业的研究生，有些现在已是国内外的知名学者。

顾廷龙同志热爱祖国，热爱人民，青年时代就倾向革命，1982年，耄耋之年的顾老实现了自己几十年来的愿望，加入了光荣的中国共产党。他对共产主义的坚定信念令众人敬佩，为中青年图书馆工作者树立了榜样。

顾廷龙同志学识渊博，治学严谨；人品高尚，受人敬重；学而不厌，诲人不倦；工作认真，一丝不苟；生活俭朴，廉洁自律；待人谦和，平易近人；助人为乐，有求必应；视图书文献为生命，将自己一生都贡献给了图书馆事业。他对图书馆事业的真诚、执着和不为名利、无私奉献的精神永远值得我们学习。

顾廷龙同志永远活在我们心中！[①]

顾廷龙去世后，《解放日报》、上海人民广播电台、《文汇报》、《新民晚报》、《劳动报》、《中国文化报》、《北京日报》、《北京晚报》等相继报道消息，《人民日报》、《文学报》、《上海金融报》、《人民政协报》、台北《书目季刊》等发表纪念专文。

8 月 27 日，顾廷龙先生的遗体告别仪式在北京八宝山殡仪馆大礼堂举行，黄菊、赵朴初、雷洁琼、孙家正、陈至立、徐匡迪、陈铁迪、王力平、龚学平、周慕尧、胡立教、汪道涵、裴先白、任继愈等送了花圈，来自文化部、中共上海市委、中国航空工业总公司、国家文物局、北京图书馆、上海图书馆等单位的 400 余人参加了遗体告别仪式。

1998 年 8 月 28 日，顾诵芬、江泽菲和上海图书馆治丧工作小组成员乘机抵沪，护送老人的骨灰至淮海中路旧日寓所。8 月 29 日上午 11 时 45 分，顾廷龙的骨灰在苏州七子山墓地安葬。

8 月 31 日，在上海图书馆举行了顾廷龙同志追思会，由上海图书馆党委书记王鹤鸣主持，中共上海市委宣传部副部长方全林讲话，方行、马远良、陈燮君、胡道静、冯英子、唐振常、邓云乡、林公武、严佐之、章培恒、李国章、姚昆田、王世伟和顾诵芬在会上先后缅怀先生的业绩和贡献。

顾廷龙的学生沈津写下的一段话，道出了人们的心声：

顾老撒手人寰、御鹤西归了，青山虽在，哲人其殒。顾老将

---

① 沈津编著《顾廷龙年谱》，上海古籍出版社，2004，第 809-811 页。

顾廷龙的骨灰安葬在苏州七子山墓地

自己的一生都贡献给了中国的图书馆事业，他真正做到了"鞠躬尽瘁，死而后已"。对我来说，我失去了一位最好的良师，最尊重的一位长者，三十年来，他对我的谆谆教诲、循循善诱、耳提面命，都是我铭感五内的。对中国的图书馆事业来说，则失去了一位图书馆的事业家、一位近代以来重要的目录学家和版本学家。但是，顾老办好图书馆的理念、服务于读者的精神却万古长存；他的不慕荣华、不钻营取巧的风骨，他的诲人不倦、克尽厥职、功成不居、坦荡旷达的君子学风，连同他的音容笑貌也将永存于人们的记忆之中。①

---

① 沈津：《学术事功俱隆　文章道德并富：回忆先师顾廷龙先生》，载上海图书馆编《顾廷龙先生纪念文集》，上海科学技术文献出版社，1999，第73页。

二、合众精神，一脉相承

合众图书馆与顾廷龙密不可分，学界对此已达成共识。有学者曾经写下这样一段话，阐述顾廷龙与合众图书馆之间的关系：

> "合众"需要顾廷龙的参与，顾廷龙也需要"合众"寄托身心、建立修名。如果不是顾廷龙的辛苦经营，"合众"不可能有如此大的规模和良好的运转，如果不是投身"合众"，顾廷龙不一定会终身从事图书馆事业，各种伟业便无从谈起。所以说，顾廷龙与"合众"不可或离、相得益彰。①

顾廷龙在《我和图书馆》一文中将自己一生的工作归结为六个字：收书、编书、印书。他写道：

> 近一个世纪过去了，回首其间，我干的最多的是图书馆工作，整整六十五个年头。说起来，我做的工作很普通，归结一下只有六个字：收书，编书，印书。谈不上成就与贡献，只是在主观上一直努力认真地去做，总希望把事情做好，如此而已。②

"收书，编书，印书"，看似简单的六个字，但要努力认真去做，并做到出类拔萃是极不容易的。顾廷龙收书、编书，始于任职燕京大学图书馆期间，主持合众图书馆工作后，有了更大的运作空间，在极为艰苦的形势下，在叶景葵、

---

① 王京洲、张永胜：《顾廷龙与合众图书馆》，《图书与情报》2006 年第 3 期。
② 顾廷龙：《我和图书馆》，载《顾廷龙文集》，上海科技文献出版社，2002，第 590 页。

张元济等耆老的全力支持下，他始终坚持通过购置、传抄收集书籍，用石印方法编书、印书，令合众图书馆成就斐然。

顾廷龙说印书是从他青少年时期即形成的理念，在合众图书馆期间，他的想法与叶景葵、张元济等人一拍即合，使他追求"传播与弘扬民族优秀文化遗产"的思想得以一以贯之。他写道：

利用图书馆藏书便利编印图书，存亡续绝，使稀见典籍化身千百，既利于保存，又利于传播与弘扬民族优秀文化遗产，我始终将此作为图书馆事业的重要组成部分。

曩在燕京大学，我曾与吴丰培等先生为禹贡学会编印过《边疆丛书》，出了数种，后因故中辍。一九三九年，我从北京到上海协助叶景葵、张元济、陈陶遗、陈叔通、李拔可等文化界爱国人士创办私立合众图书馆。这个图书馆是在"七七事变"后，东南地区文物大量散亡，日本侵略者大肆掠夺，英、美各国乘机四处搜罗的背景下办起来的，其目的是为国家保护濒临毁灭的文献典籍。当讨论如何开展服务时，大家一致认为，"合众"虽属私办，但要化私为公，服务于公共事业，除了典藏外，还须谋以传播，即在条件许可的情况下，一要向专门学者提供阅览，二要将旧本秘籍刻印流布。然而，当时处于"孤岛"时期的上海，币值暴跌，物价飞涨，原来筹措的基金，一下子贬值甚大，要想印书，谈何容易！我只能抱着"不求近效，暗然日章"，"风雨如晦，鸡鸣不已"的信念，因陋求简，惨淡经营。人们可能注意到"合众"印的第一种书是排印，后来则改为石印，这正是缺钱而为节约成本的缘故。尽管石印省钱，但钱毕竟是众多爱国人士资助的，乱花不得。为了多印书，必须将成本降至最低点，于是我自当抄胥，

手写上版。那时熬一个夜，可抄写三千小楷，权当练字吧。就是
在这样艰难的条件下，我们陆续印成了《合众图书馆丛书》一、
二集。该书所收凡十八种，多为清代先哲未刻稿本与抄本。其中
稿本有罗以智《恬养斋文钞》、徐坚《余冬琐录》、焦循《里堂家
训》、丁晏《论语孔注证伪》；抄本有陈骥德《吉云居书画录》、潘
奕隽《三松堂书画记》、许兆熊《凫舟话柄》、张鸣珂《寒松阁题
跋》、黄锡蕃《闽中书画录》等，这些书大多经过我们的校勘整
理，现已成为通行之本。

　　……尤其是《读史方舆纪要》稿本，系叶景葵先生故物，
三十年代曾寄至北京供禹贡学会诸同仁研讨，我当时即提出设法
影印，以广流传，钱穆先生表示赞成，但又认为应先予校勘一过。
后终因"卢沟桥事变"而校勘中断，印书未果。此事钱先生在晚
年所撰回忆文章中还提及，并深表遗憾。现上海古籍出版社已将
此书印成，则可告慰叶、钱两先生了。[①]

顾廷龙传承合众图书馆的理念和精神，一生爱书、护书，重视收书。1955
年，他曾亲身从废纸堆中抢救珍贵的历史文献：

　　一九五五年秋某日晚上十一时许，当时在上海市文化局任职
的徐钊同志来电话，告知上海造纸工业原料联购处从浙江遂安县
收购了一批约二百担左右的废纸送造纸厂做纸浆，其中或许有线
装书。我连夜奔赴现场察看，发现"废"中藏宝，翌日即率员前
往翻检。工作现场是纸屑飞扬的垃圾堆，我们不顾尘垢满面，汗

---

① 顾廷龙：《我和图书馆》，载《顾廷龙文集》，上海科技文献出版社，2002，第598-600页。

流浃背，一大包接一大包地解捆，逐纸逐页地翻阅，片纸只字，只要有资料价值，绝不轻易放过。经过连续十一天的劳作，一大批珍贵历史文献被抢救出来。从内容上说，有史书、家谱、方志、小说、笔记、医书、民用便览、阴阳卜筮、八股文、账簿、契券、告示等。就版本而言，有传世孤本明万历十九年刻《三峡通志》，流传稀少的明本《国史纪闻》《城守验方》，明末版画上品《山水争奇》，还有不少旧抄与稿本。值得一提的是，清代硃卷与家谱之所以能成为上海图书馆的收藏专门，与这次在废纸堆中披沙拣金是分不开的。鉴于此次发现的大量有关经济、教育、风俗等史料，绝非从正史中能找到，也不是花钱可随便买到，我当即在报上撰文，呼吁各地教育机关必须关心当地图书文物情形，向群众进行广泛宣传，以杜绝将珍贵文献弃为废纸的现象再有发生。同时提出了十数种容易被人们忽略的资料，譬如旧社会死人，大都要发"讣闻"，有的附上小传，有的附上哀启。若将许多小传汇编起来，就会起到类似明朝《献征录》、清代《碑传集》的作用。又如旧的电影说明书，汇集起来，就是电影事业发展史的重要资料。通过这些浅显的举例说明，以期加深人们的印象，使全社会都能关心文献资料的保护工作。[①]

这是将图书馆珍视收藏书籍的理念发挥到极致的一个案例。

在沈津写下的回忆录中，还记着顾廷龙在"文革"中的一段往事："1970年初，顾老以'接受再教育'的名义，被派往上海市文物图书清理小组参加抄家图书整理的工作。在清理小组时，几乎每天都有单位将被抄家者收藏的图书

---

① 顾廷龙：《我和图书馆》，载《顾廷龙文集》，上海科技文献出版社，2002，第592、593页。

送来，他又和书打上了交道，人虽然累些，但心情似乎宽松了许多。凭着他数十年的实践经验，他发现了不少熟识或知名者的手迹，包括抄本、稿本和信札，如刘半农、姚石子的日记；老舍的手稿，鲁迅的手札，张元济批注本《邵亭知见传本书目》等。这些原本（件）上并没有署名，幸好顾老识得他们的字，于是就将之妥善保存，不然的话，碰到'不识货'的人那还不知如何'收拾'呢。最可惜的是他在乱字纸堆中发现半卷唐人写经，急忙再细找另半卷，却怎么都找不到。后来问起别人，才得知那半卷因被人认为是残卷，没有什么用而扔了。顾老听后愕然不已。1972 年，上图成立古籍组，顾老又被调回来了，他和我说起此事，总觉得怅怅的。"①

"文革"中，大量有珍贵收藏品的人家被抄家，未被抄家的也纷纷丢弃自己的藏品，除金银珠宝、文玩首饰，也包括古籍字画等。对于一生以收藏古籍为事业、嗜书如命的顾廷龙来说，看到无知者对珍稀图书的肆意糟践，其内心的沉痛一般人难以理解。他撰文在报纸上大声疾呼，真心希望能杜绝将珍贵文献弃为废纸的现象再有发生，用心良苦，感人肺腑。

著名古文献学家、科技史学家胡道静 1928 年就读于上海持志大学文科国学系二年级，1929 年顾廷龙以特异成绩插读该校国学系毕业班的班次与胡道静差了两级。他回忆起顾廷龙在学校时即"长于目录之学"："初无缘相识，旋《校刊》发表余《版匡释名》一文，顾学长见而视为空谷足音，访得余住址，不耻下问，莅寓相定交。余以学长识见高余万倍，私心呕愿居友生之位。学长长于目录之学，传录各家《四库简明目录标注》至勤劬，并补苴极丰，余极佩之。学长又有特殊见解，以为《四库存目》必须作版本标注。此见当时识者甚少，余亦不能深明就里。至解放后拨乱反正年代，京师乃有《四库全书存目丛书》

---

① 沈津：《学术事功俱隆　文章道德并富：回忆先师顾廷龙先生》，载上海图书馆编《顾廷龙先生纪念文集》，上海科学技术文献出版社，1999，第 68 页。

之辑，即由学长主其事。始知学长所见卓矣，早矣。"①

顾廷龙编书始于《章氏四当斋藏书书目》与《明代版本图录初编》（与潘景郑合编），在 20 世纪 30 年代即负盛名；他主编的《中国丛书综录》《中国古籍善本书目》《续修四库全书》，编著的《吴愙斋先生年谱》、《古陶文香录》、《尚书文字合编》（与顾颉刚合作）等，皆因具有很高的学术价值而享誉海内外。

谈及编书，顾廷龙把自己任主编的《中国古籍善本书目》放在最重要的位置道：

> 要说一生中编纂的书目哪一部最费心力、最有意义，则当推《中国古籍善本书目》了。一九七七年十月，我刚恢复工作不久，接上级通知，赴北京与全国同行商讨编纂一部全国古籍善本联合书目。这项任务是文化部根据周恩来总理在病重期间提出"要尽快地把全国古籍善本书目编出来"的指示组织进行的。编纂这部目录，虽不像历代官修书目那样对当代政府藏书作全部记录，但它将包含我国大陆现存浩如烟海的古籍的精华。这不仅是经过"文革"后对全国古籍善本作一次摸清家底的整理，而且是进行大规模古籍整理最基本的前提。我深感肩负责任的重大，但作为一名长期从事图书馆古籍整理工作者，理当义无反顾、不遗余力地去实现周总理的遗愿。
>
> 在国家文物局的主持下，专家们在较短的时间里研究制定了该目录的收录范围、著录条例及分类方法，并决定在北京图书馆等几家大馆先搞试点，摸索编纂经验，然后全面展开。初期工

---

① 胡道静：《胡道静序》，载《顾廷龙文集》，上海科学技术文献出版社，2002，第 1 页。

作阶段流动性较大，那时我已七十四岁，仍和大家一起奔走各地，调查藏书，鉴定版本，并抽出时间为培训青年专业干部讲课授业。一九八〇年五月，编辑委员会正式成立，全国七百八十二个收藏单位将各自编制的古籍善本卡片集中北京，一支包括各大图书馆参加的专业队伍借住香厂路上一家招待所进行汇编工作。一九八一年十月，将经过校订的卡片改编成油印书本目录，作为《征求意见稿》，再请各馆复核，并广泛征求图书馆之外专家学者的意见。

《征求意见稿》诞生之日，正是国务院古籍整理出版规划小组恢复之时。如同我国历代盛世皆有动用国力进行文献整理之举一样，在党的十一届三中全会路线指引下，以李一氓为组长的规划小组制定出 1982—1990 年的古籍整理宏伟计划，一场整理古籍的右文大业在全国蓬勃展开。而《征求意见稿》的及时印出，初步解决了古籍整理研究索求资料的燃眉之急，倍受全国文、史、哲、科各方面专家学者的好评，这不啻对编目工作本身是一个激励与促进。

一九八三年八月，正式定稿工作在上海进行。北图的冀叔英，南图的潘天祯、沈燮元等同志，为了搞好定稿工作，在上海一住就是三四年之久，甚是辛苦。通过诸同仁齐心协力及各地图书馆的支持，终于在一九八六年九月完成了《中国古籍善本书目·经部》的编纂工作，由上海古籍出版社正式出版。同年 10 月，在上海举行了首发式。[1]

---

① 顾廷龙：《顾廷龙文集》，上海科学技术文献出版社，2002，第 596-598 页。

顾廷龙一生为中国图书馆事业作出的贡献是巨大的。原上海图书馆副馆长吴建中曾经写道："顾先生为中国图书馆界留下了许多功德无量的'巨作'，如《中国丛书综录》《中国古籍善本书目》等，但他从来没有把这些看作个人的资本而挂在嘴上。他把名利看得很淡很淡，谈起这些目录时，他总是平平地说，这是集体的智慧和力量。心胸多么宽广，心地多么清澄，顾廷龙先生是中国图书馆界的楷模，也是中国知识界的楷模，不仅是中国图书馆人的骄傲，也是中国知识分子的骄傲。"①

原上海博物馆馆长、青铜器鉴定专家马承源先生曾说："我们上海有两位国宝级大家，学问最好的是顾廷龙……"②

一个人一生中能够在一个领域取得成就已经难能可贵，顾廷龙则在包括书法在内的多个领域均有卓越贡献。他的性格沉稳、纯朴、正直，如他的学生吴织所言，"无论是一帆风顺，风和日丽的美好时光，还是霜寒冰冻，风雨交加的阴暗日子，始终是以静待动，以不惑的沉毅面对现实"③，但他对事业的执着追求，始终如同火一般在内心燃烧。他的人生，谦虚、谨慎，不慕虚荣，不求名利。他曾为吴织题字："知足常乐，自得其乐，助人为乐，为善最乐。"正因为他以这样的态度为人处世，所以他在自己生命的每一刻都做有意义的事。

著名书法家韩天衡在《是明月，是山泉》中写道："顾老是我理念中的明月、山泉。说他如明

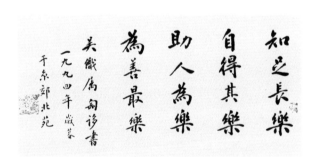

顾廷龙为吴织题字

① 吴建中：《沉痛悼念名誉馆长顾廷龙》，载《顾廷龙先生纪念文集》，上海科技文献出版社，1999，第22页。

② 刘明杉：《火眼金睛 鉴瓷赏玉：文物鉴赏大家薛贵笙》，《艺术市场》2006年第12期。

③ 吴织：《书海五十年：记顾廷龙馆长》，中国图书馆学报《图书馆学通讯》1987年第1期（总第31卷）。

月，因为，它似乎离你总有一大段距离，但他又毫不吝惜地给你以尽可能多的
光亮，这光亮不至于灼人，不需要代价，它一派和煦伴之以淡柔的温馨。说他
是山泉，它极尽所能地无私地付出它的所有，把它一无渣滓的清纯和甘洌毫无
保留地都献给了时代，献给了社会，献给了我们！"[①]

　　顾廷龙以95岁高龄辞世，他的离去宣告了叶景葵、张元济等老一辈的时代
的结束，而作为合众图书馆的传人，诸位前辈身上最具光彩的道德精神也正因
顾廷龙而在后"合众"时代得到弘扬，继续
闪烁着璀璨的光芒。

　　顾廷龙去世后，上海图书馆组织编写了
一本《顾廷龙先生纪念文集》，他的同事、
好友和学生在书中用朴实而深情的文字回
忆着他们的老前辈、老师长、老领导、老朋
友。从对顾廷龙的赞颂文字中，可以看到
"合众"的精神通过顾廷龙的人生依然熠熠
生辉。他在与年轻一代交流时，总不忘讲起
自己在"合众"时期的经历和体会。现摘录
两段如下：

《顾廷龙先生纪念文集》

　　　1981年秋，为整理朱卷，顾老来到长乐路书库，在三楼东角
　　一大堆未编古旧书中熟悉地指着中间一部分向我介绍："这就是要
　　你编录的朱卷资料。这部分是张元济先生的同乡老友朱彭寿的，
　　这些是潘景郑先生捐赠给合众馆的家藏朱卷，书品都很好。这
　　些是以后陆续收购来的朱卷。"30年过去了，顾老却记得清清楚

———————————

① 韩天衡：《是明月　是山泉》，载《顾廷龙书法展特刊》，《家园》杂志社，1997，第13页。

楚。随后又从三楼中间的楼梯来到二楼西间，一路走，一路如数家珍。这是《四部备要》有校批的，阅览时尽量不取这部。这部是张元济先生集印的《百衲本二十四史》，这玻璃柜内是《丛书集成》……顾老还神秘自豪地对我悄声说："我告诉你啊，二楼的每一部书，晚上就是不开灯我都能摸得到。"听着老人家字字句句，使我既钦佩又惭愧。①

（20世纪）80年代中期，图书馆开始搞创收以平衡财政补贴不足，名目繁多的收费项目使读者很有意见，顾老为此深感忧虑。他告诉我们，就是私立合众图书馆，在抗战困难时期连馆员工资都发不出，也没有向读者收费，他慷慨陈词的神态使我始终记忆犹新。②

《顾廷龙先生纪念集》

2014年，是顾廷龙诞生110周年，上海图书馆举行了"顾廷龙诞辰110周年纪念座谈会"，编辑出版了《顾廷龙先生纪念集》。同一天，顾廷龙纪念馆在合众图书馆旧址开馆。

在《顾廷龙先生纪念集》中，人们怀念顾廷龙，也在回忆顾廷龙向他们叙说的合众图书馆：

沪上"孤岛"时期，"不求近效，暗然日章"，"风雨如晦，鸡鸣不已"，以石印省经费，以手写

---

① 顾文韵：《顾老与长乐路书库》，载上海图书馆编《顾廷龙先生纪念文集》，上海科学技术文献出版社，1999，第83页。

② 陈君辉：《往事难以忘怀》，载上海图书馆编《顾廷龙先生纪念文集》，上海科学技术文献出版社，1999，第85页。

上版降成本，顾先生说那时熬一夜，抄写 3 000 字，每日至凌晨 4 时方收笔。我曾问过顾先生，何以天天那么准时停笔，他记得很清晰："那时临窗伏案，窗户对着对面的夜总会，乐曲声一停肯定是第二天的早上四点。"[①]

尤其是在 1941 年图书馆从辣斐德路（今复兴中路）临时馆址迁至长乐路富民路口新址前后一段时期内，他的主要精力都花在新馆筹备、搬迁工作之上。尽管如此，他仍挤出大量时间，或主要是用业余时间进行检书。随着一家接一家的捐赠，他一部又一部的检览整理上架，对善本之甄别，以及各家藏书之了解熟悉，呕心沥血，到了不遗余力的地步。正如他后来对吾辈所说："要识书熟书，须得亲自阅览原书。'合众'25 万册藏书，我本本翻阅一过，所以能像认识的朋友似的一回想就能记起他们。因为泛览群籍，就难顾及自己的兴趣，我最初也有这种遗憾，身在书海之中，却不能从容浏览，又如庖丁烹调盛宴，为主人享客，而自己不得染指。但久而久之，也就乐在其中了，图书馆就是为人服务嘛！"[②]

陈先行在一篇文章中讲到兰笑楼后人、著名美籍华裔科学家朱传榘先生访问上海图书馆的经过。兰笑楼主人为朱钟琪[③]，是朱传榘的祖父，叶景葵的第二

---

① 陈燮君：《世上百年龙云飞：论顾廷龙先生的"书缘"和"图书馆缘"》，载上海图书馆编《顾廷龙先生纪念集》，上海科技文献出版社，2014，第 13 页。

② 陈先行：《纪念图书馆事业家顾廷龙先生》，载上海图书馆编《顾廷龙先生纪念集》，上海科技文献出版社，2014，第 88 页。

③ 朱钟琪，字养田，晚号蜕庐，浙江杭州人。清季历任寿张、招远、兰山、清平、历城、泰安县令及青州知府等职。中日甲午战争时，尝变卖祖传地产支援北征军队。有《南史节抄》等著述传世。曾于历城设泽古文社、于泰安创仰德书院，又于 1906 年（光绪三十二年）奉命建立山东高等农业学堂（山东农业大学前身），培养人才甚众。1914 年（民国三年）清史馆开馆，为纂修兼总纂之一，撰《拟修清史目例》，惜两年后病殁，未竟其业。

任夫人朱昶（铭延）即朱钟琪长女，所以叶景葵是朱传榘的姑父。兰笑楼向合众图书馆捐书是在 1942 年。捐书者为朱钟琪之子、朱传榘之父朱曜（字旭初，一字熙令），计 111 种 1 758 册。陈先行文中写道："传榘先生是在二战期间赴美国留学的（1940 年被明尼苏达大学录取），那时我国正遭日寇蹂躏。熙令先生曾有诗赠别传榘云：'破浪乘风作壮游，目穷千里送行舟。择交宜懔伏波诫，立志期符定远猷。世乱疏财知免庋，学成有守善贻谋。望云莫作思亲念，矍铄挥巾老更遒。'其怜爱与期许之情溢于言表。半个世纪后，功成名就的传榘先生满怀桑梓之情报效祖国，于科技、教育等方面贡献良多。当了解到顾廷龙先生恪守叶景葵先生遗志，毕生尽萃图书之业，他提出要出资为廷龙先生铸立铜像，以示不忘其功德。此举虽未能如愿，却令人肃然起敬。"①

顾廷龙在《我和图书馆》一文中重述了当年在给叶景葵的信中讲过的一段话：

> 当初叶景葵、张元济先生相邀南下办"合众"时，我曾说过这样的话："人不能自有所表现，或能助成人之盛举，亦可不负其平生。"如今我对人生仍作如是观，并且努力在有生之年为图书馆事业多做点事情。②

桃李不言，下自成蹊。

老子《道德经》中有："不自见，故明；不自是，故彰；不自伐，故有功；不自矜，故长；夫唯不争，故天下莫能与之争。"顾廷龙不自见、不自是、不自伐、不自矜，以助人为己任，"以不求闻达，暗然日章为旨"③，最终成就了自己

---

① 陈先行：《兰笑楼与合众图书馆》，载《藏书家（第 15 辑）》，齐鲁书社，2009，第 28 页。

② 顾廷龙：《顾廷龙全集·文集卷》，上海辞书出版社，2017，第 367 页。

③ 见沈津：《顾廷龙与合众图书馆》，载上海图书馆编《顾廷龙先生纪念集》，上海科学技术文献出版社，2014，第 48 页。

辉煌的人生，其功德永远为后人铭记！

三、伟业长青，后继有人

顾廷龙一生中在图书馆学、版本学、目录学、校勘学等多方面有所建树，面对时代的进步、科学技术的发展，他没有抱残守缺、故步自封，而是与时俱进、不断钻研和思索。1985 年 8 月，他写下了一篇短文《重视对图书馆学的研究》，从中可以看到，面对信息时代来临的形势，他敏锐的观察和深邃的思考：

> 新的形势推动着图书馆事业的发展，同时也向图书馆学提出了许多新的研究课题。面对着情报文献数量的激增和新的科研成果大量涌现的现实，任何科研人员，要想使自己的科研成果取得进展，都必须在文献信息的海洋里及时获得针对性的资料。然而，目前图书馆界普遍存在的"看书难"和"借书难"的问题尚未解决，必然会影响社会主义现代化建设的步伐。这就给图书馆工作提出了新的更高的要求，即图书馆必须努力做到广、快、精、准地为读者提供急需的对口资料，必须突破长期以来一直处于"借借还还"的传统服务水平。要抓紧认真研究电子计算机、光电通讯、缩微等现代化技术在图书馆领域里的实际应用。这里既涉及图书馆的体制改革，也关系到图书馆各种专业人才的培养、智力结构的形成和图书馆科学管理等方面的理论和实践问题。而这些也正是图书馆学所要研究的主要内容。
>
> 图书馆学不是一门孤立的学科，它要利用其它学科的理论和方法来促进自己的发展。同时，也以自己的研究成果去丰富其它各门学科。由于图书馆事业中的重要理论和实践问题具有广泛的

社会意义，因而图书馆学与图书学、目录学、情报学、教育学、社会学、心理学以及管理学、数学等学科联系日益密切。对这些相关学科的了解与研究，是丰富、推动图书馆学研究的重要措施。

图书馆学的研究必须面向社会，围绕为发展社会生产力服务这一基点，开展有关课题的研究。通过对图书馆学的研究，来进一步开发图书馆的知识资源，向社会提供信息服务，最大限度地满足社会对文献信息的需要，使书刊文献更好地为实现党在新时期的总任务、总目标服务。[①]

"广、快、精、准地为读者提供急需的对口资料"，这是顾廷龙从合众图书馆时期就坚持的原则，那时靠的是图书馆管理者的渊博知识和全心全意的服务精神。到了20世纪80年代，他看到了科学技术的发展为实现这一要求提供了先进的手段，更看到了伴随着"电子计算机、光电通讯、缩微等现代化技术在图书馆领域里的实际应用""涉及图书馆的体制改革，也关系到图书馆各种专业人才的培养、智力结构的形成和图书馆科学管理等方面的理论和实践问题"。他的这些论点至今没有过时，在已经实现了大数据、云计算技术的网络时代，不断有国学网站建立，为爱好者、研究者提供了"广""快"的服务，但要实现"精""准"仍然有很长的路要走。

在《加快上海公共图书馆事业发展》一文中，顾廷龙对图书馆的职能和作用有了进一步完整的叙述："什么是图书馆？过去一般认为图书馆是搜集、整理、收藏和流通图书资料的文化机关。但是到了科学技术突飞猛进的八十年代的今天，现代图书馆应具备四个方面的职能和作用：第一，保存文化遗产；第二，开展社会教育；第三，传递科学情报；第四，开发智力资源。"他还强调要

[①] 顾廷龙：《重视对图书馆学的研究》，载《顾廷龙文集》，上海科技文献出版社，2002，第602页。

加强图书馆队伍的建设，对图书馆的知识分子要进一步落实政策："图书馆是一个知识密集部门，图书馆工作人员的文化素质、知识结构和业务水平直接影响着图书馆的工作质量。要使浩如烟海的大量藏书资源合理整理、保存并且加以开发、利用，转化为社会财富，需要大批能够全心全意为读者服务并具有较高水平的各种学科（社会科学和自然科学）的专门人才……图书馆的知识分子与其他文化、教育、科技界的知识分子不同，他们的知识、他们的劳动很不容易为一般人所认识和衡量。好多知识分子一入公共图书馆，一辈子就默默无闻地为他人作嫁衣裳。我们应该根据他们的工作性质、特点实事求是地对他们的成绩进行正确估价和鼓励，发挥他们的积极性。"①

顾廷龙文中提出的"图书馆各种专业人才的培养、智力结构的形成"是一个亟待解决的问题。他曾经充满热情地写下："在我国古代典籍中，有关目录学、校雠学、文献学、版本学等方面的学术资料至为丰富，学习之，研究之，借鉴之，有助于进一步充实现代图书馆学的内容，并使其具有中国的特色。"②

在合众图书馆时期，他就看到了符合图书馆要求的高水平人才匮乏是一个亟待解决的问题。他在 1940 年 4 月 21 日的日记中写道："景郑来畅谈，余深盼其能来相助。揆丈意，将来须主金石一部，则景郑尤为相宜，实为图书馆中难得之真才，与龙意见融洽，合力为之，必能薄具成绩，非为私也。揆丈发宏愿举此伟业，特以重任见委，吾自当鞠躬尽瘁，不负其热心知己，但独木不能建大厦，然得人之难若登天，奈何。"③

沈津在《顾廷龙与合众图书馆》一文中引用了顾廷龙在 20 世纪 40 年代给王南屏④的信函，其中有一段写到对图书馆馆员的特殊要求："办图书馆，较其

---

① 顾廷龙：《加快上海公共图书馆事业发展》，载《顾廷龙文集》，上海科技文献出版社，2002，第 618 页。

② 顾廷龙：《中国历代图书著录文选序》，载《顾廷龙文集》，上海科技文献出版社，2002，第 117 页。

③ 顾廷龙：《顾廷龙日记》，李军、师元光整理，中华书局，2022，第 74 页。

④ 王南屏（1924—1985），江苏常州人，斋号玉斋，书画收藏大家。

他文化事业更难。即以聘请馆员而论，有学问者皆去当教授，无学问者不胜其任，稍知门径者可以当之。惟其有志上进，手不释卷，在他处固可取之才，在图书馆则否。事务将待，何人以理之耶？譬如疱工，日烹美味，不容大嚼，如疱工先自饕餮，则宾主何以成宴？"[1] 这是顾廷龙自己的切身体会。

在经费困难、环境恶劣的条件下，叶景葵、顾廷龙不可能将培养人才作为合众图书馆的任务。直至解放后，顾廷龙才有能力考虑这方面的事，而政府部门也看到了这个必要。顾诵芬在一篇文章中专门谈及：

> 我父亲不仅自己刻苦用功地收集整理中国古籍，而且也注意培养年轻人。1961年下半年根据上海市文化局和上海图书馆培养稀少专业人才的计划，他收沈津（当时16岁）为正式弟子，悉心指导他学习古籍图书、碑帖、尺牍的整理、编目和鉴定，有系统地进行目录学和版本学的训练。
>
> 1962年5月吴织同志由组织安排，从上海图书馆的方法研究部门调入特藏组，追随我父亲和沈津一起学习古籍版本的整理、编目和鉴定。这是我父亲带的正式学生，实际上上图古籍部的很多年轻同志也都受到我父亲言传身教的指导，如任光亮、陈先行等，他们现在都成为国内古籍方面的知名专家了。
>
> "文革"以后我父亲也为华东师范大学、复旦大学等带研究生，如王世伟、彭卫国等同志皆曾师从我父亲。他对年轻的、对古籍版本有兴趣的同志总是非常关心，因此结识了不少忘年交，如1996年在讨论《四库存目丛书》的出版时，山东大学的杜泽逊

---

[1] 沈津：《顾廷龙与合众图书馆》，载上海图书馆编《顾廷龙先生纪念集》，上海科学技术文献出版社，2014，第48页。

顾廷龙与沈津、吴织

先生常来我家，我父亲也非常愿意和他讨论问题，把自己过去收集到的有关材料也给了他。

1988 年 3 月北京图书馆任继愈馆长由冀淑英先生陪同来我家，和我父亲讨论培养古籍研究人才，因为他们已感到我国在这方面将面临断层。任馆长在交谈中希望能像对沈津先生那样培养点研究古籍的人才。我父亲认为沈津和吴织都是自学成才的，自己不敢贪功。他感到我国古籍数量上是不会大发展，而古籍整理工作是要大大发展。"古籍工作者要大大培养，人皆不体会我们的工作与古籍研究所和图书馆学系的大不相同"，希望沈津先生等后辈继而为之。

我父亲培养研究古籍人才主要是通过工作实践，他一方面要求沈津先生抓紧业余时间多读些典籍，并且要练字。另一方面要

顾廷龙与陈先行

多做具体工作，如为读者到书库去找书和还书，跟着老同志去旧书店收购等等，虽是琐碎工作，但做得多了就知道馆藏内容和读者研究需要连到一起。

另外，我父亲讲课总喜欢在图书馆中讲，高桥智先生也常说我父亲讲课和别的老师不一样，就是在图书馆中把各种书的版本摆在一起就让学生明白了。高桥先生现在已经是日本庆应大学的教授了。

我父亲对年轻人要求不要锋芒毕露，要大器晚成。沈津先生上世纪70年代末想编《明清室名别号索引》和《明人文集篇目索引》，我父亲力劝他不要去做，劝他把精力还是放在编好上海图书馆的善本书目卡片上，不要锋芒毕露，眼光放远些。学术研究必须脚踏实地去做。他也赞成工作的同时还应该做研究以提高业务能力，所以20世纪60年代初，他给沈津先生出了个题目，他认为翁方纲是乾嘉时代的重要学者，很多有名的碑帖都经过翁鉴定，其题跋在《文集》里有一些，但大多数都没有收入，可以细查馆藏的各种善本、普通古籍以及金石拓本、尺牍，把它们都抄录下来，数量一定很可观，将来有条件再写一本《翁方纲年谱》，沈津先生终于在40年后编成出版了这本巨著。①

① 顾诵芬：《纪念父亲诞辰110周年》，载上海图书馆编《顾廷龙先生纪念集》，上海科学技术文献出版社，2014，第9、10页。

　　曾在上海图书馆追随顾廷龙工作过一段时间，后考入华东师范大学古籍组读研，后任华东师范大学教授、博导、古籍所所长的严佐之回忆：

　　　　沈剑知当年为感谢顾老作《李映碧南北史合注跋尾》，在给顾老的一通信札中写到：苏诗"观书眼如月，罅隙靡不照"，谓公遍读藏书得其要领，不比一辈但知版本而不能读也。

　　　　顾老是真读书，算是在传统学识中游了一个遍，一个偶然的机会到了古籍研究这里。用这么一大缸水，化解版本目录这一个方面。沈剑知对顾老的评价，也正是我想表达的。我们经常说，藏书家分五等：考订、校雠、收藏、赏鉴、掠贩。除了掠贩，前面"四大家"，顾老都算得上，尤其是校雠、鉴赏。顾老去世以后，我们给他的定论就是——图书馆事业家、版本目录学家、书

20 世纪 70 年代，上海图书馆古籍组成员在整理图书
（左起：周秋芳、严佐之、陈先行、于为刚、任光亮、吴织）

法家，等等。2005年，我同当时复旦古籍所的章培恒先生联合举办了一个古典文献学的学术研讨会，探讨顾老在古籍研究人才培养方面的成就。我们一致认为，古籍事业的传承，人是第一位。我们这一辈人，很少没有受到过顾老教诲的，只不过多一点少一点。老人家学识广、眼界高，用这样的底气做版本研究，味道是不一样的。包括潘景郑、瞿凤起，几位老先生都给我们树立了一个好榜样。①

正如顾诵芬所言："在我父亲的关爱和指导下，上海图书馆古籍部也成长起了一批古籍版本目录专家，他们在国内也是领先的。叶景葵、张元济、顾廷龙关注的中国传统文化研究后继有人，这是中国之幸事，中国文史界之幸事，也是中华民族之幸事。"②

四、书林薪火，生生不息

顾廷龙曾为中国近代图书馆事业的奠基人缪荃孙先生纪念馆题写匾额并题诗：

柱史溯源自久长，平生仰慕艺风堂。
书林薪火千秋耀，遥望江城献瓣香。③

---

① 乐阳：《严佐之忆顾廷龙：如何做学问，顾老是我的引路人》，《文汇学人》2019年06月28日。
② 顾诵芬：《纪念父亲诞辰110周年》，载上海图书馆编《顾廷龙先生纪念集》，上海科学技术文献出版社，2014，第9、10页。
③ 沈津编著《顾廷龙年谱》，上海古籍出版社，2004，第799页。

顾廷龙一生从事图书馆事业，对于前辈的敬仰中包含了他传承、弘扬传统文化的信念和对事业精进创新的追求。

顾廷龙晚年曾把自己忆及的、想做的一些事记在纸片上，在给友人的信中，他感慨道：

> 龙已退居二线，拟整理旧稿，否则身后尽成废纸，昔日沉浮杂务之中，文字久荒，假我数年，重温旧业，则幸甚矣。[①]

顾诵芬回忆，在父亲年事已高，不能伏案工作时，"他最关心的怎样收集、保存、整理、传播我国的历史文化遗产。他在发病前还在想怎样再多做些，当时他自己说已经没有劲头爬桌子了，只能坐在沙发里把想到的记在小本子上。他当时还非常想回上海，可是我因为工作脱不开身，不能陪他春天里来，他所以要回上海急的是他的那些写在小纸片上的材料，他说如果不是他亲自整理，这些材料都要变成废纸"[②]。

顾诵芬讲到的小纸片中，有一份印有"上海图书馆 上图（ ）字第 号"及馆址、电话等字样的公文稿纸。上面有铅笔手书"一个图书馆的发展"。照录整理如下：

一个图书馆的发展

1953 年 4 月 15 日，市府（53）沪府秘二字 1192 号，接管合众图书馆。

1955 年 2 月 25 日，市府批准合众图书馆改为"上海市历史

---

① 王绍曾：《王绍曾序》，载《顾廷龙文集》，上海科学技术文献出版社，2002，第 18 页。

② 顾诵芬：《父亲永生》，载《顾廷龙先生纪念文集》，上海科技文献出版社，1999，第 3 页。

顾廷龙《一个图书馆的发展》手稿①

文献图书馆"，成为专业收藏历史文献图书馆。

1956年8月22日，沪委文干发文（56）46号

馆长　顾廷龙

1958年10月6日，沪委宣（58）3398号

市委宣传部批准历史文献图书馆、上海图书馆、科学技术图书馆、报刊图书馆合并为上海图书馆。

还有一份手稿，标题记为"上海市合众图书馆沿革"。照录整理如下：

上海市合众图书馆沿革

1939年春，当日寇侵略势炽之时，叶景葵深忧图籍的散亡，毅然有创办私立图书馆之志，自知非一人之力所能举办，特邀张元济、陈陶遗同共发起。取众擎易举之义，命名合众图书馆，七月，成立筹备处。

1941年，自置基地，并建筑馆舍于长乐路七四六号，由发起人选举陈叔通、李宣龚，成立董事会，推陈陶遗为董事长，叶景葵为常务董事，制定章则，确定本馆目的为：1.征集私家藏书共同保存，以资发扬中国之文化；2.搜罗中国国学图书及有关系之外国文

---

① 原件存上海图书馆。

顾廷龙《上海市合众图书馆沿革》手稿

字图书；3.专供研究高深中国国学者之参考；4.刊布孤椠秘笈。其后补选董事为徐森玉、陈朵如、谢仁冰、裴延九、胡惠春、顾廷龙、陈次青、唐弢。推张元济为董事长，徐森玉为常务董事。

捐书者：叶景葵首先捐出所藏的全部，包括历代精刻及名人钞校稿本作为基础，张元济也将家藏善本及嘉兴人著述送来，陈叔通、李宣龚也都有捐赠，因此，先后赞助的很多。蒋抑卮、叶恭绰、顾颉刚都把他们平日所集，已成专门收藏的见赠，其他把家藏稿本或零星书刊捐赠的也很多，金石拓片，前人手札，尤属本馆的特藏。

解放后，开始公开，有普通、参考、阅报三个阅览室，本馆所保存的史料，供应了机关团体及专家们的参考很多。

1953年，经董事会决议，呈献上海市人民政府文化局，使此后更可做有计划的发展，更好的为人民服务。六月十八日文化局举行了受献仪式，改为公立。①

在 1952 年 12 月 14 日召开的合众图书馆董事会第十四次临时会会议上，主席（张元济，由徐森玉代行）提议："我馆历史任务即将完成，拟撰私立合众图书馆记，泖石以为创办人纪念案。"这是一项没有能施行的决议。顾廷龙在写下这些文字时，思考的是合众图书馆以后绵延不断的发展历程，也应该会想到完成那次董事会决议提出的任务。

沈津在《顾廷龙与合众图书馆》一文中记下了一件往事：

《中国大百科全书·图书馆学卷》出版后，内里的"上海合众图书馆"条目下注云："见上海图书馆"6 字。先生见后，大不满意。他曾对来访的时在苏州大学任教的潘树广先生说："（这）不免太简单了。合众十五年经历，最为艰难之日，开办时在空无一物、空无一人的情况下进行，到捐献市人民政府时聚书 30 万册，捐献后改名历史文献图书馆。我们编印了一册《中国现代革命史料目录初稿》，解放初中宣部同志说，你们有远见。此原公立图书馆不能做的事，十四年的时间不短，而且经历了困难时期。'见上海图书馆'一语，太简单了，太轻松了。"先生希望潘先生暇时写一篇对"合众"评价公正的文章。可惜的是，潘先生也于 2003 年去世了。

当然，不仅仅是《中国大百科全书·图书馆学卷》，即使是

---

① 此文稿收入《顾廷龙全集·文集卷》第 323-324 页。《顾廷龙年谱长编》记为"约是年（1953 年），撰《上海市合众图书馆治革》，见《顾廷龙年谱长编》第 573 页。

《中国图书馆事业史》（刘少泉著）、《中国图书馆史》（李朝先、段克强编著）、《中国图书馆发展史》（王酉梅著）也都没有"合众"的一席之地，至于《20世纪以来中国的图书馆事业》（张树华、张久珍编著），仅有私立东方图书馆、私立上海鸿英图书馆、私立松坡图书馆、南开大学木斋图书馆、申报流通图书馆、中国科学社明复图书馆、中央地质调查所图书馆之介绍，而无一字涉及"合众"。

"合众"实际上是中国近代以来私立图书馆的典范，是自20世纪30年代日寇侵华、上海沦为孤岛后，叶景葵、张元济、顾廷龙等先生高扬"众擎易举"的大旗，为国家、为民族保存了大量文献，做了力所能及的工作，起到了私人收藏家、公家图书馆不能起到的作用，它的存在及发展应该得到正确的评价。[①]

盛年不重来，岁月不待人。令顾廷龙感到遗憾的是有太多的事未能做完，而值得庆幸的是他的学生和晚辈们在努力做着他想做的事。陈先行在《合众图书馆典藏目录汇编》前言中对合众图书馆的存在、发展以及对图书馆事业的巨大贡献作出了论述和评价：

> 正值上海图书馆浦东新馆落成开放之际，上海科技文献出版社出版《合众图书馆典藏目录汇编》，是一件很有意义的事情。合众图书馆是上海图书馆前身之一，以收藏历史文献为专门，上图能以富藏古籍、碑帖、尺牍以及近代档案等历史文献享誉海内外，

[①] 沈津：《顾廷龙与合众图书馆》，载上海图书馆编《顾廷龙先生纪念集》，上海科学技术文献出版社，2014，第27、28页。

离不开"合众"的贡献，可以说，"合众"是上图这所伟岸大厦的重要基业。而这批目录，不仅是"合众"藏书的实录，也是"合众"历史的记载，更是"合众"精神的体现，具有多方面的研究与实用价值……

合众图书馆的捐公，只是完成了它的阶段性历史使命，并未消亡。一九五五年二月二十五日改名上海市历史文献图书馆，顾廷龙任馆长。一九五八年十月六日与上海图书馆、上海科学技术图书馆、上海报刊图书馆合并为新的上海图书馆，顾廷龙先后任副馆长、馆长。从此，不仅"合众"的藏书成为上图的重要收藏，其办馆理念也始终影响着上图的发展，上图所取得的某些成就，实乃"合众"事业的赓续。譬如，上图一贯保持"合众"高度重视历史文献抢救保护的传统，即便在特殊的"文革"时期亦如此，使大批珍贵文献免遭损毁；同时又以积极开放的态度为社会各界提供馆藏服务，读者近悦远来，有口皆碑。其影响所及，就像当年"合众"受到许多拥趸支持那样，自一九八〇年至今，上图又接二连三获得私家不计其数的善本捐赠，其中荦荦大者，有闻名于世之丰润张氏、祁阳陈氏、常熟翁氏的收藏，犹如百川灌河，锦上添花，使上图在国内外的影响与日俱增。再如，向建国十周年献礼而编纂的《中国丛书综录》，实际上早在"合众"时就开始酝酿筹备，是"合众"各原编目录丛书部分的踵事增华。该书的收录规模与学术质量超迈以往中外相关书目，是整理古籍、研究文史不可或缺的工具书，其成功问世，一举奠定了上图在目录版本学领域的重要地位。又如，在力谋秘籍流布方面，尽管"合众"经费支绌，但仍想方设法编纂出版了《合众图书馆丛书》一、二集，共有十八种清代先哲未刊稿本、抄本得以通行；而当顾廷龙跨入上图大门第一天起，就提出使孤本不"孤"的印书计划，并特地筹建了上图自己的影印工厂，仅在"四馆合并"以后至一九六六年"文革"开始之前不数年间，便有三十余种馆藏珍笈公诸于世，是那个时代影印历史文献数量最多的图书馆，甚至连出版界也有所不如。[①]

合众图书馆"只是完成了它的阶段性历史使命，并未消亡"，言之凿凿，掷地有声，叶景葵、张元济、顾廷龙开创的事业在继续，"合众"的精神在传承，老前辈们在天有知，当为后继者卓越的表现而欣慰！

从 1955 年悬挂在上海长乐路的"合众图书馆"匾额翻过去的那一刻起，合众图书馆融入了历史。凝望夜空，我们可以看到璀璨的历史银河系中熠熠生辉的星——叶景葵、张元济、陈陶遗、陈叔通、李宣龚、顾廷龙……他们交相辉映，珠联璧合，众擎而举，组成了一个光耀夺目的永恒星座——"合众"！

---

① 陈先行：《前言》，载《合众图书馆典藏目录汇编》，上海科学技术文献出版社，2022，第 1-2 页。

参考资料

1. 沈津编著《顾廷龙年谱》上海古籍出版社，2004。

2. 柳和城编著《叶景葵年谱长编》，上海交通大学出版社，2017。

3. 张人凤、柳和城编著《张元济年谱长编》，上海交通大学出版社，2011。

4. 顾廷龙：《顾廷龙日记》，李军、师元光整理，中华书局，2022。

5. 顾廷龙：《顾廷龙文集》，上海科技文献出版社，2002。

6. 顾廷龙：《顾廷龙全集·书信卷》，上海辞书出版社，2017。

7. 叶景葵：《叶景葵杂著》，顾廷龙编，上海古籍出版社，1986。

8. 叶景葵：《叶景葵文集》，柳和城编，上海科技文献出版社，2016。

9. 张元济：《张元济全集·书信》，商务印书馆，2007。

10. 张树年：《我的父亲张元济》，百花文艺出版社，2006。

11. 顾诵芬院士采集小组编《顾诵芬传》，航空工业出版社，2021。

12. 上海图书馆编《顾廷龙先生纪念文集》，上海科技文献出版社，1999。

13. 上海图书馆编《顾廷龙先生纪念集》，上海科技文献出版社，2014。

14. 合众图书馆等编，陈先行汇编《合众图书馆典藏目录汇编》，上海科技文献出版社，2022。

后　记

　　2014 年，顾诵芬院士决定写一写合众图书馆的历史。那一年是他的父亲顾廷龙诞生 110 周年。他利用春节出国探亲的时间写出了一个初稿，回国后交给了笔者，在整理这篇文稿的时候，笔者感受到他写作时思想非常活跃，有回忆，有联想，有自己的印象，也有旁征博引。可惜的是在为他整理完草稿后，随之而来的"老科学家学术成长采集工程"任务及由之衍生出的"宋绍定井栏册页"释注的编写工作，使得自己协助撰写合众图书馆史一事一再拖延。

　　"老科学家学术成长采集工程"是中国科学技术协会联合 11 个部委推出的一项以抢救老科学家学术成长资料为主要任务的工作。采集内容包括老科学家及其亲友、同事、助手、学生等访谈的录音、录像与文字整理稿，还有证书、证章、信件、著作以及与老科学家学术成长过程有关的实物资料，最终要形成老科学家学术成长的研究报告（学术传记）。2014 年，顾院士入选采集工程。此前虽然我们已经编写过一本《飞机设计大师顾诵芬》，有了一定的基础，但此项工作还是进行了两年。接着笔者又被安排参加中国民航组织的管德院士采集工程小组，前后又用去两年多时间。

　　在顾院士学术成长资料的采集工作中，我们了解到顾廷龙老伯曾经制作有一部《宋绍定井栏题字》册页。顾院士告诉我们，父亲早有嘱咐，这本册页要捐赠给江苏苏州博物馆，但由于父亲身体原因一直拖延，他希望自己能早日完成父亲嘱托。在我们的请求下，他把这本册页带到了采集工作小组。我们细读之后，感慨不已，于是向顾院士建议，将此册页内容进行整理、注释，并结合顾院士对册页中题字（题诗、题记）者的回忆撰写一本可公开出版的读物，作为采集工作的一个衍生成果。顾院士一贯的作风是求实、严谨。对我们的提议，他首先认为这项工作非他专业所长，难以胜任；其次，册页中题字的前辈他并非全都认识，加之当时年幼，即便有记忆，也很肤浅。他对自己的回忆是否有史料价值及出版必要表示怀疑，同时也坦言，担心采集小组人员可能不具备完成这项工作所需文史、书法、篆刻等方面的知识基础和撰写能力。

采集小组人员都是理工科背景的，高中毕业后，基本上就没有了系统学习中国文史知识的机会，而且多年来一直在航空工业企业、飞机设计及相关的研究机构工作，不仅没有文史领域新知识的补充，连中学时期所学也基本丢掉了。要完成这一任务，难度可想而知。然而，就像是地质工作者发现了宝藏矿脉一样，我们从第一次见到这本册页，就被它深深吸引。首先是一篇篇极具欣赏价值的书法作品；再就是作者们在历史、学术领域的声望、地位及影响力；还有一点，虽然我们对文字只能说是一知半解，但它也足以使我们感受到其中蕴含着厚重的文化传承和人文精神，给我们带来一种震撼。基于这样的感知，采集小组决心以老一辈飞机设计师的拼搏精神为楷模，采用工程设计的方法，以顾院士为总设计师，由笔者执笔、贾小平校读审阅，从原文整理、注释，资料搜集，文稿撰写到校读审阅，分系统、分阶段开展编写工作。

顾院士最终同意我们做一次尝试，经过半年多时间的努力，我们从基础开始，边学边干。这一过程中我们遇到的第一难关是认字，册页题记中，楷、隶、行、草多种书体及异体字交织在一起，能全部认出确属不易。其次是对文言文、旧体诗和其中所引用典故的理解，我们所能做的除了恶补文史知识、细搜参考资料、与顾院士一起探求外，就是认真向专业人士，如顾廷龙老伯的学生沈津、版本目录学专家陈先行等老师以及在书法、篆刻等领域的内行请教，最后总算编写完成《自将摩挲认前朝——〈宋绍定井栏题字〉释注》一书，由上海科学技术文献出版社出版，并于 2018 年 2 月 4 日在北京举行了首发式。

通过这本书的编写，我们积累了有关顾廷龙老伯和合众图书馆的基础知识，顾院士也对我们的能力有了一点信心。于是就有了第二项任务——整理顾廷龙老伯保存的《合众图书馆年度工作总结》。顾院士告诉我们，1993 年 7 月 4 日至 5 日，《续修四库全书》编纂出版工作会议在北京龙泉宾馆召开，他父亲被聘为主编，翌年被聘为工作委员会委员。以后，他父亲较多的时间是在北京居住，但 1996 年、1997 年还又回上海住了几个月。他不记得是父亲哪一次从上海到北京来的时候，带着一个小箱，里面装着他珍藏的一些物品，其中有《宋绍定井栏题字》《顾廷龙日记》和一包与合众图书馆有关的珍贵史料。

顾老日记和合众图书馆史料经我们初步整理，交请高水平专家、苏州博物馆研究馆员李军重新编排、校勘完善，经他辛劳年余，最终于 2022 年 1 月由中华书局出版。

前述所承担的这些任务虽然使本书的编写工作有所拖延，但也可以说都是在为本书的撰写做前期准备。2022 年中，笔者终于有较充分的时间在顾院士文稿的基础上完成了这部史话的初稿。

合众图书馆在中国近代史中是一个具有典型意义的标志。虽然只存在了短短 14 年，但其创立于抗日战争最为困难的时期，嬗变在中华人民共和国成立后不久；创办者叶景葵、张元济、陈陶遗、顾廷龙的初衷是在民族遭遇巨大灾难之际保护国粹，流布传统文化，身体力行读书人"为天地立心，为生民立命，为往圣继绝学，为万世开太平"的人生追求。1953 年，合众董事会决议将图书馆捐献给政府，这既是大势所趋，也是合众图书馆完成历史使命后的最好归宿。

合众图书馆的核心人物是叶景葵，从创意到谋划、施行，叶景葵始终是源动力和中流砥柱。他在世时，几乎所有重大决策都是出自他的提议，并在他推动下形成决议、付诸实施的。在合众图书馆这一事业中，他真正做到了鞠躬尽瘁、死而后已。张元济、陈陶遗、蒋抑卮、徐森玉、顾廷龙等人是他最坚定的支持者，他们发扬无私奉献的精神，用自己的聪明才智、社会影响力及具体有效的行动使叶景葵的策划取得了堪称辉煌的成功，在历史上留下了浓墨重彩的一笔，奠定了他们不可磨灭的历史地位，也为中华民族的精神宝库增添了珍贵而丰富的内容。

在创办和运作合众图书馆的过程中，叶景葵、张元济、顾廷龙等在中国藏书楼的传统基础上，吸收了国外先进的企业、社团管理思想和方法，体现了当时中国知识分子对于世界潮流敏锐的感知、融合能力。限于篇幅，本书未能对此进行深入探索，如时间精力允许，当另文进行探讨。

在"合众"前辈中，最年轻的一位是顾廷龙，他被叶景葵、张元济选为图书馆总干事，负责一应管理事务，而更重要的是他成为"合众"事业的传承者。顾廷龙没有令前辈失望，他不仅继承了叶景葵兴办国学图书馆的理想，而且传承和弘扬了叶景葵、张元济的办馆理念和道德精神。

在撰写过程中，笔者看到顾诵芬院士在父亲去世后写的一篇纪念文章，其中有这样的文字："他在发病前还在想怎样再多做些……他请上海的同志把有关材料寄来，准备在北京家里整理。谁知突然病发，发病后他非常不愿意进医院，大夫劝他，他很生气地说，这么多事等着我做，我还是回家带病延年。谁知入院后再也不能出来，这不仅是我们家庭的不幸，也是国家的损失。"[①]

在整理顾老所留史料的过程中，笔者能够感受到他老人家把手头资料整理出来的迫切愿望。从他留存的一些散落的字纸，甚至是当年写在台历上的小纸片，还有便条《一个图书馆的发展》和手稿《上海市合众图书馆沿革》，包括他珍藏的 1939 年至 1958 年《合众图书馆工作报告》以及当年的各式文件、书信、财务报告等，显见老人家是在为详细记述合众图书馆的发展历史做准备。联想他在去世前三个月在《复旦藏名人手札汇辑出版志感》文中写下的："昔尼父

---

① 顾诵芬：《父亲永生》，载上海图书馆编《顾廷龙先生纪念文集》，上海科学技术文献出版社，1999，第 3 页。

有言：'夏礼吾能言之，杞不足征也；殷礼吾能言之，宋不足征也。文献不足故也。足，则吾能征之矣。'其意颇以前代文献散佚为憾。今学者研究吾国文史，亦时兴类似之慨。故选取现存文献中价值较高者尽早刊布，乃于吾国学术文化贡献甚巨之善事。余虽老惫，犹盼影印精致之文献合集不断问世，如此则后代学者研究今世，可毋重兴尼父文献无征之浩叹矣！"①深感自己能为顾老伯做一点他生前想要做的事，是责任，是使命，也是在献上一份晚辈的景仰和孝敬之心，只是有此心无能力，水平太差，撰写时不免惴惴然，只怕难以得到他老人家的认可。

顾廷龙老伯一生成就斐然，仅书法一项就足以名垂青史。1996年，上海图书馆新馆落成，在新馆装饰一新的一楼展览厅举办了"顾廷龙书法展"，展出了顾廷龙先生从1936年至1996年各种书体的书法作品150多件。为这次书法展发行的《顾廷龙书法展特刊》记述了这样一件事：1997年，时任中共中央政治局常委、全国人大常委会委员长的乔石视察上海图书馆时谈到，毛泽东当年看的大字本古籍中，有一些是顾廷龙题写封面的。有一次，毛泽东指着一本注释本的封面说，这个字不是顾廷龙写的，说明毛泽东对顾廷龙的字体十分熟悉和非常欣赏。②

顾老伯曾在《砚边谈屑》一文中写道："几十年来，写的字只是字体端正而已，基本上做到了划平竖直。我有自知之明，我只是一个书法爱好者，图书馆工作才是我的本行。我写字多从实用出发，要写给现在人看，甚或要写给后来人看，人人识得，看了不加厌恶。"③本书在选用顾老伯书信内容时，尽可能插入原件图片。中国书法艺术缘起于文字书写，收入本书的顾廷龙墨迹多为用于记录和交流，但充分展示出传统书法艺术的魅力，足供书法艺术爱好者赏阅。

---

① 顾廷龙：《复旦藏名人手札汇辑出版志感》，载《顾廷龙文集》，上海科技文献出版社，2002，第688页。

② 沈津编著《顾廷龙年谱》，上海古籍出版社，2004，第792页。

③ 顾廷龙：《顾廷龙全集·文集卷》，上海辞书出版社，2017，第874页。

在探究合众图书馆历史的过程中，笔者得到了沈津、严佐之、陈先行等老师的甚多指教和支持，谨向他们表示诚挚谢意！

上海交通大学出版社主题出版中心主任钱方针、编辑曹婷婷对原书稿提出了极为中肯的意见和建议，指出其中诸多疏误，为书稿的修改完善起到了宝贵的指导作用，这才使得本书能够差强人意，具有了一点可读性，在此，向她们的辛苦工作和严谨的作风表示敬意和感谢！

师元光

2024 年 4 月 27 日